本书系国家社科基金成果"瑞士民族的特殊性、多样性的历史考察"（批准号：13BSS031）

本书得到杭州师范大学人文社会科学振兴计划项目资助

瑞士民族的特殊性、多样性的历史考察

马丁 著

中国社会科学出版社

图书在版编目(CIP)数据

瑞士民族的特殊性、多样性的历史考察 / 马丁著. —北京：中国社会科学出版社，2022.8
ISBN 978-7-5227-0501-9

Ⅰ.①瑞… Ⅱ.①马… Ⅲ.①民族历史-研究-瑞士 Ⅳ.①K522.8

中国版本图书馆 CIP 数据核字(2022)第 125197 号

出 版 人	赵剑英
责任编辑	宫京蕾
责任校对	秦　婵
责任印制	郝美娜

出　　版	中国社会科学出版社
社　　址	北京鼓楼西大街甲 158 号
邮　　编	100720
网　　址	http://www.csspw.cn
发 行 部	010-84083685
门 市 部	010-84029450
经　　销	新华书店及其他书店
印刷装订	北京君升印刷有限公司
版　　次	2022 年 8 月第 1 版
印　　次	2022 年 8 月第 1 次印刷
开　　本	710×1000　1/16
印　　张	23.25
插　　页	2
字　　数	395 千字
定　　价	128.00 元

凡购买中国社会科学出版社图书，如有质量问题请与本社营销中心联系调换
电话：010-84083683
版权所有　侵权必究

目　录

绪论 …………………………………………………………（1）
 一　选题的缘由及意义 …………………………………（1）
 二　国内外学界研究综述 ………………………………（3）
 三　研究框架与思路 ……………………………………（6）
第一章　瑞士多民族国家的界定以及其他 ………………（9）
 第一节　瑞士民族和多民族国家的界定 ………………（10）
  一　早期瑞士形成的概述 ……………………………（10）
  二　近代流行的民族国家理论 ………………………（12）
 第二节　瑞士的地理以及各民族分布及主要特点 ……（20）
  一　瑞士的地理 ………………………………………（20）
  二　各民族分布及主要特点 …………………………（30）
 第三节　瑞士多民族社会形成的历史时间断限 ………（36）
 第四节　民族的文化价值观和民族融合问题 …………（45）
第二章　影响瑞士国家建立的重要事件 …………………（55）
 第一节　瑞士中立政策的奉行 …………………………（56）
  一　中立的起源和发展 ………………………………（57）
  二　中立政策对瑞士的影响 …………………………（61）
 第二节　宗教改革与瑞士钟表业的崛起之间的关系 …（64）
  一　宗教改革前的瑞士 ………………………………（67）
  二　瑞士的宗教改革与钟表业的崛起 ………………（72）
  三　宗教改革影响下的瑞士钟表业与社会经济发展 …（85）
 第三节　宗教改革对启蒙运动和民族国家建设的意义 …（96）
  一　宗教改革对瑞士的影响 …………………………（96）

二　宗教改革对瑞士个人和国家的解放 ……………………（100）
第四节　启蒙运动 ……………………………………………（103）
　　一　启蒙运动的概述 ………………………………………（104）
　　二　瑞士从分离的民族与国家逐步走向作为整体的
　　　　民族国家 …………………………………………………（113）

第三章　瑞士特殊性民族国家的建立 …………………………（118）
第一节　法国大革命 …………………………………………（119）
　　一　法国旧制度的危机 ……………………………………（119）
　　二　法国大革命 ……………………………………………（124）
　　三　拿破仑的崛起和第一帝国的兴亡 ……………………（131）
第二节　海尔维第共和国建立 ………………………………（149）
　　一　法国大革命对德国与瑞士的影响 ……………………（149）
　　二　法国占领瑞士 …………………………………………（152）
　　三　海尔维第共和国 ………………………………………（153）
　　四　海尔维第共和国覆灭 …………………………………（155）
　　五　海尔维第革命失败原因分析 …………………………（157）
第三节　1848年新宪法以及意义 ……………………………（159）
　　一　瑞士联邦制国家的建立 ………………………………（159）
　　二　1848年宪法 ……………………………………………（163）
　　三　新宪法的意义 …………………………………………（165）
第四节　具有民族特殊性的瑞士民主政治 …………………（170）
　　一　民主政治的发展 ………………………………………（171）
　　二　瑞士联邦行政机构 ……………………………………（179）
　　三　瑞士联邦立法与司法机构 ……………………………（187）

第四章　瑞士多样性民族社会的诞生 …………………………（191）
第一节　在多样性民族社会中的政治作用——雇佣军与
　　　　"武装中立" …………………………………………（193）
　　一　瑞士雇佣军的历史 ……………………………………（193）
　　二　"武装中立"——现代瑞士军事 ……………………（199）
第二节　各民族地区经济的平衡发展 ………………………（206）
第三节　具有民族特色的教育与科技 ………………………（226）
　　一　瑞士教育发展概况 ……………………………………（227）

二　瑞士职业技术教育和成人继续教育的特色 …………（233）
　　三　瑞士科技 ……………………………………………（239）
　第四节　特殊的国际地位与多民族社会稳定的基础 …………（244）
　　一　特殊的国际地位 ……………………………………（244）
　　二　多民族社会稳定的基础 ……………………………（256）

第五章　瑞士的民族政策和经验教训 ………………………………（261）
　第一节　近现代瑞士民族政策的嬗迭 …………………………（262）
　　一　瑞士国家的民族融合进程 …………………………（262）
　　二　瑞士民族融合的内外因素 …………………………（277）
　　三　多民族国家的巩固及其措施 ………………………（283）
　第二节　瑞士多民族文化的融合 ………………………………（289）
　　一　瑞士文化政策与概况 ………………………………（289）
　　二　瑞士语言与宗教文化 ………………………………（295）
　　三　文化的欧洲性 ………………………………………（301）
　第三节　民族融合下的城市化进程、环保和形象 ……………（304）
　　一　城市化进程 …………………………………………（304）
　　二　环境保护 ……………………………………………（310）
　　三　面向国际的形象 ……………………………………（313）
　第四节　处理民族问题的经验与教训 …………………………（315）
　　一　处理民族问题的经验 ………………………………（316）
　　二　处理民族问题的教训 ………………………………（323）
　第五节　比较不同的多民族国家揭示瑞士的特殊性与多样性 …（325）
　　一　比较分析多民族国家的民族状况 …………………（325）
　　二　揭示瑞士民族国家的特殊性与多样性 ……………（340）

主要参考文献 …………………………………………………………（345）
后记 ……………………………………………………………………（365）

绪　　论

一　选题的缘由及意义

在世界现代工业化国家中，几乎没有哪一个国家不强调民族融合的重要性，民族融合、民族团结作为一个国家进步的主要标志之一，得到了大多数国家的认可。而民族融合的最高形式的表现就是民族平等、民族团结和民族巩固。但现实却是，现代许多西方工业国家都存在着民族问题，如西班牙的巴斯克分裂主义，英国的苏格兰与北爱尔兰的民族和宗教问题，法国的科西嘉独立问题，加拿大魁北克法兰西族裔的独立问题以及美国国内的民族问题等。综观西方发达国家的民族问题，除了特殊的单一民族国家如日本等国处理得比较好以外（它也有冲绳独立问题），瑞士的民族融合相对来说是比较成功的，自1848年以来瑞士几乎没有出现任何重大的民族问题，这点对于稍稍了解瑞士历史的人来说是可以被料想的。

瑞士的民族政策与1848年的瑞士宪法之间存在着某种内在的联系。作为世界上处理民族问题比较好的国家之一，瑞士的民族融合无处不在。在瑞士无论是日耳曼人还是法兰西人，无论是罗曼什人还是意大利人，他们都是平等的。在瑞士的护照中绝对不会用法兰西民族、意大利民族、日耳曼民族等注明身份，也不会在身份证上使用德意志民族、法兰西民族、意大利民族等民族概念去区分族群。这种平等也不仅仅只是法律上空洞的平等，在文化上瑞士只有唯一一个国家民族——瑞士民族。不同的族群仅仅以语区来划分，这样就从文化上消除了民族意识，从而强调并强化瑞士人与瑞士民族等统一的身份。除此之外，瑞士的民族融合与它的特殊性、多样性，以及高度民主政治与高度的联邦自治也有密切的关系，国家事无巨细，几乎每件事、每个问题都会充分尊重各民族的意见与建议。瑞士一直依照1848年宪法行事，它既是瑞士国家民族建构及宪政体制的支柱，也是瑞士多数民众意愿的体现。且随着时代的发展，瑞士民族政策也不断与时俱进。

瑞士民族从国家生存、建立到发展的过程中始终存在着多样性的特点，而同时在整个欧洲大陆它又具有一定的特殊性。由于四周环临强国，其民族矛盾常常与国外矛盾、宗教矛盾等纠缠在一起。瑞士在欧洲处于王朝统治时期时，就存在一种由一批渴求自由与平等原则的不同族裔的人奠定了的共识基础，从而形成了其国家联合体的雏形。在这种理念下，通过制定永久中立政策，并经过宗教改革与启蒙运动的洗礼之后，瑞士成立了资产阶级海尔维第共和国，并确立了1848年宪法。这几百年漫长的改革使瑞士建立起了一个具有现代性的、独特的"多民族的非民族国家"。"有不同的民族就会产生民族矛盾"，这似乎是真理，而近代以来的瑞士却正确地处理了这些问题，化消极因素为积极因素。那么选择近现代瑞士处理民族问题的课题有何价值和意义呢？第一，瑞士被称为世界的"和平之国"与"和谐之邦"，其本土是由多民族构成，再加上众多的移民组成了一个十分复杂的多民族社会。但瑞士不像周边的大国都被民族问题所困扰，相反它处理民族矛盾和解决民族问题等的效果都比较好，民族政策一如既往地稳定和透明，整个社会并没有因为外来民族的增加而出现危机，反而形成了各国敬仰的"瑞士模式"。所以，近现代以来瑞士处理民族问题的这个方向，具有一定的研究意义和较高的学术价值。第二，经过长时期的融合和同化，瑞士逐步形成了崭新的多民族社会，真正成为"一个多民族的非民族国家"。它在保存自己丰富多样的经济文化的同时，更形成了自己区别于其他欧洲国家的瑞士特征。虽然在瑞士的社会中仍旧存在着这样或那样的民族问题，但是，从全球视角来看，瑞士在民族问题的处理上无疑是成功的，具有一定的历史意义和现实意义。第三，近现代以来瑞士对民族的管理制定了一些比较完整的政策法规，在这些政策法规下瑞士正确处理了本国的多民族矛盾问题，同时利用这一经验又从世界各地引进了大量的外来民族，为瑞士经济建设提供了充裕的劳动力和技术人才，也为瑞士经济的持续发展奠定了基础。第四，古为今用，洋为中用。尽管瑞士与我国在许多方面存在着巨大的差异，研究瑞士民族特殊性、多样性问题的价值却并不会减少丝毫，在原理和本质的层面上，瑞士的经验对处理我国的民族问题和外来移民问题的借鉴意义是肯定的。

本课题尝试从历史发展的视角考察，来阐述瑞士民族特殊性、多样性的形成与演变，还原早期瑞士民族特殊性、多样性的发展轨迹，探究瑞士民族融合政策逐步确立的原因，从根源上探析以获知瑞士民族政策变迁的动因和路径，从而清晰地认识瑞士特殊性的国家、多样性的社会形成的实质。本课题将在吸取国内外对瑞士研究相关成果的基础上，补充国内有关瑞士民族特殊性、多样性问题的一些薄弱环节，丰富国内外学界对瑞士民族特殊性、多样性形成与演变的研究内容，具有一定的学术意义。同时，本课题的研究有助于进一步认识对瑞士民族特殊性、多样性的历史考察，并启示我们：任何政府如果能够以分享权利的方式来解决各个民族所面临的问题的话，既能够使国家保持长治久安，又能够使每一个民族和每一个公民能更好地掌握自己命运的愿望是可能的；然而就像任何事物的发展一样，民族融合也必须在主客观条件的成熟下，在正确方针的指导下，通过漫长而复杂的磨合才可以被实现。

二　国内外学界研究综述

关于近现代以来瑞士民族特殊性、多样性的历史考察，据调查，国内外尤其国内完全相同的研究是没有的，相关领域的研究也是寥若晨星。

国外研究现状：（1）让-克洛德·法佛兹的《瑞士历史新编》。① 该书有三大卷本，是瑞士历史的权威专著之一，书中论述了瑞士发展的历史进程，对政治、经济、社会、军事、民族、地理、宗教、文化等进行了比较全面的论述，尤其强调了瑞士是由德意志、法兰西、意大利等多民族所组成的国家，并对瑞士各民族的历史进行了专门叙述。（2）佛朗索瓦·沃尔特的《瑞士历史》。② 本书由佛朗索瓦·沃尔特主编，共有五小卷本，它是瑞士出版的介绍本国历史的书籍，有一些新观点和资料，以编年体的形式来向读者阐述瑞士各民族所发生的重大事件。（3）瑞士国家统计局编写的《瑞士》。③ 这本书由瑞士国家统计局编写，一般每年出版一本，它叙述并介绍了瑞士在各个方面的情况，应该说是研究当代瑞士的第一手

---

① Jean-Claude Favez, *Nouvelle Histoire De La Suisse Et Des Suisses*, Vol. 1-3, 1982 by Editions Payot Lausanne.

② François Walter, *Histoire De La Suisse*, Tome 1-5, Editions Alphil universitaires suisse, 3 éditions 2011. Case postale 5, 2002 Neuchâtel 12 Suisse.

③ Switzerland, 2001 Kummerly+Frey, CH-3052 Zollikofen- Berne, 2001.

资料，它具有一定的官方性和权威性。（4）大卫·拉萨尔主编的《联邦制与瑞士的前世今生》。①该书对瑞士民族的起源以及中立政策、宗教改革、民族融合等经验进行了总结和论述。（5）皮埃尔-伊夫·东泽的《瑞士钟表工业史》。②该书是目前瑞士史学界较新的一本叙述瑞士钟表工业的历史专著，作者从欧洲宗教改革谈到瑞士宗教改革，从日内瓦钟表业发展谈到瑞士钟表业的崛起，该书也阐述了钟表业与宗教问题以及民族矛盾的有关问题。（6）科欧兹的《现代瑞士的宪法史》。③该书叙述了瑞士近代宪法产生的历史，认为宪法的产生不仅对瑞士具有划时代意义，而且对欧洲乃至世界都具有相当大的影响。（7）汤姆斯的《民族》。④该书对瑞士民族与德国日耳曼民族、法国法兰西民族进行了比较，叙述它们的相同点与不同点。（8）埃·邦儒尔的《瑞士简史》。⑤这套书为三卷本，是英美史学界一本比较流行的瑞士简明通史。作者基于资产阶级立场，本着唯心主义的英雄史观，用所谓"客观主义"手法，概述了瑞士从远古直至"二战"后的历史，阐明了瑞士国家与民族产生的背景、起源和发展，认为瑞士的中立与瑞士的多民族有密切相关的联系等。（9）勒维著，王步涛、钱秀文翻译的《瑞士的社会结构》。⑥此书叙述了瑞士经济、政治、社会等各个领域多方面的结构状况，指出瑞士社会是由德、法、意和外来民族组成的，这些民族形成了瑞士的社会阶层结构。（10）奥利维尔的《19世纪的政治思想家》。⑦此书认为从1789—1914年的这个阶段是瑞士政体建立的最重要时刻，在这个时期里瑞士政治思想领域的斗争激烈，尤其在宪法问题、民族问题、宗教问题等方面，代表人物有杜蒙、马洛

---

① David Lasserre, *Étapes Du Fédéralisme – L'expérience Suisses*, Editions Rencontres, 1967 Lausanne.

② PIERE, *Histoire de l'Industrie Horlogère Suisses*, Editions Alphil-Presses universitaires suisses, 2009.

③ Kölz, Neuere Schweizerische Verfassungsgeschichte 1968.

④ Thomas Riklin, Studentennummer: 98 – 200 – 991. Badenerstrasse 266 8004 Zürich 2005. (Worin unterscheidet sich die Schweizerische, "Nation" von der Französischen bzn. Deutschen "Nation"?).

⑤ ［瑞士］埃·邦儒尔：《瑞士简史》，南京大学历史系编译组译，江苏人民出版社1974年版。

⑥ ［瑞士］勒维（R. Levy）：《瑞士的社会结构》，王步涛、钱秀文译，中国大百科全书出版社1990年版。

⑦ Olivier Meuwly, *Les Penseurs politiques du 19 siècle* (*Les combats d'idées à l'origine de la suisse moderne*), première édition, 2007. Presses polytechniques et universitaires romandes, Lausanne.

特等。

国内研究现状：(1) 端木美的《瑞士文化与现代化》。① 该书阐述了瑞士文化与现代化之间的关系。该书分析认为，瑞士联邦位于欧洲中部，又占据欧洲最重要山脉——阿尔卑斯山的中段，自古以来便是连接四邻的枢纽。其地理位置的重要性使这个小国不容被忽视。更何况，居住在这个国度里的700万左右的瑞士人在26个州中使用4种民族语言：德语、法语、意大利语和列托-罗曼什语。无论从人种起源、文化渊源还是历史进程，都显示其与四周强国的同一性与差异性，因而在欧洲研究中，瑞士问题独特而且充满悬念，引人入胜。作者端木美女士不仅是我国法国史学会的会长，同时她也是中国研究瑞士历史的集大成者，她写下许多有关瑞士的论文与专著，是我国研究瑞士历史的著名专家。著有《法国大革命与瑞士——海尔维第革命独特结局浅析》，《世界历史》1989年第4期；《瑞士的经济自立与拿破仑的大陆封锁》，《世界历史》1990年第4期；《论瑞士联邦的历史渊源与沿革》，《世界历史》1991年第5期；《瑞士弗里堡犹太人概况》，《瑞士研究论文集》1992年第2期；《瑞士民主初探》，《世界历史》1993年第5期；《瑞士城市化思考》，《世界历史》1996年第6期等。端木美教授的这些文章是我国研究瑞士历史绕不开的珍贵资料。

(2) 张志凯的《国际城市日内瓦》。② 这本书介绍了著名的国际城市日内瓦。小小的日内瓦，为何如此知名、如此富有吸引力呢？这原因当然绕不开这个过去被喻为"袖珍共和国"的日内瓦，在历史上曾以英勇不屈的斗争，奇迹般地捍卫了自己的自由与独立的壮举。不仅在宗教改革史上，日内瓦曾作为加尔文的大本营而被称为"新教的罗马"。另外它也是瑞士钟表的摇篮，银行的聚集地，国际联盟总部，红十字的发源地。日内瓦还哺育了18世纪伟大的启蒙思想家卢梭。列宁在这里逗留过，伏尔泰、加尔文也都留下了他们斗争的身影。

(3) 李念培的《瑞士》。③ 李念培先生曾在瑞士驻华大使馆工作近20年之久，对瑞士进行了全面的了解和深入的研究。该书对瑞士的人民生活、衣食住行、传统习俗、交谊礼貌、名胜古迹，以及地理、历史、经

---

① 端木美：《瑞士文化与现代化》，辽海出版社1999年版。
② 张志凯：《国际城市日内瓦》，上海人民出版社2006年版。
③ 李念培：《瑞士》，世界知识出版社1990年版。

济、社会、政治等诸方面，进行了全面客观的介绍。

（4）田飞龙的《瑞士族群治理模式评说——基于宪法爱国主义的公民联邦制》。① 该论文提出瑞士族群治理经验的核心在于坚持公民身份的政治优先性，如有序的直接民主、严格的宪法平等、去族群化的政治文化以及政教分离与宗教自由等。

（5）钱金飞的《德意志近代早期政治与社会转型研究》。② 该文主要围绕着德意志近代早期政治与社会的转型时期展开论述，许多材料值得借鉴。文中也有不少篇幅用来介绍瑞士的情况，如在第三章"德意志城市的国家构建之路"的第二节"走瑞士联邦道路"，用10多页的文字来阐述瑞士当时的概况。

（6）沈坚的《文明的历程》。③ 该书以各个特殊的文明为单位，参照世界范围内文明发生的先后进行详略的论述，分析了文明的多样性，以及造成文明特殊性、复杂而多样的原因，并且认为文明之间的交流对促进民族文明多样性的生成具有重要作用。

（7）吕一民的《法国通史》。④ 法国文化某种意义上说是瑞士文化的母体，该书在内容上凸显了略古详今的特点。尽管作者在本书的编写过程中力图多角度、多层次地展现法国历史的多样化面貌，但政治史仍是全书的骨架。又由于法国长期以来始终是世界上第一流的文化大国，故本书在思想文化史方面所占的篇幅也颇为可观。

总之，上述这些成果为本课题的研究提供了可供选择的翔实史料，也提供了学界争论的热点问题。但在国内外研究成果中，对瑞士民族的形成以及国家的产生等都有一定的论述。尤其国内学者对瑞士民族的特殊性、多样性研究涉及不多，这一问题也是该领域的局限性。而本课题的研究正好弥补这一忽略点，它的着眼点和研究方向正是针对近现代以来瑞士民族特殊性、多样性问题的不足。

三　研究框架与思路

（一）研究思路与主要内容。本课题以近现代以来瑞士民族特殊性、

---

① 田飞龙：《瑞士族群治理模式评说——基于宪法爱国主义的公民联邦制》，《法学杂志》2010年10月。
② 钱金飞：《德意志近代早期政治与社会转型研究》，人民出版社2017年版。
③ 沈坚：《文明的历程》，浙江大学出版社2006年版。
④ 吕一民：《法国通史》，上海社会科学院出版社2012年版。

多样性的问题研究为主题，通过项目设计和建设，从战略的高度前瞻性地提出近现代以来瑞士国家的生存、建立与发展，并制定课题的主要内容和蓝图。本课题主要分为五个章节，具体内容结构及研究路径如下：

绪论
第一章　瑞士多民族国家的界定以及其他
第二章　影响瑞士国家建立的重要事件
第三章　瑞士特殊性民族国家的建立
第四章　瑞士多样性民族社会的诞生
第五章　瑞士的民族政策和经验教训

（二）基本观点。本课题阐述了瑞士民族的特殊性、多样性即"一个多民族的非民族国家"的产生与发展，以及近代以来其处理民族问题的经验与教训。在血与火的历史进程中，瑞士逐步摸索出一套处理民族问题的政策和管理经验，这套经验尽管有一些瑕疵，但总体来说还是比较有效的、比较开放的、比较宽容的、比较大气的。在这套体系下，瑞士妥善地解决了许多复杂的民族矛盾和民族问题，并从世界各地引进大量的外来移民，为瑞士经济建设提供了充裕的劳动力和技术人才，也为瑞士经济的持续发展奠定了基础。

（三）研究思路。本课题将揭示近现代以来瑞士民族的生存、建立与发展，探索多民族在瑞士活动的基本情况和内在动力，用比较翔实的资料，分析各民族对瑞士的政治、经济等领域的影响。尤其着重叙述瑞士的民族发展演变的基本过程和瑞士政府处理民族问题的政策以及经验教训。

（四）研究方法。本课题研究将运用马克思历史唯物主义的观点和方法，采取以下思路：（1）重点分析与研究民族问题对瑞士国家的影响，同时关注研究对象的代表性与全面性；（2）坚持辩证研究的原则，既要了解现象，更要分析本质，要善于抓住民族问题的主要矛盾。本课题研究属于历史学研究，但在某些部分又和民族学、社会学等学科有联系，因而需要用收集、考证、甄别、分析、归纳等传统与现代相结合的方法来研究。本课题重点叙述的内容主要是第二、四章，难点是第五章"瑞士的民族政策和经验教训"，在这方面的把握和理解有一定的难度。

（五）创新之处。（1）本课题通过分析、比较和研究，选择具有典型意义，但又很少有人涉及的西欧小国瑞士，弥补了我国在这个领域的相对不足。在处理和解决民族问题的能力方面，瑞士是相对领先的，因而选择近现代以来瑞士处理民族问题的方式作为研究对象，这是一种全新的观点和理念，具有一定的前沿性、前瞻性和创新性。（2）通过研究瑞士民族特殊性、多样性的特点，以新的视角来观察并剖析瑞士民族融合以及社会经济发展成功的奥秘。

第一章

瑞士多民族国家的界定以及其他

关于瑞士历史的争论由来已久。许多学者认为瑞士是一个没有历史的国家，至少没有古代史和近代史，它的历史就是法国、德国、意大利三国历史的组合。就连瑞士巴塞尔大学教授、巴塞尔历史学会会长、瑞士各大学校长会议主席、瑞士著名的历史学家埃德加·康拉德·邦儒尔（E. Bonjour）在谈到瑞士历史的时候也尴尬地说："瑞士国名和实体的渐进形成，向历史学家提出一些棘手的问题。讲述瑞士从什么时候开始才算恰当呢？"① 还有一些历史学家却不以为然，他们认为瑞士与周边国家一样拥有悠久的历史，不过持这种观点的人往往是以官方为背景的学者。客观地说，作为一个政治单位，瑞士是逐渐发展起来的，而且成熟得很晚，因而瑞士的历史就不像普遍认为的那样拥有明确定义的范围，它实际上也是逐渐形成的。这一点从瑞士的国名的演变中就可以得到清楚的反映。在英文中人们仍然使用"Schwizerland"这个词的另一种体形即"Switzerland"来称呼瑞士，尽管瑞士人对这个称呼的沿用只持续到了18世纪中叶。随后瑞士人用更短的"Schweiz"来代替，"Schweiz"（施维茨）在德文中是"汗臭"的意思。这是因为当时奥地利的哈布斯堡王朝是初期瑞士邦联②的主要敌人，该国的政客早在14世纪中叶，就用瑞士邦联中最具有反抗斗争精神的施维茨州的名称来称呼瑞士。奥地利政客的用意是带有明显的谩骂和侮辱性的，所以这个名称也长期不被瑞士人所接受。一直到18世纪，施维茨这个原先带有谩骂和侮辱性的名词，才变为瑞士人自愿

---

① ［瑞士］埃·邦儒尔：《瑞士简史》上卷，南京大学历史系编译组译，江苏人民出版社1974年版，第5页。

② 旧瑞士邦联是当今瑞士的前身，主要是由几个独立的小邦所组成的松散联盟，从13世纪建立延续至1798年，之后改成由法国所扶植的海尔维第共和国，自海尔维第共和国开始为联邦制的国家。但瑞士现代意义上的联邦制的真正实行是在1848年。

接受的尊敬称号。到了 18 世纪末，瑞士历史学家冯·弥勒最终确定了瑞士的称呼"瑞士联邦（邦联）"（The Swiss Confederation）。

第一节　瑞士民族和多民族国家的界定

一　早期瑞士形成的概述

许多世纪以来，人类活动给瑞士留下了深深的烙印，伴随着这个国家在经济和技术上的发展，人类的进步也改变了它的面貌。在瑞士发现最早的人类活动可追溯到迄今 5 万到 4 万年前的旧石器时代；另一种观点认为 6 万至 7 万年前瑞士就出现了莫斯特文化。① 在纳沙泰尔州的科唐契洞穴中发现的切削工具佐证了这一点，而这些工具应当为尼安德特人所有。② 1833 年，瑞士学者弗郎索瓦·马约尔在日内瓦近郊的韦里耶（Veyrie），发现了一些原始人类居住过的山洞，洞内挖出了大量有价值的文物，其中最珍贵的是一个鹿角，上面刻有一只山羊。这些文化史称"韦里耶文化"。③ 公元前 4000 年前后，从南方来了属于欧洲新石器时代文化的另外一批人，带来了中东和东地中海地区的文化。到公元前 3000 年的新石器时代，当时主要从事农耕的人们已经建立了长期定居的居住点，并耕作土地，这是人类发展过程中的一个重要阶段。在瑞士诸多新石器时代的遗址中，考古发掘已经发现了新石器时代住所的地基，那里建造了一些完整的村庄。在瑞士的东北部沙夫豪森（Schaffhausen），则发现了古代炼铁炉。在铁器时代，交通联系开始取得进展，山上已开辟了小径，大陆居民因此就与地中海发生了联系，一些河流、湖泊、城市有了与今天同样的名字，如"莱蒙""日内瓦"。在铁器时代后期，吉尔特人迁移了进来，在今日的阿旺蒂喀（阿旺什）建立了最早的城市。随后，在拉坦诺时期，伴随着首批钱币的流通（约公元前 800 年），阿尔卑斯山地区的贸易交换

---

① 莫斯特文化，欧洲旧石器时代中期文化，因发现于法国的莫斯特，故名。
② Homo Neanderthalensis 1856 年在德国杜塞尔多夫尼安德特流域附近的洞穴内发现古人的化石，故名。
③ Jean-Claude Favez, *Nouvelle Histoire De La Suisse Et Des Suisses*, vol. 1, 1982 by Editions Payot Lausanne, p. 22.

也逐渐发展了起来。① 公元前 450 年，外高卢的吉尔特人来到了瑞士日内瓦，他们带来了更先进的冶铁技术和劳动生产力。在公元前 1 世纪左右，吉尔特人在多瑙河、莱茵河、罗讷河上游居住，在欧洲的中心部分组建了许多部落。这些部落和日耳曼族有密切的联系，他们有着相类似的物质文明、生活方式、语言以及宗教信仰。但它们只是一些松散的部落联盟，并未产生国家。公元前 1 世纪中叶，吉尔特人迁移至瑞士的中央高原和高卢继续发展。然而由于罗马军团的入侵，吉尔特人遭到罗马人的统治。另一支原居住在莱茵河畔被称为海尔维第的部族则较为幸运，他们逐渐占据了阿尔卑斯山中部和汝拉地区。不过海尔维第人在另一支强大部族阿勒曼尼人（日耳曼民族的分支）的压力下，不得不试图向德国西南部的平原地带迁徙，但他们最终被恺撒大帝的军队赶回了中央高原。公元前 58 年春，恺撒切断了日内瓦罗讷河桥。在恺撒的《高卢战记》中，曾有如下记载："外高卢的吉尔特人的最边远的城市，也是距海尔维第人最近的城市，是日内瓦。那里有一座桥，可达海尔维第人地区。"②

此后，瑞士的疆土成了罗马帝国的一部分，许多重要的发展成果都出现在这一繁荣时期。建立了道路网，发展了小城镇，这其中也包括在这个国家另一端的两个美丽的城市——阿旺蒂喀（阿旺什）和奥古斯塔·拉里加（奥格斯特）。农业也欣欣向荣，农村地区布满了庄园，还有丰收的庄稼。在语言方面，正是在罗马化以后的这个时期，瑞士逐渐形成了同时使用四种语言的格局，随着日耳曼民族如潮水般地涌来，现代瑞士的种族和语言特点便生了根。已经皈依了基督教的法国勃艮第人移居于西部，而且很快被罗马人同化，甚至采用了他们的语言——拉丁语。伦巴族人（伦巴第人）部落也一样，他们把自己安置在瑞士南部，几乎没有扰乱原有的文化。

居住于莱茵河和阿勒河之间那片地区的不信奉基督教的阿勒曼尼人移民人数最多。尽管阿勒曼尼人完全控制了他们移居的这个地区，但他们并未渗透进雷蒂亚地区（后来的格里松），原因是遭到了雷蒂亚人的抵抗。这个民族在瑞士东部的许多地区，如南蒂罗尔、福拉尔贝格和弗留利等地安顿了下来。到了中世纪，他们又撤离这些地方来到高格里松各地实行自

---

① Jean-Claude Favez, *Nouvelle Histoire De La Suisse Et Des Suisses*, vol. 1, 1982 by Editions Payot Lausanne, p. 36.

② P. Guichonnet, *Histoire et Civilisations des Alpes*, vol. 2, Toulouse-Lausanne, 1980, p. 46.

治。假如没有这一有力的生存反应,罗曼什语(雷蒂亚语)可能很快就会被其周围的主要语言群体同化。

至此瑞士便形成了今天使用四种语言的格局:在罗马人和勃艮第人居住的地区,流行的拉丁语演变成了法国普鲁旺斯方言的法语;被阿勒曼尼人占领土地的民众到公元900年之后已完全开始说日耳曼语;南部谷地的民族继续坚持使用高卢-意大利伦巴第方言;而格里松地区则操着罗曼什语。

二 近代流行的民族国家理论

从11世纪开始,包含了作为人类而非传统宗教所主张良知的发展,和社会国家解放过程的世俗化运动在人们现实生活的改善下兴起了,并随着城镇的繁荣在欧洲大陆广为传播。[1] 这直接要求将人们从神权至上的统一中解放出来,进而使得民族和地区主义走上了历史的舞台。在瑞士也出现了类似的状况,这导致了后来宗教改革运动在德国、瑞士等西欧地区蓬勃兴起。民族国家是在欧洲中世纪晚期出现并在资产阶级革命时代普遍形成的"典型的正常的国家形式"[2]。总的来讲,所谓民族国家,就是建立起统一的中央集权制政府的、具有统一的民族阶级利益以及同质的国民文化的、由本国的统治阶级治理并在法律上代表全体国民的主权国家。[3]

14世纪意大利首先成为"文艺复兴"的发祥地,那么就有理由从当时的国家理论出发,来为接下来的欧洲民族国家发展历史的研究提供一定的方向。人们常说意大利的伟大诗人但丁第一个预示着新曙光的出现,他一只脚还留在中世纪,另一只脚已经跨入了新世纪。而在这里需要得到重视的是另一位伟人。就在当时还处于四分五裂的状况,各个独立的邦国相互竞争、相互争夺的意大利,一位眼光独特的政治家和历史学家在佛罗伦萨出现了,他就是马基雅维利。他提出了马基雅维利主义,即个体总是试图利用他人以达成个人目标的一种行为倾向。该术语实际上包含两层含义:第一层含义是指任何适应性的社会行为,根据这种社会学意义上的生

---

[1] Laïcité, *Laïcité et sécularisation*, Respublica, jeudi 21 octobre 2010, Par Hakim Arabdiou.
[2] 《论民族自决权》,《列宁选集》第2卷,中央编译局译,人民出版社1995年版,第508—509页。
[3] 宁骚:《论民族国家》,《北京大学学报》(哲学社会科学版)1991年第6期。

物进化论（虽然当时还未被提出），自然选择总是偏爱成功操控他人行为的个体，这种不断进化以适应社会互动的能力是不考虑互动是合作性的还是剥削性的；由此引出的第二层含义就是特指非合作的剥削性行为，其含义源自管理和领导力的"黑暗面"。根据早期的政治研究和权利的历史观点，特别是那些在《君主论》和《李维史论》中得到支持的观点，阐释了马基雅维利主义领导者的主要特征：第一，缺乏人际关系中的情感；第二，缺乏对传统道德的关注，对他人持功利性而不是道德观点；第三，对他人持工具性而不是理性观点，也就是"将他人人格中的人性只是作为手段"①，这是明显与之后的特别是启蒙运动时期的思想相对的；第四，关注事件的完成而不是长期目标。明显地，马基雅维利是作为中世纪晚期与文艺复兴初期意大利新兴资产阶级的先锋和代表而出现的，他所提出的如结束意大利在政治上的分裂状态，建立强有力的君主专制制度，形成强大的中央集权国家等主张都是为了给新兴资产阶级铺平道路。他抛弃了中世纪经院哲学和教条式的推理方法，不再从《圣经》和上帝出发，而是从人性的实际出发，以历史事实和个人经验为依据来研究社会政治问题。他把政治学当作一门实践学科，将政治和伦理区分开，把国家民族看作纯粹的权力组织。他的国家学说以性恶论为基础，认为人是自私的，追求权力、名誉、财富是人的本性，因此人与人之间经常发生激烈斗争，为防止人类无休止地争斗，国家应运而生，颁布刑律，约束邪恶，建立秩序。国家理性主义在这里显现出了苗头，它要求摒弃一切个人的、独特的东西，甚至法律和道德，只要它为某些长远的利益着想——虽然判断这个长远利益的标准在这里并没有被给出。马基雅维利问道："经过一千年的辛勤劳苦之后，佛罗伦萨竟然变得这么衰微孱弱，其原因究竟何在？"② 在他眼中原因就是缺少一位强有力的君主，因此他十分推崇君主中央集权制已十分巩固的法国。马基雅维利认为一切要服从现实的需要，一国之君需能外拒强敌、善处友邦；克敌之道可以以力取胜，也可施以狡诈；需要人民既爱戴又畏惧；让士兵尊奉不移；凡有损于国的人均击之；需以新方法更新旧习惯；威恩并用；宽宏大度；不忠之军必代以新建之旅；与各国君王保

---

① [德] 康德：《道德形而上学奠基》，杨云飞等译，人民出版社 2013 年版，第 25 页。
② [意] 马基雅维利：《佛罗伦萨史》（中译本），李活译，商务印书馆 2008 年版，第 51 页。

持友善关系以既使其为我所用，又可避除其害，等等。① 马基雅维利的理论不仅影响了意大利，也影响了包括瑞士在内的欧洲国家，使民族主义、国家主义、地区至上等思潮开始兴起。

随着宗教改革以及商业革命的发展，欧洲到处弥漫着敌对教派之间的流血冲突与战争，整个拉丁、条顿诸民族在宗教信仰民族文化上的分道扬镳，使得西欧和中欧爆发了著名的"三十年战争"（1618—1648），随后签订了《威斯特伐利亚和约》。该和约第一次以国际法的形式重新划分了欧洲政治地图，使得神圣罗马帝国变得徒有虚名，瑞士也第一次在法律意义上获得了独立。与此同时，各个国家为了保障自己的边界不受侵犯，都纷纷发展自己的武装力量，设立守卫领土的关卡，"国家领土不可侵犯"已经成为各国普遍采取的原则。国家与国家之间也开始有了真正的外交，为了处理不同的问题签订了形形色色的条约。这些条约在地理意义上划定的疆域也影响了处在文化层面上的语言，欧洲的语言开始变得更加有区分度，语言的民族化倾向因此就更加分明了，这也意味着不同的民族国家正在形成自己特有的文化习俗。

英国政治学家霍布斯（1588—1679）在欧洲近代国家形态的有关问题方面颇有研究，他认为国家是人造的，而不是神造的。既然已经没有了原先那般统一的宗教，上帝的光芒也在逐渐暗去，那么，每个基督徒就应该抛弃原先的、由上帝赋予的统一而空洞的名号，把自己所属的国家当作自己的、至少在世俗世界中的代言人与守护者。因此号称"国民的整体"或"国家"的这个神话中的庞然大物"利维坦"是用理性加以艺术化的手法被人为地塑造的，它只是一个"人造的人"而不是一个神指派的、耳提面命的暴君。虽然它远比自然人身高力大，却是以保护自然的人为其目的。换言之，它实际上是作为自然人的"奴仆"——虽然它不仅仅被作为手段。考虑到霍布斯当时的政治立场，这应该才是他所提倡的所谓"开明专制"背后的实质。从马基雅维利到霍布斯，虽然他们的出发点并没有太大的变化，但他们的结论和影响，即"民族国家"的理论和观念却产生了一个巨大的飞跃，这毫无疑问是由于霍布斯在《利维坦》之中对理性的建设性运用的结果。霍布斯不仅深入发展了马基雅维利的观点，更是提出了马基雅维利的理论中潜在的、对于

---

① Machiavel, *Le Prince*, Librairie générale Française, 1962, p. 59.

一个国家的建立根本性的东西：由契约赋予的权利和义务。除了马基雅维利的观点，霍布斯也参考了西方传统的政治理论，特别是亚里士多德对于政治学的观点——他认为人之为人就因为他是从事政治的动物。因此在《利维坦》中，霍布斯如此描述他所认为的政治的本质对于人的作用："主权"是使整体得到生命和活动的"人造的灵魂"。[1] 在这里，世俗化的倾向已经相当地明显了。这自然也为欧洲国家指明了发展方向，现代国家须由政治统一的集合体来组成的趋向越来越明朗化，瑞士发展的理论基础也越发完整起来。

随后的洛克也延续着前人开创的道路在国家理论领域取得了很大的成就，不过他注重的是权利与财产之间的关系，这种思考角度也使得他将个体从"利维坦"的手中独立了出来。尽管这种类似"自由主义"的革命后来又被不少的学者发展，但到古典哲学的集大成者（当然也包括政治哲学）黑格尔那里，它们全都遭到了系统而全面的批判。黑格尔建立了一套把近代欧洲政治的基本因子形象比喻为"神"的理念指导之下的国家学说，并将国家作为实体的地位抬升到了无与伦比的高度。日耳曼民族的历史地位在黑格尔看来是一种久久萦绕的民族情怀，尽管他所设想的"国家法"等理论对于当时的普鲁士国家来说是超前的，但对于那时的瑞士和其他欧洲国家都具有普遍与现实的意义。黑格尔将国家作为客观精神上拥有最高地位的伦理的实现，因此国家应该凌驾于一切社会实体之上（具体来说就是家庭和市民社会），这种观念不但体现了他对马基雅维利和霍布斯的国家理性主义的继承，还体现了他尝试融合启蒙思想的意图——伦理是作为道德的外化和统一而存在的。于是，尽管国家被夸耀得如此神圣，它还只是在"世界进程"之中的，换言之，作为伦理精神的统一体它还是可能被推翻的，因为只有在这种威胁之中它才能不断地自我实现。当然，黑格尔不认为这种推翻是来自于内部的，它仅仅来自不同国家之间的冲突。作为在这个阶段最高的实体，外在的国家冲突被理解为三个方面：第一，直接现实性，它是作为内部关系中的机体来说的个别国家——国家制度或国家法；第二，他推移到个别国家对其他国家的关系——国际法；第三，它是普遍理念，是作为类和作为对抗个别国家的绝对权力——这是精神，他在世界历史的过程中给自己以它的现实性。[2] 国

---

[1] ［英］霍布斯：《利维坦》，黎思复等译，商务印书馆1985年版，第1页。
[2] ［德］黑格尔：《法哲学原理》，范扬等译，商务印书馆1982年版，第259页。

家不只是作为利益的、契约的，更是精神的、理性的。黑格尔因此认为，国家就是民族精神的现实化，而在近代史中，对他的这种观点的佐证数不胜数。所谓民族精神，就是一个"认识自己和希求自己的神物"①，黑格尔如是地解释道。恩格斯曾这样评价黑格尔"他是第一个想证明历史中有一种发展，有一种由内在联系的人，尽管他的历史哲学中的许多东西现在在我们看来十分古怪，如果把他的前辈，甚至把那些在他以后敢于对历史作总的思考的人同他相比，他的基本观念的宏伟，就是在今天也还是值得钦佩"。②

黑格尔的这种见解当然不是坐在书斋中空想出来的，他是从欧洲的历史中探索出来的，他不仅用了大量的笔墨写希腊、罗马世界，还在后两部分写到了日耳曼时期和近代，即国家的雏形出现了以至成型的世纪。③ 回顾黑格尔所生活的时期，欧洲组成许多各自独立的"民族国家"的态势已经形成，瑞士民族走上这条道路是势在必行的；因此从历史发展的必然性看，不仅是瑞士民族，整个欧洲都要走这条路。在这种情形之下，黑格尔提出了两层理想境界，首先是"国家化"，其次是绝对精神的世界化，而这也就意味着历史是国家的历史，国家的历史又是世界的历史。由于黑格尔的第二个观点虽然超前，但带有过强的神秘主义的空洞色彩，连他自己都只是宣称普鲁士就已是"地上的神物"④ 了。那么在这里要强调的就仅仅是"历史是国家的历史"这一观点。可以发现从马基雅维利、霍布斯到黑格尔，不谈那些空洞的设想，至少"利维坦"这个"怪兽"的巨大身影已经实实在在地成为欧洲近代史的普遍事物了。

在经历过国家理论的发展之后，人们对于民族国家的定义就清晰了起来。虽然就民族结构来说，现代国家有单一民族的国家和多民族的国家等区别，但是民族结构并不是民族国家的本质内容，国家自身的实体性才是。构成民族国家的本质的实体性是有内容的，而正是这些内容赋予了它那种统一性，即它是依靠于国家政治的统一性和国民文化的同质性而建立的，它也是国民对主权国家在文化上、政治上的普遍认同的体现。凡是已经具有或者正在具有这一本质内容的现代国家，不管其民族结构如何——

---

① ［德］黑格尔：《法哲学原理》，范扬等译，商务印书馆1982年版，第253页。
② 《马克思恩格斯选集》第2卷，中央编译局译，人民出版社1995年版，第121页。
③ 陈乐民、周弘：《欧洲文明的进程》，生活·读书·新知三联书店2003年版，第125页。
④ ［德］黑格尔：《法哲学原理》，范扬等译，商务印书馆1982年版，"导言"。

相对单一的民族结构自不待言，比较复杂的和十分复杂的民族结构也是一样的，都属于民族国家。①

于是可以总结出民族国家具有以下几个特点：第一，它们都拥有公认的民族代表机构即国民议会（名称不尽相同），以及统一的中央集权制政府，形成了全国范围内统一的民族市场；第二，在国家管辖的范围内或已经形成，或正在形成，或趋向于形成共同的语言和文字、共同的民族意识和国民文化；第三，它们在法律上都是民族利益和意志（等同于国家利益和意志）的代表者，虽然这种利益和意志实质上是民族的（即本国的）统治阶级的利益和意志（这具体取决于国家的性质）；第四，它大多是民族运动和民族自决的产物，而民族运动的一般趋向是建立民族国家，民族自决"就是成立独立的民族国家"②。

仅仅上文的那一小段就体现出了民族与国家这个问题的持久性（虽然主要侧重国家），它是从古代到现当代、从东方到西方持续被讨论的话题。这两者虽然隶属不同的社会历史范畴，但是其联系紧密而复杂，这两点的联系尤其在瑞士国家的形成和发展过程中表现得更加突出。有学者指出："民族的本质内容是具有统一文化的人民；国家的本质内容是国家政权即国家机器，而国家政权这种特殊的暴力则是民族分裂为阶级并且阶级矛盾达到不可调和的程度的产物和表现。"③ 回顾一下之前的讨论就可以发现，民族国家成为普遍的政治现实，是欧洲近代史时期的事，但它的观念在中世纪就已经存在了。民族国家的观念是政治的、经济的以及文化的等综合而形成的观念，这种观念的出现，结束了神权大一统的时期，从此将统一民众的重要地位让位给近代国家。一般来说，民族国家产生的过程，其实就是民族主义产生的过程。从法兰克王国一分为三到欧洲"三十年战争"结束后的威斯特伐利亚体系的建立，民族国家的欧洲也基本形成了雏形。不过从这个角度来看，瑞士似乎在民族与国家的矛盾中成就了某种程度上的平衡和融合。在瑞士，国家与民族这两个要素在其近现代发展史上始终相生相伴，在西欧其他国家也几乎是同步的。可是近现代以

---

① 张建军：《近二十年民族分离主义研究述评》，《西南民族大学学报》（人文社会科学版）2011年第2期。

② 中央编译局编：《论民族自决权》，《列宁选集》第2卷，人民出版社1995年版，第512页。

③ 宁骚：《民族与国家——民族关系与民族政策的国际比较》，北京大学出版社1995年版，第252页。

来在瑞士国家的生存、建立与发展中,其特有的中立政策、宗教改革和1848年宪法的确定共同造就了几百年来瑞士民族几乎在国内外没有和本国的民族以及其他国家的民族发生过激烈冲突,这也是瑞士与其他欧洲民族国家不一样的独特之处。那么也不用奇怪这样一个民族和谐的国度会被誉为资本主义世界解决民族问题的榜样了。

从历史的发展脉络来看,实际上并没有严格意义上的瑞士人。从民族和语言构成来看,瑞士又是一个多民族的国家,它由德、法、意和为数不多的列托-罗曼什人组成并形成相应的四个族群。因此,在瑞士并不存在所谓的"瑞士民族"。① 它本质上是"一个多民族的非民族国家"。民族国家意识是随着瑞士在民族融合进程方面的深入而逐渐清晰的,在这个过程中,邦联制成为一种积极的推动因素,它的发展促进了瑞士民族国家的形成及其民族的融合。

除了这种政治形式的作用,强烈的民族认同感也是维系瑞士多民族共同体的一个重要纽带。在瑞士人心中没有民族的概念,"瑞士人"是他们共同的民族,他们为自己是瑞士的一分子而感到骄傲。也正是这样的民族向心力,让各民族紧密地联系在一起,以国为家,而非以民族为家。②

从内部来看,民族认同、民族意识、民族宗教、民族文化和民族语言等是民族国家形成的重要因素;而外部因素也是重要的。瑞士国内各民族都认识到,由于四周皆为强邻,国家必须具有极强的凝聚力才能生存,这就要求一切不利于国家团结的因素必须消解,这是其解决民族问题的一个基本出发点。内外两者结合起来使得过去的那种作为反抗的多样性被消除了,和所有理论所设想的理想那样,瑞士国家建立的过程就是瑞士各民族不断融合形成统一民族共同体的过程。

在理论上被所有人所理解的东西真正实施起来却是极为困难的,这就要求将瑞士达到融合的结果所经历的过程展开来加以细致分析。那么首先要理解的就是民族融合。有一种解释称,民族融合是指两个或两个以上对等的民族在长期共同生活的过程中逐渐融为一体,民族差别最终消失,相互融合成新的民族的过程。根据这种定义,从瑞士民族融合的进程中,我

---

① 于福坚:《瑞士人是如何破除国家整合障碍的》,《中国民族报》,2010年3月5日。
② Thomas Riklin, *Studentennummer*: *Worin unterscheidet sich die Schweizerische*, "*Nation*" *von der Französischen bzn. Deutschen* "*Nation*"? 98 - 200 - 991. Badenerstrasse 266 8004 Zurich 2005, p. 129.

们可以发现以下一些特点。首先瑞士民族同盟的形成最早是在讲德语的德意志民族中开始的，从1291年至16世纪初，形成了以德语区为核心的主体，在这个核心主体的带领下，尤其到了后来一些双语州、法语州和意大利语州的加入，这样一个由4种语言组成的瑞士民族基本形成。也就是说瑞士民族的基础是德意志人。其次，虽然瑞士民族的核心主体是德意志人，但在政治和文化体制上却受到了法兰西的影响。由于法国在18—19世纪非常强盛，因此这一时期瑞士邦联受到法国的影响颇大，如最重要的钱币用法郎来称呼，即瑞士法郎。仅从这点来看就可以发现，瑞士民族的孕育是通过近现代以来瑞士各民族相互融合、相互影响、取长补短的过程得来的。

国旗作为国家的象征也可以体现出这个过程。1848年瑞士联邦政府正式确定了国旗式样，国旗为红底白十字正方形，与白底红十字的红十字会旗正好相反。关于瑞士国旗的起源有四种说法：一、红底白十字旗，是德国国王腓特烈二世作为自由的象征赐予瑞士的。到15世纪，瑞士每个州的旗子上都增加了红底白十字的图案，以象征国家民族的统一和对公共利益的献身精神。二、1339年瑞士反对贵族联盟的起义者在进军时，以红底白十字旗作为军旗，他们认为民族的自由解放事业是神圣的，有如神圣十字一样。三、在欧洲十字军时期，红底白十字旗就成为瑞士的旗帜。四、14世纪，瑞士一个农民组织在农民起义取得胜利时，他们的标志就是红底白十字旗帜。[①] 瑞士国徽是红色盾牌形状，正中央是白色十字。像国名一样，瑞士国旗与国徽的图案是从"老三州"之一的施维茨的州旗和州徽演变而来的。施维茨的州旗和州徽都以红色为底色，右上角是一个小白十字。十字标志象征对基督教的信仰，红色则象征着人民建设家园的奋斗精神和抵抗外辱的爱国精神。除了国旗以外许多瑞士人将州旗和国旗相提并论。瑞士各地的主要建筑上长年悬挂国旗和州旗，这和瑞士独特的联邦体制有关，也是瑞士与其他国家不同的特点。国家理性对自由意志，国旗对州旗，瑞士的多样性和统一性、特殊性和一致性可见一斑。也就不奇怪瑞士人挂国旗和州旗的观念都很强的事实了，他们以国旗和州旗为荣，国旗、州旗意识早已深入人心。在一些重大的节日，几乎所有的建筑物和居民住家门口都会自觉悬挂国旗和州旗，这也是对瑞士作为统一而多样的国家的最好证明。

---

① 张彦宁、宗庆后主编：《各国概况及实用贸易投资大全》，企业管理出版社1996年版，第867页。

第二节　瑞士的地理以及各民族分布及主要特点

虽然民族之间的区别往往被理解为纯文化的，可这种文化上的区别的原因却值得好好反思。客观的自然环境于是被首先想到，因为要了解一个国家的人文环境，了解它的自然地理是必不可少的第一步，特别是对于瑞士这样一个拥有如此独特的自然条件的国家而言更是重要的。瑞士位于西欧中部，面积41284.6平方公里。最大南北长度220.1公里，东西长度为348.4公里，最低点马焦雷湖（Lago Maggiore）湖面193米，最高点杜富尔峰（pointe Dufour）4634米，瑞士国境线总长度为1881.5公里，其中与意大利接壤741.3公里，与法国接壤571.8公里，与德国接壤362.5公里，与奥地利接壤164.8公里，与列支敦士登接壤41.1公里。经度位置大体在东经5°—11°之间，纬度位置大体在北纬45°—48°以内。[①] 整个瑞士的疆域像一片四边参差不齐的长方形叶子。

一　瑞士的地理

从瑞士自然地理可以看出，它的发展源远流长、错综复杂。它给人的"表面"印象是一种主要由后冰川期溪流与江河、崩塌的泥石、冰川期冰川及其融化的冰水在边期形成的景观。此外，再加上地面下的地貌，瑞士的这些独特自然地理景观的发生和发展历史从仅仅几千年到几十万年不等，但整个基本结构已有约5亿年的历史，包括可追溯至第三纪（例如，中央高原的磨砾层）和中生代（例如，灰岩构成的阿尔卑斯山脉和汝拉山脉）的巨大地层，以及更古老的山体岩心。位于南北轴线上的内陆多山国家瑞士，如果想用一个词来概括整个瑞士自然地理景观的本质，那么肯定只有"多样性"这个词才是恰如其分的。说得更清楚一些，归根到底，正是多样性赋予了瑞士独一无二的特点。瑞士的地质结构错综复杂。它是从法国沿海的阿尔卑斯山麓的尼斯到奥地利境内的阿尔卑斯山脉边的维也纳，绵延近1000公里的阿尔卑斯山脉弧形地带的一部分。瑞士的汝拉山脉和中央高原并非阿尔卑斯山脉的组成部分，但它们的演变与万千气象则深受阿尔卑斯山脉的影响。尽管瑞士的边界向南伸至上意大利高原，

[①] 吴志成：《当代各国政体》，兰州大学出版社1998年版，第213页。

向北直达莱茵河德国的黑森林，就瑞士主要地区的地理位置而言，则阿尔卑斯山脉和前阿尔卑斯山脉地区占60%，中央高原地区占30%和汝拉山脉地区占10%。由于地质构造的因素，整个瑞士矿产贫乏，仅有少量的煤、铁、铝、铜等。1982年在卢塞恩州发现天然气田，在格劳宾登州探明一个油矿，已查明有442座市镇可利用地热。水力资源丰富，可利用的水力达330亿千瓦时，利用率高达95%。森林120万公顷，占全国面积的近30%。

阿尔卑斯山脉 阿尔卑斯山系有五分之一在瑞士境内，而整个瑞士南部几乎都是阿尔卑斯山区，相当于全部国土的60%。瑞士的阿尔卑斯山属于中段。这一山脉被罗讷河及上莱茵河河谷纵向分割，被雷乌斯和提契纳河河谷横向分割，由此形成了东北部群山即阿尔卑斯施泰因山－吐根堡河谷、格拉鲁斯、施维茨和东乌里阿尔卑斯山，西北部阿尔卑斯山脉是西乌里山、翁特瓦尔登、伯尔尼斯、弗里堡和沃州阿尔卑斯山脉，以及南部阿尔卑斯山脉是瓦莱、提契诺和格里松阿尔卑斯山脉。总的来说，作为一个年轻的山脉，阿尔卑斯山脉是一个由褶皱和褶皱群组成的一系列复杂分层的山脉的残存部分，这些褶皱因冲覆压力而相互叠置，后来又因受侵蚀而变矮。它的平均高度约为1700米，约有100个峰顶平均高度在4000米左右，最高峰——在瓦莱州阿尔卑斯山脉中蒙特罗莎山的杜富尔峰则达到4634米。阿尔卑斯山南脉地区，在新生代、中生代之前，原有一个较老的山脉。地壳的再度隆起褶变，使原有的褶皱和断层，又经过一次褶皱断裂。因此，在这一带造成了特别复杂的地质构造。再加上风雨侵蚀、河流与冰川的雕琢，便形成了南脉山区所特有的风貌：层峦叠嶂、峰险谷邃、千姿百态、富于胜景，是旅游者爱游之地。

阿尔卑斯山脉的主要部分是由古老的花岗岩和片麻岩山体构成的，后来又被各种各样的沉积岩推覆体环绕。这里的景色丰富多彩、气象万千；冰川与河流的侵蚀冲刷出河谷、险地和山峰，它们的持续发展使阿尔卑斯山脉成为一个不断变化的地区。对中央地区进行的极精确的测量显示，阿尔卑斯山脉以平均每年1毫米的速度在继续"增高"，不过，这种增高也因侵蚀而抵消。在主要山脉的西北边，主要由砾岩组成的前阿尔卑斯山脉的结构较为简单。它们往往高达2000米。[①] 山区河川湍

---

① 《ATLAS》，Editeur：Fédération Suisse des Aveugles et Faibles de Vue（FSA）1988 Kummerly+Frey，Berne，p. 33.

急，水电资源丰富。阿尔卑斯山大都艰险难行，而且冬季积雪，非常危险，有时滑雪通道只好关闭。阿尔卑斯山有一些著名的山峰：少女峰（Jungfrau）4158米，它在伯尔尼高原的群山之中，在4274米的芬斯特拉峰（Finsteraarhorn）的旁边。但芬斯特拉峰处在群山之后，不太容易被发现，而少女峰却从首都伯尔尼也能看到。少女峰的名字，据说来源于翁格恩阿尔卑的一个女子修道院，Jungfrau在德语里意思是"处女"，也即出自对修女的联想。从克莱纳·谢德格方向看过来，少女峰右边的山峰常常被误认为是一顶纯白的尖尖的帽子，那是席尔巴峰（Silberhorn），一座比少女峰矮400多米的次高峰。略靠左边就是主峰少女峰，少女峰前面是吉森冰川（Giessengletscher），在它和明希峰之间的左上方是古基冰川（Guggigletscher）。明希峰（Monch）——4099米，位于三大山的中央，在德语里是"修道士"的意思。因此，有人把艾格尔峰写成年轻男子，而明希峰是一个监视艾格尔峰和少女峰恋爱之人的幽默贺卡。艾格尔峰（Eiger）——3970米，虽然离4000米还差一点，但它作为欧洲的三大北墙之一，是很有名的。瑞士另一高峰是马特峰（Mt Cervin）——4478米，它位于瑞士和意大利的边界线上，有四个面、四条棱线，就像是金字塔一样。在阿尔卑斯主要的几个顶峰中，它一直都是高不可攀的。山名在德语里面是"草地之角"的意思。意大利语叫作切尔唯诺山，法语叫蒙·塞尔邦山。杜富尔峰（玫瑰山，Monte Rosa）——4634米，是瑞士的最高峰，[①] 同样也是在瑞士与意大利的边界线上，是仅次于勃朗峰的阿尔卑斯的第二大高峰，在拉丁罗曼语里面是"冰山"的意思，但它并不仅仅是指一座山，而是许多山的总称，也有人把达·芬奇曾经爬过的蒙伯恩山，也归到罗萨山里面。其最高峰名为杜富尔·施皮翠，严格地说有100米左右越过了瑞士的国界线，在整座山都在瑞士境内的山中。杜富尔（Dufour）是瑞士联邦的第一位将军，他负责地图测绘工作。施皮翠，是"尖尖的山顶"的意思。魏斯峰（Weisshom）——4505米，其名字是"白色之角"的意思，是一座三角锥形（三个面、三条棱）的山。山上经常覆盖着雪，非常美丽，有人把它誉为瑞士的名山。

中央高原 说德语的瑞士人把这块地带称为"中央地带"，说法语的

[①] 《ATLAS》，Editeur：Fédération Suisse des Aveugles et Faibles de Vue（FSA）1988 Kummerly+Frey，Berne，p. 66.

瑞士人则称之为"瑞士高原"。事实上，这个高原并不平坦，而是一片丘陵起伏的多坡地区。从地质发展来看，这中部高原也是阿尔卑斯山脉的产物。这里在太古时期原是海湾和湖泊，但经阿尔卑斯和汝拉两山系冲下来的沙砾长期沉积，形成了冲积层，甚至出现了新的岩层。冰川时期，阿尔卑斯冰河又在上面覆盖了一层冰碛层，有些"碛"和"尾碛"还在一些地方造成了绵亘、断续的山岭、山丘，使低洼地区形成众多的湖泊。随着阿尔卑斯山脉和汝拉山脉的发展，海湾或湖泊在这一地区安家落户。随着山脉的升高，侵蚀亦步步紧逼，而水流将大量的沙砾和卵石带进陆岬的洼地。在这里，沉积物被压紧成为新的岩层——在中央高原几乎深达3000米，由杂色块状砾岩群及其他磨砾层岩石共同构成。在冰川期的各个阶段，尤其是最后一个阶段于公元前1万年左右结束，磨砾层的表面几乎完全被阿尔卑斯山冰川的冰碛所覆盖。许多横向和晚期的冰碛形成了狭长的小山丘。冰河侵蚀和沉积物创造出起伏不平的地貌，而这有利于湖泊的形成。

这一广阔高原的平均海拔为580米，它是由阿尔卑斯山脉和汝拉山脉拥抱着长约240公里、宽50公里的狭长地带——中部高原从日内瓦湖延伸至康斯坦茨湖，这里的气候要比阿尔卑斯山脉和汝拉山脉温暖。在这两个山脉之间，它形成了一个走廊，为通信、商业和文化活动提供了一个自然环境。中央高原土地并不十分肥沃，但草地很多，农副业中以乳牛业为主。又因为地势较平坦，瑞士四分之三的人口都居住在这一地区。虽然中部高原面积大致相当于瑞士国土面积的30%，但却集中了瑞士60%以上的人口，是瑞士的人口稠密地区，工商业也比较发达。高原上城镇星罗棋布，公路、铁路网稠密，主要的大城市，从西南端的日内瓦、莱蒙湖北岸的洛桑东北行，经本区中部的国都伯尔尼，再继续向前，到瑞士北部的工商业重镇苏黎世及其邻近的温特图尔，直到东北角的工业城市圣加伦，差不多都在一条从西南到东北贯穿高原中轴的直线上。另外一些较小市镇，如索洛图恩、纳沙特尔、弗里堡、沙夫豪森等，也都在高原地区中。其中不少市镇街舍古雅、风景如画，有的还保留着中古时代的墙垣与门楼。

汝拉山脉 汝拉山脉斜嵌在瑞士边境与法国交界的边界上。山脉由数条山脊组成，多为石灰岩结构。汝拉山脉的悬崖峭壁、河谷和高原风景壮丽，但与阿尔卑斯山脉相比，其结构却较为简单。它的平均海拔高度约为700米，某些山峰高达1600米，其中唐德尔山1679米。汝拉山脉大致可以分为三种类型：南部褶皱汝拉山脉，北部汝拉高原和东部的汝拉高地。整个汝拉山脉都与阿尔卑斯山的升高有关联。有的学者认为，在这一升高过程中，巨大的推力横穿中央高原，并在汝拉山脉形成了起伏的地层。①

汝拉山脉褶皱的特点是有规律的平行起伏；这种起伏在汝拉山脉的西南端达到极致，越向东北部则起伏的程度越小。在汝拉高地，沉积层更是被抬高并断裂。

随着岁月的流逝，流水的侵蚀力沿着许多褶皱的山峰冲刷出条条河谷。在这样的一些河谷中，河流和溪流将汝拉山脉拦腰劈开，形成深深的峡谷，水流直达中央高原。在其他地方，水流渗透过石灰岩，形成了地下河道。在某些无出口的河谷，这些溪河突然消失于落水洞和灰岩坑中，但又重现于平行的河谷，或汝拉山脉的山麓。这一地区有喀斯特岩石溶洞、高山湖泊以及丰富的温泉资源。汝拉山区和瑞士其他地区一样几乎没有什么自然资源，人口也不多，以传统的农牧区为主。此外，这里旅游业也很发达。同时瑞士的钟表制造企业大多数都设在汝拉山地区。巴塞尔是本地区唯一的大城市，它扼守德、法、瑞三国交界，是瑞士化工工业的基地，莱茵河流过该市，因而它也是瑞士唯一通向海洋的内河港口。

气候　由于瑞士地处欧洲中部，它的气候受四种主要的欧洲气流的影响，即来自大西洋的气流，东欧大陆气流，北欧副极地气流和地中海南部气流。这些外部因素加上瑞士本身从山岭突然转为高原的反差极大的地形，营造了多种多样的地方和地区性小气候环境。

瑞士各地的气候千差万别，由于它的地理位置和向阿尔卑斯山脉北部和南部的扩展，因而提供了对不同环境的广泛选择。此外，自从有气象记录的150年以来，气候已发生了变化，这一点可以从许多瑞士冰川在日渐缩小中看出。另外，最后一个冰川期在1万年前才结束。那么是否意味着瑞士将经历一个两个冰川期之间的温暖时期呢？科学家们今天正在深入了解人类干预可能对这些气候变化产生影响的程度，而许多人则想知道这一趋势是否会使整个瑞士处于亚热带环境中，正如泰辛地区过去曾有过的情形。

瑞士的总降雨量要多于欧洲其他许多地区，但瑞士各地的雨量分布极

---

① Switzerland, 2001 Kummerly+Frey, CH-3052 Zollikofen-Berne, 2001, p. 4.

为不均。例如，阿尔卑斯山内的降雨量和阿尔卑斯山脉外部地区的降雨量相差悬殊。从瑞士不同地区的年降雨量也可以看到这种差别。与欧洲大部分国家相比，瑞士降水量比较充沛，但分配不均，地区间差异很大。如阿尔卑斯山区边缘地带雨量较大，山区内部则较干旱。具体的年降水纪录各地不同，多的有 2570 毫米，最少的，如东部山区内的瓦莱平原，年降水量只有 520 毫米，那里的农民必须依靠人工灌溉才能获得收成。而距瓦莱平原仅 40 公里的摩罗山口就是一片雨障，年降雨雪总量高达 4000 毫米。①

另外，瑞士各地因风吹日晒、海拔高度及其他地理因素的影响，气候可谓千差万别。瑞士是一个包含了多种气候类型特征的国家。由于瑞士地处欧洲中部，西部是大西洋海洋性气候，东部和北部是大陆性气候，南部受地中海气候影响。以阿尔卑斯山为界，随着纬度的升高，气候从温暖向寒冷过渡。植被变化也是多种多样，高寒地区植物和亚热带植物共生，从极地特有的苔藓和地衣到地中海地区的棕榈树应有尽有。森林中有松树、冷杉、落叶松、山毛榉和栗子树等。除了高山地带，总体来说，瑞士夏季气温凉爽宜人，天气晴朗，日照充足。7 月份平均温度在 10—20℃，是避暑消夏的好地方。冬季受大西洋暖湿气流影响，大部分地区温暖、湿润。除高山地带外，1 月份平均温度在 0—10℃。

受变化多端的地形影响，瑞士的降雨量分布不均匀，地区差异很大。年均降水量从 520 毫米到 4000 毫米不等。在瑞士许多地方可以看到"立体气候"现象，在方圆几十公里地区就可以从盛夏过渡到隆冬。这种"立体气候"是瑞士气候的一大特色。

瑞士的气候还有一大特色就是"焚风"BISE，这是一种南北冷暖气流在阿尔卑斯山区交汇后形成的特殊干热的气流，它是因为阿尔卑斯山北坡的低气压与南面的高温气流遇到了一起。② 南面来的潮湿而温暖的气流沿山势上升，越高越冷，把它携带的水分变成夹有雷暴的大雨，降到面向意大利一侧的南坡。南风越过山脊之后沿北坡转向山下吹，温度逐渐升高，每降低 100 米温度可能升高 1℃，变成一股又干又热的风，这就是

---

① 《ATLAS》，Editeur：Fédération Suisse des Aveugles et Faibles de Vue（FSA）1988 Kummerly+Frey，Berne，p. 42.

② 《ATLAS》，Editeur：Fédération Suisse des Aveugles et Faibles de Vue（FSA）1988 Kummerly+Frey，Berne，p. 23.

"焚风"。它对瑞士阿尔卑斯山区,尤其是北面阿勒和罗伊斯两河上游地区的天气有十分巨大的影响。每当"焚风"吹起,阿尔卑斯北麓的一些山谷和丘陵的温度会骤增,有时在早春三月或晚秋十一月时,变得和盛夏一样炎热。人们对"焚风"都存有戒心。因为它初起时带来的大雨,可能引起山洪雪崩、湖浪拍天;后来的干热又易引起森林大火。有些社区为了防火,定有严格的戒律,并在公共场所张贴,有的甚至绝对禁止吸烟。但"焚风"也不是全无好处。它促使高山积雪融化、青草吐绿,使牲畜可以早日上山放牧。有些本应只在温带生长的作物,如玉米、葡萄、板栗等,因为"焚风"带来的高温,在偏北的山中谷地也可以茂盛地生长。干燥的"焚风"还吸走空气中的水分,使大气变得异常明澈清朗。平时,远坡上的山村常常模糊不清,棕黄一片;"焚风"来时,便突然露出"庐山真面目",房顶、山墙、门窗都变得清晰可辨。山岗、田野、牛羊也都好像移近了许多。[1]

如果非要对瑞士气候概括一下不可,只能以人口最多、国际交往频繁的中部高原为例。那一地带是温带气候,年平均降水量1000毫米,日照1700小时,年平均温度7—9℃。一般年份,苏黎世和日内瓦的日平均最低气温都在1月份,分别是零下3℃和2℃;日平均最高气温都在7月份,都是25℃。这里说的是一般年份的日平均气温。历史上实际最高及最低纪录当然超过此数。如苏黎世夏季荫处的最高纪录曾高达30℃,冬季最低也有过零下25℃的纪录。对瑞士天气造成突然影响的因素,还有不同类别的风。其中一种是山谷风:山中谷地在温暖季节,上午经日照空气变暖,因膨胀而随山势上升,形成谷风,在山顶四周遇冷还形成云朵。因此,午后有云,多是山区天气良好的一种表现。但到下午5时左右,谷风消失,空气骤然变冷,代之而起的是较冷而强劲的山风,掉转方向向谷地吹去。[2]

冰川 整个阿尔卑斯山系的冰川,大半都在瑞士境内。与阿尔卑斯山脉的其他地段相比,瑞士境内的阿尔卑斯山脉拥有的冰川最多——总覆盖面约3000平方公里。[3] 现在,瑞士境内还有大大小小140多条冰川,主要分布在阿尔卑斯山区,其中最大的冰川是瓦莱州的阿莱奇冰川,这条冰川

---

[1] [法] Hennessy:《瑞士》,于丽娟译,中国水利水电出版社2004年版,第92页。

[2] 《ATLAS》, Editeur: Fédération Suisse des Aveugles et Faibles de Vue (FSA) 1988 Kummerly+Frey, Berne, p. 25.

[3] Switzerland, 2001 Kummerly+Frey, CH-3052 Zollikofen-Berne, 2001, p. 6.

长 23.5 公里，面积达 117.6 平方公里。瑞士著名的冰川大多位于瓦莱州境内，最主要的冰川还有：瓦莱州戈尔纳冰川，表面积 63.7 平方公里，长度 14.5 公里；瓦莱州菲舍尔冰川，表面积 39.0 平方公里，长度 14.7 公里；伯尔尼州因费里奥·阿勒冰川，表面积 35.5 平方公里，长度 13.9 公里；伯尔尼州因费里奥·格林德尔瓦尔德冰川，表面积 27.1 平方公里，长度 9.4 公里；瓦莱州科尔巴西埃冰川，表面积 22.7 平方公里，长度 10.9 公里；瓦莱州上阿莱奇冰川，表面积 22.6 平方公里，长度 10.4 公里；瓦莱州奥泰马冰川，表面积 21.8 平方公里，长度 10.3 公里；瓦莱州丰恩冰川，表面积 20.9 平方公里，长度 9.1 公里。[①] 瑞士有许多水力发电厂就是依靠冰川的融水来为水坝提供水源发电。另外得天独厚的冰川也是瑞士旅游业的宝贵资源。瑞士境内许多有冰川的地区已经开辟成旅游胜地，有冰川火车或缆车供游人乘坐游览。今天看到的冰川仅是整个国家（甚至直到境外的东边和西边）都被冰川覆盖的各个冰川期整个冰覆盖区域的一小部分。

地球上曾经经历过冰川期。在冰川期，欧洲大陆被巨大、深厚的冰雪覆盖，植物被冻死，动物也纷纷向气候温暖适宜的地区迁徙。随着地球气候变暖，冰雪在重力和巨大的压力下形成冰川。冰川渐渐向北方移动、消融。由于瑞士的地势比较高且沟壑纵横，将一些冰川挽留在山谷。过去 100 年来，尽管仍有一些冰川在扩展，但大多数冰川已经退缩。由于气候变暖和环境污染的缘故，瑞士四分之一以上的永久冰层（约 100 平方公里）融化掉了。[②] 它们受到密切观察并被定期测量，许多冰川仍是饮水的水源。人类改变地球面貌的方式是显而易见的，而且往往是相当激烈的。大自然自身的活动比较缓慢，但却比较持久。最终，使地形高低起伏的自然力逐渐削平山岭和山脉，并灌满洼地。这里不乏古老风貌的证据，例如厄塞崖的"土金字塔"，它是冰川期的遗迹。河流移动受侵蚀的特质并挟带着它们俯流面下，使其形成沙砾或沙岸或河流三角洲。

河流 由于瑞士是欧洲的屋脊，又有众多的冰川，所以瑞士有"欧洲水塔"之称。欧洲有许多河流都与瑞士有关。瑞士构成了三大大陆流域的一部分，它的河流分别流向北海、地中海、黑海。其中最有名的莱茵河就发源于瑞士境内的阿尔卑斯山，在瑞士境内长 375 公里。它先向东北

---

① Switzerland, 2001 Kummerly+Frey, CH-3052 Zollikofen- Berne, 2001, p.6.
② [法] Hennessy:《瑞士》，于丽娟译，中国水利水电出版社 2004 年版，第 93 页。

流，穿过瑞士东北角的博登湖，沿瑞士北界折向西流，纳入阿勒、罗伊斯、利马等河的河水，到巴塞尔市折向北流，离开瑞士，经过德国、荷兰，注入北海。莱茵河及其支流在瑞士境内的流域面积共为27693平方公里，莱茵河携带瑞士河水的67.7%奔流入北海；罗纳河也发源于阿尔卑斯山，全长264公里，流域面积6947平方公里，它先向西南流，在靠近法国时突然折向西北，入莱蒙湖，在日内瓦市流出湖域，西进法国，折向南去，注入地中海。罗纳河在瑞士境内的汇水面积相当于全部国土的18%。还有波河在瑞士的支流9.6%，以及阿迪杰河0.3%携带瑞士河水的27.9%流入地中海；因河，它流经瑞士的东南端进入多瑙河，并最终汇入黑海。流域面积等于瑞士国土的4.4%。①

湖泊 瑞士因地理因素湖泊非常多，分布在高山、峡谷和高原上的湖泊多达1500个。其中日内瓦湖（也叫莱蒙湖，瑞士与法国界湖）582平方公里；博登湖（瑞士与德国界湖）539平方公里；纳沙泰尔湖218平方公里；马德雷湖212平方公里；四森林州湖114平方公里。② 瑞士的湖泊景色迷人、美不胜收。瑞士的湖泊大都与所在的州或湖滨城市同名。主要湖泊位于汝拉山脉的山麓和中央高原的有日内瓦湖、纳沙泰尔湖、比尔湖、康斯坦茨湖和苏黎世湖，阿尔卑斯山脉前及阿尔卑斯山脉的北边和南边的有图恩湖、布里恩茨湖、楚格湖和卢塞恩湖、马焦雷湖和卢加诺湖。此外，主要位于阿尔卑斯山脉中的数百个较小的天然湖和人工湖及水库，同样令瑞士感到自豪。而位于格里松州上恩加丁清幽宁静环境中的锡尔斯湖和席尔瓦普拉湖，无疑是其中最美丽的明珠。这是因河的河谷，因河在这里穿过两个小湖，环境优美，犹如仙境。这些湖泊的存在主要靠冰川期填嵌于冰河的冰或冰碛形成的洼地及盆地。所有康斯坦茨湖及日内瓦湖之间的中央高原湖泊，都是以这种方式生成的。与之形成鲜明对比的是，汝拉山脉中的湖泊却寥寥无几，这是因为那里的岩石层是脆性和易渗透的。汝拉山脉的茹湖和泰拉尔斯湖是典型的水蚀石灰岩地区湖泊，它们的盆地没有表面出口，湖水通过石灰岩中的裂缝慢慢渗出。众多的湖泊是瑞士又一显著的自然景观特色，它为瑞士的旅游发展创造有利的条件，其中有20多个湖泊有定期游船的航班，旅游设施非常完善。

植被与作物 瑞士多山，气候随高度而异，不仅南北不同，而且高低

---

① Switzerland, 2001 Kummerly+Frey, CH-3052 Zollikofen-Berne, 2001, p.7.
② 日本大宝石出版社编：《瑞士》，孟琳译，中国旅游出版社2001年版，第542页。

不同，垂直分布。再加上风雨的作用，温度的变化，使瑞士的天然植被和人工作物，呈现出百花齐放的景象。在一个小小的国度中，既有北极严寒地区的苔藓和地衣，也有地中海生长的棕榈和含羞草。树木既有各类针叶常绿树，也有各种落叶乔灌木，松杉榉栗，样样俱全。① 有人说，就气候和植被而论，从北极直到亚热带都压缩进了瑞士。提起植物必须要提到瑞士阿尔卑斯山的三大名花：火绒草是瑞士的国花。属菊科，高可达 20 厘米。火绒草原产于东南欧山区。叶片狭窄，呈针形或匙形，表面有一层浓密的白绒毛，味淡雅、清香。火绒草也叫雪绒花（Edelweiss），在德语里的意思是"高贵的白色"。因此，也就不奇怪火绒草被历代文人墨客所颂扬，演绎出许多富于浪漫主义色彩的传说。瑞士人喜爱火绒草不求奢华、不畏艰险、傲立冰雪的气质。在 19 世纪，雪绒花成为高山地区及其当地居民歌颂纯净的象征。在奥尔巴赫（Berthold Auerbach）的小说《雪绒花》（1861）中，由于它的难以获得，还成了不寻常的胆识的证明。② 但如今在瑞士一般山上的野花只能欣赏不能采摘，尤其是雪绒花已置于国家的法律保护之下，瑞士旅游局的标志就是雪绒花。作为著名的多年生高山植物，雪绒花长在海拔 1700—3200 米的高山上。它比较喜欢石头多的土质，盛开的季节为 7—9 月。不过如今野生的火绒草已经非常罕见了。与火绒草相反，高山杜鹃花则随处可见。名为"阿尔卑斯的玫瑰"，但实际上是石楠花的一种，可能在外行人看起来是杜鹃花。一株多生，花瓣有五片。生长高度和火绒草大致相当，在草地上也能生长，不过好像有沙石的地方多一点。因为花的深绿色的叶子夹杂在一起，所以从远处看过去有点淡褐色。开花季节为 5—7 月。石龙胆，阿尔卑斯山石龙胆的种类比较多，但多半为蓝色的花，要是不走近看不太起眼，这是它无法充分展示自己的一个"弱点"。它属于龙胆一类，在一般的草地上都能看见。有些品种在海拔 1200 米处就能看到，它生长高度是 3000 米左右。早的在 4 月就开了，一般是在 6—8 月盛开。③

上述瑞士地理概括表明，瑞士地理呈现多样性与特殊性，因而在其民族生存方面也与之相适应，出现民族的多样性与特殊性。毫无疑问，在农

---

① 《ATLAS》, Editeur: Fédération Suisse des Aveugles et Faibles de Vue（FSA）1988 Kummerly+ Frey, Berne, p. 60.
② Berthold Auerbach, *Edelweiss: A story*, Nabu Press, 2011, p. 77.
③ 日本大宝石出版社编：《瑞士》，孟琳译，中国旅游出版社 2001 年版，第 48 页。

业社会时期瑞士的条件与状况是不太理想的,各民族在瑞士高山峻岭中的生存十分艰辛和困难。

二 各民族分布及主要特点

在开始对民族分布的讨论之前,对民族的定义是首先要了解的,而这也为接下来的研究奠定基础。民族是指在文化、语言、习俗以及历史与其他人群在客观上有所区分的一群人,是近代以来通过研究人类进化史及种族所形成的概念,它是后天的而非自发的(spontané)。由于历史的原因,一个国家可以有不同民族,一个民族也可以生活在不同的国家里。① 这就有必要区别民族(nation)和国家(État)这两个概念,由于这两个词都是从西方经日本传入我国的,对它们的理解也仅仅是近一两百年的事,所以对两者的解释也是根据它们的诞生地欧洲的。但在日常使用中,特别是在外语中,它们的区分看似就不那么明显了,无论是英语、还是法语,"民族"和"国家"这两个词都可以在广义上表示国家。比如美利坚合众国被叫作"United States"(les États-Unis),而联合国为"United Nations"(Organisation des Nations unies),它们两者看似无论在中文还是外文中都没有什么区别,但只要细究就可以发现,美利坚宣传的是统一的、作为政治单位的单一国家,而联合国则是统摄所有民族的、以多样性为成立条件的调节机构,并没有什么强制性。这是因为国家是作为政治的、有以契约规定而成的明确区别他物的实体,它是从全体缔结者的最大利益出发而成立的,它的本质是一种通过它所掌握的资源去获得其他的资源的手段,这也就意味着它是强制的;而民族是以后天接受的、相对统一的文化环境为依据,因而有着超功利的特性,这也就意味着有限的制约力。于是,国家作为单纯的概念就永远不可能被融合,因为一旦融合了,它就不再是原来的那个国家了。但民族不同,民族可以融合,或者说民族的存在本身依靠的就是融合,因为本来就不存在任何一个有特定民族的人,人们只是天生地被赋予了血缘而没有天生地被赋予文化的环境。不仅如此,在纯粹的意义上,它可以无视历史渊源、利益等的限制而存在。

而如今的民族概念,不仅仅是以国度、文化为区分的单纯共同体,同一个民族可以有不同的血统、宗教信仰乃至语言,不同的民族也可以逐渐

---

① Bernard Peloille, *Le vocabulaire des notions 《nation》,《État》,《patrie》*, Revue française de science politique, 1983, pp. 65-108.

地融合成同一民族。这也就意味着一种转变，或者说是对一开始的出发点的证明，也许"民族"和"国家"两个词的区别本身就在历史的进程中消解了，它们携手协作地创造了现代的民族国家（État-nation），而瑞士就是这方面的一个典型。就是现在，对民族和国家概念的这种区分还是必要的。

瑞士作为一个多民族的国家，在以单一民族为主的欧洲国家中无疑是独特的。尽管已经知道了民族是和文化环境相关的，可从古至今，具体从文化的哪一个方面对民族进行划分争论无数。但无论如何，历来学者都承认民族是与这一大因素息息相关的，即语言。然而语言不是纯粹的概念，它是传播的，因此它又和地理相关。早在《圣经》中，为了阻碍人们联合起来建造通天塔，上帝就通过语言的不同将人们区分开来，这被认为是对民族和语言区分的一种原始解释。而在现代文明社会中，语言也基本上被称作是一个民族的代名词，而民族和语言的分布往往与地理环境有着密不可分的联系。前文中提到，瑞士本国语言有四种，即德语、法语、意大利语及列托-罗曼什语（或罗曼什语），那么我们也可以根据语言的区别来厘清瑞士民族间的关系。

厘清了民族的概念和对民族的划分后，我们就可以发现：正如之前所料想的那样，地理要素对于民族分布的影响是极为明显的。从语言和民族的地域分布上看，德语瑞士人（即讲德语的瑞士人）主要分布在瑞士中部和东北部各州，这部分人口占瑞士总人口的 68.6%；法语瑞士人（法瑞）主要分布在瑞士西部和西南部各州，占总人口的 22.6%；意大利语瑞士人（意瑞）主要分布在瑞士东南部的提契诺州，占总人口的 8.3%；讲列托-罗曼什语的罗曼什人主要分布在格劳宾登州（格里松），占总人口的 0.5%。在瑞士，不同的民族说不同的语言，并且瑞士以多种语言同时作为官方语言，这在一个统一的民族国家形成了一个独特的现象：没有统一的语言，只有各个民族自己的语言。四个民族说四种语言，其语区的划分基本与民族区域一致，但也有双语州。

首先，以德语为例，从地理和语言的角度来对瑞士民族的分布进行阐述。德语在瑞士是最大的语种，说德语的人不但数量最多，而且在经济、文化方面也占据优势地位，这种优势地位与历史渊源有着紧密的联系。公元前 1 世纪，瑞士被罗马帝国征服。从公元 3 世纪开始，来自欧洲北方日耳曼人一个部落联盟的阿勒曼尼人侵入罗马帝国统治下的瑞士东部和北部地区；另一支日耳曼人的部落——勃艮第人则占据了瑞士西部地区，并建立了勃艮第王朝。阿勒曼尼人和勃艮第人以阿勒河为界，形成了今天的说德语的瑞士人（德瑞）和说法语的瑞士人（法瑞）的前身。① 在历史上，由于阿曼尼人占领的瑞士地区罗马化程度较弱，因此阿曼尼人在这里推行自己的语言，形成了瑞士德语。瑞士德语与标准德语差异很大，只有经过专门学习的德国人才能听得懂瑞士德语。虽然瑞士德语和标准德语都是德语，并且都源自古日耳曼语，但是瑞士德语和标准德语的"进化程度"不同，前者更多保留了古日耳曼的语法、词汇和语音，而且在发展过程中，受到了古代瑞士居民凯尔特人的语言和现代瑞士居民中的法语、意大利语的影响和渗透，因此与标准德语形成显著区别。方言无数是瑞士德语的另外一个特点，几乎每个地方都有自己的方言，一个州内部各市镇之间的德语都有很大的差异，尽管相互之间基本上都是可以听得懂的，但是瑞士人还是能够非常敏感地觉察出其中的区别。尽管瑞士德语的书面形式就是标准德语，学校教授的也是标准德语，在正式场合都使用标准德语，德语瑞士人都能熟练地说与写标准德语，但是人们似乎更愿意说自己本乡本土的"德语方言"，并且通过坚持自己的方言来表明自己特殊的文化背景，在身份认同上与德国人拉开距离，表明自己是"瑞士人"。

其次，是集中分布在瑞士西部地区的说法语的瑞士人（法瑞）。在现代瑞士国家，说法语的瑞士人人口虽远少于说德语的瑞士人，但是法语仍旧是瑞士的第二大语种。与阿曼尼人占领的瑞士地区罗马化程度较弱的情况不同，勃艮第人所占领的瑞士地区（即瑞士西部和西南部各州）在历史上深受罗马文化的影响。② 勃艮第人占领此地，并建立了勃艮第王朝，此后逐渐与原来这里罗马化的居民相互融合，接受和改用了罗马-凯尔特人的语言，但当时这里仍然只有一种口语化的拉丁语。法语从13世纪开始传播，并逐步取代古拉丁语，形成了今天的瑞士法语。与瑞士德语一样，瑞士法语与标准法语也存在差异，但是差异没有两种德语那么明显，瑞士法语与标准法语的关系有点类似于前者是后者的一种方言分支。与标

---

① François Walter, *Histoire de la Suisse*, *L'Invention D'Une confédération*, Tome 2, Editions Alphil-Presses universitaires Suisse 2011. Case postale 5, 2002 Neuchâtel 2, Suisse, pp. 50-53.

② François Walter, *Histoire de la Suisse*, *L'Invention D'Une confédération*, Tome 2, Editions Alphil-Presses universitaires Suisse 2011. Case postale 5, 2002 Neuchâtel 2, Suisse, pp. 55-57.

准法语相比较，瑞士法语借用了一些德语词汇，在数字表达上，瑞士法语与标准法语采用了不同的方式，称呼也与标准法语不尽相同，同时法瑞有着不同的口音。在瑞士法语形成与发展的过程中，宗教领袖加尔文起了重要作用。随着加尔文的宗教改革思想在欧洲广泛传播，瑞士法语的传播与地位都得到了大大的加强。1848年瑞士现代联邦成立后，联邦宪法承认各语言平等与独立，更是推动了法语区语言文化的发展。在现代瑞士国家，西部地区依旧是说法语的瑞士人主要的聚居地。

再次，在瑞士南部，从地理上看，生活在阿尔卑斯山南坡的提契诺州的意瑞与意大利发生联系要比阿尔卑斯山阻断的瑞士腹地更容易一些。由于这种地理上的接近，瑞士意大利语与标准意大利语的区别不大，瑞士意大利语的口音与意大利北部口音更加接近。提契诺州地区自中世纪就与瑞士有很深的联系，最终于1803年加入瑞士邦联，这部分居民就成为说意大利语的瑞士人（意瑞）。其实，在格劳宾登州南部有四个山谷地带的居民也是说意大利语的，但是他们的习俗、宗教信仰与提契诺州有很大的不同，语言上也存在着不小的差异，因此被归类为"少数民族"。总体而言，由于意大利语区人数比较少，语言和文化方面受到北进的意大利语区和南下的德语区的"夹击"，再加上"国际语言"英语的影响，瑞士意大利语区语言和文化的独立性正在逐渐缩小。在目前说意大利语的瑞士人仅占瑞士总人口的8%左右，并且集中分布在瑞士南部地区。[①]

最后，是没有被承认为官方语言的列托-罗曼什语（或罗曼什语）。在瑞士现有的民族中，罗曼什人是历史最古老的，并且是数量最少的，他们是罗马人的后裔，在日耳曼阿勒曼尼人入侵的时候逃到了偏僻的阿尔卑斯山区。在今天的瑞士东部的格劳宾登州（格里松）地区，当地居民还在说属于拉丁语的列托-罗曼什语（或罗曼什语）。这是列托-罗曼什语被称为瑞士的"第四种语言"，但是使用这种语言的人数很少，少到几乎要使这种语言消失的重要原因。据统计，在瑞士说这种语言的人数不到瑞士总人口的1%，而且绝对数量过少，总共不超过五万人。这就使列托-罗曼什语的生存空间成为一个大问题，罗曼什人尤其是年轻一代，为了对外交流的方便，不可能不学习其他语言，尽管存在列托-罗曼什语，但是人们逐渐接受了瑞士德语，而列托-罗曼什语逐渐成为书本上的语言，或者

---

① 任丁秋、杨解朴编著：《瑞士》，社会科学文献出版社2016年版，第16页。

叫作"语言标本"。①

瑞士联邦宪法规定，德语、法语和意大利语均为官方语言，具有同等法律效力。瑞士所有法律条文、政府公告、宪章制度均需采用三种语言同时公告，尽管列托-罗曼什语没有被承认为官方语言，但是它和德语、法语和意大利语一样，属于"民族语言"。这也是瑞士宪法没有承认列托-罗曼什语为官方语言而把它作为民族语言的重要原因之一。

瑞士语言的复杂性体现了瑞士历史、民族、语言、文化的多元性。在多民族长期共存中，瑞士人发展了对这种多元性的理解，就是相互宽容、彼此尊重。瑞士联邦最早诞生于德语区，很长一段时间以来，瑞士是一个德语国家，随着其他语区的加入，语言成了一个问题，但是德语在瑞士的历史悠久，并且占有经济和文化上的优势，因此德语一直居于主流地位，到1848年现代瑞士联邦成立，多语言的合法性才被写进宪法。瑞士多种语言同时作为官方语言，基于如下的原则：个人使用母语的自由原则和尊重地域的原则，即保障个人使用自己母语权利的同时保障地方政府在其属地内确认一种民族语言作为官方语言的权利。就连势力最为弱小的罗曼什语都受到了法律的尊重。尽管在1874年的《联邦宪法》中，罗曼什语还并未被列入宪法（即还未成为官方认可的语言），但在1938年的《联邦宪法》的第116条中，瑞士政府已开始认可罗曼什语了："德语，法语，意大利语和罗曼什语都是瑞士本民族的语言。" 1999年4月18日的瑞士宪法更是明确规定："联邦委员会必须公平地代表各个地区和语言团体。"② 2007年的《语言法》的第五条正式将罗曼什语列为"使用这种语言的瑞士公民之间的官方语言"③。从瑞士的护照上可以更为直接地发现这一点，四种语言（不包括英语）被同时使用。虽然在现实生活中，多种语言共存的现象总存在着不可避免的麻烦，但是说着不同语言的瑞士人却能够很好地和平共处。瑞士人克服了这种障碍，并使得这种多语言、多民族、多元文化并存发展的理念成为瑞士人的一个共识，进而演化成一种独特的民主传统。

---

① François Walter, *Histoire de la Suisse*, *L'Invention D'Une confédération*, Tome 1, Editions Alphil-Presses universitaires Suisse 2011. Case postale 5, 2002 Neuchâtel 2, Suisse, p. 61.

② *Constitution fédérale de la Confédération suisse*, art. 175.

③ *Loi fédérale sur les langues nationales et la comprehension entre les communautés linguistiques* (5 octobre 2007), Section 2 Langues officielles de la Confédération, art. 5 langues officielles.

为了适应这种语言上的区别，在行政区划上，瑞士实行联邦制，并分三级行政机构管理，即联邦、州、市镇。全国划分为26个联邦州（和半州），根据加入的时间它们是：1291年加入的乌里州（德语区）、1291年加入的施维茨（德语区）、1291年加入的上瓦尔登（德语区）、1291年加入的下瓦尔登（德语区）、1332年加入的卢塞恩（德语区）、1351年加入的苏黎世（德语区）、1352年加入的格拉鲁斯（德语区）、1352年加入的楚格（德语区）、1353年加入的伯尔尼（德、法双语区）、1481年加入的弗里堡（德、法双语区）、1481年加入的索洛图恩（德语区）、1501年加入的巴塞尔城市（德语区）、1501年加入的巴塞尔乡村（德语区）、1501年加入的沙夫豪森（德语区）、1513年加入的外阿彭尔策（德语区）、1513年加入的内阿彭尔策（德语区）、1803年加入的圣加伦（德语区）、1803年加入的格劳宾登州（罗曼什语的民族主要聚集地）、1803年加入的阿尔高州（德语区）、1803年加入的图尔高州（德语区）、1803年加入的提契诺州（意大利语区）、1803年加入的沃州（法语区）、1815年加入的瓦莱（德、法双语区）、1815年加入的纳沙泰尔（法语区）、1815年加入的日内瓦（法语区）、1979年加入的汝拉（法语区）。①州的下一级行政区划单位为市镇，瑞士共有3000多个市镇。瑞士联邦与州共同实行行政管理，由于瑞士是实行联邦制的政体，所以行政权力大部分掌握在州一级的行政机关手中。

瑞士人口民族分布的一些重要特点：第一，以阿尔卑斯山脉为分割线，阿尔卑斯山脉以北的居民以日耳曼人为主；阿尔卑斯山脉以南以意大利人与法兰西人居住为主；第二，以汝拉山脉周边为划分线，山脉以西与南为法兰西人居住为主，以东与北为日耳曼人居住为主；第三，由于人们社会与经济情况的变化而带来的地区性变化，表现为偏远地区人口不断减少的趋势，形成了日耳曼语区的人口不断向苏黎世集中，法兰西语区的人口不断向日内瓦聚集，而意大利语区的人们不时向罗迦诺靠拢的趋势与特点。瑞士人口增长与民族人口居住具有复杂的背景，它与瑞士本国局势和欧洲乃至世界局势密切关联。

从地理和语言的角度来分析瑞士的民族，我们可以发现，瑞士的几个语区的民族都与各自民族同语言的大国相邻。德国、法国、意大利这几个

---

① Switzerland, 2001 Kummerly+Frey, CH-3052 Zollikofen-Berne, 2001, p.97.

欧洲大国，对各自同民族的瑞士邻居必然产生深刻影响，互相之间有割不断的联系。纵然瑞士人对外都强调自己是"瑞士人"，随着不同语言、宗教、文化的先后加入，瑞士逐步培养了具有多民族多元文化并存的包容性，同时在共同建设国家的历史中发展了瑞士自身的"民族意识"，是具有共同的民族感情的。但是在对内国家中，不同语区的瑞士人则各自强调自己的家乡、母语，如德裔瑞士人更了解和亲近德国，法裔瑞士人更了解和亲近法国，意裔瑞士人更了解和亲近意大利，并且在这些不同民族之间，他们具有很强的地域观念，排斥心理比较重，这些都是自然的。但是瑞士并没有因为这些民族之间的差异与隔阂而分裂，而是多个民族和谐共存，达到了一个和谐的平衡点，这一点作为瑞士的立国根本，在瑞士政治社会生活的各个方面都得到了很好的体现。

第三节　瑞士多民族社会形成的历史时间断限

地理要素下的民族区分形成的仅仅是隔阂，因为它本身就被设想为使得民族得以被区分的原因，这就要求我们去寻找民族形成的另一方面，即已经被视为重点的、文化环境形成的历史。它不仅被理解为使民族区别的，更是被视作使民族同一的。对瑞士多民族社会的历史考察就成为本节的重点。瑞士与欧洲其他国家在近现代民族国家出现以前均由王朝国家统治的情况不同，瑞士在很早以前，就由一批渴求自由和平等原则且不同族裔的人奠定了一种共识基础，那就是：他们聚集在一起是为了保卫自己的权利不被周围的强权侵犯。因此，在欧洲近代民族国家出现之前瑞士就已经存在着一个多民族共同体的雏形。

（一）公元前58—1291年：瑞士民族融合的开端

公元前58年，居住在现瑞士国土上的原住民海尔维希亚人（Helvetians）被古罗马人征服。恺撒征服了瑞士之后，瑞士成了罗马帝国的一部分。随着对日耳曼民族的入侵，瑞士逐渐进入了罗马化时期，正是在罗马化以后这个时期，瑞士逐渐形成使用四种语言的格局，现代瑞士的种族和语言特点开始生根。公元5世纪，阿勒曼尼人（Alemanni）和勃艮第人（Burgondes）入侵。阿勒曼尼人和勃艮第人统治的瑞士大体可以分为东西两个部分，西部由勃艮第部落联盟统治，他们人口数量少、文化落后，在占领瑞士之后接受了当地的罗马-凯尔特人的语言和文化传统；中部和东部由阿勒曼尼部落联盟统治,他们所占领的是瑞士的山区和罗马化程度较低的区域,在那里日耳曼语言取得了胜利,这种东西分治也是如今瑞士法语区和德语区的雏形。7—8世纪,勃艮第和阿勒曼尼居住区先后成为法兰克王国的一部分,1033年开始受神圣罗马帝国的统治。神圣罗马帝国,全称为德意志民族神圣罗马帝国或日耳曼民族神圣罗马帝国①,是962—1806年地跨西欧和中欧的封建君主制帝国,版图以日耳曼尼亚为核心,包括一些周边地区如瑞士、意大利北部等地区。962年德意志(前身是东法兰克王国)国王奥托一世在罗马被教皇加冕为罗马皇帝。后腓特烈一世改国名为神圣罗马帝国。神圣罗马帝国早期三个王朝时期,由于皇帝基本上都以日耳曼五大部落公爵的身份登基,以及与罗马教廷的合作关系而维持了帝国内部稳定。在腓特烈二世采取重意大利轻德意志政策后,皇帝在德意志的权力威望逐渐衰落,而沦为与一般德意志诸侯无异的小领主。随着腓特烈二世的去世,此前的政策倾斜以及与教廷关系破产造成的潜在危险因为缺乏有能力的皇帝而一次性爆发。但是,随着德意志王权的衰落,各地方诸侯势力逐渐上升,各路诸侯为了扩展自己的势力,建立了大批城市,在今天瑞士的区域,策林根家族推动建立了众多的城市,形成了瑞士特有的城镇自治体制,为日后瑞士邦联的建立埋下了伏笔。经历了大空位时代以后,在12—13世纪,皇帝只能靠家族力量以政治手段和联姻取得王位和帝位,如缺乏强大的王室领地作为税收来源和王权扩张的基础,对于皇帝名义上可向帝国内成员收取的只有定额军事征收税,这种松散的政治邦联形态在"三十年战争"中被彻底摧毁。此后,帝国皇冠就几乎一直在波希米亚国王(主要出身于卢森堡家族)和奥地利大公(哈布斯堡家族)手中流转,直到哈布斯堡家族出身的波希米亚与匈牙利国王斐迪南一世,从兄长皇帝兼奥地利大公卡尔五世手中接过帝国皇冠,兼任了奥地利大公和波希米亚国王,奥地利哈布斯堡王朝及其分支哈布斯堡-洛林皇朝,一直垄断皇位直至帝国彻底解体。

瑞士南部勒蓬廷阿尔卑斯山脉(Lepontine Alps)山口,是中欧与意大利之间一条重要的通道。山口长26公里,海拔2108公尺。罗马人虽然已经知道这个山口,但在12世纪初以前人们并没有广泛把它用作穿越阿尔卑斯山的路线。12世纪初,瑞士圣哥大山口开通之后,在德国和意大

---

① 德语:Heiliges Römisches Reich deutscher Nation;拉丁语:Sacrum Romanorum Imperium nationis Germanicae。

利之间出现了一条新的通道。这条新通道的开辟,不仅使瑞士中部一些原来与世隔绝的地区卷入了欧洲事务的洪流,也使后来流行于意大利北部先进的文艺复兴运动和地方自治思想得以越过阿尔卑斯山传到瑞士。于是在瑞士中部地区,尤其是讲德语的卢塞恩湖周围的乌里、施维茨和翁特瓦尔登三州等地的自由农民联合起来,形成了山谷地区的共同体,要求自治。① 在这种理念下,瑞士各族人民开始形成了一种联合体。从1231年到1240年,三州先后从神圣罗马帝国那里取得了一定的自由权利,但哈布斯堡家族否认其权利,并试图侵占施维茨。为摆脱哈布斯堡王朝的统治,乌里、施维茨和翁特瓦尔登三州人民在民族英雄威廉·退尔的带领下反抗奥地利统治者。② 后来三州在吕特利签订共同防御条约,缔结"永久同盟"。③ 1291年8月1日,乌里、施维茨和翁特瓦尔登三个州的代表在卢塞恩湖畔绿草如茵的吕特利宣誓缔结联盟。"永久同盟"的盟约规定,结盟的三个州中当任何一州遭到侵犯时,要互相援助,反对一切敌人;同盟之间的分歧,将以仲裁方式和平解决;将制定法规,以防止和惩罚强暴的罪行。④ 这是瑞士第一个同盟文件,是瑞士首次出现自治国家联盟的概念,也是瑞士早期邦联的雏形。这三个州均是德语州,这些德意志人多半是熟悉共和事务和商务的人,是州里的自由民。"永久同盟"的建立使三州人民反抗奥地利哈布斯堡王朝专制统治的斗争进入了一个新的阶段。1291年也被认为是瑞士漫长民族融合进程的开端,瑞士人将国庆日定在了8月1日。

(二) 同盟的扩大、永久中立政策以及宗教改革使瑞士民族融合进一步发展(1292—1788年)

1315年11月15日,为了镇压三州人民的反抗,奥皇令其兄弟利奥波特的骑兵占领施维茨,但在莫尔加尔腾山旁一处不利于骑兵用武之地遭

---

① François Walter, *Histoire De La Suisse*, Tome 3, Editions Alphil universitaires suisse, 3 éditions 2011. Case postale 5, 2002 Neuchatel 2 Suisse, p. 27.

② [瑞士] 埃·邦儒尔:《瑞士简史》上册,南京大学历史系编译组译,江苏人民出版社1974年版,第141页。关于威廉·退尔的事迹,有些瑞士学者如奥伊提希·柯普等认为,这只是一个传说,没有多少历史价值。

③ Jean-Jacques Bouquet, *Histoire De La Suisse*, Presses Universitaires de France, 1995, pp. 13-14.

④ Jean-Claude Favez, *Nouvelle Histoire De La Suisse Et Des Suisses*, vol. 1, 1982 by Editions Payot Lausanne, p. 158.

受攻击，伤亡惨重。① 这是瑞士人民发起的第一次反对奥地利暴君的重大战役，并取得了决定性的胜利——莫尔加尔腾战役的胜利。随着军事上的胜利，三个德语州的同盟关系进一步加强。1315年12月9日，三州签订了第二个同盟文件，进一步规定：没有其他成员的同意，任何成员不得对外议和或结盟。② 这一强硬的条约散发出自由独立的气息，这使三个州更加紧密地团结在一起。自此以后，各州开始步入民族融合的潮流，吹响了瑞士民族融合的阿尔卑斯号角，更多的州开始加入该同盟。卢塞恩于1332年加入同盟，苏黎世于1351年加入同盟，格拉鲁斯和楚格于1352年加入同盟，伯尔尼于1353年加入同盟，③ 这5个州也均是德语州。而当1351年苏黎世加入同盟后，奥地利统治者耿耿于怀，再次发动进攻，由此爆发了瑞士人民反抗外国统治的曾帕赫战役（Schlacht bei Sempach），瑞士人民大胜奥军。战争的胜利使瑞士中部各民族的向心力更加强烈，出现了要求享有更大自由和自治权力的强大力量，为瑞士联邦的建立打下了基础。到了1370年，老三州和卢塞恩、苏黎世、伯尔尼、楚格、格拉鲁斯订立了第三个同盟文件，即《八州牧师宪章》，进一步巩固和加强了各成员州之间的睦邻关系，这是促成瑞士统一的重要条约之一。8个州的联合促使瑞士统一起来，并形成了一个邦联政府。不过，当时"邦联……没有宪法，没有例行的代表大会，没有行政机关，没有首都，没有国库，没有高等法院，没有档案馆，甚至没有自己的大印"。④ 很显然，8州联合是当初为了争取盟友以保卫自身利益的权宜之计，并非要建立一个国家。但是"老三州"紧密的联盟关系超越了通常同盟的范畴，为后来较松弛的集团提供了坚实的核心，也为最终国家的形成打下了坚实的基础。

此外，在瑞士民族共同体形成中还有几个重要的同盟条约：1393年瑞士各州签订了《曾帕赫盟约》（Sempacher-brief），此条约涉及军事领域，这样使同盟在共同理念方面又前进了一步；⑤ 1466年6月与伯尔尼和

---

① ［奥］埃里希·策尔纳：《奥地利史》，李澍泖等译，商务印书馆1981年版，第157页。
② ［瑞士］埃·邦儒尔：《瑞士简史》上册，南京大学历史系编译组译，江苏人民出版社1974年版，第153页。
③ Jean-Claude Favez, *Nouvelle Histoire De La Suisse Et Des Suisses*, vol. 1, 1982 by Editions Payot Lausanne, p. 342.
④ Albert, *Les origines de la confédération Suisse*, Presses Genève de Suisse, 1868, p. 181.
⑤ ［瑞士］埃·邦儒尔：《瑞士简史》上册，南京大学历史系编译组译，江苏人民出版社1974年版，第182页。

索洛图恩订立为期25年的防卫同盟；1468年与奥地利签订《瓦尔茨胡特和约》；1469年5月同盟与勃艮第公爵大胆查理签订了《圣奥梅尔条约》。① 不仅如此，1476年瑞士同盟与当时欧洲最强大的军事力量之一的勃艮第军队交战，瑞士打败了勃艮第军队，取得了"莫腊之役"的胜利。②

在这些邦联同盟建立的初期阶段，一些领袖人物起了重要作用。主要代表人物有：伯尔尼的尼科拉斯、卢塞恩的约斯特、苏黎世的汉斯·瓦尔德等人，③在这些首领的带领下瑞士同盟取得了阶段性的成功。到1499年，瑞士人摆脱了德意志神圣罗马帝国的统治，又有4个城市加入了该同盟，它们分别是：1481年的德、法双语州弗里堡和讲德语的索洛图恩，1501年的巴塞尔和沙夫豪森，讲德语的阿彭策尔于1513年加入该同盟。此时，同盟已扩大到13个州，且从清一色的德语州扩展到了德、法双语州，瑞士境内的德意志民族与法兰西民族开始携手。

"永久同盟"不仅是瑞士联邦的雏形，而且吸引了许多周边各民族的加盟。由于加入联邦在政治上、经济上等有许多诱人之处，因而周边各民族纷纷入盟，国家像滚雪球一样不断变大，由此也促进了民族融合的进一步发展。

瑞士自"永久同盟"建立以来，国家不断发展壮大，到16世纪初期已经拥有13个州，其军队几百年来奋勇反抗，最终打败哈布斯堡王朝，这也使得瑞士当权者利令智昏贸然进行扩张。1515年，瑞士和法国由于宗教和民族等问题在今意大利境内的伦巴第平原爆发了马里尼亚诺（Marignan）之战，④ 在两天的激战中瑞士军队损失了8000多人，这对小国瑞士来说是一次沉重的打击，同时打碎了它的扩张美梦，也因此催生了其"内向"的中立主义倾向，并由此宣布：今后永远不介入欧洲国家之间的任何政治、军事、民族、宗教等冲突。（中立政策这一点后面分章具体细说）

---

① Jean-Claude Favez, *Nouvelle Histoire De La Suisse Et Des Suisses*, vol. 1, 1982 by Editions Payot Lausanne, p. 344.
② ［瑞士］埃·邦儒尔：《瑞士简史》上册，南京大学历史系编译组译，江苏人民出版社1974年版，第231页。
③ ［瑞士］埃·邦儒尔：《瑞士简史》上册，南京大学历史系编译组译，江苏人民出版社1974年版，第239页。
④ Jean-Claude Favez, *Nouvelle Histoire De La Suisse Et Des Suisses*, vol. 2, 1982 by Editions Payot Lausanne, p. 273.

欧洲宗教改革发端于1517年德国的马丁·路德，后来瑞士德语区的慈温利继承了其衣钵，并将其发扬光大。在宗教改革前，瑞士不同的民族由不同的外国教区领导，这些外国教区对瑞士指手画脚，使瑞士名义上是独立的，实际上是分裂的，它由各个外国教区把持着。而慈温利领导瑞士德语区人民反对外国教区的控制、反对赎罪券等，将瑞士宗教改革运动发展到如火如荼的地步，唤醒了瑞士人民不分民族、不分教区共同抵制罗马教皇的控制，瑞士宗教改革为瑞士民族融合创造了条件。慈温利在宗教战争中英勇就义，但他领导的宗教改革席卷了整个瑞士。法语区的加尔文，他尽管是法国人，但受到日内瓦共和国（州）的邀请在日内瓦进行宗教改革，加尔文吸取了马丁·路德、慈温利这些宗教改革领袖的思想，创立了新教加尔文宗，使其成为新教的主流宗派。加尔文不仅使日内瓦成为瑞士、法国的宗教改革中心，同时也使日内瓦成为欧洲乃至世界的宗教改革中心，成为新教的"罗马"。宗教改革运动使瑞士民族平等、民族融合的关系不断加强，只要是同一信仰，不同的民族、国籍的人都可以来瑞士进行避难定居，促使了各个民族之间的沟通与交流；宗教改革也使瑞士宗教上摆脱了外国教区的控制，使瑞士教会真正当家做主，在政治上赢得了独立。（宗教改革后面再进一步介绍）

1618年欧洲爆发了"三十年战争"，几乎整个欧洲都卷入了战火。面对和自己斗争多年的哈布斯堡王朝，瑞士各州都清醒地保持中立，没有直接介入冲突。在1648年签订的《威斯特伐利亚和约》中，瑞士的主权独立进一步得到确认，瑞士作为主权国家得到真正的独立地位，最终脱离神圣罗马帝国，并宣布执行"永久中立政策"。通过"三十年战争"，瑞士各民族认识到：尽管它们各具特点，但为了共同的利益各民族必须团结，这是可避免卷入欧洲冲突的唯一途径。瑞士也成为欧洲"三十年战争"中唯一的一个受益国。

从《威斯特伐利亚和约》到法国大革命爆发，在这长达一个半世纪的时期里，瑞士处于相对和平时期，经济发展迅速，人口增长加快。瑞士农村是当时欧洲最富裕的地区，富有的农民还会写字、算数，瑞士几乎没有城乡差别。

（三）1778—1848年：多民族国家的初步形成

1789年法国大革命爆发，这次震惊世界的资产阶级革命自然也波及瑞士。拿破仑督政府于1798年出兵进攻瑞士，由于双方力量悬殊，瑞士几乎没有任何抵抗很快沦陷并被置于法国的统治之下。1798年4月12日，拿破仑在瑞士宣布成立"海尔维第共和国"（République helvétique，又译称赫尔维蒂共和国），并且颁布了瑞士国家的第一部宪法——《海尔维第共和国宪法》。在其后的15年中，瑞士沦为法国的附庸国。[1]虽然这部宪法是强加给瑞士的产物，但不可否认的是，拿破仑所颁布的《海尔维第共和国宪法》是以法国宪法为蓝本的，是资产阶级追求自由、民主的产物，它在客观上为瑞士各民族追求民主、自由和在法律面前人人平等的权利提供了依据。在与侵略者斗争的过程中，瑞士人民逐渐形成了共同的现代民族意识，开始孕育现代民族国家意义上的统一。海尔维第共和国推翻了500多年带有封建割据性质的旧邦联体系，实行三权分立，废除一切特权，实行民族平等、宗教自由和言论自由，为瑞士的多民族的统一奠定了基础。尽管后来共和国失败了，政权出现了复辟和更替，但瑞士并没有废除海尔维第共和国建立起来的一套资产阶级政治体系，这为瑞士民族国家与民族融合的形成奠定了基础。

在拿破仑的统治下，瑞士全境被法国占领，拿破仑的海尔维第共和国分为18个州。但这个实际隶属于法国的"共和国"，却引起了人民强烈的不满和反抗。这个政权遭到仇视，一些州进行反抗，农民要求摆脱封建枷锁，尽管被法国镇压下去了但法国的镇压并未使瑞士人民放弃斗争。1798年9月9日在下瓦尔登的施坦斯等地人民暴动，发生所谓"恐怖日"。1799年1月4日阿尔希杜克·卡尔在苏黎世打败了法国将军马西拉，这时拿破仑亲率4万法军穿过圣伯纳德，向瑞士进军。然而法国未能使瑞士人民屈服。为了法国的利益，拿破仑不得不做出让步，1802年撤退了占领军。长期以来"瑞士的主要力量存在于各州之间"，[2]州的利益至上，这是几百年来的传统，法国统治者也顺应了这种传统，作必要和适当的调整。然而旧邦联的各种制度并未完全恢复。拿破仑的海尔维第宪法是法国统治者以革命使命为掩护来追求自己的政治目的——侵略他国的遮羞布。新的法律理论是由外国的武力强加于被侵略国的，瑞士在自然条件、宗教、风俗和语言方面与法国差别如此之大，它就决不能忍受一种外来的法律体系，因而新宪法在很多方面在拿破仑时期从未有效地实行。但

---

[1] Jean-Claude Favez, *Nouvelle Histoire De La Suisse Et Des Suisses*, vol.2, 1982 by Editions Payot Lausanne, pp.246-247.

[2] *Histoire de la Confederation suisse*, 8 vol., 1910-1919 Lausanne, p.459.

是第一部海尔维第宪法是基于法国大革命思想的一种理论和精神的产物，它的主要思想是统一的国家，自由、民主、平等、博爱。从大背景来说它是符合历史潮流、顺应民心的，从而也使瑞士各民族的联系更加紧密。到1803年，圣加尔、阿尔格维、提契诺、图尔格维和格里松州也加入同盟。提契诺州是讲意大利语的州，而格里松州是讲罗曼什语的瑞士人主要聚居地。随后，又有讲法语的洛桑州紧随其后加入同盟；1815年，讲法语的日内瓦州和纳沙特尔州以及讲德、法双语的瓦莱州也加入进来，① 由此，近代瑞士的版图基本确定。

瑞士从国家联盟（邦联）到联邦国家的关键一步在于1848年。1848年欧洲发生革命，瑞士法语区纳沙泰尔州的共和党奋起用武力推翻保皇党政府，建立了共和国，割断了纳沙泰尔和普鲁士王国之间的联系。当时欧洲列强都忙于国内事务而无暇他顾，从而使瑞士在欧洲中间建立起一个牢固的联邦国家。瑞士宪法修改委员会在不到两个月的时间内完成宪法初稿，并于同年9月在各州获得通过。新宪法把联邦改变成为介于邦联国家和统一国家之间的国家。这是"要求"和"存在"之间的一种调和，即从海尔维第共和国时代以来就一直坚持的对于中央集权国家的要求和拥有主权的许多州的存在之间的调和。② 这是一部具有划时代意义的宪法，宪法确定了联邦和各州的主权范围、联邦和各州的权利和义务，从法律角度明确了瑞士的国体和政体。1848年宪法的通过，标志着瑞士的历史发展到了一个新阶段，瑞士成为联邦制国家。此后直到现在，在瑞士土地上再没有发生过大的动乱和战争，瑞士进入了和平发展和繁荣时期。此后有瓦莱州、日内瓦州和纳沙泰尔州、沃州、提契诺州、格劳宾登州、阿尔高州、图尔高州等相继加入瑞士联邦。至此共有22个州加入联邦，定都伯尔尼。瑞士从此成为一个统一的联邦国家，它的边界自此几乎再没有发生过什么变化。

1848年宪法的基本特点是：首先，联邦宪法的制定尊重并维护了各民族州的公民自治和独立，使他们的权利和利益有了保障。这也就意味着宪法反映了各语区即各族人民的意愿，无论是占绝大多数的德语居民，还

---

① Jean-Claude Favez, *Nouvelle Histoire De La Suisse Et Des Suisses*, vol. 2, 1982 by Editions Payot Lausanne, p. 231.

② ［瑞士］埃·邦儒尔：《瑞士简史》下册，南京大学历史系编译组译，江苏人民出版社1974年版，第478页。

是处于少数地位的列托-罗曼语居民，所有瑞士人在这个联邦体制中都是以"公民"的身份平等相处。由于联邦给予州以极大的自治权，联邦能够对各地区发挥积极平衡与协调作用，从而也使许多矛盾在州一级就得到解决，避免了蔓延和发展的可能。① 其次，联邦宪法赋予瑞士民族的构成不是根据语言、种族或文化，而是根据共同的历史经验和对"民主共和"制度的普遍同意。② 这部宪法以法律条文的形式记录了人们从瑞士历史中吸取的教训：只有尊重各州的民族个性，才能实现国家的统一。拿破仑一世（1769—1821）1802 年在写给瑞士各州代表团的信中说："瑞士与其他国家不同：如它的历史、地理位置及不同地区多样的风俗等。瑞士联邦的形式来自她的自然特质，任何明智的人都不会藐视这一点。"③

海尔维第共和国的成立与 1848 年宪法的制定是瑞士国家生存、建立与发展的关键所在，也是瑞士民族国家形成的核心。这段历史被瑞士学者奥利维尔·穆怀利（Olivier Meuwly）称为"瑞士的再生"。④

迄今为止瑞士共有 26 个州，其中 20 个州和 6 个半州。所谓半州是由原先的一个州分裂成的两个州。州与半州地位平等，享受相同的政治待遇。瑞士的民族社会便在这 26 个州中形成。

民族融合是指两个或两个以上对等的民族在长期共同生活的过程中逐渐融为一体，民族差别最终消失，相互融合成新的民族。从上述瑞士民族融合的进程中，我们可以发现以下一些特点：首先瑞士民族同盟的形成最早是在讲德语的德意志民族中开始的，从 1291 年至 16 世纪初，形成了以德语区为核心的主体，在这个核心主体的带领下，尤其到了 19 世纪初一些法语州和意大利语州的加入，这样，一个由 4 种语言组成的瑞士民族基本形成。其次，瑞士民族的核心主体是德意志人，但在政治和文化体制上却受到了法兰西的影响。由于法国在 18—19 世纪非常强盛，因此这一时期联邦受到法国的影响颇大。总之，近现代以来瑞士各民族相互融合、

---

① 曹枫：《试析瑞士民族凝聚力的形成因素》，《欧洲研究》1994 年第 3 期。
② ［瑞士］埃·邦儒尔：《瑞士简史》下册，南京大学历史系编译组译，江苏人民出版社 1974 年版，第 485 页。
③ Jean-Claude Favez, *Nouvelle Histoire De La Suisse Et Des Suisses*, vol. 2, 1982 by Editions Payot Lausanne, p. 165.
④ Olivier Meuwly, *Les Penseurs politiques du 19eme siècle* (*Les combats d'idées a l'origine de la suisse moderne*), première edition, 2007. Presses polytechniques et universitaires romandes, Lausanne, p. 61.

相互影响、取长补短，最终孕育出现在的瑞士民族。

1848年以后瑞士民族国家正式形成，国内几大民族不分历史、地理、风俗、习惯等彼此尊重、包容、理解，形成了一个真正的瑞士民族。这段时间瑞士资本主义工商业得到了迅速发展，人民生活水平得到了极大的提高，逐渐成为西欧乃至世界各国学习的楷模。瑞士资本主义发展的原因主要有以下几点：第一，自1515年宣布中立以来，瑞士基本上避免了欧洲的所有战争，从而赢得了一个长期稳定的和平环境，长期稳定的和平环境有利于经济的发展。第二，获得了从西欧比较发达国家来的熟练劳动力和外来资本，瑞士利用原有的工业基础积极引进当时的先进技术和人才，大力发展新兴的纺织业、钟表业以及银行业，为日后瑞士工业的起飞打下了坚实的基础。第三，通过雇佣兵的输出给瑞士带来了巨额的资本。追溯到16世纪，当时瑞士虽然不再参与国外的战争，并转向政治的中立地位，但瑞士军队被认为是具有头等战斗力的雇佣兵，在此期间有大量瑞士人在外国军队中服役。法国、意大利等邻国曾多次利用瑞士雇佣兵参加战争，雇佣兵尽管给人民带来痛苦，但却给他们的国家瑞士带来了财富，至今罗马教皇的卫队仍然由瑞士人的士兵守卫。第四，在法国大革命影响下，在政治上进一步对封建势力扫荡，根除了封建残余，赢得了民主革命的胜利。第五，交通的发展以及转口国际贸易的兴起，为瑞士资本主义发展提供了基本条件。第六，对教育科技文化的重视，通过卢梭、伏尔泰、加尔文等大学者长期不懈努力，使瑞士十分重视教育科技文化，它为瑞士的工业革命发展提供了大量的人才。

第四节 民族的文化价值观和民族融合问题

什么是民族？（上文已经进行过粗劣讨论的定义是一家之言）18世纪德国哲学家、被称作"民族主义之父"的赫尔德，把民族界定为"有自己名称的文化共同体"，他强调的是文化对民族的意义。[①] 黑格尔给民族下的定义是：民族是由语言和自然同情连接起来的人口集团，他强调的则是文化的传播对民族的意义。而19世纪末法国著名学者恩斯特·勒南（Ernest Renan）则试图从实践的角度，努力区分种族和民族。他认为民

---

① 王建娥：《多民族国家包容差异协调分歧的机制设计研究》，《民族研究》2011年第1期。

族与种族不同，民族是在自愿的且具有共同过去的个人联合体的基础上形成的。它既不是什么说相同语言的交流者的集合，也不是什么在人种学上仅凭借基因而拥有共同起源的群体，民族的基础（在自愿的意义上）是建立在其内部个体通过各自共同的意欲的联合上的，即他们想要"做更多的事情，想一起去做一件伟大的事情"。① 这段话可以鲜明地体现勒南的观点，在现实中，他试图以实践这个概念来缓解当时日益紧张的民族问题、阶级问题；在理论上，他试图连接历史与当下，贯通人类的发展过程。作为资产阶级、殖民主义的代表，勒南的担心是有道理的。20 世纪初，在欧洲三大帝国分崩离析、民族独立运动风起云涌、民族意识不断高涨的历史条件下，主张用领土方式来解决民族问题的斯大林，作出了他对民族最著名的定义，即"民族是人们在历史上形成的一个有共同语言、共同地域、共同经济生活以及表现在共同文化上的共同心理素质的稳定的共同体"。②

上述不同时代的人们对民族都做出了不同的定义，这体现了不同时代的人们对民族要素和认同标准的历史性的理解差异。但是在这些不同的描述中，除了已经得出的共同所应该包含了的文化因素（特别是语言），还有着一个很重要的东西，就是历史，即作为文化的历史。如果光强调文化环境本身，包括语言都只是空洞的东西，它们是有待填充和发展的，而历史本身就是丰富它最好的养料。丰富性不仅使得文化有更强的融合能力，也就是生命力，更使得文化的持存性得到淋漓尽致的体现——是连续丰富的历史赋予了它持久力。因此，我们可以说，民族首先是有共同历史文化和共同语言联系起来的人类共同体。但是在多民族国家中，一定会存在民族差异。和民族的本身的属性一样，民族之间的差异和特点是在长期历史发展中形成的，是民族问题产生的最基本的因素。民族产生与民族差异、民族差异与民族问题都是同生同灭的关系。

瑞士承认民族差异性的存在，并且这种差异性并不被当作交流的障碍，反而被认为是一种特色。语言上的多样化、资源的相互流通、性格上的彼此融合，让整个国家呈现出一种和谐的氛围。多元文化政策是多民族社会用以管理文化多元性的公共政策，它采取官方手段在一个国家内部强

---

① Ernest Renan, *Qu'est-ce qu'une nation?* Editeur: Presses Pocket, 1993, p. 164.
② ［苏联］斯大林：《马克思与民族问题》，《斯大林选集》上卷，人民出版社 1979 年版，第 64 页。

制推行不同文化之间的相互尊重和宽容。多元文化政策强调不同的文化各有其独特性，这在事关接纳其他民族时尤其重要。长期以来瑞士一直是解决民族问题的典范，在这个文化与民族差异性相当显著的国度从未出现过严重的民族冲突。① 多元文化平等共存的传统是在瑞士历史进程中自然形成的，联邦政府的文化政策对之给予了充分的保证，使此政策在各族文化平等共存和自由发展的前提下，把瑞士的所有民族凝聚为一个整体。这种凝聚力使瑞士人民形成一个特有的文化心态，即瑞士人只有"地区"观念，而没有"民族"这个概念。② 瑞士的多元文化主义政策体现在各个方面，尤其表现在民族语言上。瑞士文化受到其地理位置和多语言性的影响，在文学、艺术、建筑、音乐及习俗等方面表现出多样性。在 19 世纪以前旧邦联时期瑞士的官方语言仅限于德语，到了海尔维第共和国时期宪法规定瑞士是由在法律面前一律平等的操德、法、意、列托-罗曼什语四种民族语言的人组成的，他们认为民族不能仅以共同语言或同一种族为依据。③ 瑞士海尔维第共和国法兰西裔督政官拉阿尔普曾说："必须学习德语、法语和意大利语，这将加强各族之间多方面的联系，它能使我国发展教育和文化；循此以往那些语言中蕴藏的财富将被揭开，而我们也会看到使人们称为竞争者、仇敌、终至沦为奴隶的种种野蛮偏见彻底消灭。"④ 就这样新的民族理想被想象为一个海尔维第"调解人"的形象，因而也是一切种族或语言的冲突之归结。在这种情况下瑞士联邦政府采取了尊重和保护多种语言文化，促进各语种、文化自主发展和相互交流的政策使得瑞士联邦文化的发展在世界上独具一格。

（一）瑞士文化的多元性

在中世纪时，并不存在现代意义的"瑞士"国家，当时这片土地归哈布斯堡家族统治，属于德意志神圣罗马帝国。最早象征瑞士诞生的老三州位处帝国最南面，使用帝国的德语，社会习俗文化现象受其影响。然

---

① 关凯：《多元文化主义与民族区域自治——民族政策国际经验分析》下，《西北民族研究》2002 年第 2 期，第 29 页。

② 曹枫：《独具特色的瑞士民族——瑞士民族考察之二：地方自治和直接民主制度》，《中国民族》1993 年第 2 期。

③ [瑞士] 埃·邦儒尔：《瑞士简史》下卷，南京大学历史系编译组译，江苏人民出版社 1974 年版，第 143 页。

④ [瑞士] 埃·邦儒尔：《瑞士简史》下卷，南京大学历史系编译组译，江苏人民出版社 1974 年版，第 143 页。

而，随着这些阿尔卑斯山民的反抗独立，一个新邦联逐渐扩大，成员组成复杂化，新的文化现象带着语言、宗教、习俗、法律、文学工艺等方面的差异而出现，成为"在瑞士的文化"。[①] 它的基本特征是多元性和随之而来的宽容性。既然民族被理解为建立在文化环境的历史形成中的后天属性，我们就可以从其语言差异带来的不同文化的起源概况来分析瑞士多民族的形成过程。

（1）德语区文化。在寻找德语区文化之源时，可以发现，古时在瑞士最早起源的阿尔卑斯山区地带，即使臣服德意志神圣罗马帝国，人们使用的也都是地方方言。这不过是日常口头交流的语言，除了教会有文字记录及很罕见的方言文学外，很少有其他文字记载。例如，在瑞士西南部的第一首用德语写的骑士诗歌，歌颂英雄气概、爱情生活，出现于1160年左右至1210年。所以说瑞士德语方言文学传统始于12世纪末。但是值得一提的是，1315年12月老三州聚于施维茨的布鲁嫩，重申1291年同盟原则，并做了补充，签署《布鲁嫩盟约》，这份关于瑞士起源的最著名的文件之一也正是用当地人民使用的德文撰写，不同于用拉丁文撰写的1291年"永久同盟"，才得以广泛流传。自14世纪起，正宗的德文在德意志稳步发展，成为书面使用的主要表达语言，也用于教学等。但是，在瑞士受德语影响的地区，人民不太愿意使用正宗德语。其表现为对正宗德语及地方方言使用的两重性：在教堂里宣誓使用前者，家庭祈祷则用后者；在军队里，发布的命令使用前者，训练的口令则用后者；职业演员在剧场演出使用前者，业余演员则更喜欢后者；一些官员政要把正宗德语作为讨论语言，另一些则把使用方言视为可接受的习俗；等等日常例子很多。[②] 时至今日，甚至广播电视公开媒体都如此，新闻评论必用正宗德语，而一些专栏、座谈、地方节目，甚至儿童节目都使用方言。这里显然表现出瑞士德语区人民对自己土生土长的文化最基本的认同和坚守，以及他们与德意志人的距离。

这种文化认同伴随着对邦联诞生的思考而日渐明朗。也就是说，瑞士人的特别题材从13世纪起，用地方德语通过历史题材的民歌等形式表现出来，内容包括同盟的政治事件、战争英雄等。由此可以看到，当地人民的文化认同与充满民族尊严的历史紧密相连。15世纪末起关于邦联起源

---

① 端木美：《瑞士文化与现代化》，辽海出版社1999年版，第75页。
② 端木美：《瑞士文化与现代化》，辽海出版社1999年版，第77页。

的传说的文字记载也是这种现象的延续。至今尚珍藏在奥布瓦尔登州首府萨尔嫩的一本地方白皮编年史，出自1472年当时一名书记员之手，其中记载了民族英雄威廉·退尔的传说。这是迄今所知有关此传说最早的资料。此外，1477年出现了最早歌颂退尔事迹的文学作品《同盟者叙事诗》。全文为30余节的六行诗，描述了邦联的早期历史和退尔的故事等。用本地文字创作的作品在16世纪乃至18世纪在民间流传甚广。最为难得的是，1512—1513年间，在乌里州首府阿尔特多大上演过歌颂退尔的剧本居然保存了下来。① 十五六世纪是瑞士脱离帝国的过渡阶段，因而这也是以德语为文化基础的瑞士民族的历史性决定阶段。

（2）法语区文化。现今瑞士讲法语的地区最早使用一种通俗口语化的拉丁语。到13世纪法语才传播过来，开始代替拉丁语，成为行政贸易语言，而且在16世纪宗教改革之后越来越重要。从法国逃亡到瑞士及欧洲其他国家的新教徒，在各地传播了法语和法国文化，使法语风靡各国，尤其在上层社会，法语成为统治阶级的高贵语言。到1800年左右，在进行过宗教改革的一些城市，如日内瓦、洛桑、纳沙泰尔等地法语逐渐取代了地方方言。虽然人们往往认为，推动瑞士法语文化的第一人是宗教改革领袖让·加尔文，但事实上早在14世纪，一位生活在今天沃州地带（原法国萨瓦地区）的骑士诗人格朗松的奥顿（1330—1397）已经使用法语写作。② 所以，虽然奥顿的作品传世多为骑士爱情诗，其影响也有待研究，但是日内瓦出版的《运用法语的瑞士作家词典》以现今地理范围为限，还是把他定为瑞士第一位法语作家。

至于加尔文在瑞士法语区文化形成过程中的作用，不仅在于加强法语的使用，而且更在于精神心态的影响。加尔文是法国新教流亡者。最初逃往法、瑞、德三国交界莱茵河畔的巴塞尔。1536年在巴塞尔发表《基督教义原理》。这部著作使加尔文很快便在欧洲享有盛名。不久他前往日内瓦，受到欢迎与接纳。他的新教教义使日内瓦变成与大主教罗马教廷抗衡的新教中心。加尔文为日内瓦制定了宗教和政治宪章；同时他又是演说家、作家，通过口头、笔头的演示，他在净化词汇的同时传授规范的句法，真正确立了法语在瑞士的使用地位。他深深地影响了新教徒们的精神心态，使得这一时期以日内瓦为首的进行宗教改革的地区，特别是使用法

---

① 端木美：《瑞士文化与现代化》，辽海出版社1999年版，第78页。
② 端木美：《瑞士文化与现代化》，辽海出版社1999年版，第78页。

语的地区的文化，形成具有更为独立的宗教精神、深刻的人文思想、开阔的眼光和严谨的文风的特色。

不过，瑞士法语区文化发展的新阶段在18世纪。这是欧洲资产阶级思想文化冲击封建意识形态的启蒙运动时期，在这个伟大时代出现的众多启蒙思想家、才华横溢的作家、教育家中不乏来自今天瑞士土地上的英才。其中最著名的是卢梭（日内瓦）、热尔曼娜·斯塔埃尔夫人（日内瓦）、本杰明·贡斯当（洛桑）等。他们对法语区文化的最大贡献是留下了具有资产阶级民主思想的文化烙印，为资本主义的发展奠定思想基础。他们中间卢梭的影响尤为突出、广泛，而且他的作品还特别包含对瑞士风光的赞美和眷恋，这种对自然和故土的热爱成为此后法语区文化的爱国主义的源泉。

但是，法语区文化从政治上在瑞士得到认可，还应从1848年现代联邦成立之后算起。新宪法对不同语种给予平等地位，有助于推动不同语区的文化发展。从此之后，在法语区出现的与瑞士命运紧密相连的本土文学家、政治家、历史学家等，如茹斯特·奥利维（1807—1876）、马克·莫尼埃（1827—1885）、爱德华·洛德（1857—1910）、查理-费迪南·拉缪（1878—1947）、贡扎格·德·雷诺尔德（1880—1970）、德尼·德·鲁日蒙（1906—1985）等一代又一代，逐渐完成瑞士法语文化从法国文化脱胎并确立本土文化尊严的过程，对瑞士法语区文化在当今世界的发展产生深远的影响。

（3）意大利语区文化。瑞士意大利语区可分为两块：位于瑞士东南方的提契诺州南与北意大利伦巴第相接壤，看似与意大利一体，实际从历史上区别很大，几乎没有共同的历史进程。从16世纪初起，提契诺便是瑞士诸州共同管辖地，直到1803年正式成为瑞士一个主权州，与意大利交界线便是真正的政治分界线。此外，在格里松斯州南部还有四个山谷地的居民使用意大利语。他们从地理上与意大利隔绝，是少数民族中的少数派，"联邦中的联邦"。他们的习俗、制度及新教信仰等与天主教的提契诺州相去甚远，所以即使同是使用意大利语，其遣词造句、文化表现也很不相同。但是无论如何，瑞士的意大利语总的来源于上意大利地区，而且同德语区一样，与正宗意大利语还是有差异的，也分为许多有差异的地方方言。这些地区，正宗的意大利语用于官方交流、正式场合；方言则多用于私人交往中、非正式场合。但是，由于意大利语区人数少（保持在30

余万人），又缺少本地区的大学，19世纪以前几乎所有求学者都到别处学习和活动，带着不同的文化精神返回故里。1803年成为瑞士州后，该地区的高层次文化人也多在其他瑞士大学活动，所以该地区的本土文化认同程度较低。此外，使用意大利语的瑞士人并不因地理位置孤立而自我封闭，长久以来，起码从18世纪起，他们就起到语言的中介人作用，以至提契诺成为意大利和瑞士其他州之间的沟通桥梁。但是在南来北往的不同文化的交往中，地区语言文化经受很大的威胁。虽然在历史上，瑞士意大利语区也出现过有代表性的政治家、哲学家、教育家和文学家，但是在国内被南下的德语区文化进退、国外受北上的意大利正宗语言及国际语言英语的影响。

（4）列托-罗曼什语区文化。仅存在格里松斯州的列托-罗曼什语是拉丁语残存的口头语言，有如语言的活化石。格里松斯州18万多人口中除了用德语、意大利语的人口外，仅有5万多人，亦即约占全国人口不到1%的人讲罗曼什语。① 而且他们居住分散，下面又分成5种较难相通的大地方方言，再下面各村又有自己的地方语，因而不仅地理位置隔离，而且沟通也成问题。他们中间约1/4的人居住在格里松斯州之外，显然受其他语种影响。在本州不仅各方言区地理上互不相连，而且也缺少一个本语种的城市文化商贸中心。因此，很难使讲列托-罗曼什语的人统一在一个共同目标下。

除了一些历史书、宗教政论文外，罗曼什语几乎不被用作书面语言。1527年，一个名叫若安·特拉维的格里松人写的《穆索战歌》几乎是那个时代唯一用母语——罗曼什语创作的作品。② 当然，还有一些从其他文字翻译来的著作不可忽视，如1560年翻译的《新约书》，1562年翻译的《大卫的赞美诗》等，在书写罗曼什语中位置很重要，从中尚可窥视到这种语言文化的发展痕迹。一直到19世纪初，这个地区真正的本土文化才有所发展。1938年全民投票承认罗曼什语为第四种民族语言后，特别是第二次世界大战之后，罗曼什语区文化发展有了新契机，甚至与整个欧洲的文化相连。著名作家贡扎格·德·雷诺尔德这样赞美这种语言："是真正的阿尔卑斯山的拉丁语，它具有大山的粗犷、高贵和单纯。"③ 但是，

---

① 端木美：《瑞士文化与现代化》，辽海出版社1999年版，第81页。
② 端木美：《瑞士文化与现代化》，辽海出版社1999年版，第82页。
③ Gonzaga de Renaud, *La Suisse et son histoire*, 1965 by Editions Payot Lausanne, p. 336.

在走出大山的同时,许多人更受到外界影响,年轻人中讲罗曼什语的越来越少,保护这种稀有语种文化已经引起瑞士政府的高度重视。

(二) 瑞士文化的宽容性

由上文可以发现瑞士复杂的文化构成,而这仅仅是不同语言之间的,就像印度通过语言对民族的划分一样,连同语言的内部个体间的文化都是极为不同乃至冲突的。因此,多种语言的共存绝非易事,但瑞士一直没有爆发所谓的"语言战争",这得益于瑞士的法律对少数民族语言的严格保护规定和瑞士文化传统的宽容性。

宽容性首先体现在"平等"上。在瑞士,虽然讲德语的居民占了大部分,但是自1848年以来,他们学会了尊重其他少数人的语种,不以多数派自居。依照宪法,瑞士一切官方文件、法律条文、公开告示、宣传资料等都必须以德、法、意三种文字发布。在格里松州,为尊重和方便讲罗曼什语的居民,还要另发布罗曼什方言的文件,其工作之细致可想而知,此皆因平等原则所致。有些公众集会上,司仪,甚至主要发言人都不厌其烦地用德、法两种语言发言,在国际性的场合还要加上英语,这正是瑞士独特的景象。

宽容性还体现在"民主"上。在一些州里不同语种的居民也有纷争,但一般都协商解决。汝拉州是一个特殊例子。汝拉地区与法国的汝拉省接壤,居民均讲法语。1815年以前曾是巴塞尔主教公国的领地,1815年3月维也纳公会宣布把汝拉划归以讲德语为主的伯尔尼州,自此汝拉人民开始了长期的要求分离的斗争。经过不同时期的各种斗争、协商,直到1978年9月全国公民投票,以占82.3%压倒多数的赞成票支持成立汝拉州,以民众意志为先,联邦议会和各州议会都分别同意,1979年1月1日瑞士的一个新州成立。这是因为语言问题而分离的一个独立州。此前,也曾有过因宗教信仰由一个州分为两个半州的阿彭策尔内罗登和外罗登(1597年分裂),及因城乡关系而一分为二的巴塞尔乡州和巴塞尔城州(1832—1823)。这样,从某种程度看还是平等民主的。

这类为平衡不同语种关系发扬的民主还体现在某些必需的共同名称。如1848年邮政统一后,在邮票上的国家名称,既非德语、法语,也非意大利语、罗曼什语,而是瑞士的古代名称:"海尔维希亚"。这样,既不引起纷争,也一目了然。此外,汽车牌照亦然,使用的是"海尔维希亚联邦"的缩写字母"CH"。①

文化宽容性不仅体现在最基本的语言使用上，而且还表现在其他方面，如宗教信仰。前面曾经谈过，瑞士人大多信仰天主教和新教，人数相当，还有少数人信仰犹太教和伊斯兰教及其他宗教，也有无宗教信仰者。虽然各州有主要信仰，但往往不同信仰居民混居，因此同一城市，甚至小小社区都可能有不同的教堂。根据宪法人民有信仰自由，因而彼此相安无事。但是，在历史上，瑞士人在宗教问题上有过曲折的经历。16 世纪发生欧洲宗教改革，瑞士先有慈温利在苏黎世，后有加尔文在日内瓦进行宗教改革，符合新兴资产阶级的要求。但是，由改革与反改革的斗争引起1529 年及 1531 年的两次宗教战争，即先后两次卡佩尔战争，慈温利在第二次战争中战死。1532 年到瑞士的加尔文在日内瓦最终使改革成功，但是新旧教的冲突远未结束。此后在欧洲的宗教战争中，瑞士有些州还曾卷入过，教训惨痛。17 世纪虽然瑞士总体远离欧洲宗教战事，但国内争斗分歧仍存在。直到 1848 年宪法正式承认公民的信仰自由，才给瑞士人带来更多的宗教宽容。

在政治、经济、地理和文化的长期影响下，瑞士的几大民族在社会的发展中进行着民族融合，瑞士民族逐渐形成。马克思和恩格斯说："物质劳动和精神劳动的最大的一次分工，就是城市和乡村的分离。城乡之间的对立是随着野蛮向文明的过渡、部落制度向国家的过渡、地方局限性向民族的过渡而开始的。"② 马克思在论述关于人类历史上最初形成民族的基本原理时曾说："从部落发展成民族和国家。"③ 从部落发展成民族，这是人类最初形成民族的规律，具有一般性。但民族作为一种历史范畴，并不是一旦形成就凝固不变了。有一些民族，是在阶级社会产生后形成的。在民族形成后的发展过程中，由几个民族分化出来的一部分人，长期生活在一起又形成一个新的民族，则是民族形成的又一条规律，具有特殊性。瑞士民族的形成就恰好符合这一特殊性，在阿勒曼尼人、勃艮第人、意大利移民和罗曼什人长期的共同生活中形成了新的瑞士民族。民族，如前文所言，是一种"生命"现象，每个民族都经历着形成、发展和消亡这一过程。随着共同的地域、共同的语言和共同的经济生活的形成，不同文化生

---

① 端木美：《瑞士文化与现代化》，辽海出版社 1999 年版，第 84 页。
② 《马克思恩格斯选集》第 1 卷，中央编译局译，人民出版社 1995 年版，第 56 页。
③ 《马克思恩格斯选集》第 3 卷，中央编译局译，人民出版社 1995 年版，第 515 页。

活特点和习俗得以相互交流、相互影响和相互吸收，自然就渐渐形成了共同的习俗、宗教信仰等，进而逐渐形成了表现于共同文化上的共同心理素质。瑞士的民族融合，从日耳曼人入侵，瑞士进入罗马化时期就已经开始，到1848年多民族国家初步形成，经历了将近2000年长期的民族融合的过程。民族融合是一个长期发展的过程。之所以是长期的发展过程，是因为民族特征，特别是民族语言是千百年来得以形成和使用的，具有很强的稳固性。民族融合的过程，也很可能是由民族语言的消亡以及统一的共同语言的形成并取代各民族语言来结束的。在瑞士长期的民族融合过程中，四大语区逐渐巩固下来，直到现在依然是瑞士民族分布的一大特点，即语区与民族的分布基本上是一致的。

不过，文化的统一还只是纯粹民族意义上的统一，虽然这种统一有着超物质的一面，但它的效力值得怀疑。回忆一下瑞士作为一个统一的文化共同体的形成过程就会发现，它的形成是建立在对传统文化共同体的否定基础之上的，无论是对中世纪一直以来的统一整个欧洲的天主教的改造，还是对它文化的"宗主国"德意志（神圣罗马帝国）、法兰西的反抗等。这是因为文化环境（以及由它形成的民族）本身是历史的过程而非持存的性质。那么人们有资格质疑我们并没有什么充足的理由相信瑞士自身的文化共同体作为民族间的纽带是牢固的，特别是当瑞士民族的复杂性已经如此明晰的时候——它作为文化共同体本身的同一性就弱于它的邻国。可瑞士和谐的统一又是那样一个明确的事实，因此国家作为共同体的概念的另一方面就有必要被研究，它有理由被视为将瑞士民族牢牢团结在一起的、重要的另一环。

第二章

影响瑞士国家建立的重要事件

　　文化是重要的，乃至神圣的，它甚至被一些研究者认为是给予所有人以教养的东西。然而我们已经知道这样的东西对瑞士的多民族的统一来说还是不够的，它的统一性要被同时理解为在政治体制之下的统一，也就是国家的统一。国家作为一个理论性的概念虽然早在上一章的开头就有所提及，但它的现实性以及与民族的关系和区别还有待被证实。我们已经知道了国家是作为统一的政治实体而存在的，可它的存在并不能仅仅被视为抽象空洞的契约联结——如此，它的效力还不如文化共同体来得强大。它需要被视为通过共同的利益纽带来连接的东西，而那法律仅仅是这种利益关系的具体表现。那么利益是什么呢？简单来说，是有满足人需求的可能性的东西，因此如果以个体的角度来看，利益既是普遍的，又是特殊的。然而在国家的层面考量，特殊的利益总会被全体普遍的利益所取代，即关于每一个人都共同承认的利益———般利益（intérêt général）。当然对于"普遍利益"这个词的争议很多，对它的解释也有什么"共同利益"（intérêt commun）、"公众利益"（intérêt public）、"集体利益"（'intérêt collectif）等。① 但这种区别在这里被视为是多余的，因为无论是哪一种利益的连接方式都会形成一个利益共同体的倾向，而它所形成的共同体的顶点就是国家——一个同时通过利益纽带、法律和暴力机构来维持的利益共同体。相信对于任何一个生活在物质极丰富的现代环境中的人来说，利益的重要性都是不言而喻的，而国家在一定程度上是作为利益的现实表现而存在的。不仅如此，国家在近现代还成了一个有主权的实体，同

---

① Julien Broch, 《 L'intérêt général avant 1789. Regard historique sur une notion capitale du droit public français 》, Revue Historique de Droit Français et Etranger, 95e année, n°1: janvier-mars 2017, pp. 59-86.

民族一样和外界区分。因此，通过瑞士作为国家的发展历史来考察瑞士的统一就值得被我们所重视。

本章尝试从瑞士作为利益共同体的视角来阐述瑞士国家的形成，并根据对利益共同体以及国家概念在理论上的演化来解释瑞士国家的发展。瑞士为什么选择中立作为维护自身利益的手段？不同于其他欧洲国家的原始积累，瑞士是如何发展资本主义乃至成为新教的"罗马"的？由此产生的宗教改革和启蒙运动一起对利益共同体和国家的定义又产生了什么样的影响？这都是我们要尝试回答的核心问题。瑞士与强敌交战后，认识到自己是一个小国，而且是一个多民族的蕞尔小邦，只有民族融合、一致对外，维持本国的永久中立政策，才能保全瑞士各民族的真正利益。谈到影响瑞士国家建立的重要事件，除了中立政策以外，还不能不提宗教改革与启蒙运动，尤其是宗教改革伴随着钟表业的崛起，瑞士钟表业的奠基时期正好与欧洲的宗教改革重合在一起，一者为资本主义创造了萌芽，一者为现代国家意识打下了根基。可以说，钟表业从初创到迅速发展，并最终使瑞士成为世界上独一无二的"钟表王国"，无不与宗教改革有密切的关联；而钟表业的崛起又促进了瑞士经济全面发展，这些成为瑞士民族国家建立的必要基础与重要事件。它们两者是相辅相成地推动着瑞士的发展的。当然宗教改革、启蒙运动直接或间接地推动了人们的思想和精神解放，对瑞士产生的影响也不可忽视，虽然它们是理论上的，但这种理论有着坚实的后盾——在钟表业的带动下极大发展的资本主义环境。

第一节 瑞士中立政策的奉行

瑞士以永久中立而闻名于世，那么瑞士永久中立外交政策产生和发展的原因是什么？它与瑞士的民族融合有什么关系？除了有其深刻的历史背景和重要的地理因素之外，我们认为瑞士永久中立的政策还同其各民族长期以来为了捍卫自身利益，维护瑞士民族统一，争取与欧洲其他民族中立的和平共处的理想密不可分。如果没有瑞士民族融合，也就不会产生瑞士的中立政策，反之亦然；瑞士的中立政策不仅给瑞士各族人民在政治、经济、文化上和其他各方面带来了巨大的利益，并使之成为几百年来从未发生过战争的国度之一，同时也为世界和平做出了重要贡献。永久中立政策使蕞尔之国瑞士变成了举世瞩目的"大国"，成为世界各国心目中的

"伊甸园"和学习的楷模。

瑞士人对和平理想的执着也值得被效仿。瑞士联邦委员会在21世纪初起草了一份文件，题为"2000年外交政策报告——参加与合作：在一体化世界中保护我们的利益"，它阐述了未来瑞士外交政策的五大重点。它们是：促进各民族的和平共处，尊重人权和促进民主，保护瑞士企业在国外的利益、缓解世界各地的贫困状况、保护瑞士的自然遗产。[①] 从21世纪瑞士联邦政府的政策来看，瑞士将"促进各民族的和平共处"的政策放在了所有政策的首位，这表明瑞士政府高度重视民族问题。那么，我们认为瑞士的民族政策就包含着两层意思：一是瑞士与各个民族之间的关系是融合的、平等的；二是瑞士的外交政策是中立地与各国和平共处。中立政策是永久的、长期的、不变的。中立问题就是瑞士外交政策的核心问题，中立意味着不参与武装冲突，作为瑞士外交与国防政策促进和平及人道主义的手段，它已证明了自身的价值。作为一个中立国家，它不能承诺在战争中站在另一个国家一边，也不能为另一个参与武装冲突的国家提供军事支持。但是，它仍有采取行动的余地。瑞士可以执行联合国或其他国际机构实施的经济制裁，它允许经过瑞士领土的过境运输并参与维持和平行动。在教育和裁军领域与他国的合作与中立原则没有冲突，因为这样适用于瑞士参与"和平伙伴"合作关系行动，成为欧洲安全与合作组织（OSCE）及欧洲委员会等国际组织的成员国。但作为中立国，瑞士到现在为止仍然没有加入欧盟。永久中立的外交政策，为瑞士各民族之间的融合与社会经济稳定发展和世界和平做出了重要贡献。

一 中立的起源和发展

当然，我们不会仅仅认为这种和平主义的理想是推动瑞士中立的主要原因，瑞士的中立政策不仅需要被认为是符合利益的，更有着极为漫长的发展历程，不是凭借热情一朝一夕构想出来的。首先让我们来看一下"中立"这个词的来源。La Neutralitè（中立）一词起源于拉丁语，1536年才第一次使用。关于中立的功能含义，在海尔维第（瑞士的别称）国家最古老的文献中是用"禁坐不动"来阐述的。中立即处于两个对立的政治力量之间，不倾向于任何一方。中立国指在国际战争中奉行中立政策

---

① Switzerland, 2001 Kummerly+Frey, CH-3052 Zollikofen-Berne, 2001, p.46.

的国家，它对交战国任何一方不采取敌对行为，也不帮助。中立国根据国际条约保证，永远不跟其他国家作战，也不承担任何可以间接把它拖入战争的国际义务。中立主义和我国儒家的中庸和谐思想比较接近，儒家主张"中不偏，庸不易"。瑞士现行联邦宪法第 173 条明确规定联邦议会有权"采取必要措施保护瑞士外部安全、独立和中立"。① 这个基本宪法的规定使得瑞士在对外关系上奉行四项原则：第一永久中立。即瑞士必须避免战争危险，不能卷入争端，不结盟，它依靠自己"武装中立"，常备不懈。第二普遍建交。不分政治制度与意识形态，普遍与世界各国建立外交关系。第三休戚与共。中立不等于袖手旁观，瑞士也对发展中国家提供人道主义援助与合作，对遭受重大自然灾害的国家给予支援。第四提供方便。遇有国际冲突，瑞士时常出面斡旋，使双方互相接触联系。② "广结善缘，淡交如水"这是瑞士外交政策的一个显著特点。

　　永久中立是瑞士人最为崇拜、最为自豪的政策，因为中立是瑞士的传统，是保卫瑞士国家独立和主权的手段，也是维护民族独立、民族融合的方式。中立意味着不参与武装冲突，作为瑞士外交与国防政策促进和平及人道主义的手段，它已证明了自身的价值。瑞士中立地位的确立是经历了相当长的历史阶段，通过几代人的不懈努力用鲜血才赢得的。瑞士位于西欧中心，周边强国、大国林立，它的西南部是法国，东南是意大利，西北是德国，东北是奥地利。还有瑞士又是欧洲主要河流的发祥地，莱茵河、多瑙河、罗纳河等都从瑞士起源，其战略地位十分重要。从中世纪以来，欧洲许多国家就力图控制这块意义十分重大的战略要地。1291 年，施维茨、乌里、下瓦尔登三州结成永久同盟，以便一致对外来维护自身的安全，共同对付奥地利哈布斯堡王朝的扩张，到了 1513 年同盟已拥有 13 个州成员，除了德语州以外还有一些法语州也加入进来。当时瑞士军队所向披靡、无敌于天下，一路向南进军。而法国佛郎斯瓦一世 1515 年继位，他决定重占米兰。7 月，法国的精锐部队从阿尔卑斯山的一条捷径突然出现在意大利平原。而此时瑞士内部出现分裂。1515 年 9 月，在加拉腊特，伯尔尼州（德语与法语）、弗里堡州（法语与德语）、索洛图恩州（德语与罗曼什语）和瓦莱州（法语与德语）的部队为 100 万克朗的许诺所收

---

① Aubert Jean-François, *Traité de droit constitutionnel suisse*, vol. 2, Neuchâtel, Ides et Calendes, 1967, p. 42.
② 吴志成：《当代各国政治体制——德国和瑞士》，兰州大学出版社 1998 年版，第 220 页。

买，便班师回国了。不过，其余的来自东部诸州的队伍，留下来继续作战。然后就像我们已经在前文讲到的那样（见第40页），1515年10月，经过两天苦战原先所向无敌的瑞士军队被法军在马里尼亚诺（Marignan）打败，损失8000多人，这对小国瑞士是一次严重的打击。他们丧失了无敌的名声，同时也表明联邦民族是不团结的。[1] 八个州[2]再一次同意加拉腊特条件。但其余州准备再组成另外一支军队继续斗争，后来法国国王也进行了一些妥协。1516年、1521年瑞士和法国签订永久和约，保证永不向法国开战，同时也拒绝法国的敌人通过其各道隘口。这样处于强国夹缝之中的瑞士，吃一堑、长一智。通过血的教训瑞士学乖了，它的政治家及时应变采取了高明的外交政策——恪守中立，中庸自保。可以说马里尼亚诺战役是瑞士全面执行中立政策的转折点。1618年欧洲爆发"三十年战争"，瑞士已经奉行了中立外交政策，但仍有大批的瑞士人充当雇佣兵。此时瑞士的雇佣军不是为了帮助哪个国家战斗，而是为了他们自己本身和为国家赚钱，雇佣兵制成为瑞士资本主义原始积累的一个重要来源。瑞士首次尝到中立给它带来的益处。1674年中立政策成为瑞士国家行为准则，当时的瑞士经历了宗教改革的动乱，目睹了欧洲"三十年战争"给邻国造成的苦难，以及感受与强国为邻的压力，终于在当年"国会"上宣布作为中立国行事，不再以任何方式参加战争。第一次向欧洲提出自己的对外中立政策。瑞士的中立政策在法国大革命时才得到欧洲主要国家的认可和尊重，也使瑞士没有卷入该世纪的欧洲战争之中，这就为瑞士的稳定和发展做出了贡献。

1798年，拿破仑入侵瑞士，强迫瑞士放弃中立政策达16年。瑞士投降，国库被掠夺一空。为了争取国家主权，1815年，瑞士参加了反对拿破仑的战斗，而自此以后瑞士没发生过任何战争。1814—1815年欧洲召开维也纳会议，东道主奥地利外相梅特涅（后成为首相）同意英、俄将瑞士作为缓冲国的意见。列强们承认"瑞士的中立和完整及其脱离任何外国势力而独立，是符合整个欧洲政治的真正利益的"。[3] 可见瑞士的中立外交政策不仅受到内部国民的同意，还符合了欧洲列强的整体利益，这

---

[1] ［瑞士］埃·邦儒尔：《瑞士简史》下册，南京大学历史系编译组译，江苏人民出版社1974年版，第258页。
[2] 伯尔尼、弗里堡、索洛图恩、卢塞恩、翁特瓦尔登、格拉鲁斯、楚格、阿彭策耳。
[3] ［瑞士］埃·邦儒尔：《瑞士简史》下册，南京大学历史系编译组译，江苏人民出版社1974年版，第436页。

是使瑞士中立政策得以在"一战"乃至"二战"中持续的重要外在因素。1815年11月20日列强在巴黎签订了《承认瑞士永久中立的巴黎条约》(Traite de Paris: Neutralité perpétuelle de la Suisse),条约共分5个部分:第一,叙述中立问题的由来;第二,正式承认瑞士的永久中立;第三,签约国承认和保障与日内瓦州比邻的萨瓦地区的中立化;第四,1814年12月反法联军从巴塞尔到日内瓦借道不算破坏中立,侵犯边界;第五,对瑞士中立政策的赞扬。至此,无论在欧洲还是在世界其他地方,瑞士的永久中立逐渐得到国际社会的承认。[1] 1907年瑞士在海牙和平会议上签署了关于中立的法律公约。《海牙公约》第一次以书面形式对战争情况下中立国的权利和义务作出了规定,公约规定中立国最重要的权利是保证国土不受侵犯。公约规定中立国的主要义务有:不得参加战争;保障中立国自身防卫;在涉及战争物资出口方面,保证平等地对待交战国;不向交战国提供雇佣兵;禁止交战国使用本国国土。

很显然,瑞士永久中立政策的出现,有其复杂的国内外历史环境因素。首先,民族融合是中立政策的必要条件与基础。1515年瑞士在马里尼亚诺战败,与其说是瑞士军队被法军打败,倒不如说是当时瑞士各个民族之间不团结的因素所导致的失败。所以瑞士痛定思痛制定中立政策,而中立政策的基础就是维持瑞士各个民族的融合,团结瑞士各个民族这正是中立政策的国内基础,团结各国民族与各国平等相处和平共处这是中立政策的国外基石,也就是说它同时符合瑞士人和欧洲各国的利益。

瑞士的自然条件、地理位置对其中立思想的产生,以及中立政策的确立、推进也起了重大作用。瑞士处于西欧的中心地带,四周被德、法、意、奥等大国包围,自古以来就是联系东欧、南欧、西欧、北欧的交通要道。然而,瑞士又是一个地形复杂的山国。阿尔卑斯山占全国面积的60%,其重要山口圣哥大、圣伯纳德等都是欧洲具有战略意义的通道。这样的地理条件,使瑞士成为一个兵家必争之地。每当周边国家战火蔓延之时,瑞士势必会首当其冲、受害匪浅。周边各国为了各自的需要往往会对瑞士所属民族打民族牌,煽动民族感情。如法国与德国发生战争,法、德两国会纷纷通过各种途径来游说瑞士的法、德民族,希望瑞士国内的法、德民族支持他们各自的国家,这样就会造成瑞士国内民族的撕裂,国家面

---

[1] Jean-Claude Favez, *Nouvelle Histoire De La Suisse Et Des Suisses*, vol. 2, 1982 by Editions Payot Lausanne, p. 280.

临着分裂。而中立政策恰恰解决了这个棘手的问题，瑞士政府不偏向任何一方，使国内族群不会因此而产生撕裂，因而中立地位对这个在夹缝中求生存的小国各民族的利益来说是至关重要的。

其次，从传统背景看，山区居民自古以来比较强悍、骁勇，他们为了同自然界和敌人作斗争养成了团结一心、奋勇抗敌的精神。早期的瑞士民族也和其他地区的民族一样，最早结盟是为了反对侵略，捍卫自己民族的主权独立和自由，而互相联合、互相支持，这种共渡难关的品质是生活在自然条件恶劣、交通不便的贫困地区的民族相互生存的基础。正是这样的自由、平等、独立的思想孕育出相互协调仲裁乃至中立等手段以维护各民族之间的关系。以往连年的战争使瑞士各民族生灵涂炭、民不聊生、苦不堪言。各民族人民需要和平和安定的环境，而赢得和平最好的方法就是中立，这样以防止外来的侵略者干涉的借口。

最后，就如上文所言，瑞士的周边大国、强国之间也需要一块区域来缓冲它们之间的关系，而瑞士的中立正符合这些列强的要求。所以瑞士的中立不是偶然的，而是由国内外多种因素造成的。

在几百年来的历史发展中，瑞士中立政策形成了以下三大特点：一是中立政策维护瑞士各民族之间的融合，为了共同的利益，他们团结一致、同仇敌忾，维持了瑞士的长期稳定与发展。二是中立政策使小国瑞士在强国林立之中获得了宝贵的国家独立，赢得了民族尊严。三是武装中立，即用"武装到牙齿"的军事力量来屯戍捍卫国家的中立政策，因为列强们在条约上的中立仅仅是一个抽象的概念，这种空洞的理论必须变为现实才能实实在在地保证瑞士的利益，而这需要暴力机构来震慑，换言之，拥有一个强大的军事力量作后盾（这一点在下面我们会展开叙述的）。瑞士这三个特点不但为它带来了民族的融合以及国家稳定和平发展，更保卫了国家的主权和独立，使外来的侵略者不敢轻举妄动。因此，它们之间的因果关系被扬弃在相辅相成的共同作用之中，都为瑞士国家的建立奠定了重要的基础。

二 中立政策对瑞士的影响

了解了瑞士的发展就会发现，瑞士的中立政策是符合本国各民族人民利益的，其永久中立政策最直接地反映着瑞士国家的政治和经济利益，同时也在国际关系的发展上起重要作用。毫无疑问的是，瑞士永久中立政策为瑞士国家各方面的发展创造了一个良好的条件。瑞士的一位政治家是这样评价瑞士的中立政策的,他说:"中立是正确的,我们没有理由拒绝它,这是经过许多世纪的实践所证明了的,它是维护我们国家自由和独立的最好手段,奉行中立达到了自己的目的,使我们置身于小国不幸的政治纠纷之外。"[1] 两次世界大战中,正是因为瑞士严守中立,并未卷入战争,所以没有遭到战争破坏。"一战"后的国际联盟设在瑞士日内瓦,尽管国联实际上是一群你抢我夺的强盗的联盟,但却提高了瑞士的国际地位和声望,日内瓦也一跃成为一座国际名城。"二战"后,瑞士在坚持中立原则的基础上,并没有闭关自守,而是开始积极拥抱世界,参与全球化进程。一系列的历史事实表明,对于这种中立政策的作用和意义进行总结,对于我们了解瑞士国家的建立来说是必要的。

其一,永久中立政策带来了国内的民族融合与政治安定。因为瑞士恪守中立,避免了邻国的干预,处在欧洲各国纠纷之外,从而使得本国的民族与宗教矛盾免受外部因素的影响,不至于发展到激化的地步。所以即使瑞士是个多民族(主要有日耳曼人、法兰西人、意大利人、罗曼什人)、多语言(德语、法语、意大利语、罗曼什语)、多宗教信仰(主要有天主教、加尔文教、路德教)、多种文化(主要有德国文化、法国文化、意大利文化)的国家,但瑞士各州仍然能够凝聚在一起,结成一个比较紧密的共同体,从而保持了国内的长期稳定。尽管进入20世纪与21世纪以来,即瑞士进入现代社会以来又有大量的各国移民进入瑞士,使瑞士民族出现了更大的多样性与复杂性,但瑞士社会仍然保持着高度的稳定性与持续性。可以这么说,如果没有瑞士长期奉行中立的外交政策,就不可能有几百年未参加和卷入战争的奇迹出现,那种民族和谐的良好氛围也就只是镜花水月。

其二,中立政策为瑞士经济发展提供了强有力的动力。长期的国内外战争对于大部分参战国来说只会破坏经济的发展,而中立带来的国内民族和谐与政治安定局面是极有利于瑞士的经济发展。同时,瑞士发展经济首先非常重视教育,善于引进各国的人才和智力资源,并结合瑞士本国的特点发展高精尖技术的产业,大力发展第三产业。在作为瑞士高精尖的制造业的开端的钟表业上体现得特别明显。再加上本国资本雄厚,没有遭受战

---

[1] 续建宜:《瑞士中立政策的历史与现状》,《解放军外语学院学报》1995年第2期。

争的蹂躏等因素，使瑞士经济迅速崛起。从1648年欧洲"三十年战争"结束到1789年法国大革命以来，瑞士农村是当时欧洲最富裕的地区，富有的农民甚至还会写字、算数，瑞士在资本主义萌芽的当时就几乎没有了城乡差异。[①] 特别自20世纪初以来瑞士的人均收入就居世界前列，并以高度发达的工业国屹立于西欧中部。在对外经济上，瑞士是世界上主要资本输出国，它主张自由贸易原则，目的在于保护其产品的销售市场和在国外市场的大量投资，保证其能源、原材料的供应渠道。基于这些原因，瑞士反对贸易保护主义，主张废除贸易壁垒，实行自由贸易，同时也反对国际上采取经济制裁的手段。这对于资源缺乏、市场狭小的瑞士是有相当大的作用的。

其三，瑞士因它的特殊地理位置和永久中立政策，一直受到世界各国的青睐，拥有很高的国际声望。像日内瓦是世界名城，它不仅是旧国联和现在的联合国欧洲总部，而且是世界上召开会议次数最多的国际会议城市之一。"世界分为五大洲：欧洲、亚洲、美洲、非洲和日内瓦"，这是法国外交大臣塔列兰1815年在著名的维也纳会议上的一句名言，它突出了日内瓦在世界上的特殊地位和重要作用。[②] 现在的联合国三分之二的机构的总部设立在日内瓦，除此之外，还有国际红十字会总部，世界经济论坛总部（达沃斯论坛）等都在日内瓦；瑞士的巴塞尔市既是世界"药都"又设有国际清算银行总部；苏黎世市除了是世界金融中心之一以外还是国际足联的总部和欧洲足联的总部；伯尔尼是世界钟表之都；而洛桑是国际奥林匹克的总部；等等。

其四，中立政策使瑞士成为世界各民族的避难之国，同时为世界人道主义精神的发扬光大和世界无产阶级的革命做出直接和间接的贡献。瑞士从近现代以来，接纳了世界各地大量的"政治犯"和难民，从"一战""二战"中为战俘、犹太人避难，提供人道主义援救工作，瑞士走在世界的前列。这体现了瑞士人在中立政策的影响下发展而来的对和平不懈追求的理想主义精神。由瑞士人亨利·迪南创立的、总部设在日内瓦的红十字国际委员会是这种精神的集中体现。如今，它已成为世界上最大的人道主义机构。今天在世界上不管在什么地方发生战争和冲突，红十字国际委员会的人员就会出现在那里，为红十字国际委员会的宗旨和人道主义的原则

---

① 刘军：《瑞士》，世界知识出版社2002年版，第12页。
② 张志凯：《国际城市日内瓦》，上海人民出版社2006年版，第218页。

而忘我地工作。红十字国际委员会每年为世界各地人道主义援助奔波，它成为瑞士中立政策理想化、普世化的象征。

总而言之，瑞士尽管从自然资源来说是世界上最贫瘠的国家之一，但它充分利用了自己的地理位置，在政治上运用纵横捭阖的手段，在外交上采取永久中立的政策，经济上实行自由贸易的原则等，使瑞士民族融合、政治稳定、经济持续发展，成为一个资本主义发达国家。当然，我们也知道瑞士中立政策的产生和发展不是偶然的，这和它的地理位置、历史渊源、民族文化、宗教因素等有关。

衡量一个国家的外交政策是否正确，要看它的政策是否适合其国情；是否为其社会带来政治稳定；是否有利于国内经济建设和提高各民族人民的生活水平；是否为地区和世界和平做出贡献。而从上述的标准来评价，瑞士的永久中立政策无疑是优秀的。它不仅给本国在政治、经济上带来了无穷的利益，同时也给世界和平做出了一定的贡献。应该说瑞士的永久中立政策是瑞士国家作为稳定、和谐的利益共同体形成的重要原因。因此，在讨论瑞士国家的建立时——尽管它的特殊性被认为难以复制，对瑞士永久中立的政策投以最大程度的关心都是有益的。

第二节 宗教改革与瑞士钟表业的崛起之间的关系

谈到瑞士国家的形成，不能不提瑞士的宗教改革和启蒙运动，它们对瑞士人的思想和精神解放起到巨大作用，可以这么说，宗教改革和启蒙运动是瑞士多民族国家形成的重要准备阶段。中世纪西欧的商业和城市相比中国和印度等国是相当弱小的，然而，资本主义却不是首先在中、印等国产生而是在经济相对落后的西欧出现，其原因是什么呢？钱乘旦先生认为，不在于有没有商业和城市，也不在于商业和城市的发展规模如何。答案在于社会结构不同，由于西欧特殊的社会结构，资本主义可以在相对弱小的城市的商业环境中发展起来。① 我们完全同意钱先生的观点。瑞士在中世纪和西欧其他国家一样，也存在着特殊的社会结构。马克思曾说："从中世纪的农奴中产生了初期城市的城关市民；从这个市民等级中发展

---

① 钱乘旦：《世界现代化进程》，南京大学出版社1999年版，第16页。

出了最初的资产阶级分子。"① 当然除了这些现实的社会结构和经济因素外，理论因素也需要被考虑。对瑞士起着非常大的作用的宗教改革、启蒙运动等事件，直接或间接地推动了人们的思想和精神解放，尤其是就宗教改革和启蒙运动而言，瑞士本身就是当事国，它们对瑞士产生了不可估量的影响。

首先是现实的社会结构和经济，即由外国人（宗教难民）的到来或者雇佣兵的返乡造成的特殊的社会结构，和某一发达的产业导致了资本主义的发展；其次是理论的思想，瑞士作为宗教改革和其他启蒙思想的发源地在思想上对瑞士的影响，然后两者互相作用。

毫无疑问，这两点是需要被同时考虑的。那么在经济和思想上，瑞士是如何在使得社会结构特殊化并带动了资本主义蓬勃发展的同时又引入了那些先进的思想呢？纵观瑞士工业发展史，在影响瑞士民族国家建立的重要事件中，宗教改革与瑞士的政治、经济的统一，尤其是与瑞士社会经济发展的联系绝对占有一席之地。而在这种统一中，也许可以发现一些端倪：在瑞士经济发展历史中占有举足轻重的地位的钟表业的作用。要知道瑞士钟表业的奠基时期正好与欧洲的宗教改革重合在一起。这不得不让人联想到，瑞士钟表业从初创到迅速发展，并最终使瑞士成为世界上独一无二的"钟表王国"，与宗教改革之间有千丝万缕的联系。而在纯粹现实的社会结构和经济上，我们也可以发现宗教改革为钟表业在瑞士的建立、发展、兴盛提供了良好的历史机遇：宗教改革中的一些法令为钟表业的发展排除了劲敌首饰业，并将那些从事首饰业的工匠转化为钟表业的潜在技术人员；宗教改革的"衍生物"，即受到宗教迫害的法国难民等，为瑞士钟表业的兴起提供了先进的技术、大量的资金、优秀的人才以及销售网络；而在纯粹理论的思想上，宗教改革从精神层面间接地产生了潜移默化的影响，从而陶冶了瑞士人的思想观念，培养了瑞士人执着的工匠精神，为钟表业的长远发展提供了积极的因素。不仅如此，宗教改革同时也带动了瑞士其他产业的发展，对瑞士近现代经济与民族社会产生了巨大的影响，使法语区民族与德语区民族的生活水平得到了迅速提高。由此明朗了的两者之间的关系更让这个研究方向的可能性扩大了，这有理由让我们尝试将这两者结合起来讨论，并最终承认：是宗教改革使得瑞士产生了一项可以说

---

① 《共产党宣言》，《马克思恩格斯选集》第 1 卷，中央编译局译，人民出版社 1995 年版，第 252 页。

是最早的、最为重要的经济产业——钟表工业①。

　　欧洲宗教改革，这一标志着西方基督教世界分裂②的事件，对世界历史的发展产生了深远的影响，无论是在政治、经济、社会领域，还是在思想、文化、宗教等各个领域。对于瑞士来说，宗教改革对瑞士民族团结、近代工业的发展，尤其是享誉世界的钟表业的发展起到了举足轻重的作用。谈到瑞士，人们首先会联想到瑞士的钟表，它是瑞士知名度最高的产业，因此瑞士也素有"钟表王国"之称。其钟表以准确的时间、精密的机械、优美的造型、昂贵的价值、身份的象征著称于世。其钟表业更是以高端的品质、精湛的技术成为瑞士工业的骄傲，成为世界钟表行业的典范。但从历史上看，瑞士却不是钟表业起源国，世界钟表业的发祥地在意大利和法国。然而这并不意味着瑞士钟表工业的崛起是偶然的，而是它抓住历史机遇，积极引进法兰西、意大利的钟表业工匠，结合瑞士本国的特点并通过长期的摸索而形成的。其中，宗教改革对其钟表业的发展起到了巨大的促进作用。

　　在有关瑞士宗教改革方面的研究中，国外学者的研究更早、更充分一些。瑞士学者法尔尼在其著作中认为，宗教改革不仅导致瑞士联邦的宗教和政治生活发生了巨大变化，而且对这个国家的经济发展也产生了深刻影响。在因宗教迫害逃离本国而定居瑞士的法国人、意大利人和荷兰人中，有大批富商和纺织工场主。在瑞士联邦，这些移民的技艺经验和商业联系促进了城市及其属地的工业迅速发展。他们在羊毛和蚕丝加工、金银器制造、钟表业以及国际贸易和银行业诸方面为瑞士做出了重大贡献。③ 约翰·克洛德认为，当时许多为了躲避战争和宗教迫害的流亡者，尤其是法国流亡者，他们向瑞士带去了极其宝贵的新工艺知识。首先是丝纺织业，随后是棉纺织业，它们在瑞士东部的苏黎世、巴塞尔、圣加仑等地区得到发展；其次是在西部日内瓦和汝拉山区得到迅速发展的钟表工业。④ 托马斯·A. 布雷迪认为，瑞士的改革（宗教）对周边地区的人们很有吸引

---

　　① 当然也有一些学者认为瑞士的纺织业比钟表业更早，但大多数专家认为钟表业是瑞士最早的近现代工业。

　　② ［英］G. R. 埃尔顿：《新编剑桥世界近代史 2——宗教改革（1520—1559）》，中国社会科学院世界历史研究所组译，中国社会科学出版社 2003 年版，第 2 页。

　　③ ［瑞士］法尔尼：《瑞士简史》，刘文立译，华中师范大学出版社 1988 年版，第 29 页。

　　④ Jean-Claude Favez, *Nouvelle Histoire De La Suisse Et Des Suisses*, vol. 2, 1982 by Editions Payot Lausanne, p. 108.

力,"转向瑞士"意味着要么加入瑞士联邦,要么模仿瑞士联邦。① 甚至有瑞士学者提出:"瑞士工业革命发生于英国工业革命之前。"② 然而,国内学界对瑞士宗教改革的研究却相对薄弱,还没有形成系统。但这也不妨碍可以从少数敏锐的学者的研究中发现对这段历史以及由此带动的钟表业发展的重视。在对钟表业发展的直接促进的方面,陈维斌认为,早在欧洲的宗教改革和法国革命中,一批钟表和首饰业工匠来到瑞士,带来了这方面的工艺。③ 在间接的方面,王正元、曹立华则认为,因加尔文推行的宗教改革和禁戴珠宝的法令迫使金匠和珠宝商转行从事制表业。④ 张志凯也认为,瑞士钟表业的发展是在里昂交易会的开辟与加尔文宗教改革的双重打击下兴起的。⑤ 上述这些研究表明,瑞士钟表业的崛起与宗教改革有着密不可分的关系。然而,长期以来学界的研究重心却并不在宗教改革与瑞士钟表业崛起的关系上,反而集中在钟表行业界内部,其研究的重心也主要在现当代,包括对瑞士钟表业的现状、面临的困境、发展的成功之道等方面的研究。从历史上看,瑞士钟表业的创立正好与欧洲宗教改革处于同一时期,可以说,宗教改革时期正是瑞士钟表产业从无到有、从小到大的重要奠基阶段。现有的研究对欧洲宗教改革与瑞士钟表业兴起的关系虽有所涉及,但深入研究者寥寥无几。因此,我们有必要从现实的原则和理论的原则结合的角度来探究瑞士在宗教改革时期是如何吸纳周边各民族的钟表匠接受新思想,并在奠定其"钟表王国"地位的同时走上现代化的国家道路的。

一 宗教改革前的瑞士

要知道为什么宗教改革发生在瑞士,首先要了解宗教改革前瑞士的社会经济状况是首要的。在宗教改革发生之前的 15 世纪至 16 世纪初,尤其是 1415 年至 1525 年间,恰好是被瑞士学者认为是瑞士历史上最伟

---

① Thomas A. Brady, *Turning Swiss: Cities and Empire*, 1450-1550, New York: Cambridge University Press, 1985, p.3.
② [瑞士] 埃·邦儒尔:《瑞士简史》下卷,南京大学历史系编译组译,江苏人民出版社 1974 年版,第 339 页。
③ 陈维斌:《瑞士钟表工业的今昔》,《世界经济》1980 年第 2 期。
④ 王正元、曹立华主编:《欧罗巴的阳光》,机械工业出版社 2010 年版,第 205 页。
⑤ 张志凯:《国际都市日内瓦》,上海人民出版社 2006 年版,第 158 页。

大的时代之一的英雄时代。① 这一时期瑞士各州之间不断爆发内部冲突,如1439年和1442年苏黎世和施维茨之间的战争,1474年中部各州联合起来反对布尔贡第公爵的战争等②,为解决这些矛盾成立了"参政会",专门调解各州的纠纷。当时瑞士诸森林州和奥地利哈布斯堡王朝之间的战争频繁,从莫尔加尔滕战役开始延续了一个半世纪以上。③ 1499年由于施瓦本战争,巴塞尔和沙夫豪森加入了邦联,同年邦联脱离奥地利王朝的统治。瑞士中部的人们随即发动了一系列战争,每扩展到一个地方,就破坏乡村统治,将城市纳入自己的行列之中。④ 他们煽动属民拒绝纳税和缴租,使得属民们不再安分,⑤ 力图迫使地处中央高原的封建领地接受自己的法律,并努力将联盟扩大到其他的州和城镇,由此形成了后来的八州联盟,到1513年已发展到13州联盟。⑥ 这个时候的瑞士邦联越出了阿尔卑斯山诸谷地区的范围,但这个阶段瑞士地区的权力配置却非常特殊,联盟结构上比较松散,正如瑞士学者曾这样说:"邦联……没有宪法,没有例行的代表大会,没有行政机关,没有首都,没有国库,没有高等法院,没有档案馆,甚至没有自己的大印。"⑦ 这表明成员们最初不是为建立一个国家而结合,而是觉得结成邦联更有利于争取盟友以保卫自身的利益,其第一要旨是共同捍卫各州的独立。当时政治局势的突出特点是地方贵族统治城镇,民主政体管理州内的乡村地区。邦联各州拒绝参与欧洲大陆上未来可能出现的任何一次冲突,可以看作是瑞士迈向中立的第一步。

在宗教改革前夕,瑞士的政治发展在国内外都受到不同程度的阻碍,首先是各州与邻国之间出现的宗教民族冲突;其次是由此引发的利益分

---

① [瑞士] 埃·邦儒尔:《瑞士简史》上卷,南京大学历史系编译组译,江苏人民出版社1974年版,第190页。
② Jean-Claude Favez, *Nouvelle Histoire De La Suisse Et Des Suisses*, vol. 1, 1982 by Editions Payot Lausanne, p. 344.
③ Jean-Claude Favez, *Nouvelle Histoire De La Suisse Et Des Suisses*, vol. 1, 1982 by Editions Payot Lausanne, pp. 344-345.
④ Johannes Dierauer, *Geschichte der Schweizerischen Eidgenossenschaft*, vol. 1. Bern (reprint.): Gotha, 1967, p. 483.
⑤ Benedikt Bilgeri, *der Bund ob dem See. Vorarlberg im Appenzellkrieg*, Stuttgart: W. Kohlammer Verlag, 1968, p. 75.
⑥ Jean-Claude Favez, *Nouvelle Histoire De La Suisse Et Des Suisses*, vol. 1, 1982 by Editions Payot Lausanne, p. 345.
⑦ Albert, *Les origines de la confédération Suisse*, Presses Genève de Suisse, 1868, p. 181.

歧——特别是瑞士雇佣兵在外国军队中服役的问题，成为矛盾的焦点；最后是战争惨败的教训，渐渐使得瑞士摸索出一条适合本国发展的道路。就像我们之前提到过的马里尼亚诺（Marignan）之战①，两天的激战中瑞士军队损失了8000多人。这些血的教训使瑞士学乖了，它的政治家及时应变，采取了高明的外交政策——恪守中立，中庸自保。1516年瑞士同意与法国缔结"永久和平"条约（Paix perpétuelle avec la France - VS：Schiner renverse），不再支持法国的敌人。② 可以说马里尼亚诺战役是瑞士全面执行中立政策的转折点。1618年欧洲爆发"三十年战争"，瑞士首次尝到中立给它带来的益处：大批的瑞士人为了他们自己的家庭和国家赚钱充当雇佣兵，雇佣兵制也成了瑞士资本主义原始积累的一个重要途径。1648年，"三十年战争"结束，在签订《威斯特伐利亚条约》后，瑞士的主权独立进一步得以确认，瑞士庄严宣布脱离神圣罗马帝国的统治获得独立，并承诺执行"永久中立政策"③。瑞士经历了宗教改革的动乱，目睹了欧洲"三十年战争"给邻国造成的苦难，在与强国为邻的压力下，终于在1674年"国会"上宣布作为中立国行事，不再以任何方式参加战争，中立政策成为国家行为准则。这也是瑞士第一次向欧洲提出自己的对外中立政策。该中立政策在法国大革命时得到了欧洲主要国家的认可和尊重，使其没有卷入该世纪的欧洲战争之中，为瑞士的稳定和发展做出了贡献。

在16世纪初期，瑞士相对来说还是一个比较边缘化的地区，由于未受到强权的中央统治，也没有受到地区性的王公主宰，许多兴旺发达城市往往独立存在，如日内瓦、苏黎世等。④ 作为南北欧之间长久以来的商业桥梁，宗教改革前的瑞士经济也可以说有一定的发展。尽管如此，瑞士总体来说还是贫困的：阿尔卑斯山山区土壤贫瘠，加之空气稀薄、阳光稀

---

① Walter François, *Marignan*, 1515. *Traces de la mémoire d'une bataille de géants*, in Des archives a la mémoire. Mélanges d'histoire politique, religieuse et sociale offerts à Louis Binz, Genève：Société d'histoire et d'archéologie de Genève, 1995, pp. 477-503.

② François Walter, *Histoire de la Suisse*, *L'Invention D'Une confédération*, Tome 1, Editions Alphil-Presses universitaires Suisse 2011. Case postale 5, 2002 Neuchâtel 2, Suisse, p. 64.

③ Jorio Marco, *Le nexus imperii-La Confédération et l'Empire après la paix de Westphalie*（1648），in Morerod Jean-Daniel（e. a.）（éd.），La Suisse occidentale et L'Empire，Lausanne：Société d'histoire de la Suisse romand，2004，pp. 123-134.

④ Jean-Claude Favez, *Nouvelle Histoire De La Suisse Et Des Suisses*, vol. 2, 1982 by Editions Payot Lausanne, p. 143.

少，资源上无法满足日益增长的人口所带来的需求；牛羊和奶制品也不能提供足够交换其他必需品的价值。诚然，征收货物通过圣哥达山口的过境税，是一项可观的收入来源，但这些收入对一个区域和国家来说，仍然是杯水车薪。

而瑞士德语区的苏黎世和巴塞尔等地经过多次战争的洗礼，一些丝、毛工业中心的工业设施也已严重地被毁坏了。"我们的青年人怎样才能找到一个饭碗呢？"① 这年深月久的问题一直在 15—16 世纪的德语区中回荡。那么我们也试问：如此贫苦的瑞士是如何孕育出宗教改革这样"资本主义式"的运动呢？对于当时瑞士的青年来说，解决贫困最好的方法就是参加雇佣军，而选择雇佣军作为职业也正是当时瑞士经济贫困的主要原因和写照。接连不断的战争使得瑞士农村经济遭受严重破坏，农民被迫外出谋生。"正是为了重新找到在本土上他们所缺少的资源，瑞士人才大批地背井离乡。到外国服役便是移民最常见的形式。"② 到了 16 世纪初，由于国外当兵利润可观，出于经济角度的考虑，德语区各州政府正式将其纳入政府的工作，表面说"制定军事协定是为了避免雇佣兵制度在政治上和道德上发生危险"③，实际是制定了雇佣兵向地方长官交付酬金的制度，雇佣兵的军饷成了地方政府与组织军官的重要收入来源，普通士兵仅仅拿到很微薄的安家费，因而一批人在战争中发了横财。在几个世纪里，有一二百万瑞士人服务于外国军队，其中法国、奥地利、荷兰、米兰、威尼斯、那不勒斯、萨瓦、洛林、匈牙利等一些邻国的政府曾多次雇用瑞士士兵进行战争。瑞士雇佣兵在冷兵器时代被认为是具有头等战斗力的欧洲军队，它战斗力强、个人素质高，良好的纪律品质使得瑞士雇佣兵在为各国君主效力中备受称赞，成为欧洲最受欢迎的雇佣兵。战争给人民带来了痛苦，却给瑞士带来了财富，如 1513 年 9 月，瑞士一支 3 万人的大军，通过贝藏松向勃艮第公国首府第戎进攻，第戎投降了，这个城市的司令官拉特雷木伊勒，接受了包含法国人完全撤出伦巴第和付给瑞士人 40 万克朗这两项条款；法国弗朗斯瓦一世在 1515 年即位后，雇用了 10 多万名瑞

---

① ［瑞士］埃·邦儒尔：《瑞士简史》上卷，南京大学历史系编译组译，江苏人民出版社 1974 年版，第 213 页。
② Kummerly, *La nouvelle constitution fédérale Suisse*, CH-3052 Zollikofen-Berne, 1989, p. 73
③ Gonzaga de Renaud, *La Suisse et son histoire*, 1965 by Editions Payot Lausanne, p. 121.

士军人为其作战，每年为瑞士带来几百万克朗的收入①；1594 年到 1605 年，仅在法国服役的瑞士雇佣兵收入就高达 1.36 亿克朗②……瑞士成了欧洲"三十年战争"中唯一的一个受益国。瑞士雇佣兵制度造就的雇佣兵这个特殊的社会团体不仅保卫了国家的安全，也为日后经济的发展如钟表工业的发展奠定了基础，还把国外的生活方式带回了家乡，传播了西欧的先进思想和理念，尤其是人文主义思想，为瑞士社会的演进做出了贡献。

相比之下，在瑞士法语区的经济状况就要比德语区好一些。如果说雇佣兵是原本"一无所有"的德语区的经济来源，作为钟表业的开端并以之为经济发展动力的法语区则可以被认为是有其前身的。早在钟表传入瑞士之前，法语区里的日内瓦就已经有了发展百年的传统产业——首饰业。13 世纪，日内瓦已出现了一些专门制作金银首饰和宗教用品的工匠，他们以作坊的形式活跃在日内瓦各地，形成了专门的行业，除了服务于欧洲的贵族王室，还承担了一部分宗教事务。各种制作精良的首饰、宗教用品也是畅销于欧洲各地，以至于大仲马曾形象地说："日内瓦的 3000 名工匠，供应了整个欧洲的首饰。每年，75000 盎司的金子，40 万盎司的银子，在这些工匠灵巧的手中变了形状"，③ 可见当时日内瓦首饰业的影响力。然而，日内瓦蓬勃的传统首饰业并没有能够一直保持着良好的发展势头，反而迅速地夭折了。究其原因，可以分为两方面：一方面是早在 14 世纪左右，日内瓦已经成为欧洲仅有的几个贸易中心之一，来自法国、荷兰、意大利米兰的商人云集，给日内瓦的首饰业带来空前的繁荣。然而 15 世纪中期时，法国的"蜘蛛王"路易十一看到日内瓦里法国的首饰商人云集，觉得本国的利益受到损失，于是以国王公告的形式在本国创建、重建了 66 个集市，并赐予来法国的外国商人很多特权，鼓励举办里昂首饰交易会，借以打击日内瓦首饰交易市场，同时于 1462 年颁布禁令，禁止任何法国商人进入日内瓦，这项指令对瑞士的首饰业造成了一定打击。④ 另一方面真正的"致命打击"则来自其国内，经济的发展带来了社

---

① ［瑞士］埃·邦儒尔：《瑞士简史》上卷，南京大学历史系编译组译，江苏人民出版社 1974 年版，第 258 页。
② Roland Ruffieux, *Histoire De La Suisse*, Fribourg-Valais 1981, p. 95.
③ 张志凯：《国际都市日内瓦》，上海人民出版社 2006 年版，第 158 页。
④ ［法］雷吉娜·佩尔努：《法国资产阶级史——从发端到近代》上册，康新文等译，上海译文出版社 1991 年版，第 284 页。

会生活的改变，享受取代了贫穷的生活，社会阶层分化明显，新旧阶级间的利益冲突不断积累，宗教改革中加尔文颁布的两个法令，使得以首饰业为生的匠人和商人面临失业，首饰业面临着沉重打击。① 但也是因为这些因素的影响，当 1540 年意大利和法国难民首先来到日内瓦建立了企业②时，这里恰好有一大批以首饰业为生的匠人和商人失业，他们成为从事钟表生产和经营绝佳的劳动力。钟表在 16 世纪初诞生于意大利，后逐渐传到法国，最终在日内瓦生根发芽，产生了一个新兴的行业——钟表制造业。

瑞士当时处在欧洲宗教改革风云的中心，宗教改革硝烟弥漫，改革前的瑞士钟表业基本不复存在，而本土的首饰业最多只能算作其"前身"，在工业革命之前的这一时期，对于瑞士来说也是一个不破不立的重要时期，舶来的钟表使原来面临失业的手工匠人又有了发挥的余地，从事钟表行业的人数不断增加，同时技术上也得到提升。可以说，在宗教改革时期，钟表业成了瑞士的特有行业，这一行业后来也在很大程度上改变了日内瓦的教会和社会风气，严肃、认真、朴素、节俭逐渐成为日内瓦乃至整个瑞士的风尚。这些变化的发生，正是激发我们要探讨其与宗教改革之间关系的原因。

二 瑞士的宗教改革与钟表业的崛起

谈到瑞士钟表业的发展，不能不提宗教改革，因为瑞士的钟表业制造地区几乎全部在信仰新教的州里，而这些州又都是欧洲宗教改革的中心，由此就可以推测：没有宗教改革就没有瑞士的钟表工业。所以，在追溯瑞士钟表业起源时，首先要阐述的就是让那个时代风起云涌的宗教改革。

古希腊、罗马文明之后，处于基督教精神枷锁下的欧洲，经历了约 1000 年之久的文化沙漠和精神压制后，文艺复兴中以人文主义为中心的思想极大地冲击了天主教会的精神独裁，解放了欧洲人民的思想；而与之相对的是政治上以天主教会为精神支柱的封建势力还在继续相互勾结，使力量微弱的资产阶级无力抗拒，这导致早期资产阶级反封建的政治斗争不

---

① Vogler Bernard, *Le monde germanique et helvétique a l'époque des réformes*: 1517-1618, Paris: Sociéted' Édition d' enseignment supérieur, 1981, p. 108.

② Jean-Claude Favez, *Nouvelle Histoire De La Suisse Et Des Suisses*, vol. 2, 1982 by Editions Payot Lausanne, p. 22.

得不借助于宗教神学自身的力量以间接的方式进行。14—15 世纪，资本主义生产关系在欧洲封建社会内部逐步萌芽发展，但是天主教会对欧洲尤其是德意志地区的压榨，严重束缚了资本主义经济的发展，这也是欧洲宗教改革运动发生的根本原因；1517 年 10 月 31 日，马丁·路德在德国维滕贝格诸圣堂大门上张贴《九十五条论纲》，掀起了宗教改革的序幕。此后 100 多年间，路德、慈温利、加尔文等新教宗派层出不穷，瑞士、法国、英国以及大部分德意志诸侯先后投入新教阵营，到 1618 年，天主教徒和新教徒形成南北对立之势，德意志成为双方争夺的主战场。① 宗教斗争混合大国争霸，"三十年战争"由此爆发。

那么瑞士这样一个小国是如何加入这场翻天覆地的改革之中的呢？要知道虽然早在罗马时期，商人和士兵已经在瑞士进行了广泛的传播基督教的活动，但直到中世纪初，大多数瑞士人才都信仰天主教。这是因为瑞士的传教的教区，是分离独立的，这注定了瑞士在宗教方面的不平衡的发展。不过也正是这种不平衡的发展造就了特殊的社会结构，也就是那可以燎原的"星星之火"。瑞士的改革主要集中在城市，一方面是因为乡村的教士往往是土生土长的农民的儿子，恶习比城市神职人员要少得多，人们对教会的恶感也不是特别强烈；② 另一方面是因为乡村经济单一、生活贫穷，还没有资产阶级力量的领导，新的思想很难深入到人们的生活之中，因此，瑞士的宗教改革首先在工商业比较发达的城市开始。当议会逐渐被各行业公会的上层市民等新兴的资产阶级控制时，这个特殊的社会团体就开始强烈地反对教皇干预瑞士事务，并要求取消教会政治特权。如当时的苏黎世政府反对将该市作为大主教的大采邑，不缴纳什一税，相反设立了监督教会的机构，向教产征税等。

这样的社会环境也诞生了符合时代的伟人。在瑞士的宗教改革主要活动区域的德语区和法语区中，宗教改革之中最有影响力的代表人物——苏黎世的慈温利和日内瓦的加尔文出现了。前者领导了瑞士德语区的宗教改革，后者负责了瑞士法语区和法国以及欧洲的宗教改革。这两位人物对瑞士的宗教改革和钟表业的兴起，起到了关键性的作用。慈温利对瑞士宗教

---

① Jean-Claude Favez, *Nouvelle Histoire De La Suisse Et Des Suisses*, vol. 2, 1982 by Editions Payot Lausanne, p. 276.
② Morard Nicolas, *La vie religieuse en Suisse au temps du Grand Schisme et du conciliarisme: Politique ou religion?* in Bedouelle Guy et Walter François, Histoire religieuse de la Suisse, Paris: Les Éditions du Cerf; Fribourg: Éditions universitaires, 2000, pp. 65-84.

改革运动的发展奠定了基础,而加尔文的宗教改革则为瑞士钟表工业的崛起扫清了障碍。

慈温利(Zwingli,1484—1531),生于瑞士圣加伦州托根堡区维尔德豪斯的一个富裕的农民家庭里。1498 年进入维也纳大学,大学期间结识了一批瑞士学者,其中就有学识渊博的瓦狄亚努斯和豪放不羁的格拉雷亚努斯,他们结合了对古希腊、拉丁语的钻研和对地理、数学和医学这些新学科的热情,慈温利深受影响。① 他的正规学术研究是 1502 年至 1506 年间在巴塞尔大学开始的。② 1506 年慈温利获硕士学位后,在格拉鲁斯教堂担任神父,接受了艾恩西德伦的圣职,并在该地成功地抵制了兜售赎罪券的活动,却并没有获得教皇的责难。③ 1518 年担任苏黎世大教堂的大众神甫,他抨击教会的腐化堕落,反对出售赎罪券,谴责雇佣兵制度,反对教士斋戒和独身。1523 年 1 月 29 日,慈温利在苏黎世市政厅提出了《六十七条目》的公众辩论会,用一整套崭新的观点同天主教对抗,比路德派有过之而无不及。④ 1522—1529 年慈温利在苏黎世进行政治和宗教改革活动,得到了广泛的支持和欢迎。⑤ 因此,不奇怪于整个教会改革中,苏黎世议会是主导者和推动者的地位了。⑥ 改革后,苏黎世议会不仅取代之前主教的权力管理教会事务,而且拥有教育、选举和罢免牧师的权力。⑦ 这种城市议会与教会事务相互联系并共同合作的统治特点在某种程度上体现了慈温利的神权政治思想。⑧ 这也使得人们的思想从神权思想禁锢下解脱开来,进而为瑞士钟表业日后的发展奠定了政治思想的基础。然而,瑞士第

---

① Pollet Jacques V., *Huldrych Zwingli: biographie et théologie*, Genève: Labor et Fides, 1988, p. 23.

② [瑞士] 埃·邦儒尔:《瑞士简史》上卷,南京大学历史系编译组译,江苏人民出版社 1974 年版,第 259 页。

③ Jean-Claude Favez, *Nouvelle Histoire De La Suisse Et Des Suisses*, vol. 2, 1982 by Editions Payot Lausanne, p. 49.

④ Jean-Claude Favez, *Nouvelle Histoire De La Suisse Et Des Suisses*, vol. 2, 1982 by Editions Payot Lausanne, p. 50.

⑤ Locher Gottfried W., *Die Zwinglische Reformation im Rahmen der europaischen Krichengeschichte*, Gottingen; Zurich: Vandenhoeck & Ruprecht, 1979, p. 94.

⑥ Kreis Georg, Die Kappeler Milchsuppe, *la Revue Suisse d'histoire*, 44, 1994, p. 288.

⑦ François Walter, *Histoire de la Suisse*, *L'Invention D'Une confédération*, Tome 1, Editions Alphil-Presses universitaires Suisse 2011. Case postale 5, 2002 Neuchâtel 2, Suisse, p. 90.

⑧ 贾平平:《慈温利神权政治的思想和实践》,《长春理工大学学报》(社会科学版) 2011 年第 8 期。

二次宗教战争时在卡佩尔战役中改革派失败，慈温利阵亡。① 但在他的影响下瑞士德语区的宗教改革仍在进行，它使得伯尔尼、巴塞尔等德语地区的居民纷纷投向新教，而这些地区又接受了大量拥有钟表技术的宗教难民，从而为钟表业在德语区的发展打下了基础。直至今日，德语区的伯尔尼仍然被称为"钟表之都"，这些都与慈温利的宗教改革有直接或间接的关系。

虽然16世纪中叶，慈温利的信徒与加尔文派达成协议，两派合二为一，慈温利学说作为独立的教派不再存在，但其开创的瑞士宗教改革却由加尔文继承下来。

加尔文（Calvin，1509—1564），出生在法国皮卡尔迪的一个极富宗教色彩的家庭里。1531年5月，他到巴黎学习，专攻神学。② 很快他就由有着人文主义思想的天主教徒转变为宗教改革的积极倡导者。1533年，他在为尼古拉·科布草拟的巴黎大学校长就职演说词中，强调宗教改革势在必行，因而被法国王室认为是"异端"，被迫离开巴黎。26岁时，他为了躲避宗教迫害，逃亡到了瑞士德语区的巴塞尔，随后其传教的主要基地在瑞士。加尔文著有《基督教原理》（*Institution de la religion chrétienne*），比较系统地阐述了改革教义、被称作新教的"神学大全"，但对于学者而言，远不止是一本神学概要，其对救赎机制的解说成了教会好战分子的纲要，基督教武士的手册。③

加尔文的主张要比慈温利与路德温和积极得多。首先，他认为不管任何民族有了信仰就可得救；其次，加尔文更重视法律；再次，在教会政府和礼仪的基本事务上，加尔文认为教会礼拜仪式应尽可能简化，反对偶像崇拜；最后，与路德注重与君主的关系相较，加尔文喜欢多元化的市民政府。前者，对君主政权的尊重是第一位的；后者，共和制的倾向占上风。④ 但最为重要的是，加尔文显然并不赞成他的读者（信徒）在知道自

---

① Jean-Jacques Bouquet, *Histoire De La Suisse*, Réimpression de la 5 édition：2005，juillet 75014 Paris, p. 39.
② Crouzet Denis, *Jean Calvin：vies parallèles*, Paris：Fayard, 2000, p. 12.
③ [英] G. R. 埃尔顿编：《新编剑桥世界近代史2——宗教改革（1520—1559）》，中国社会科学院世界历史研究所组译，中国社会科学出版社2003年版，第151页。
④ [意] 萨尔沃·马斯泰罗纳：《欧洲政治思想史》，黄华光译，社会科学文献出版社1999年版，第51页。

己命运时消极等待。① 所以，如果说慈温利的宗教改革对瑞士钟表业的影响还是在思想层面的，那么加尔文领导的宗教改革对其影响则是在思想、政治、经济各个方面的。

瑞士在宗教改革期间，新的思想也反作用于它的经济，使瑞士的经济有了很大的发展。一方面是由于瑞士的地理因素，我们已经知道它当时一直是南北欧之间的商业桥梁，瑞士的许多城市如日内瓦、苏黎世、巴塞尔等地，手工业和商业比较发达。另一方面，瑞士雇佣兵征战欧洲各个战场，为瑞士带来了巨额财富。经济的发展带来了社会生活的改变，享受取代了贫穷的生活，社会出现差别，阶层分化明显。瑞士经济的发展产生了新的阶级、新的利益，产生了革命的要求，再加上教会的腐化，成为宗教改革的共同背景。那么宗教改革具体又是如何推动瑞士钟表业的发展的呢？我们可以发现宗教改革对瑞士钟表业发展产生了以下三个方面的作用：

首先，宗教改革后政府将宗教的管辖权收回本国管理，颁布宗教改革法令，排除了劲敌——首饰业，为钟表工业的崛起创造了一个适宜的环境。

瑞士地方市议会和市政机构一直享有高度的自治权，但是在教会和宗教事务的管辖方面，瑞士由于历史的原因政府却无权干预，所以瑞士各个州的教会分别隶属于周边不同国家的天主教区管辖，有奥地利、德国、法国、意大利等辖区。② 因此，在表面上瑞士行政是统一的，但实际上其宗教事务受到不同的国家、不同的民族、不同的宗教组织的管理，这也就决定了瑞士宗教改革的任务与其他国家的宗教改革有很大的区别，即瑞士宗教改革是与民族独立、国家统一、宗教自理的任务结合在一起的。因此，政府和宗教之间的关系就需要得到重视。日内瓦市政府从1510年起接管本市各修道院；③ 而"赎罪券"在瑞士受到普遍的抵制的实现，也是政府使得这种买卖非法化的。人们对此并没有感到吃惊，因为国家干预教会的

---

① ［美］拉尔夫：《世界文明史》上卷，罗经国等译，上海商务印书馆2001年版，第917页。

② Maurer Helmut,《Le christianisme en Suisse alémanique des origines a la fin du premier millénaire》, in Bedouelle Guy et Walter François, histoire religieuse de la suisse, Paris: Les Éditions du Cerf; Fribourg; Éditions universitaires, 2000, pp. 13–26.

③ Jean-Claude Favez, Nouvelle Histoire De La Suisse Et Des Suisses, vol. 2, 1982 by Editions Payot Lausanne, pp. 49–50.

事情已不是什么稀罕事儿了。① 在瑞士，教会和民政的问题在事实和思想上都是紧密联系在一起的。

有了政府的暗中支持，在思想上，宗教改革的领袖们也就得以大放异彩了。慈温利猛烈抨击教会的腐化堕落，反对出售赎罪券，谴责雇佣兵制度就是当时环境的很好体现。当然这也不仅仅是政府和思想家的倾向，它是由于瑞士人文主义思想所拥有着的广泛的群众基础的。当时，人们都渴望改革，也要求政治上有更大的独立性，经济上摆脱罗马教廷的剥削。1522—1529年慈温利在苏黎世进行政治和宗教改革活动，因此也就得到了广泛的支持和欢迎。② 他提出的《六十七条目》强调一切都应以《圣经》为依据，否认罗马教会的权威；主张拯救要靠信，否定炼狱；要求解散隐修院并没收其财产等。我们知道，当时的苏黎世当局接受了慈温利的思想，正式宣布了一系列的改革措施，把改革推向深入。具体来看，这些措施包括：在宗教上，终止教会对康斯坦茨主教的隶属关系，教会团体由市议会领导；废除对僧侣的禁婚，封闭寺院，没收其土地和财产；教堂内的干尸、祭坛、钟鼓、圣像以及其他各种泥塑木雕一律销毁；废除天主教的弥撒，实行新教礼拜——做布道演说、唱赞美诗、进行简易祷告；制定一项宏大的"济贫法"，并为教育进行了广泛的准备工作等。

而加尔文宗教改革认为有了信仰就可得救，提出了"上帝先定论"③的主张。他认为一个人是否得救，都是上帝事先已经决定了的，即上帝的选民注定要得救，上帝的弃民一定要遭殃。加尔文并不赞成他的读者（信徒）在知道自己命运时消极等待。④ 加尔文还主张"招呼说"。"招呼说"的意思是，人们在承蒙上帝拣选时，可看到一些迹象、征兆或证据，即所谓"打招呼"本来是秘不可宣的，但可由某些征兆显现出来，这就使人们绝路逢生。⑤ 加尔文称"蒙召"的征兆有三：其一，对基督的真诚信仰，并参加新教会；其二，勇于斗争，百折不挠，去争取事业的成功；其三，有高尚的思想品质，特别是要"节制"和"忍耐"。这三点用

---

① Jezler Peter, *De la fin du Moyen Age a la Réforme*: *Piété populaire et destruction des images*, in *La Suisse au quotidien depuis* 1300, Genève: Editions Zoe, 1991, p. 84.

② Jean-Claude Favez, *Nouvelle Histoire De La Suisse Et Des Suisses*, vol. 2, 1982 by Editions Payot Lausanne, p. 68.

③ Crouzet Denis, *Jean Calvin*: *vies parallèles*, Paris: Fayard, 2000, p. 33.

④ ［美］拉尔夫：《世界文明史》上卷，罗经国等译，上海商务印书馆2001年版，第917页。

⑤ Crouzet Denis, *Jean Calvin*: *vies parallèles*, Paris: Fayard, 2000, p. 36.

三个词的教义来概括,即"虔敬、公义、节制",这是一个基督徒对上帝、对别人、对自己行为的最高典范。① 这种神秘怪诞、离奇变态的形式,为资产阶级尽快发家致富、夺取政权创造了最好的理论武器,② 也为人们从事钟表业奠定了思想基础。

加尔文还着重探讨了世俗权力与教会权力之间的关系,主张建立使世俗权力与教会权力和谐一致的基督教政府。他采取民主与共和的政教组织形式:教会是由选民选出的,既不隶属于教皇,也不隶属于诸侯;教职也由选举产生,在教徒中选出长老和牧师管理教会,长老一般都是财产最富有的市民;信奉加尔文派的组织实行政教合一,结成联盟,由定期召开的高级宗教会议领导。③ 他废除了天主教会的主教制,建立长老制,教会圣职只包括牧师、长老和执事,教会设立宗教法庭,在加尔文的指导下处理案件。市议会也作相应的变革:将日内瓦分为几个教区,日内瓦市议会由长老、牧师和上层市民组成,作为最高的行政机构掌管司法权,处理日常政务。这也与慈温利世俗权力干预教会事务的主张相一致,都为人们从事商业活动奠定了基础。

加尔文的宗教改革对瑞士钟表业最为直接的影响便是在1541年颁布了《教会法令》和《限制奢侈法》。④ 在加尔文的影响下,制定了反对偶像崇拜和圣物崇拜的改革政策。日内瓦议会于1560年通过法律来限制人们佩戴奢侈的首饰,又于1566年开始禁止工匠制作宗教物品,如十字架和圣餐杯等。⑤ 这些法律强制性地关闭了日内瓦以及瑞士宗教改革州的首饰业,同时也直接阻断了工匠们在宗教界的市场。这在当时神权控制的日内瓦共和国中,相当于将工匠们(首饰业)与上层阶级、宗教界的联系完全截断,几乎掐断了日内瓦首饰业所有谋生的财路,使得大批工匠不得不改行。可以说宗教改革中的一些法令尤其是《教会法令》和《限制奢侈法》,为钟表业的发展排除了劲敌行业——首饰业,并将那些从事首饰业的工匠转化为钟表业的潜在技术人员。事实上,日内瓦原先从事首饰业的工匠们,随后纷纷转行从事于钟表业。而钟表业需要的高超技术与工匠

---

① Crouzet Denis, *Jean Calvin: vies parallèles*, Paris: Fayard, 2000, p. 43.
② 刘锡升:《瑞士宗教改革成功原因探微》,《史学月刊》1991年第3期。
③ 乔明顺:《基督教演变述略》,《历史教学》1985年第11期。
④ Bedouelle Guy, *La Réforme du catholicisme* (1480-1620), Paris: Editions du Cerf, 2002, p. 108.
⑤ Belinger Konqui Marianne, *L'horlogerie à Genève*, in Cardinal Catherine e. a. (dir.), *L'homme et le temps en Suisse*, 1291-1991, la Chaux-de-Fonds: Institut L'homme et le temps, 1991, p. 91.

精神，正是首饰业的工匠们所具备的。

其次，宗教改革的"衍生物"——受到宗教迫害的法国难民等，他们为瑞士钟表业的兴起提供了先进的技术、大量的资金、优秀的人才以及销售网络。

16世纪，法国的宗教矛盾导致了一场震惊世界的宗教大屠杀，追随加尔文的法国胡格诺派教徒（Huguenots）① 纷纷来到瑞士，带来了制造钟表的技术。

我们知道加尔文颁布法令以后，正当日内瓦工匠寻找出路之际，作为舶来品的钟表业刚刚从法国来到了瑞士。② 早在1517年马丁·路德在德意志发动宗教改革前，法国的一些人文主义者和宗教改革家就已经萌发"回到圣经上去"的共同愿望。③ 1541年加尔文在日内瓦定居，他以此为据点向全法国的教会和修道院派遣传教士布道释义。④ 要是说在前期，路德派尚在法国具有不少影响的话，那么加尔文登场后，法国绝大部分新教徒都变成了加尔文派的新教徒，加尔文派由此蓬勃而起。⑤ 1559年5月，在加尔文的倡议下，来自各地新教会的代表在巴黎市郊的圣日耳曼举行首次"法国新教牧师大会"，一个与天主教平行的新教会应运而生。发展到后来，法国的加尔文教派（即胡格诺派）有着约2150所教堂、100万左右的教徒，⑥ 它们的主体是资产阶级分子，同时还有一些法国南部的大贵族。对于衰败的法国瓦卢瓦王朝而言，加尔文派在法国的崛起成了一大心腹之患，从而开始了针对胡格诺教徒的大规模宗教战争以及宗教迫害，爆发了一连8场的黑暗宗教战争。⑦ 胡格诺战争的序幕随着"瓦西惨案"的发生而揭开，战争时打时停，从1562年到1598年，持续了30多年。其

---

① 加尔文派教徒后来在法国被称为"胡格诺派"（Huguenots）。胡格诺派的主体是资产阶级分子，同时还有一些法国南部的大贵族。
② Jean-Claude Favez, *Nouvelle Histoire De La Suisse Et Des Suisses*, vol. 2, 1982 by Editions Payot Lausanne, p. 111.
③ 吕一民：《大国通史·法国通史》，上海社会科学院出版社2012年版，第60页。
④ Benedict Philip, *Christ's Churches Purely Reformed: a Social History of Calvinism*, New Haven; London: Yale University Press, 2002, p. 107.
⑤ Bedouelle Guy, La Réforme du catholicisme (1480–1620), Paris: Editions du Cerf, 2002, p. 124.
⑥ [英]科林·琼斯：《剑桥插图法国史》，杨保筠、刘雪红译，世界知识出版社2004年版，第135页。
⑦ Kamber Peter, *Croyances et peurs*, in Flouck F. [et al.] (éd.), De l'ours a la cocarde: régime bernois et révolution en pays de Vaud (1536–1798), Lausanne: Éditions Payot, 1998, pp. 247–256.

间更包括著名的"圣巴托罗缪之夜"(Massacre de la Saint-Barthélemy),大约有 3000 名胡格诺教徒在巴黎被屠杀,有 8000 名在各省城市被害。① 法王亨利四世为了保卫自己的王国,于 1593 年皈依了天主教,1598 年颁发《南特赦令》(Édit de Nantes) 作为双方折中的产物以调和矛盾,终结了宗教战争。如果事情到此结束,或许瑞士的钟表业不至于伴以不断的技术革新以如此快的速度崛起。1610 年,亨利四世被天主教极端狂热的信徒刺杀,他的继承者路易十三是个天生的天主教徒,其子路易十四更是相信一个统一的法国就是一个天主教的国度。于是,针对宗教改革和反宗教改革的运动愈演愈烈,尤以 1685 年的《枫丹白露赦令》(Édit de Fontainebieau) 最为"凶狠"——"南特赦令"被撤销,规定新教的牧师必须离开法国,新教信仰被禁止;新教的教堂被摧毁,新教的学校被关闭。法国新教徒的武力反抗很快在大范围的镇压下粉碎,大量的新教难民得到了新教牧师们的支持,以"离开巴比伦"的口号移民国外,"大约 20 万到 25 万人,大致相当于法国胡格诺教徒总数的四分之一,这些胡格诺教徒大都在城市出生,其中许多人是钟表专业人员和技术人员,不仅给其他地方带去了先进的手工业,尤其是奢侈品生产技术,而且也带来了商品批发、金融和创办生产厂家的经验"。② 他们离开法国而去投奔法国的经济对手英国、荷兰、德国,③ 也有相当一部分移民选择来到与法国比邻的瑞士。法国国王亲手将这些宝贵的"资源"一批又一批地"无偿"地送给了它的邻国。这些灾难性的事件为瑞士钟表工业的建立和发展带来了首批大规模的手工业人才:在 1549 年到 1560 年间,约 4776 名法国逃难者流入日内瓦,他们当中有 1536 人是工匠。④ 据资料显示,1515 年,日内瓦圣皮埃尔大教堂的大钟需要修理,城里还找不到合格的钟表师傅,但在 1550 年之后,当法国和其他地方加紧进行迫害新教徒时,优秀的钟表师

---

① [英] 科林·琼斯:《剑桥插图法国史》,杨保筠、刘雪红译,世界知识出版社 2004 年版,第 136 页。

② John G. Gagliardo, *Germany under the old regime*, 1600–1790, London: Longman Group UK limited, 1991, p. 153.

③ Alister E. Mcgrath, *A Life of John Calvin: A Study in the Shaping of Western Culture*, Oxford: Basil Blackwell, 1990, p. 143.

④ Alister E. Mcgrath, *A Life of John Calvin: A Study in the Shaping of Western Culture*, Oxford: Basil Blackwell, p. 228.

傅到来了。① 到 1600 年，除了数目没有记录的学徒和工人外，日内瓦大约有 25 名精通工艺的钟表师傅。17 世纪即将结束之前，那儿的 100 多位钟表师傅和大约 300 名技工每年就已经能制钟百千只。② 由于日内瓦讲法语，因而对于大多数逃避天主教迫害的法国新教避难者来说，它是个天堂，是首选的避难城市。③ 避难者多半是法国人，几乎每天都有来避难的，这些难民中有许多都是钟表匠。自然而然地，这些有着传统的工艺、熟练的技术的工匠马上如鱼得水，钟表制造业很快就在日内瓦起步，这种法国技术和日内瓦的首饰业相结合，就产生了瑞士的钟表业。随后，它从日内瓦逐渐向汝拉山脉一线发展，形成了一条产业链。④ 钟表将金银首饰业与精密机械高度融合，也体现瑞士钟表业与宗教改革密切关系，所以日内瓦很快成为瑞士钟表业的摇篮。此外宗教改革给瑞士钟表工业的发展提供了大量的资金。发展钟表工业除了技术、人员、市场等以外，还需要有雄厚的资本。瑞士是如何解决资金问题的呢？主要采取两个方面：第一，钟表发祥地日内瓦不仅吸收了瑞士诸邦的资金，同时也吸引了欧洲新教徒的资金。1536 年后，实行宗教改革的日内瓦开始接受瑞士诸州同盟的财政支援。16 世纪中期，日内瓦成了法国教徒的避难堡垒，城市居民不断增多；到处都建起印刷工场，金钱从整个欧洲源源而来。⑤ 到 1590 年时，日内瓦已收到了来自英国、法国、德国、低地国家和瑞士联盟等地区新教势力的各种资金援助约 21.1 万埃居。⑥ 这些金钱大部分用在宗教改革上，但也有相当一部分用在发展钟表工业中。第二，在宗教改革期间，也正是欧洲宗教战争时期瑞士输出了大量的雇佣军，为其积累了相当多的资本。在 1594 年到 1605 年，仅在法国服役的瑞士雇佣军收入就高达 1.36 亿克朗，⑦ 这一点前面已经阐述过了。

---

① Belinger Konqui Marianne, L'horlogerie à Genève, in Cardinal Catherine e. a. (dir.), L'homme et le temps en Suisse, 1291-1991, la Chaux-de-Fonds: Institut l'homme et le temps, 1991, p. 123.

② [美] 布尔斯廷：《发现者——人类探索世界和自我的历史》，严撷芸等译，上海译文出版社 1992 年版，第 99 页。

③ Jean-Claude Favez, Nouvelle Histoire De La Suisse Et Des Suisses, vol. 2, 1982 by Editions Payot Lausanne, p. 67.

④ P. Guichonnet, histoire de Genève, vol. 1, Histoire de Genève des origines a 1798, Toulouse-Lausanne, 1974, p. 319.

⑤ Jetzler Peter, De la fin du Moyen Age a la Réforme: piété populaire et destruction des images, p. 81.

⑥ Alister E. Mcgrath, A Life of John Calvin: A Study in the Shaping of Western Culture, p. 228.

⑦ Roland Ruffieux, Histoire De La Suisse, by Editions, Fribourg-Valais, 1981, p. 95.

最后，精神和思想观念方面发生了变化，以及近代社会人们对时间观念的加强与社会需求等均促进了钟表工业的发展。

宗教改革使宗教伦理与资本主义精神有机地结合起来，它从精神层面间接地产生了潜移默化的影响，从而影响了瑞士人的思想观念，产生了瑞士人执着的工匠精神，为钟表业的长远发展提供了积极的因素。德国学者马克斯·韦伯认为新教的出现推动了"合理资本主义"精神的形成，这是因为加尔文的神学与天主教教义相反，他为追逐利润的商人和放债者的冒险活动正了名，在其伦理体系中赋予节俭、勤勉等商业美德以很大的地位。加尔文对宗教与经济生活的关系作了重要的论述，他认为，做官执政、拥有私产、经商买卖、放债获利等是天经地义的，经商致富的才能是上帝的一种恩赐，财富是一种天意的安排，追求财富是符合道德的。由此看来，商业冒险中经济获得成功必不可少的"工作美德"确实在某些方面根源于加尔文教。[1] 但马克斯·韦伯又认为，新教徒一方面聚敛财富，另一方面又推崇禁欲主义，所以"在构成近代资本主义精神乃至整个近代文化精神的诸基本要素之中，以职业概念为基础的理性行为这一要素，正是从基督教禁欲主义中产生出来的"。[2] 如果说德语区慈温利的宗教改革核心部分就在于基督教社团与地方行政官的职责上，以此共建人间的基督教王国，那么法语区的加尔文在日内瓦更是创建了一种政教人员相互交叉、互相渗透的"政教合作"的具体方式，使宗教改革在日内瓦得以执行并取得最后的胜利。[3] 且加尔文的宗教改革思想迎合了当时瑞士新兴资产阶级追逐财富的要求，为瑞士天主教会和封建王权的斗争和欧洲资产阶级革命提供了理论武器。恩格斯将加尔文和路德的宗教改革称为是欧洲"第一号的资产阶级革命"。[4] 他们的新教改革主张，不仅在政治上获得了保障，而且对商业、资本主义经济来说，更是给予了理论上的支持。

宗教改革把新的思想传播于社会，不仅引起了瑞士全社会的改革运动，而且也影响了瑞士的经济产业，促进了经济财富和政治权力的再分配。瑞士宗教改革经历了剥夺教会财产的过程，并改变了一部分封建财产

---

[1] ［美］拉尔夫：《世界文明史》上卷，罗经国等译，商务印书馆1998年版，第922页。
[2] ［德］马克斯·韦伯：《新教伦理与资本主义精神》，斯蒂芬·卡尔伯格英译，苏国勋等中译，社会科学文献出版社2010年版，第141页。
[3] 吴志辉：《瑞士宗教改革之特征探析》，《绥化学院学报》2006年第4期。
[4] 《马克思恩格斯全集》第21卷，中央编译局译，人民出版社2007年版，第459页。

关系，如在法语区的日内瓦，德语区的苏黎世、巴塞尔、伯尔尼等地，这种改革尤其彻底，它部分扫清了资本主义发展的障碍，有利于资本主义生产关系的发展。如当时的日内瓦是一个受围的要塞城邦，不仅受到三个贪婪的邻国的觊觎，还面临着法国以及罗马教皇精神控制的危险。为了摆脱周边邻国以及教皇对其的控制，法兰西人的日内瓦向瑞士日耳曼人的13州联盟求救。当时正处于军事煊赫时期的伯尔尼，在慈温利宗教改革的影响下，要求日内瓦必须以实施宗教改革作为交换条件，并且选中日内瓦的法勒尔（Farel，1489—1565）来领导这项使命，但在进行变革的时候出现了混乱的局面。① 1536年法勒尔得知大名鼎鼎的宗教改革人物加尔文途经日内瓦，于是请求加尔文留下来领导日内瓦的宗教改革，日内瓦当时的状况恰好也给加尔文的宗教改革提供了一个良好的舞台。加尔文立即对教会、政治、经济和社会风气等进行了大刀阔斧的改革，不久就宣告日内瓦共和国成立。② 作为一个独立的城邦国家，由于受到周边国家的威胁等原因，从1584年起，日内瓦共和国和瑞士邦联就一直保持着同盟关系，到了1815年的维也纳会议上，日内瓦共和国以"日内瓦共和国与州"的名义正式加入瑞士邦联。③ 瑞士宗教改革家为了扩大新教的影响，兴办学校，推进教育，用新的方法教育学生，促进了教育事业的发展。加尔文在日内瓦政府的赞助下，创办了日内瓦学院，使其成为传播新教加尔文派的中心。④ 学院分为两部分：一部分是为青少年设立的中学，另一部分是神学研究院。⑤ 这一时期的学校教育打破了传统的以宗教经典为主的拉丁学校教育，引进了自然科学和其他学科，同时注意改进教学方法，对提高人的素质起到很大的作用。1556年，一位名叫约翰·诺可斯的苏格兰加尔文教徒，在参观了日内瓦学院以后，称其是"阿波斯蒂利斯之后世界上

---

① François Walter, *Histoire de la Suisse*, *L'Invention D'Une confédération*, Tome 1, Editions Alphil-Presses universitaires Suisse 2011. Case postale 5, 2002 Neuchâtel 2, Suisse, pp. 92-93.

② François Walter, *Histoire de la Suisse*, *L'Invention D'Une confédération*, Tome 1, Editions Alphil-Presses universitaires Suisse 2011. Case postale 5, 2002 Neuchâtel 2, Suisse, p. 94.

③ Kolz Alfred, *Histoire constitutionnelle de la Suisse moderne: ses fondements idéologiques et son évolution institunnelle dans le context europeen*, *de la fin de L'Ancien Regime a 1848*, trad. de l'allemand, Berne: Stampfli, 2006, p. 106.

④ Jezler Peter, *De la fin du Moyen Age a la Réforme: Piété populaire et destruction des images*, in *La Suisse au quotidien depuis 1300*, Genève: Editions Zoe, 1991, p. 97.

⑤ 张志凯：《国际都市日内瓦》，上海人民出版社2006年版，第122页。

最完美的基督学校"。①

宗教改革也使得瑞士宗教信仰的人口比例发生了深刻的变化，从原先清一色的天主教版图，变为新教与天主教能够分庭抗礼的局面。宗教改革后，新教的创立使教徒与日俱增，而新教教堂在全球各地如雨后春笋般建立，如我们已经知道的，仅在法国的加尔文教派就有约2150所教堂、100万左右的教徒，② 而建造教堂就需要钟表。更为重要的一点就是，宗教改革也影响了瑞士人的品质与观念，加尔文新教的广泛传播和深入发展突出了瑞士人的严谨、认真、朴素、节俭、勤勉的品质，为瑞士钟表业的发展奠定了坚实的思想基础，宗教改革带来的对职业观、劳动观的改变，形成了瑞士人独特的工匠精神，这也是瑞士钟表业取得成功的许多重要因素之一；同时为瑞士今后的工业发展创造了条件，为瑞士社会全面走进近代社会做好了充分的准备。另外，随着文艺复兴运动、新大陆的发现以及宗教改革的深入，使整个西欧社会对时间观念的看法发生了变化，人们需要更精准的时间来适应近代社会的发展，因而钟表业也从弹性需求变为刚性需求。

钟表业是以"精细""准确"为衡量价值的产业，要生产一块质量上乘的钟表，需要制表匠投入很大的心血和耐心，即便是在如今科技发达的现代社会，瑞士钟表中最受推崇与渴求的依然是作为钟表业的特殊人群——独立制表匠——所制造的手表。据统计，他们往往需要花费一年甚至几年的时间才能生产出一件作品，而每一件作品都是独一无二的，在性能、准确度、外观等方面都无懈可击。宗教改革促使这些制表匠对制表工作有着无限的热爱和坚定的信仰，这种工匠精神使他们能够心无旁骛地投入工作。③ 这些执着的工匠精神给瑞士人带来巨大的财富，所以，伴随宗教改革的影响，在钟表工业的带动下，日内瓦和汝拉山区的贫困地带"在一代人之后就变得前所未有地富裕……"。④ 不仅在日内瓦，而且沿着汝拉山区散落的乡镇发展到拉绍德封、比尔、纳沙泰尔等城市，甚至向瑞士东北部城乡广为扩展，这些地区原先是一贫如洗，尤其在冬季山区农民

---

① [法] Hennessy:《瑞士》，于丽娟译，中国水利水电出版社2004年版，第38页。
② [英] 科林·琼斯:《剑桥插图法国史》，杨保筠、刘雪红译，世界知识出版社2004年版，第135页。
③ Jean-Claude Favez, *Nouvelle Histoire De La Suisse Et Des Suisses*, vol. 2, 1982 by Editions Payot Lausanne, p. 110.
④ Bergier Jean-François, *Histoire économique de la Suisse*, Lausanne, Payot, 1984, p. 138.

无所事事，而自从钟表业引进后，这些农民在当时大多数仍然以务农为主，但在冬季却以制造钟表来获取更多的收入。同时日内瓦的商人向农民发放原料，组织农民生产加工，这样钟表业在瑞士深深地扎根，并在几个世纪里发展成为工艺更准确、更精巧、样式更新颖的、最具瑞士特征的工业。传统钟表业只是手工操作，多为个体家庭手工业。在1804年日内瓦建立了第一个钟表厂；1845年才有了制表机械，开始大批生产。但是，除少数名牌大厂外，钟表生产仍保持分散的中小型企业，甚至家庭手工业的传统。① 这种藏富于民的方法大大保障了瑞士的稳定。于是宗教改革在人们的思想上完成改变后又返回到了现实中，不仅仅作为产生资本主义的源头，更作为维系它的支柱。

三 宗教改革影响下的瑞士钟表业与社会经济发展

欧洲的宗教改革与瑞士钟表产业是相辅相成的，欧洲（法国）的宗教改革影响和带动了瑞士钟表业的发展，它为瑞士的钟表业提供了先进的技术人才与资金销售网络，钟表业的发展反过来又接纳了更多新教难民，促进了新教的传播与发扬光大，促进了瑞士各个民族的团结。宗教改革的思想影响了瑞士钟表业，为其钟表业的发展扫清了障碍。宗教改革使瑞士形成了一个世界级的城市和世界级的产业。宗教改革不仅加强了瑞士民族之间的团结，而且带动了瑞士的钟表业，同时也推动了瑞士其他工业的发展，为瑞士近代的工业化打下了坚实的基础。

（一）欧洲（法国）的宗教改革影响和带动了瑞士钟表业的发展

瑞士钟表业的发展除了受到本国的宗教改革影响，不能不提法国的宗教改革对瑞士的重要影响。如果说瑞士本国的宗教改革为其钟表业的发展扫清了障碍，腾出了地盘，那么，法国宗教改革的影响就是为瑞士的钟表业提供了技术人才、资金与销售网络，为瑞士钟表业的起飞打下了坚实的基础。遭到宗教迫害的法国教徒之所以选择瑞士，也是基于多种考虑的选择。首先，是瑞士日内瓦的地理位置与语言环境。坐落在瑞士西南角的日内瓦几乎被法国四面包围，与瑞士其他州的衔接地带非常狭窄，只有4.5公里，但与法国的边界却长达103公里，② 相比隔着海峡的大不列颠英

---

① 端木美：《瑞士文化与现代化》，辽海出版社1999年版，第63页。
② 张志凯：《国际都市日内瓦》，上海人民出版社2006年版，第83页。

国，瑞士的日内瓦显然是宗教难民更好的选择。① 相比语言环境不同的英国、德国、意大利来说，日内瓦带着乡土口音的法语在语言上又占了一大优势。当时，瑞士各城市的宗教改革有其自身的特点，而日内瓦整个地理、政治、文化环境赋予改革的冲动以不同的速度和方向，改革的结果不同于德意志各拥有土地的公国，也不同于统一的法兰西王国和英格兰王国。② 其次，日内瓦城拥抱宗教改革，成为欧洲宗教改革茫茫大海中的一盏明灯，为饱受宗教迫害的法国难民提供了栖息之地，来自法国的胡格诺派难民们也回馈了瑞士珍贵的钟表制造技术、资本和销售网络等资源，从而促进了日内瓦制表业的发展。③

这其中又包含一个重要问题：为什么这些法国的"宗教难民"，也就是这些新教徒与钟表匠人的身份会有如此高的重合度？这与加尔文有关。马克斯·韦伯先生曾在其著作《新教伦理与资本主义精神》中提出，先定论的教义被视为加尔文教最具特色的教义。④ 先定论主张基督受死以行救赎是为了上帝所特选的被救赎者，谁是上帝特选的对象，谁会被上帝弃绝，与个人本身的行为无关，全由上帝决定，上帝是世界万物的创造者和统治者。作为上帝的造物之一，人的一切也由上帝预先决定，既包括今生的生活，也包括彼岸的生活。因此，其他所有的一切，包括我们个人命运的意义，都隐于不可测度的黑暗的神秘之中，并且不受教会和圣事的影响。加尔文教的这一教义使信徒们试图寻找是否存在明确无误的记号来确定自己是否是上帝的选民，继而影响了他们的天职观：一是信徒要"紧紧把握"他或她自己的天职，被理解为一种在生活的日常奋斗过程中获得预定得救和称义的主观确定性；二是在职业的天职中无休止地工作被推荐为是获得关于个人属于选民之列的自信的最佳可能手段。⑤ 加尔文教的信徒们的生活就这样被理性化，他们在现世的实践生活全为了一个单一的

---

① Herrmann Iréne, *Genève entre republique et canton: les vicissitudes d'une integration nationale* (1814-1864), Genève: Éditions Passé Présent, 2003, p. 114.
② [英] G. R. 埃尔顿：《新编剑桥世界近代史 2——宗教改革（1520—1559）》，中国社会科学院世界历史研究所组译，中国社会科学出版社 2003 年版，第 121 页。
③ Belinger Konqui Marianne, *L'horlogerie à Genève*, in Cardinal Catherine e. a. (dir.), *L'homme et le temps en Suisse*, 1291-1991, la Chaux-de-Fonds: Institut L'homme et le temps, 1991, p. 93.
④ [德] 马克斯·韦伯：《新教伦理与资本主义精神》，斯蒂芬·卡尔伯格英译，苏国勋等中译，社会科学文献出版社 2010 年版，第 61 页。
⑤ [德] 马克斯·韦伯：《新教伦理与资本主义精神》，斯蒂芬·卡尔伯格英译，苏国勋等中译，社会科学文献出版社 2010 年版，第 70 页。

目标：在尘世增添上帝的荣耀。由此可见，在加尔文教里，上帝的选民应当是自信的，坚信自己是上帝的蒙恩选民。

加尔文教一方面在教义上鼓励信徒积极投身现世生活中，努力工作以证明自己的选民身份，迎合了新兴资产阶级追逐财富的要求；另一方面它赋予节俭、勤勉等商业美德以很高的地位，通过教会与繁复的圣事来获得蒙恩的方式不再必要，就连私下忏悔的圣事实践也悄然消失。对于新兴的资产阶级之一的制表匠们来说，加尔文教相比天主教来说更加迎合他们产业发展的需要。因为在中世纪时，社会普遍认为劳动是上帝对人的惩罚，能够摆脱劳动生活既是一种社会荣耀，也是一种精神安慰，而加尔文教的天职观却赋予手工劳动更神圣的意义，为他们所具有的勤劳、节俭的商业品质正名，其上帝选民的条件简直就是以他们为模范而制定的，使他们在一夕之间就荣登上帝宠爱的选民宝座。"一位曾皈依加尔文教的天主教徒弗洛里门德（Florimond）尖锐地写到'许多金匠、石匠、木匠和其他那些可怜的工资劳动者一夜之间都变成了优秀的神学家'。"[1] 对于一个信徒来说，他能有充分的理由相信自己是上帝的选民，只要努力工作就能远离地狱，获得上帝的蒙恩，灵魂得以救赎，他所投身的工作则是在为上帝增加荣光，恐怕再没有比这更好的事情了。在来自法国的难民中，有许多是身怀钟表业技术诀窍的天主教徒，这些法国的钟表匠们正是由于加尔文的宗教思想赋予他们人生标准和愿望的尊严和宗教意义，使他们放弃天主教投奔新教，成了新教的虔诚信徒。[2]

就这样，在16—17世纪的瑞士以其宗教改革的新教教义直接与间接地拉拢了大批法国制表匠。欧洲其他国家的宗教改革在一定程度上也对瑞士钟表业的发展起到了作用，制表匠们因受到宗教迫害来到瑞士，成为瑞士钟表业起步的基础，日内瓦也因此迅速成长为欧洲制表业的中心。简言之，我们认为法国制表匠的职业身份与新教徒的宗教身份的重合并不是巧合，正如新教伦理与资本主义精神一样，存在着必然联系；尽管新教徒的身份使他们被迫背井离乡，但是却在一定意义上促进了他们在职业上的更高成就。

---

[1] Alister E. Mcgrath, *A Life of John Calvin: A Study in the Shaping of Western Culture*, Oxford: Basil Blackwell, 1990, p.235.

[2] François Walter, *Genève au temps de la révocation de L'Édit de Nates* 1680–1705, Genève: Droz; Paris: Champion, 1985, p.44.

(二) 瑞士宗教改革的思想影响了钟表业,成为民族融合推动瑞士钟表业发展的基石

纵观瑞士钟表业发展的历程,从区域来看,可以发现瑞士钟表产业大部分集中在瑞士的西部汝拉山区和北部山区,中小型企业占大多数,而这些地区当初几乎全是信仰新教的区域。从人员上看,瑞士从事钟表业的工匠,他们的信仰几乎清一色都是新教。很显然,钟表业在瑞士的兴起并站稳脚跟成为瑞士主要产业,与宗教改革有密切的联系。从文化角度上看,瑞士钟表业能在宗教改革期间发展起来还有更为深层次的原因,即宗教改革与钟表业的工匠精神融合在一起,产生了神秘的Établissage系统。① 所谓"Établissage",从字面上可以简单地解释为制表匠在家中工作,由此发展来的"Établisseur"一词,用来特指瑞士钟表产业的重要角色,正是它担任了市场与生产商之间的中介枢纽。② 在Établisseur下的钟表生产过程非常复杂,有很多不同的形式。③ 作为交易商,它为不同的分包商提供服务,自己也会聘用一些小型的分包商,比如负责抛光、上釉的钟盒装配工;然后,它将钟表工件极致化(包括钟盒、钟摆、指针等),有时也会聚集在他自己的工厂里;最后的作品出现在自己的钟表柜台上。这个瑞士钟表业的传统系统在宗教改革时期生根发芽,它为瑞士赢得了黄金时期。Établissage在瑞士钟表业的兴起主要强调了新教所扮演的角色以及已经存在的技术诀窍的重要性。新教超越了传统的联系,宣扬了资本主义精神,这主要通过阅读圣经的方式来实现提高民众的教育水平,以及实行广泛的教育;另外,加强民族沟通,因为工匠们基本上是法国人,他们还学习外语,尤其是德语,对于扩大产业以及推动钟表业发展同样十分有利。④ 因此,汝拉山脉的居民才能够胜任像钟表制造这样的精细工业,同时也有利于更多小生产经营单位以这种方式出现。

瑞士利用宗教改革和中立国的有利地位,长期以来吸引了大量的钟表

---

① Pierre-Yves Donze, *Histoire de l'industrie horlogère suisse*, Éditions Alphil-Presses universitaires suisses, 2009, p. 22.

② Pierre-Yves Donze, *Histoire de l'industrie horlogère suisse*, Éditions Alphil-Presses universitaires suisses, 2009, p. 23.

③ Pierre-Yves Donze, *Histoire de l'industrie horlogère suisse*, Éditions Alphil-Presses universitaires suisses, 2009, p. 19.

④ Marti Laurence, *L'invention de l'horloger. De l'histoire au mythe de Daniel JeanRichard*, Lausanne: Antipodes, 2003, p. 141.

专业人士，这样的做法可谓一举三得，既迅速提高了钟表制造的技术水平和理论水平，又在世界上获得了一个人道主义的美名，同时又巩固了它在新教世界中的地位。但是自主创新的先进技术是任何人任何国家都不会赠送的，必须要靠自己，所以瑞士钟表制造业在引进技术后并不是一成不变，也在不断创新提高，兴办了各类钟表技术学校和科研中心。瑞士学校的钟表专业早在加尔文改革时期就产生了，此时的瑞士全国大约有10多所涉及钟表专业的培训学校，它们为提高钟表制造的理论水平和提供大量的技术工人打下了坚实的基础。

随着日内瓦钟表业的发展扩大，日内瓦的制表师们于1601年成立了世界上第一个钟表行业协会——日内瓦钟表协会，[①] 并且制定了一系列保护钟表技术外传以达到垄断目的的行规，如严格禁止向妇女传授制表技术；禁止外国人从事钟表业；规定钟表工匠在招收学徒时，只能招收同业人员的子女等。这些规定最初达到了一定的垄断效果，保证了幼儿期的瑞士钟表业茁壮成长。除了日内瓦以外，法语区的纳沙泰尔、拉绍德封等城市的钟表业发展也非常迅速，自1740年以来，纳沙泰尔的钟表匠们在家庭中做的工作就开始使他们渐渐脱离传统农业的束缚；工匠们在力洛克周边山脚下的辽阔农场间分散开来，寻找这个镇上如雨后春笋般冒出来的钟表作坊能提供的工作机会。[②] 然而，随着产业发展和行业内分工不断细化，一个制表匠已经难以单独完成一件钟表的全部零部件的制作与装配。因此，原本严苛的行规逐渐被突破，一些钟表技术也就随着日益放松的行规而渐渐在瑞士国内流传开来。这样一来也使得瑞士钟表业以更加惊人的速度扩大规模、站稳脚跟，成为一大产业。

钟表质量的好坏，在很大程度上取决于工人的技术水平，为了提高工人的技术水平，早在1776年日内瓦就成立了"艺术促进会"，它的主要任务之一就是设法提高钟表的质量。为此，该会经常组织钟表竞赛评奖活动，以此鼓励钟表匠改良生产工艺和技术，制造出更准确、更美观的表。"日内瓦艺术促进协会"又于1824年创建了全世界最早的一所钟表学校——日内瓦钟表学校。学校聘请有经验的钟表工匠、技术人员担任教师，严格、全面而又系统地向学生教授制造钟表的零件、装配、检查、修

[①] Belinger Konqui Marianne, *L'horlogerie à Genève*, in Cardinal Catherine e. a. (dir.), *L'homme et le temps en Suisse*, 1291-1991, la Chaux-de-Fonds: Institut L'homme et le temps, 1991, p. 98.

[②] Estelle Fallet, *Histoire une usine de montres*, Olivier Attinger, CH 2067 Chaumont, 2007, p. 53.

理的各种技术和专业知识,① 开设有精密机械学、制表技术、装饰学和钟表修理等课程,学制三年。由此不难看出日内瓦人对钟表质量的重视与追求。② 瑞士的钟表学校也就是这样培养了一批又一批的钟表制造技术人才,学徒制教育对保留瑞士钟表制造的传统工艺功不可没。

宗教改革糅合了人才与科教研事业,推动钟表工业走向更加成熟、精细的劳动分工和持续不断的规模扩张。③ 瑞士钟表制造业技术的核心是精密机械和冶金,宗教改革后新教徒的工匠们通过一代传一代的方式传承发展,使这些精密机械与冶金技术在汝拉山脉地区流传了长达几个世纪,并将这些工匠精神与技术以文化的形式保留下来。该地区仍然保有制造钟表的技术优势,使得现代钟表技术几百年来一直被瑞士人所垄断,这在世界工业史上是一个奇迹。

(三) 宗教改革使瑞士诞生一个世界级的钟表城市——日内瓦和产生一个世界级的产业——钟表业

宗教改革不仅使日内瓦成为新教的"罗马",也使日内瓦成为瑞士钟表业的发祥地,成为欧洲乃至世界的名城。

那么,为什么是日内瓦? 第一,先天的地理条件和语言优势已在前文提及。第二,还有不得不提的是瑞士日内瓦的宗教地位。"日内瓦乃是新教的罗马;而且实际上日内瓦之于他们(新教教徒)比罗马之于天主教徒更为重要。"④特别是在加尔文的领导下,日内瓦先于法国完成宗教改革的使命,因而在新教教徒心目中其地位是崇高的,是欧洲宗教改革的中心。⑤ 1536 年法勒尔得知大名鼎鼎的加尔文途经日内瓦,于是邀请加尔文留下来领导日内瓦的宗教改革,日内瓦当时的状况恰好也给加尔文的宗教改革提供了一个良好的舞台,于是加尔文同意留下来进行宗教改革。⑥ "在相当程度上,日内瓦是世界性的,而在加尔文时代,它主要被一批从

---

① 张志凯:《国际都市日内瓦》,上海人民出版社 2006 年版,第 160 页。
② Jean-Claude Favez, *Nouvelle Histoire De La Suisse Et Des Suisses*, vol. 2, 1982 by Editions Payot Lausanne, p. 113.
③ Estelle Fallet, *Histoire une usine de montres*, Olivier Attinger, CH 2067 Chaumont, 2007, p. 76.
④ [英] G. R. 埃尔顿:《新编剑桥世界近代史 2——宗教改革(1520—1559)》,中国社会科学院世界历史研究所组译,中国社会科学出版社 2003 年版,第 118 页。
⑤ Altermatt Urs, *Le catholicisme au défi de la modernité: l'histoire sociale des catholiques suisses aux XIX et XX siécles*, Lausanne: Éditions Payot, 1994, p. 70.
⑥ Monter E. William, *Calvin's Geneva*, New York: R. E. Krieger, 1975, pp. 106-107.

法国来的流亡者控制，日内瓦同时还挤满了从欧洲各地到此避难的新教徒以及人数日增的求学者。"① 16世纪中期，日内瓦成了法国教徒的避难堡垒，城市居民不断增多；到处都建起印刷工场，金钱从整个欧洲源源而来。② 1536年后，实行宗教改革的日内瓦开始接受瑞士诸州同盟的财政支援，到1590年时，日内瓦已收到了来自英国、法国、德国、低地国家和瑞士联盟等地区新教势力的各种资金援助约21.1万埃居（Eacute）。③ 这大大增强了日内瓦脱离罗马教廷，并且在天主教邻邦面前作为一个独立实体存在的能力，到了"枫丹白露"赦令颁布之时，日内瓦已经脱离罗马主教的控制，成为独立的共和国。第三，日内瓦有着中立地位的优势。④ 1648年，欧洲"三十年战争"结束，在战争中作为雇佣兵参与的瑞士，签订了《威斯特伐利亚和约》，瑞士宣布独立，脱离神圣罗马帝国的统治，并宣布执行"永久中立政策"，⑤ 主权独立进一步得以确立。加尔文教信徒们不仅可以在这里找到安全的栖息地，而且有充足的资金得以安身立命，同法国一样，意大利的手工匠人、商人也大多信仰新教，综合各种考量，日内瓦成了走投无路的宗教难民们的不二选择，是他们的伟大城市，日内瓦也因此成为福音教育和宣传的中心。⑥ 这些人对于瑞士来说也是一笔"巨额财富"，他们意味着众多的新教支持者和信仰者，这有利于新教的传播与发展，同时也为瑞士带来新的技术、资金和人才。

早在1650年至1660年，日内瓦人把链条轮子钟塔形轮上的链条改用肠衣替代，并发明了闹钟和天文钟等；⑦ 之后，日内瓦人在提高钟表的质量和精度方面，也做了不懈的努力和重要的贡献。⑧ 据统计，瑞士的制表

---

① ［英］G. R. 埃尔顿：《新编剑桥世界近代史2——宗教改革（1520—1559）》，中国社会科学院世界历史研究所组译，中国社会科学出版社2003年版，第118页。
② Jezler Peter, *De la fin du Moyen Age a la Réforme：piété populaire et destruction des images*, in *La Suisse au quotidien depuis* 1300, Genève：Editions Zoe, 1991, p. 81.
③ Alister E. Mcgrath, *A Life of John Calvin：A Study in the Shaping of Western Culture*, Oxford：Basil Blackwell, 1990, p. 228.
④ Fuhrer Hans-Rudolf, *La neutralité Suisse Durant la guerre de Trente Ans*, in *Revue militairesuisse*, 143（1998,）n10et n11.
⑤ 世界历史词典编辑委员会编：《世界历史词典》，上海辞书出版社1985年版，第483页。
⑥ ［英］G. R. 埃尔顿：《新编剑桥世界近代史2——宗教改革（1520—1559）》，中国社会科学院世界历史研究所组译，中国社会科学出版社2003年版，第151页。
⑦ Belinger Konqui Marianne, *L'horlogerie à Genève*, in Cardinal Catherine e. a.（dir.）, *L'homme et le temps en Suisse*, 1291-1991, la Chaux-de-Fonds：Institut l'homme et le temps, 1991, p. 133.
⑧ 张志凯：《国际都市日内瓦》，上海人民出版社2006年版，第159页。

师们在 1686 年生产了约 5000 件钟表，① 100 多年后的 1781 年这个数目有了爆炸式的增长，达到 8.5 多件，在数值上几乎增长了 16 倍之多，其中还包括约 4 万件至 4.5 万件黄金表和白银表。② 这个时期的钟表是以贵重金属为原料而制成奢侈品为主，用以彰显表主人的身份。数额的增加还带来了产业结构上的大变动，在钟表制造产业内出现专业分工更加细化的趋势。1660 年，瑞士出现了专门制造钟表弹簧的工匠，1687 年出现了专门制造钟表零配件的制造商，1698 年出现了钟表装配工人，1716 年出现了钟表雕刻装饰工人③……到 18 世纪初，日内瓦的人口为 2.6 万多，而钟表工匠就有 1000 多人，18 世纪中叶就猛增到 6000 多人，④ 这反映瑞士制表业出现了劳力分工，使其工艺愈加精湛，以及产业内部逐渐规模化、精细化和系统化。在瑞士西南部逐渐形成了一条南起日内瓦，北达沙夫豪森，沿汝拉山脉发展的钟表业制造区。⑤ 作为一种出口型产业，1790 年的日内瓦已经出口了 6 万多块表，⑥ 钟表业成为日内瓦最主要的行业。

（四）宗教改革促进了瑞士近代工业的发展

宗教改革不仅仅带动了瑞士的钟表业，同时也推动了瑞士其他工业的发展，为瑞士近代的工业化打下了坚实的基础。纺织业的发展：宗教改革时期，法国胡格诺派教徒除了带来钟表工艺技术外，还从法国带来了制造花边饰带技术。另外，从意大利来到瑞士洛迦诺的难民，因受不住瑞士当地天主教徒的骚扰，又继续移居到新教地区苏黎世，于是在 16 世纪中叶在苏黎世建立了瑞士最早的丝织业。⑦ 而瑞士人将法国人的花边饰带技术与意大利人的丝织业合二为一，形成了瑞士的纺织工业。当时瑞士纺织业曾仅次于英国的产量，随着欧洲各国纷纷建立纺织工业，在原材料、劳动力、交通运输、地理位置等方面瑞士均不是周边国家的竞争对手。于是瑞士纺织业马上调整方向生产高端的纺织材料，专门提供给上层人士使用，

---

① Belinger Konqui Marianne, *L'horlogerie à Genève*, in Cardinal Catherine e. a. (dir.), *L'homme et le temps en Suisse*, 1291-1991, la Chaux-de-Fonds: Institut l'homme et le temps, 1991, p. 134.
② 张志凯：《国际都市日内瓦》，上海人民出版社 2006 年版，第 14 页。
③ Pierre-Yves Donze, *Histoire de L'industrie horlogère suisse*, Éditions Alphil-Presses universitaires suisses, 2009, p. 14.
④ 张志凯：《国际城市日内瓦》，上海人民出版社 2006 年版，第 241 页。
⑤ Mottu-Weber Liliane et Piuz Anne-Marie, *L'économie genevoise, de la Réforme a la fin de L'Ancien Régime: XVI-XVIII siécles*, Genève: Georg, 1990, p. 78.
⑥ 王正元、曹立华主编：《欧罗巴的阳光》，机械工业出版社 2010 年版，第 205 页。
⑦ 李念培：《瑞士》，当代世界出版社 1998 年版，第 57 页。

瑞士的纺织品以高质量闻名欧洲，直至今日瑞士纺织品中仍然有40%面向高端地区出口①。机械工业的发展：机械制造是瑞士最大的工业部门，它的崛起和发展也与宗教改革有密切的关联，宗教改革使瑞士钟表业、纺织业得到了发展，英国工业革命后，瑞士的第一台机动纺纱机是从英国走私运进，于1799年在一所废弃的教堂中安装起来的。② 因为当时英国的机动纺纱机是"高新技术"，对外绝对保密，不允许出口。而对于能够生产精密钟表的瑞士工匠来说，"山寨"这些机动纺纱机简直易如反掌，苏黎世一家纺织厂山寨了这些产品，结果受到国内同行的高度评价，产品质量甚至要超过英国，于是诞生了瑞士机械工业。如今瑞士工业的龙头是机械工业，它是瑞士国民经济的主要支柱。由于瑞士生产钟表的经验，因而瑞士的机械制造充分体现了"高、精、尖、特"的特点。别人做不了的瑞士人来制造，敢为天下先。瑞士生产的机械产品从小到大应有尽有，产品出口也遍布世界各地。瑞士机械工业产品的技术和质量从总体来说领先于各国，目前瑞士机械和成套设备出口位居世界第七，这对一个不足5万平方公里的小国来说是多么了不起。其产品有几大类：造纸机械、纺织机械、机床仪表与电气设备制造等机械设备。像瑞士军刀和瑞士钟表一样齐名，被认为是瑞士产品的象征，维诺斯（Victorinox）刀具公司是欧洲最大的刀具制造商。值得一提的是，和平之国瑞士生产的一些常规武器在世界上也小有名气，除了用于军事的枪支外，世界各国使用的运动枪支以及猎枪等高端产品几乎都出自瑞士。③ 化学与制药工业方面的发展：瑞士的化学和制药业也源于其宗教改革后发展的丝纺织业，因纺织品印染需要大量染料，这就促进了染料业的出现。而染料的生产又需要和化学工业联系在一起，这样就促进了化工产品和医疗药品的发展。同其他行业一样，瑞士化学、医药业高度依赖国际市场，它是仅次于机械行业的第二大出口行业。这一行业主要集中在莱茵河上游的新教改革地区巴塞尔，如今巴塞尔成为名副其实的世界药都与世界化工之都。诺华公司（Novaritis）成为瑞士第一，世界最大的制药公司之一。霍夫曼·罗氏公司（Hoffmann-LaRoche）是世界最大的生物制药公司和药疗诊断设备

---

① 李念培：《瑞士》，当代世界出版社1998年版，第58页。
② 李念培：《瑞士》，当代世界出版社1998年版，第58页。
③ Switzerland, 2001 Kummerly+Frey, CH-3052 Zollikofen- Berne, 2001, pp. 60-65.

生产商。①

瑞士在宗教改革以前是一个一穷二白的国度,为了生存,大批的青年纷纷离乡背井外出参加雇佣军,他们来到欧洲先进地区作战,接触了文艺复兴的新思想,随后把这些先进思想带入瑞士的千家万户,使人文主义精神深入人心。②加上瑞士独特的多元民族、中立地位以及社会经济状况等因素使其成为欧洲宗教改革的核心区域。在德语区慈温利继承了德国马丁·路德宗教改革的"接力棒"在当地展开了声势浩大的宗教改革运动,它不仅影响到德语区,而且还影响到整个瑞士,为瑞士宗教改革的成功奠定了基础。慈温利去世后宗教改革的旗子被法语区的加尔文接过,他不仅成为瑞士、法国的宗教改革领袖,同时也成为欧洲宗教改革的领导人,他所创立的加尔文宗成为新教的主流。慈温利与加尔文领导的瑞士宗教改革具有欧洲其他国家没有的独特性,为瑞士早期资本主义发展提供了思想武器,促进了瑞士国家的统一,促成了经济财富和政治权力的再分配。欧洲宗教改革与瑞士钟表业的崛起是相关联的,没有欧洲宗教改革就没有瑞士钟表业的崛起。欧洲的宗教改革则使大量钟表技术人员来到瑞士,为瑞士的钟表业提供了技术人才与资金网络。而思想上的解放特别是宗教改革中的一些法令为钟表业的发展排除了劲敌行业——首饰业,并将那些从事首饰业的工匠转化为钟表业的潜在技术人员。人们在经济上追求财富,特别是首饰业与钟表业发展要求的精益求精的精神,则在更大范围里引起了瑞士的改革运动,促使钟表业脱胎于其原有的带有强烈宗教色彩的首饰业与珠宝业,实现了瑞士钟表产业从无到有、从小到大的发展。宗教改革还从精神层面上间接地产生了潜移默化的影响,从而影响了瑞士人的思想观念,产生了瑞士人执着的工匠精神,为钟表业的长远发展提供了积极的因素。

瑞士钟表制造业称雄世界钟表市场已有几个世纪了,在全球一个重要的工业领域中没有一个国家能够像瑞士那样长达几百年的时期内称王称霸,这是比较罕见的,更何况它又是一个小国,令人惊奇!早期的瑞士钟表制造业为了保持经济上的利益,曾竭力想垄断其制表技术,并制定了许多行规。但随着社会需求量的增加,特别是钟表制造的分工越来越细,一

---

① Switzerland, 2001 Kummerly+Frey, CH-3052 Zollikofen-Berne, 2001, p.60.
② Berchtold Alfred, *Bale et L'Europe: une histoire culturelle*, 2 vol., Lausqnne: Payot, 1990, p.80.

个钟表工匠已难以单独完成全部零部件的制作和装配，因而钟表技术就渐渐传开了。当然即使在今天瑞士的制表公司对一些高技术的制表工艺仍然是高度保密的。瑞士人相信品牌，而且品牌往往关系到家族的利益与声誉，因此，瑞士钟表在确定名称时大致有以下一些特点：（1）以这款钟表发明人的名字命名；（2）以钟表企业、企业主、家族以及民族的姓氏命名；（3）以具有特殊意义的名字命名。

  随着时代的变化，瑞士钟表业对钟表的内外形、大小和功能也不断改进，并引导着世界潮流。世界钟表制造业长期以来几乎所有重大的开创性发展基本上都来自瑞士，瑞士已成为计时的同义词，它给全世界带来了"时间"。瑞士利用最少的原料，占用最少的土地，使用最少的劳力，采用最小的污染，加上应用最高超的技术、最熟练的工艺，生产出准确、高效、精巧、新颖、高质量、高价值、无与伦比的钟表，这就是瑞士的钟表制造业，它是通过几代人的不断努力创新改革后才赢得了今天的成绩，瑞士钟表工业以优质劳动产品和价值为瑞士这个资源不足的蕞尔小国创造了巨额财富。瑞士在钟表工业的带动下整体国家工业得到了提升，科教文化得到了大力发展，人民生活水平显著提高，迅速地完成原始积累实现了工业化，这一切都是在一个没有出海口的高山国家，没有大量的土地、没有大量矿产资源、没有殖民地同时又是小国寡民的情况下实现的……如今瑞士在机械和精密制造、制药、化工、金融、旅游、科技教育等领域领先于世界，竞争力世界第一，其所有领域都复制钟表产业的经验，像钟表产业一样实现了"高、精、尖、特、贵"的转型和发展。

  笔者认为，就瑞士中立国而言，因其地理位置、国土资源以及各种其他要素所限，迫使它崛起甚至生存都只能在近现代世界中走精品发展的道路，否则无法生存。选择哪一种方向，在何时开始生产某种精品，这取决于若干历史机缘，而宗教改革与瑞士钟表业崛起恰好是这种若干机遇的有机结合。钟表业的发展与宗教改革的影响不仅仅局限于瑞士，而且也影响到欧洲其他地区的宗教改革与经济结构发展之间的关系，如在神圣罗马帝国的两个边缘地区，北海沿岸和阿尔卑斯山地区[①]……整个上施瓦本和上

[①] Otto von Gierke, *das deutsche Genossenschaftsrecht*, vol. 1, Berlin: Weidmannsche Buchhandlung, Reprint in Graz, 1954, p. 832.

莱茵地区，并继续向北延伸，① 从而把传统意义上宗教改革作为一种宗教事件或者政治事件的普遍认识，推进到它作为一场社会运动和经济结构变化的转折点。那么，瑞士社会经济发展的这些特点同早期的宗教改革是密不可分的，宗教改革影响了瑞士钟表业的崛起与发展，并留下了深刻的烙印。与此同时，钟表工业的发展也巩固了宗教改革的成果，加强了民族团结，促使新教成为连接钟表产业和其他产业的纽带。

第三节 宗教改革对启蒙运动和民族国家建设的意义

借着历史发展的契机，瑞士以一种独特的方式完成了资本主义发展所需要的积累，且这种积累与其他欧洲国家"精神与物质"分离的那种对立不同——他们一边宣扬自由平等，一边奴役其他种族的人民——它是与现代性精神紧密结合的。因此，在分析完瑞士宗教改革的原因和对瑞士产业的影响之后，它的意义需要在精神的层次上被重新认识。宗教改革是如何改造瑞士人的思想的？它为瑞士作为资本主义国家的建设提供了什么样的理论基础？这是我们要回答的问题。

一 宗教改革对瑞士的影响

宗教改革发生在瑞士，这里崎岖的山地养育着粗犷顽强的农民、手工艺人和雇佣兵。瑞士人口稀少的13个独立州松散地结合为邦联议会，它的组织形式和精神与意大利城邦而不是德意志邦国更为相似。在德意志邦国，一个皈依新教的强大君主能够凭借个人的意志来改变整个邦国的信仰，瑞士与德意志不同，没有这样一个强有力的君主。瑞士的宗教改革者与相对小规模的城镇中的特权者之间的关系更加密切。瑞士的宗教改革以慈温利在苏黎世的改革为代表。苏黎世当时是一个只有6000人口的小镇，乌尔里希·慈温利在这里宣传信仰即可得救。1522年，几位苏黎世市民公然藐视斋戒期间不得食用肉类的禁令，在四月斋期吃了香肠。慈温利就代表这些市民，发表了两篇文章为他们进行辩解。这两篇文章主张，只有《圣经》本身才是宗教活动的基础，既然《圣经》中并未提及香肠，那么

---

① Peter Blickle, *die revolution von* 1525, Munch: Odenbourg, 1981, pp. 197-212; Tom Scott, "The Peasants' War: A Histriographical Review", Historical Journal vol. 22, No. 3 (Sep., 1979), pp. 710-713.

人们在任何时候都是可以享用的。对《圣经》的遵循也使得慈温利和他的追随者们加入了破坏圣像运动，他们除去了教堂里的画像和祭坛上的装饰，因为这些东西在《圣经》中并不存在。后来，苏黎世地方议会支持改革，命令这个州的牧师只能依照《圣经》布道。两年后，苏黎世开始禁止做弥撒。慈温利说服了地方法官将什一税用于救助穷人，因为慈温利认为穷人是上帝形象的真正代表，这与马丁·路德的观点不同。路德认为生产代表着基督的同在，在这一点上他与天主教会是没有太大的分歧的。天主教会主张神父通过变体的奇迹面包和葡萄酒转化为耶稣的身体和血，也就是圣餐礼中的圣餐，但是路德批判天主教对于圣餐的崇拜，他认为圣餐中基督的真实临在是建立于基督和上帝遍在各处的基础之上的。慈温利与路德不同，他相信圣餐只是圣餐礼中基督真实临在的象征，路德保留着真实临在的观点说明他未能完全割舍罗马教会的思想。这场"圣餐象征论之争"（Sacramentarian Controversy）是新教徒之间的首次重大的教义分歧。1530年的《奥格斯堡信纲》定格了分裂局面，它将反对路德教派的改革者，比如说慈温利及其追随者都排除在外。从1525年到1530年，一些说德语的瑞士地区和德意志南部地区接受了慈温利的改革。1531年，由于慈温利在这些地区非常活跃地推行改革，天主教军队进攻了这些新教传播的州，发动了卡佩尔战争。慈温利一手拿剑一手捧着《圣经》率领新教军队参加战斗，最终战死在战场上。天主教会和路德教派都宣称慈温利之死是因为他的宗教观点引发了神的审判降临。虽然慈温利死了，但是他在苏黎世等地进行的改革在此后都迎来了和平，并且各州都拥有了选择本州宗教信仰的权利。①

宗教改革对于现代欧洲的兴起乃至现代欧洲文明的崛起具有重大意义。值得注意的是，小小的瑞士是这场改革运动的中心地区。这一事实为此后瑞士邦联的发展带来深远的影响。瑞士宗教改革的社会背景之一在于资本主义经济关系的发展，宗教改革也就成为瑞士从封建的中世纪迈向资本主义近代的转折点。新教倡导的用于反对天主教的基本原则，体现的正是资本主义的精神，其要变革旧的意识形态以适应新的经济基础的要求。宗教改革也就成为瑞士从封建的中世纪迈向资本主义近代的转折。因此，可以说瑞士宗教改革在社会上引起了全面深刻的变化，其影响涉及政治、

---

① [美]约翰·梅里曼：《欧洲现代史：从文艺复兴到现在》上册，焦阳、赖晨希、冯济业等译，上海人民出版社2016年版，第100—102页。

经济、民族、文化、教育、语言、艺术、哲学、科学等方面。

在经济上，如我们在上文已经提到的、与之相辅相成的钟表业只是宗教改革对瑞士经济影响的一个表现的开端或者典型的话，从全社会来看，它的影响则是完全的、深刻的，它甚至可以被认为奠定了现代瑞士资本主义的原型。第一，瑞士宗教改革都经历了剥夺教会财产的过程，并改变了一部分封建财产关系，在日内瓦、苏黎世、巴塞尔、伯尔尼等地，这种改革尤其彻底，它部分扫清了资本主义发展的障碍，有利于资本主义生产关系的发展。如在不到一个世纪的时间后，日内瓦成为欧洲最富裕的城市之一。第二，新教，尤其是加尔文教的教义鼓吹禁欲主义。一方面，这种禁欲主义与人们的物质享受观念相矛盾，从而有效地抑制了消费，尤其是奢侈品的消费。在加尔文治理下的日内瓦城内，人们过着节俭的生活，赌博、酗酒等被取缔。另一方面，新教教义又具有"把获取财产的传统伦理的禁锢中解脱出来的心理效应。它不仅使获利冲动合法化，而且把它看作上帝的直接意愿"。[①] 一方面鼓励信徒珍惜、节约钱财，另一方面又鼓励他们勤勤恳恳、不失时机地发财致富。如此这般，便标志着人们得到了上帝的祝福。这种禁欲主义与鼓励致富的结合，推动了瑞士近代资本主义精神的发展。在工业化以来的瑞士经济生活中，例如工商业、金融业以及旅游业中这种资本主义精神随处可见。第三，宗教改革之后，欧洲许多地方由于宗教信仰不同而发生宗教战争和宗教迫害。许多受到宗教迫害的法国人、意大利人以及荷兰人纷纷逃往瑞士避难、定居。这些人许多是富商和手工业者，他们不仅带来了资金，还带来了工艺技术，也带来了对外商业联系。他们凭借这些有利条件成为瑞士许多经济部门的开拓者。他们有的开办毛纺织工场，有的从事钟表业，也有的开办银行。这些新的工商业的建立和发展使苏黎世、巴塞尔和日内瓦繁荣起来，成为瑞士的经济中心。正是在这一时期，为后来闻名于世的瑞士手工业、商业和金融业奠定了基础。

在政治上，瑞士宗教改革严重削弱了天主教会的势力，改变了罗马教廷统治的局面，推进了近代瑞士国家的形成与统一。慈温利早就认为，"一个基督徒不过是一个善良和忠诚的市民而已，基督教的城市不过是基

[①] 李辉：《论西方文化消费理论研究的范式与主题》，《山东师范大学学报》（人文社会科学版）2018年第3期。

督教的教堂而已"，① 16 世纪中期的巴塞尔议会就宣布："每一座城市的政府各部的建立，主要是为荣誉上帝，根据神圣的基督教条例来禁止所有非正义的、臭名昭著的罪行。"②依据这种理论，瑞士政府一直试图夺回自己的权力，并暗中支持宗教改革。这种斗争相当激烈，以至于在慈温利和加尔文改革后，瑞士邦联分裂为以天主教州为一方，新教城市同盟为另一方的两大阵营。信仰加尔文教的城市与信奉慈温利教义的城市最后组成了"海尔维第教派"。两个教派的统一，增强了自己的实力。坚持天主教的瑞士中部各州从经济实力到人员数量均处于劣势。为了能够同欧洲其他天主教地区互相联系、相互支持，他们力图在同新教州共同属地中保持天主教的影响。这样，两派在共同属地上的摩擦不断、斗争不已。但是，正因为这些共同属地的存在才使得两派之间既相互矛盾又互相合作的关系得以维系。从第一次苏黎世宗教战争后签订和约开始，一种信仰自由宗教宽容的观念逐渐为人们接受，并且深入人心。这一变化在其他欧洲国家直到"三十年战争"（1618—1648 年）后才成为事实。这种宗教信仰上的宽容精神对于后来瑞士人容纳多种信仰、多种语言、多种民族族群而形成一个统一国家显然有着难以估量的价值。

在民族、教育、文化上。在宗教改革前，瑞士主要的三大民族各自为政，互动联系比较少，往往在外敌入侵时，彼此才进行联合共同抵御侵略。宗教改革后使瑞士各民族不分彼此是什么民族，而是以新教与天主教来区分，这样加速了民族融合与和谐。宗教改革期间，瑞士宗教改革家为了扩大新教的影响，兴办学校、推进教育，用新的方法教育学生，促进了教育事业的发展。在 15 世纪和 16 世纪早期，除巴塞尔以外的邦联的其他州在文化上极其落后，既没有大学，也不像德国、英国、法国和意大利有宫廷文化。在宗教改革中，由于有人文主义对教育的强调重视，给人们对科学和文化的态度带来了深刻的变化。特别是在瑞士，由于其相对稳定的政治、社会环境，学校、出版社和图书馆等如雨后春笋般大大地兴盛了。如法语区的加尔文在日内瓦政府的赞助下，创办了日内瓦学院。学院分为两部分：一部分是为青少年设立的中学，另一部分是神学研究院。同时瑞士归正宗教会中的显赫领袖，像布林格和奥斯瓦德·米肯罗斯，尽力邀请

---

① George Potter, *Zwingli*, London: Cambridge University Press, 1976, p. 123.
② Bernd Moeller, *Imperial Cities and the Reformation: Three Essays*, H. C. Erik Midelfurt and Mark U. Edwards Jr. (ed. and trans.), Durham, North Carolina: the Labyrinth Press, 1982, p. 47.

著名学者到归正宗教会议事机构。且这一时期的学校教育打破以宗教经典为主的拉丁学校传统，引进自然科学和其他学科，注意改进教学方法，对提高人的素质起到很大的作用。在卡佩尔战争后的几十年，瑞士归正宗教会充满了以布林格和其他领导人为中心的以阐释圣经为基础的开发思维活动，并涉及了数学、地理、历史语言、人物传记和自然科学领域，那些在许多方面分裂邦联的宗教争端却使邦联的文化取得了辉煌的成就，因为这些人不仅开阔了人们思维的视野，同时向许多天主教基本教义提出了挑战。

除此之外，宗教改革还使得瑞士宗教信仰的人口比例发生了深刻的变化，从原先清一色的天主教版图，变为新教与天主教能够分庭抗礼的局面；更为重要的一点是，宗教改革使瑞士各民族不分彼此是什么民族，而是以新教与天主教来区分，这样加速了民族融合，同时也影响了瑞士民族的品质与观念。

二　宗教改革对瑞士个人和国家的解放

对于宗教社会学视野之内各种话题和现象的分析，都毫无例外地要探讨宗教与人类社会其他方面的关系，宗教研究与其他学科和子学科聚焦点之间的关系，以及宗教领域变化的基础和衍生物结果。[①] 因此，除了与钟表业、传统的政治经济关系外，宗教改革对现代个人、国家的构建起到的作用也需要被我们所重视。

没有人会认为宗教改革作为一个只是发生在一定历史时空的、已是时过境迁的特定历史事件，且它对瑞士潜移默化的持续影响也绝不可能看作是完全宏观的；相反，它渗透到每一个个体之中。从人的思想发展的脉络来看，作为救赎宗教，基督教的机制虽然一直被认为是建立在个体与神的关系上的，但由于它强调灵肉对立，个体的卑微性被无限地放大，导致这种关系并不能被一劳永逸地直接建立。因此，教徒需要一个神圣、纯洁的，至少是比自身圣洁的中介去与上帝沟通，并将自身的希望全都委托给那个中介。中介因此是独断的，它的权力来自它和世俗割裂的前提下一种圣洁直接的命令，换言之，教会的暴政在很大程度上并不是为了镇压反抗（事实证明它无法真正地镇压），而是为了迎合它被设立的初衷：是它的

[①] J. Nettl and Robertson, *International Systems and the Modernization of Societies*, 1968, London: Faber, pp. 150-162.

专横和独裁才使得它在欧洲人民的心中维持了它的地位。德尔图良的那句名言就可以如是理解了。① 但这种寄托必定是将要被寄托者所打破的，因为在社会的变化发展之中，如我们在上文讲的那样，特别是对现世生活的重视和新兴团体的产生这两点的形成，对这种强制命令的否定是鲜明的。已经成熟了的社会不再需要一个委托人来代替自己行使自己的权力，相反它要夺回这种权力。

因此，宗教改革在人们思想观念上的影响相当重要。信仰自由成为最大的胜利，怀疑与批判精神得到了发扬。尤其是在加尔文和慈温利的倡导下否定教会对《圣经》解释的特权，人们不再在神学的桎梏下只能服从，人开始有了靠个人努力以实现理想的信心和进取精神。在过去，虽然基督教教义也宣传平等的思想，但当这种平等的前提，即宣传本身变得不平等时，这种平等就是空洞的了。那么宣传作为权力的解放也就意味着每一个人在真正意义上获得了平等，每一个人作为一个个体都独立了起来，不再被由教会形成虚假的统一体所束缚，从而慢慢确立起民主等的现代思想。

瑞士的这种宗教改革把新的思想传播到了整个社会，使得这种思想深入人心引起了全社会的改革运动。瑞士宗教改革不仅导致人们思想意识、宗教信仰、民族意识、价值观念等的大转变，也造成了经济财富和政治权力的再分配，这就为瑞士社会全面走进近代社会做好了充分的准备。虽然瑞士宗教改革使人们摆脱精神上的束缚，使每一个人独立并获得了一定的权力，但经济束缚、政治束缚和社会束缚仍然存在，对它们的摆脱还是留待将来的事。可我们也不能否认宗教改革对这些东西的撼动，特别是对国家的影响。

因此，除了促进个人的解放外，宗教改革还促进了瑞士社会意识形态的变化，它使瑞士摆脱了教皇的控制，断绝了与罗马教廷的联系，由世俗权力统领教会，使瑞士各民族真正获得了思想与宗教上的独立。在宗教改革前，16世纪的天主教严重地阻碍了社会的进步，成为民族团结、民族融合的一大障碍，宗教改革成为克服这一阻碍的历史必然选择。资本主义萌芽的产生使得利益而非所谓神圣的情感成为连接人的纽带，人们意识到，作为支配者的东西不是在天上统治着的，而是在地上运行着的。过去

---

① 指后人从德尔图良的《论基督的肉身》中总结出的那句话："因为荒谬，所以相信（Credo quia absurdum）。"

的那种神人之间的紧张关系仅仅是人为造成的区别，他们急切地希望统一。就像已腐败之至并贪恋权势的教会一样，圣洁想要和世俗结合，它必定要和世俗结合以洗清它身上多余的纯净。可教会是无法承担起这个责任的，就像我们之前已经知道的那样，它是由于和世俗的分割才获得了它的权力，因此它最终将被剥夺那种权力，政教分离是必然的。于是人们需要一个东西去承载宗教中被剥夺了的世俗权力，成为现世的支配者，过去意义上的国家理所当然地接受了这项任务。于是，如黑格尔所言（当然这里不完全是他的意思），国家代替了教会成为世俗世界的神，它完全是为了利益而存在的。国家理性于是在这里被强调。所谓国家理性就是国家有权凌驾于一切事物之上，而调配一切的利益，那么我们有理由认为国家的这种权力就是它从宗教那里继承来的神圣性的最好证明。

这点在开始的时候还不是很明显，典型的如当时流行的国王触摸国民来摸治的仪式，这不过是直接将宗教的权力转接到了国王身上，并没有什么对抽象的普遍利益掌控的含义。虽然在这里我们要强调的是这种抽象的普遍利益，但和上文一样，我们并不希望继续纠结于对普遍利益的定义，而仅仅是抓住了它的一般含义，抽象的普遍利益就是使得所有的利益得以可能的条件下那可能的所有利益，换言之，一切能被视为利益的利益。对这点的理解可能比较抽象，但从历史的角度来看就非常清楚了。在"三十年战争"之后签订的《威斯特伐利亚和约》那里，抽象的普遍利益的概念就已从幽暗的混沌之中走到了被光明所笼罩的历史的舞台之上，国家开始作为一个拥有主权概念的东西存在。这是极为重要的，因为主权并非利益概念，它是超功利的，任何国家，只要它作为国家，就不可能仅仅作为被支配者，也就是说它不可能将自己给出售；而正是因为主权的超功利性才作为了国家得以功利的前提条件，它功利的，任何国家，既然它在一定意义上作为支配者就可以利用被支配者，它可以出售一切。结合我们在第一章讨论过的国家理论的发展，一种一贯性和逻辑性被再一次强调，国家作为"利维坦"似的实体概念也终于获得了在历史演进中的地位。于是，现代国家的那种集神圣和世俗于一体的权力就从过去的教会中被解放了出来，而在这个过程中，宗教改革不可能不被当作起主导作用的推动者。

之前那种天主教的神权统治在黑暗的中世纪只手遮天，凌驾于国王世俗统治权之上，并阻碍新兴资产阶级的财富积累的苦难终于到头了。在文艺复兴运动后，即将从天主教会的神权桎梏中解放出来的人们所主导的一场反对封建统治和宗教神权的宗教改革运动势必爆发，而瑞士的宗教改革顺应了这个潮流。那么作为宗教改革极为兴盛乃至被誉为新教的"罗马"的瑞士，宗教改革在瑞士人民的思想和国家意识上所带来的影响自然是巨大的，它严重削弱了天主教会的势力，改变了罗马教廷统治的局面，也使瑞士摆脱了教皇的控制，断绝了与罗马教廷的联系，由世俗权力统领教会，推进了近代瑞士民族国家的形成与统一。但宗教改革毕竟还是资本主义的诉求"羞羞答答"的表现，它通过一种间接的方式，即神学的方式显露出来，而它真正的内涵则要在下一个阶段中得到体现，那就是启蒙运动。

第四节　启蒙运动

什么叫启蒙？英文是"Enlightenment"，法语叫"Lumière"，翻译成中文就是"光明"的意思。按照康德的说法，启蒙运动就是人类脱离自己所加之于自己的不成熟状态。不成熟状态就是不经别人引导，就对运用自己的理智无能为力。当其原因不在于缺乏理智，而在于不经别人的引导就缺乏勇气与决心去加以运用时，那么这种不成熟状态就是自己加之于自己的了。"Sapere aude！"要有勇气运用你自己的理智！这就是启蒙运动的口号。① 如果说宗教改革还是人类理性崛起的间接表现的话，启蒙运动就是它直接的反应了，它大胆而直接地挑战传统的那种神圣性并将个人意志的地位提升到了无与伦比的高度。当今世界，无论是哪一种能被称为自由、民主、公平的东西，它的依据都深深地根植于启蒙运动之中，因此对启蒙运动的探讨对于瑞士作为国家的历史以及理论依据的研究来说都是必要的。

当然在强调启蒙运动的有益影响的同时，我们也应该看到启蒙运动这种对个人的强调和资本主义对利益的重视在去神圣化的同时，也在不断地侵蚀它自身，个人主义、自由主义、功利主义等思想的极端盛行就是这种现象最好的例证，而这些东西最终也将会把它们自身的根基，也就是启蒙运动的基石给摧毁。试问，一个仅仅考虑利益而建立的共同体怎么可能形

---

① ［德］康德：《历史理性批判文集》，何兆武译，商务印书馆1991年版，第22页。

成一个真正意义上的国家呢？对于那些坚持此类观点的人来说，瑞士作为一个统一国家的团结和一体就是对它们最好的反驳，但瑞士之所以能做到这种和谐统一的原因还有待讨论。那么考察瑞士是如何从一个各自分离的文化同体和一个仅仅依靠抽象法为纽带连接的利益共同体走向一个真正意义上的国家，对我们来说就相当重要了。

一 启蒙运动的概述

从17世纪80年代到19世纪20年代，启蒙运动从开始兴起到全盛时期，直到完全胜利。这个时期也是瑞士现代化进程中的最重要的阶段之一，瑞士的历史发生了巨大的变化，由农业社会走向工业社会变革时代，是近代瑞士国家的政治制度兴起的时代，也是瑞士理性启蒙和现代性奠基的时代。在这个时代中，推动瑞士社会发展的基本动力是经济的发展。瑞士资本主义经济制度在这个阶段由工场手工业向机器大工业生产转变。瑞士的政治体制的确立，是文艺复兴以后尤其是瑞士宗教改革政治世俗化导致的，这种世俗化也就意味着一场与封建社会之间的斗争。站在旧贵族角度的封建主义要求维护它们的地位，宗教改革者则希望调和新旧社会的矛盾，而那些启蒙的理论原理就有必要反对它们的全部。从神学到形而上学，从政治制度到宗教信仰，启蒙哲学以彻底摧毁用来维系封建制度而在宗教体制下建立的"神圣至上的光环"（l'auréole de la consécration divine）为己任，要求建立一个全新的国家。[①] 这种近代国家主义的政治学说如是强调的自然法、法律程序、主权意识和公正等就鲜明地表现了这一点，而这绝不是在纯粹理论领域中思辨的结果，它实际上展现了日渐强大的资产阶级在与封建势力的斗争过程之中的努力，尽管它们采用的方法可能是不同的。恩格斯说："只是现在阳光才照射出来。从今以后，迷信、偏私、特权和压迫，必将为永恒的真理，为永恒的正义，为基于自然的平等和不可剥夺的人权所排挤。"[②]

有些人认为启蒙运动主要在法国而与瑞士无关，如果有这种观点那表明他不太了解瑞士的历史，也不了解启蒙运动领袖的主要生平。其实从严格意义上来说瑞士也是启蒙运动的当事国，因为启蒙运动的两大思想家卢

---

① G. Politzer, *La philosophie des lumières et la pensée moderne*, dans l'article《La philosophie des Lumières et la pensée moderne》, publié par "Etudes Marxistes", N°2 - 1er trimestre 1989.

② 《马克思恩格斯全集》第21卷，中央编译局译，人民出版社2007年版，第56—57页。

梭、伏尔泰都和瑞士有密切的联系,卢梭本身就是瑞士日内瓦人,他在《论人类不平等的起源和基础》一书的首页专门写下"献给日内瓦共和国"(日内瓦人现在也称自己的州为日内瓦共和国)一句话,来表达对其家乡瑞士日内瓦深深的眷恋之情。由于他太爱自己的故乡以至于有一次回乡探亲即将离开的时候,因情绪过分激动而晕倒了。①

(一)卢梭(Jean-Jacques Rousseau) 启蒙运动伟大的思想家

卢梭(1712—1778)是瑞士日内瓦人,18世纪启蒙运动著名的思想家、哲学家、教育学家、文学家。1712年6月28日,让-雅克·卢梭降生在日内瓦城,卢梭一出生他母亲就去世了,他后来说:"他的出生本身便是一生许多苦难当中的第一个困苦。"②卢梭的父亲是个兼职教师和钟表匠,很有才华,卢梭6岁时便和父亲一起阅读17世纪法国爱情小说以及普鲁塔克的《罗马名人传》等。10岁时他父亲因与别人发生纠纷而斗殴,为了躲避仇人追杀,无可奈何离家出走,这样卢梭成为一个无依无靠的孤儿。随后他在瑞士的萨瓦、法国的安息、意大利的都灵等地到处流浪,过着贫困潦倒的生活。他做过仆人、神甫、家庭教师等工作,他还发明了现在通用的音乐简谱。卢梭在困境中不断学习,他没有条件上正规学校,完全靠自学来获得知识,在他离开瑞士萨瓦时已成为一个知识十分渊博的学者。1741年他到巴黎去,结识了年轻一代的启蒙思想家狄德格里姆等,通过与众多的先进思想家的交流探讨,以及他自身的刻苦研究,卢梭的启蒙思想逐渐形成了。

卢梭因从小饱经风霜,痛恨封建社会,尤其是封建的等级制度。1749年,第戎学院征文,题为《科学和艺术的进步对于道德的影响》。卢梭撰写论文应征,并获得了头等奖。1753年,该学院又行征文,卢梭以《论人类不平等的起源和基础》应征,文中揭露了社会不平等根源在于私有制度,指出私有观念与私有制度产生了社会不平等,使富人夺得了统治权力,使千千万万穷人沦为奴隶。他说:"我认为在人类中有两种不平等:一种,我把它叫作自然的或生理上的不平等,因为它是基于自然,由年龄、健康、体力以及智慧或心灵的性质的不同而产生的;另一种可以称为精神上的或政治上的不平等,因为它是起因于一种协议,由于人们的同意

---

① [法]Hennessy:《瑞士》,于丽娟译,中国水利水电出版社2004年版,第43页。
② A. Bersutoerd, *Jean-Jacques Rousseau*, 1962 by Editions Geneve, p. 32.

而设定的，或者至少是它的存在为大家认可的。第二种不平等包括某一些人由于损害别人而得以享受的各种特权，譬如：比别人更富足、更光荣、更有权势，或者甚至叫别人服从他们。"① 私有观念于是产生了，私有社会形成了，随之而来的是战争、贫困和灾难。卢梭认为他的思想很难在一个女社会里（指法国堕落的封建社会）推行，要求日内瓦共和国的执政者不要学习法国"除去在道德堕落的女人丛中学来的轻佻语调和可笑的姿态之外，他们从那些国家（指法国）里仅仅带回了一种对于所谓荣华富贵的赞赏，其实这种荣华富贵，只不过是奴隶身份微不足道的补偿，与崇高的自由永远是不相称的"。② 同时卢梭赞扬日内瓦共和国的妇女"我又怎能忘记在共和国里占人口半数的可贵的妇女们呢？是她们给男人以幸福，是她们的温柔和智慧保持着共和国的安宁和善良风俗。可爱而有德行的女同胞们，你们女性的命运将永远支配着我们男性的命运。当你们只是为了国家的光荣和公共幸福才运用你们在家庭中所特有的纯洁威权的时候，我们是多么幸运啊！在斯巴达，妇女会占优越地位；同样，你们也有资格在日内瓦占着优越地位"。③ 另外在《论人类不平等的起源和基础》一书中卢梭给予日内瓦共和国和其执政们以无限的希望，他指出："我把对公民们的共同幸福和共和国的荣誉所抱的希望寄托在以上种种保证上，并没被事实所否定，我是很引以为荣的。我认为共和国尽管有这些优点，也不会发出使大多数人的眼睛为之眩惑的那种光辉；爱好这种光辉是无谓的而且也是很不幸的，这种爱好乃是幸福和自由的死敌。让轻浮的青年到别处去追求无限度的欢乐和长远的懊悔吧！让所谓有高尚趣味的人到别处去叹赏宏伟的府第、华美的车辆、高贵的陈设、富丽堂皇的排场以及一切骄奢淫逸的享受吧！在日内瓦只有平凡的人，但是，能见到这些平凡的人，这件事本身就具有莫大的价值；急于想看到日内瓦公民的人们，和那些羡慕其余一切事物的人们相比，是毫无逊色的。光荣伟大、至高无上的执政们，我对你们的共同幸福寄予莫大的关怀，希望你们大家都惠然接受我这种最恭敬的表示。如果我因内心过度兴奋，态度未免有些冒昧的话，

---

① [法] 卢梭：《论人类不平等的起源和基础》，李常山译，商务印书馆1997年版，第70页。
② [法] 卢梭：《论人类不平等的起源和基础》，李常山译，商务印书馆1997年版，第60页。
③ [法] 卢梭：《论人类不平等的起源和基础》，李常山译，商务印书馆1997年版，第60页。

我恳求你们原谅我的过失，恳求你们念及一个爱国者的真实情感、一个热心人应有的忠诚而宥恕我，因为我除了看到你们大家都很幸福因而也感到幸福而外，再不设想自己还会有什么更大的幸福。光荣伟大、至高无上的执政们，我谨向你们表示最崇高的敬意！你们的最谦逊、最恭顺的仆人和同国的公民，让-雅克·卢梭。"①

1762年卢梭发表《社会契约论》，"人人生来自由，但是也必须受到相应约束"这是卢梭在《社会契约论》著名的开场白。该书论述了"主权在民"的民主思想，描绘了资产阶级共和国政制的具体蓝图，成为法国资产阶级大革命的直接思想先导，也直接影响了美国的政治启蒙、独立战争和政治制度的建立。他鼓吹自由、平等、博爱的主张，成为革命思想的先驱。卢梭主张"唯有道德的自由才使人类真正成为自己的主人"。② 卢梭的民权思想来自他的故乡日内瓦——当时是一个小城邦——的实践经验，他的启蒙学说，成为资产阶级民主革命的一面思想旗帜。卢梭的《社会契约论》是一部资产阶级政治革命纲领性著作，阐明国家的建立是人民之间协议的结果。人们结合为国家，同意放弃"天然自由"，换取"公民自由"。国家的最高权力属于人民。"服从法律的人民"同时也是"创造这些法律的人民"。卢梭提出公民选举领袖的共和制度，他向往的国家实质上是保障资产阶级民主权利的共和国家。他的政治思想比伏尔泰和狄德罗都激进也更为进步，后来成为资产阶级民主派中最革命的雅各宾派政治纲领的基础。

虽然如此，但卢梭的社会政治变革思想产生了巨大的影响。正由于其中并未形成一个严密而首尾一致的体系，各种人可以从中各取所需，并且自由发挥。可以看到，当时法国的其他哲学流派，都不如卢梭的思想那样激进。许多人希望在现存经济社会结构之中，通过政治逐渐改革。③ 全欧洲的知识界都关注并评论法国作家的思想，④ 但是其中比较极端的思想，只有一部分能付诸实施。卢梭还写了《爱弥儿》《忏悔录》等著作对教育学、心理学有很大的影响。卢梭在《爱弥儿》里提出"企图把政治和道

---

① [法]卢梭：《论人类不平等的起源和基础》，李常山译，商务印书馆1997年版，第61页。
② [法]卢梭：《社会契约论》，何兆成译，商务印书馆1982年版，第30页。
③ H. C. Payne, *The Philosophes and the People*, New Haven 1976.
④ R. Porter, M. Teich, eds, *The Enlightenment in National Context*, Cambridge 1981.

德分开来研究的人，结果是这两样东西一样也弄不明白"。①

总之，卢梭作为启蒙思想家，反映了当时"第三等级"中的小资产阶级的激进愿望和要求。俄国革命家普列汉诺夫认为："卢梭的伟大的理论功绩就在于，他不满意十八世纪盛行的对文明发展过程的唯心主义观点，而企图从不是思维决定存在而是存在决定思维的那个唯物主义原理的观点来看这个过程。"② 1835年瑞士日内瓦政府将日内瓦湖边上的罗讷河入口处的贝尔格小岛命名为卢梭岛，岛上矗立了卢梭铜像。铜像底座刻写着"日内瓦公民——让-雅克·卢梭"以缅怀这位伟大的资产阶级思想家。1961年6月，陈毅同志在日内瓦曾写下《游卢梭岛》的诗篇，诗中称颂卢梭"汝是弱者代言人"，"总为世间鸣不平"。③ 如今在日内瓦大学图书馆的底层，还有一个让-雅克·卢梭纪念馆。馆内陈列着卢梭的许多著作与书信，还有许多描写卢梭家世及其青少年时代生活的画作。

(二) 启蒙思想家伏尔泰 (Voltaire)

伏尔泰（1694—1778）是法国资产阶级启蒙思想家，18世纪法国启蒙运动的领袖和导师。伏尔泰原名弗朗索瓦·马利·阿鲁埃，1694年11月21日生于巴黎一个富裕的公证人家庭。伏尔泰在求学时期受到自由主义思潮的影响，毕业后致力于文学创作，发表揭露宫廷腐败和教会专横的讽刺诗，多次被投入巴士底狱，并于1726年被迫流亡英国。在英国，伏尔泰努力学习英国资产阶级的先进思想，他虽然接受了牛顿关于自然界都受引力定律统一支配的万有引力定律（law of universal gravitation），但没有陷入宿命论，反而批评宿命论和绝对机械决定论，从而为政治上争取个人自由确立了理论根据。根据这种哲学观点，伏尔泰无情地揭露和抨击了教会的黑暗和反动。

1750年，伏尔泰应普鲁士国王腓德烈二世的邀请，怀着劝说这位普鲁士国王推行开明政治的幻想来到柏林，但普鲁士国王腓德烈二世只不过是利用伏尔泰的名望为宫廷点缀一下而已。伏尔泰访问普鲁士，进而使与普鲁士国王为敌的法国国王路易十五恼羞成怒，路易十五传旨今后禁止伏

---

① ［法］卢梭：《爱弥儿》上卷，李平沤译，人民教育出版社1985年版，第132页。
② ［法］卢梭：《论人类不平等的起源和基础》，李常山译，附录二"让-雅克·卢梭和他的人类不平等起源说……普列汉诺夫"，商务印书馆1997年版，第236页。
③ 中共中央文献研究室编：《陈毅诗词集》（上下），中央文献出版社2012年版，第493页。

尔泰回国。在普鲁士逗留了四五年，这期间伏尔泰出版了重要史学专著《路易十四朝纪事》，系统地论述了他关于实行开明君主制度的政治主张。

18世纪瑞士居住着许多政治避难者或宗教避难者，其他还有些是来寻求休疗的外国人，他们长期住在瑞士，他们的思想精神影响了他们的第二故乡（瑞士）的思想和观点，反过来第二故乡瑞士的思想和观点也影响了这些人的思想和意识。这些人中以伏尔泰知名度最高，还有启蒙时期英国著名历史学家爱德华·吉本，他在瑞士居住15年，在洛桑完成了史学巨著《罗马帝国衰亡史》等；当然，伏尔泰对瑞士思想的影响也是非常大的。

1755年伏尔泰来到日内瓦定居，他之所以选择日内瓦，第一，日内瓦当时在欧洲是一个思想比较解放、民族关系比较和谐、政治环境比较宽松的地区，日内瓦是新教的"罗马"，历来是避难者的天堂；第二，日内瓦受到法国的文化的影响比较大，法国的习俗、法国的语言……，到了日内瓦犹如到了法国，使伏尔泰有宾至如归的感觉；第三，日内瓦是当时欧洲最富裕的城市之一，拥有发达的手工业尤其是发达的印刷业，这对伏尔泰发表文章、出版著作非常有利；第四，日内瓦有高水平的医生。伏尔泰曾说："当人二十五岁的时候应当生活在巴黎，而五十岁的时候却应当生活在日内瓦……"[①]

伏尔泰定居日内瓦以后，开始了反封建战斗生活的新阶段。他加强了和国内外著名学者的联系，热情支持百科全书派的狄德罗等新一代启蒙学者，利用各种斗争形式抨击宗教狂热和封建王朝的罪行，推动了为民主自由而进行的斗争。这一时期他除继续创作一系列戏剧作品外，还完成了历史著作《彼得大帝治下的俄罗斯》《议会史》，哲理诗《里斯本的灾难》，哲理小说《老实人》《天真汉》等。

伏尔泰所坚持的哲学观点，是自然神论形态的唯物主义与经验论。自然神论主张上帝完成宇宙设计后，就听任自然界自行运作，这在当时是从宗教神学通向唯物主义的一种过渡性理论形态。另外，他从唯物主义经验论出发，否定了宗教神学关于灵魂不灭并可脱离肉体而存在的教义。伏尔泰认为宗教迷误和教会统治是人类理性的主要敌人，一切社会罪恶都源于教会散布的蒙昧主义，是它造成了社会上普遍的愚昧和宗教狂热。他从人

---

① ［法］乔治·G.韦纳：《为什么日内瓦是国际性的》，转引张志凯：《国际城市日内瓦》，上海人民出版社2006年版，第150页。

类理性和历史事实两个方面对宗教教义的荒诞不经和教权主义罪恶的揭露和批判，还是相当深刻的。

伏尔泰本人不间断地致力于评论当时的问题，是公民自由的激越的代言人。在这方面他的口号是"铲除丑行"（Ecrasez L'infame），此处"丑行"一词是指各种形式的压制、狂热和偏执。用他自己的话来说，他认为，"一个人因为别人与他意见不同而加以迫害实与禽兽无异"。与此相应，他致函一位与他意见相左的人："我不同意你所说的一切，但我将誓死捍卫你表述自己意见的权利。"① 这句话自此以后一直被视为公民自由的第一项原则。在所有的偏狭中，伏尔泰对宗教偏执最为憎恶，因为它看起来建立在荒谬的迷信基础上："迷信愈少，狂热愈少；狂热愈少，痛苦愈少。"伏尔泰除反对宗教压制外，还经常抨击世俗国家实行的专断统治。尤其是，他认为英国的议会制度比法国的专制制度更可取，同时国家的政策导致无意义的战争时，这些国家就是在犯罪。他不无讽刺地称："杀人为法律所不容，因此所有杀人犯都要受到惩罚，然而他们在军号声中大规模地进行屠杀却除外！"②

伏尔泰非常喜欢戏剧，他一生写过52部剧作，被认为是继17世纪法国有名的剧作家高乃依和拉辛之后古典主义的第三位悲剧诗人。虽然他住在由于宗教改革而对戏剧严格禁止的日内瓦，但他却本性不改，居然在"乐园"（Les Delices）内组织戏剧演出，并邀请日内瓦上层社会的人士前往观看，除伏尔泰以外还有当时法国最著名的演员列肯以及伏尔泰的侄女丹尼斯太太（Mme Denis），当众朗诵了伏尔泰的作品《扎伊》中的一段，"我从未见过这么多的泪水，"伏尔泰后来写道，"也从未见过加尔文教徒如此温和……"他打定主意：日内瓦需要一座剧院。③ 伏尔泰明目张胆地向日内瓦的封建宗教势力提出挑战。伏尔泰此举激起了政教当局和一些日内瓦封建贵族的强烈不满和愤怒，使他感到在日内瓦领土上的"乐园"已不再是安全的。于是，便赶紧用他侄女的名义，在紧靠日内瓦的法国境内的菲尔奈镇，购买了两处住所。伏尔泰毫不畏惧，还是在Les Delices开办了他的剧院，1776年日内瓦终于有了第一座木质剧院。

---

① 王志华：《解读西方传统法律文化》，《中国政法大学学报》2012年第1期。
② [美]拉尔夫：《世界文明史》下卷，赵丰、罗培森译，商务印书馆2001年版，第128页。
③ [法]Hennessy：《瑞士》，于丽娟译，中国水利水电出版社2004年版，第40页。

伏尔泰主要活动于法国启蒙运动的前期，当时封建势力很强大，法国资产阶级处于相对劣势，这决定了他的思想的时代局限性。在哲学方面，他始终没有摆脱神，还没有达到公开的唯物论和无神论；在历史观方面，他宣传抽象的民主、自由、平等，以救世主自居，蔑视群众，没有摆脱历史唯心论；在政治方面，他在揭露封建专制制度时，对共和思想持暧昧态度，长期幻想依靠开明君主实行自上而下的改革。他的哲学与政治倾向，和同时代的另一位重要的启蒙思想家孟德斯鸠有相似之处。

总之，启蒙运动的思想核心与其说是在法国起源的，倒不如说是在瑞士创立的，因为启蒙运动的两大中心人物均和瑞士有着千丝万缕的联系。如卢梭的民权思想来自他的故乡日内瓦——当时是一个小城邦——的实践经验，这一点他在《论人类不平等的起源和基础》"献给日内瓦共和国"文章中阐述得非常清楚，因此也可以说瑞士日内瓦的社会政治实践思想影响了卢梭，影响了法国，影响了欧洲启蒙运动，乃至影响了整个世界。伏尔泰的思想影响了瑞士，而瑞士日内瓦的思想同时又影响了伏尔泰。瑞士现代化进程中最重要的思想成果之一是启蒙运动所创造的。启蒙运动的哲学是人性论，这一时期的人性论与文艺复兴时期的人性论已有较大的差别。文艺复兴时期，提倡人性主要是为了和神性对立，伸张人在世俗世界中的生存权利，人性概念具有同神性概念相对立的意义；而这一时期的人性论，则已经将人看作绝对主体，对这个主体的内在本性展开探讨，表现了资产阶级的自信和建设一个新社会的积极理想。法国大革命所倡导的"自由"（liberté）"平等"（égalité）"博爱"（fraternité）等口号，从人类精神文明发展史来说，具有推动社会进步和社会解放的积极价值。正是启蒙理性和与它相应的走向成熟的资本主义经济、政治结构，为瑞士的现代性奠立了基石，使瑞士得以通向现代的工业文明。

因此，我们可以从经济发展的角度来看瑞士的启蒙运动，即瑞士的经济结构是如何从过去的传统手工业转向原工业化的。如此，我们得先明白这两个概念间的区别。钱乘旦先生认为原工业化有几个特征，即首先原工业化与前工业社会的传统手工业作坊有根本的区别，原工业化的新型经济形态，主要是原来集中在城市的纺织业、编织业、皮革加工业和金属加工业转移和扩散到农村，形成农村工业；其次，原工业制的生产者仍然以务农为主，但从事工业以补充农业生产的收入。农村家庭工业使用的工具很简单，原料如原棉、羊毛或亚麻等，成本也很低，不需要投入太多的资本。有些工具比较昂贵,譬如家庭编织业需要的编织机,但可以靠租借取得。原工业化的第三个特征是对当地市镇商业资本的依附。在原工业化地区,市镇是贸易的中心,居住在市镇的商人成为家庭工业和出口商人之间的中间人。所以,原工业制实质上就是在市镇商业资本控制下以生产出口产品为目的的分散的手工业制度。① 原工业化的第四个特征是,它与农业的商品化建立了必然的联系。②

瑞士宗教改革和启蒙运动以后,它在前工业经济和现代工业经济之间也存在着一种原始工业化的过渡形态。最能代表瑞士工业的是钟表业,瑞士钟表业的发祥地是日内瓦,早在13世纪,日内瓦已出现了一些专门制作金银首饰的工匠。到了15世纪,首饰的制作不仅形成了专门的行业,而且颇有些名气。随着欧洲对瑞士钟表需求量的增加,钟表加工业逐渐向周边的农村地区转移和扩散,形成了农村工业,日内瓦"在一代人之后就变得前所未有地富裕……"③等等。这些都是思想上革命的现实条件,而我们知道没有前期的准备、没有一定的物质基础,就不可能出现精神领域的变革。

法国著名史学家、年鉴学派第二代代表人物布罗代尔在其名著《15至18世纪的物质文明、经济和资本主义》④(*Civilisation matérielle, économie et capitalisme*: *XVe-XVIIIe siècle*)中则将这400年的经济活动解构为三个层次,分别进行地毯式的检证,希望对上述的问题提出解答。第一层是最基层,称之为"物质文明",涉及人们最基本的物质生活(衣、食、住、行)。在这个时期的大量经济生活是自给自足、以货易货、范围狭窄的日常生产与消耗。⑤ 第二层是市场经济,即生产与交换的机制,没有这种按照供需关系建立的市场,就没有一般意义的经济。市场意味着解放和开放,是与另一个世界接近的媒介。市场经济不一定是资本主义性质的,它有时甚至是反资本主义经济的。第三层是资本主义,这是一种由少数商人组成的垄断经济,这种垄断最早是与集市并存的。一些小型资本家

---

① 杨豫:《原工业化的解体》,《世界历史》1991年第1期。
② 钱乘旦:《世界现代化进程》,南京大学出版社1999年版,第66—67页。
③ Jean-Claude Favez, *Nouvelle Histoire De La Suisse Et Des Suisses*, vol. 2, 1982 by Editions Payot Lausanne, p. 138.
④ [法]布罗代尔:《15至18世纪的物质文明、经济和资本主义》,顾良、施康强译,生活·读书·新知三联书店1996年版。
⑤ 张芝联:《费尔南·布罗代尔的史学方法》,《历史研究》1986年第2期。

利用信贷与远距离贸易来操纵市场价格，逐渐发展成大资本家、批发商、银行家，最后成为一个有钱有势的社会统治集团，不仅控制国内外市场，也往往对市场经济产生阻碍、破坏的作用。书中详细阐述了精神领域的变化绝非孤立的现象。因此，启蒙运动的时代是一个宗教革命、思想革命、产业革命、商业革命互相影响互相推动的时代。

在研究的过程之中我们可以发现，启蒙运动是文艺复兴、宗教改革的逻辑延伸，文艺复兴好像使瑞士从一个酣睡的人在慢慢觉醒；宗教改革使瑞士分裂的教区、分裂的民族逐渐迈向统一与一致，使国家作为政治机构取代了教会；而启蒙运动是文艺复兴以来的瑞士思想运动不断深化、不断让理性脱离神学羁绊的渐进、积累的必然结果，它使人的认识脱离信仰而独立出来，使人的思维科学化，完全从物自体出发去认识世界，在人类的思想史中是一件伟大的事件。启蒙是人类文明发展史中具有动力的精神，它被视为一个使精神能动性第一次得到完整体现的时代。时代是在不断前进的，总有新的事物、新的变化迫使人去认识它、去理解它，在必要时走在它的前面。因而，当一种新事物、新变化已在萌芽，而我们还没有认识它的时候，我们就仍处在童蒙状态，也便需要启蒙。启蒙的内容可以不同，启蒙精神对于排除不文明、推动文明进步，永远是需要的；因为人对于世界的认识永远不会终结。

二　瑞士从分离的民族与国家逐步走向作为整体的民族国家

启蒙运动的那些思想家的思想无一不是以促使个人和社会的自我意识觉醒为目的的，这毫无疑问会让人们意识到自己天生固有的权利，大大地加强了人们对民主政治的诉求。它使得宗教改革在国家层面上的神圣性和权力下降到了每一个个体身上，因为人们终于意识到，由宗教改革拯救的国家主权的来源不过是它内部人们的诉求，人们自然要求将这种权力"物归原主"了。而这点早在宗教改革中强调的个人对圣经的解释权那里就已出现了萌芽，启蒙运动不过把这点大大发扬罢了。因此，国家的权利以等价、抽象的方式转移到个人身上时，它由宗教那里继承来的神圣性就被肢解了，那么现在每一个个体都如国家一般是一个拥有主权的实体，他们自己就已构成了一个完整的人，即作为法律上的自然人。这和启蒙运动后期资本主义鼓吹的无不密切相关，资产阶级意识到，至少是潜在地意识到，只有尽可能多的东西拥有了形式上支配他物的权利，换言之，被他物支配的依据，它才能获得最大的发展。因为个人的那种主权毕竟和国家的是有区别的，这不仅是因为个人权利下的诉求拥有极大的偶然性，更是因为它支配他物的能力是极为有限的。所以最大的自由反而成了最大的专制，这种对个人权利无限的声张只会导致两种隐性的"暴政"：一种是少数人对多数人的，纯粹意义上作为利益共同体的国家便是如此；另一种是多数人对少数人的，当理性缺乏时，极端自由主义和个人主义盛行的社会状态便是如此。

对于后一种仅仅是作为第一种"暴政"的一个临时阶段的社会状态（它还称不上是作为有组织的共同体的）并不需要在这里过多地描述，一来是因为这比较好理解，这种放任的个人主义的极端就是暴民蛮不讲理的混乱；二来是因为这种状态在历史上都是短暂的，我们只要知道，它是国家作为纯粹利益共同体崩溃和重建之间的交合点即可。那么为什么第一种"暴政"反而是作为本质且主导的利益共同体的状态呢？我们知道，主权是作为利益的支配者而存在的，它仅仅规定了支配者和被支配者之间的关系，即所有权关系，但并没有直接规定支配者和支配者之间的关系，它们之间的关系是通过被支配者来间接规定的。因此一种不平等，即前文所说的那种"暴政"成了必然的，但这种不平等不是人和人、人和社会直接的不平等，它的本质是人和物（对象）的不平等：一者作为支配者，有着能动、改造、创造的能力；一者作为被支配者，只能被动地接受。也许一切经过民主思想改造的人都会认为人和人、人和社会是不平等的，但他们却先天地认为人和物的关系是不平等的，所有者与所属者，主体与对象。谁会给一件商品以人权呢？它是被人支配的，也就是这种理所当然的理论成了"暴政"的起源。因此，难怪卢梭说"谁先将一块土地圈起来，私有制就成立了"，也许不合理，因为这土地不是某人所有而是全体人类所有的，但它无论如何都是被主动者所拥有、所支配的。

那么主体之间的关系就被主体的所有物（财产）之间的关系所取代，过去的那种主奴关系、灵肉关系依仗的"生而不平等"被同一的、一致的抽象平等，普遍抽象的利益所取代。一种崭新的不平等关系出现了，建立在绝对的平等之上，即用"共同利益"取代一切的少数人的"暴政"。再结合之前的国家理论就可以发现，对于理智者来说，一个超越"人—物—人"关系的外在的仲裁者在个体间利益无休止的争斗中被必然且强烈地要求，它不仅要通过考察它内部各个个体的所有权关系来裁决在利益斗争时他们之间的矛盾，还要保证它内部的个体能获得最大的"共同利益"。前者是国家成立的消极原因，它形成了抽象法（按法哲学原理的说法）以调和内在矛盾，避免第二种"暴政"；后者是国家成立的积极原因，它形成了国家主权。而两者联合起来形成的就是纯粹的国家（一个政治实体）。可仅依赖抽象的东西并不能使每一个个体都归属于国家的统治之下，一种强制被要求，它可以是由统治阶级创造的法律、暴力机构等，也可以是由利益集团形成的威胁、战争等，当然，这些是次要的，最关键的还是每一个个体对利益，也就是对支配关系中作为主导地位的渴求，这种欲望才形成了国家。但这样的国家必然是为了那少数人的"共同利益"的集合，在抽象法的层面"内部殖民主义"因此被提了出来，首都剥削边缘地区，发达地区剥削不发达地区，就是因为所谓的利益最大化——在纯粹数值上的；而在主权上，统治阶级剥削被统治阶级——在纯粹对外上。通过由内外斗争妥协而在历史中形成的纯粹抽象法和国家主权造就的纯粹利益共同体由此形成。

那么毫无疑问，对于这样一个个体意识到纯粹自身利益的利益共同体来说，崩溃是理所当然的事，因为它将原来神圣的基础，即超越一切个体之上的主权，完全地建立在个人间的利益关系上。换言之，它用"一切与之缔结契约关系的个体都能得到超过取消此契约所得到的好处，否则一切人都可以选择取消"的原则取代了原来"共同利益"（实际上也是少数人的）中抽象的"共同"二字，并以此法来维持这种少数人的"共同利益"——只要多数人还没有能力将它取消。无论这种取消是内敛的，例如移民、国家意识冷淡等；还是外显的，如改革、革命等，它都意味着这种体制随时有着过渡到第二种"暴政"的混乱倾向的存在。

然而，现实的共同体绝不可能仅仅被视为由利益、抽象的契约、暴力机构来维持的，它还是文化的、民族的。就像我们在瑞士民族的介绍那里提到的那样，民族作为一种由历史形成的文化环境浸润形成的共同体绝不可能如纯粹意义上的国家那般被轻易地建立和毁灭。虽然作为民族特性的文化和个体之间的关系也只是所属的，但它的固有性却深得多——它不可能被轻易地买卖、转让、取缔或者建立，乃至我们有理由将文化看作是内在于人之中的。因此，民族作为一种后天的、外在的属性仅仅会被解构和融合，且它随时都是处在这个过程当中的。民族的根源，即文化环境，作为一种集体形成的抽象连接是超实体的存在。我们可以发动推翻国家的革命,但不可能发动推翻文化环境的革命,我们只能改造它,文化环境的内容不是某一代所有意书写的,它是过去全部世代的体现。文化环境那种已然知晓了的、由历史充实的神圣性保证了它的超功利性,因此任何试图将这种文化共同体完全否定的行为都只是形式主义的。

既然民族有着神圣的基础,而国家有着世俗的权力,将它们结合可不可行呢?这似乎是很难办到的,早在第一章"第二节 瑞士的地理以及各民族分布及主要特点"那里我们就已明确地区分了两者的差别。如果说由于中文中这两个词的来历有所不确切的话,这点在法语中就得到了明确的体现,"nation"指民族,即文化共同体;"état"指国家,即政治上的组织;"pays"指国土的分界,而国土即国家的目的之一的具体体现。那么似乎就有理由认为民族和国家这两个概念是完全分离的,比如南北韩,明明是同一个民族但却由于国家政体上的差异有着天壤之别;印度,明明是同一个国家但却由于民族上的差异问题不断;等等。那我们试问,这种绝对的分离现实吗?这就好比中世纪将人分成此岸和彼岸的两种存在一般,历史的事实就已证明了这种生硬且可笑的分割的错误。要知道,民族国家与民族有着逻辑的联系。在法国大革命时期的政治家西耶斯及其同代人,就已从当时流行的自然法和社会契约理论中得出"民族"一词的含义,即"自由民的联合"。① 西耶斯认为,民族包括所有的社会阶级,并构成一种体现总体利益的共同意志,由自由民结合而成的民族组成的政治社会,就是民族国家。这样的国家和作为纯粹利益共同体的国家一样,具有一定的领土范围,建立起统一的政治体系和政府机构;和作为纯粹文化共同体的民族一样,具有统一的民族利益以及为国民所接受的政治文化。它由本国人治理并在一定程度上通过法律代表了全体国民的意志。②

勒南讲的很有道理,民族就是共同拥有干一件伟大事业的意志的人的集合体,但这样的民族早已不是狭义的、单纯文化上静止的民族了,它已是一个要活动起来的东西,而推动它的就是外在的那些如利益之类的要素。抗日战争被称为民族的,但绝不只是民族的,民族只是赋予了它神圣性而已,斗争的目的、手段都是国家的;法兰西被称为国家的,但又不只是国家,国家只是构架,它内部的丰富性和实在的连接都是由文化教育培

---

① [美]约翰·梅里曼:《欧洲现代史:从文艺复兴到现在》上册,焦阳、赖晨希、冯济业等译,上海人民出版社2016年版,第54页。
② 王霏:《试析叙利亚现代民族国家构建的阶段与特征》,《安徽史学》2015年第6期。

养起来的。因此，绝没有什么纯粹的国家和民族，它们无论在哪里都将最终被联合地考量，有的仅仅是表现这个共同体生命力的两者的融合程度：南斯拉夫融合得差，它崩溃了；印度融合得一般，它维持了；瑞士融合得好，它发达了。如此而已。那么我们没有理由认为"多民族的民族非民族国家"是一个抽象概念，而会认为它就是一个现实的、实在的、被所有现代国家所追求的东西，这就是民族国家（État-nation）。那么，列宁在《论民族自决权》中将民族国家定义为典型的正常的国家形式的说法也不是没有依据的。

和纯粹意义上的国家一样，主权是民族国家的本质特征。民族国家对其主权范围内的领土实施统一的行政管理，拥有合法使用自然权力、实施法律或秩序、进行法律制裁的垄断权。不同的是民族国家是民族意志和利益的代表，是民族尊严的体现，是国内政治与法的主体。人们常说的一般意义上的民族与现代国家之间并不总是拥有共同的或同一的文化和领土疆界。相反，现代国家的政治疆域很少与其历史民族的活动地域是相一致的。因此，所谓的"民族国家"，是包容了许多历史文化不同的人口集团而形成的"现代民族"的国家。而这个现代民族，实际上是和"国民"同义的。它需要一个人为的打造和建构过程才能形成。这就引发了一系列新的问题，比如说，现代民族国家建立的原因和现代民族国家的建构及现代民族国家的建构过程等，同时，也引出了"多民族国家"这个概念。那么我们可以发现，和现代世界绝大多数由一定数量的、在种族或文化上具有明显差异性的多元民族组成的国家一样，瑞士是一个非常典型的多民族国家。然而，瑞士这样一个多民族国家通过建立起统一政治法律联系，把具有不同的历史记忆和语言文化传统的各个民族打造成具有共同心理特征的现代民族，并最终形成一个"多民族的非民族国家"的情况却是非常罕见的。作为一个相当成功的案例，探索瑞士形成民族国家的原因或者说影响瑞士多民族国家建立的重要事件，并梳理出它作为民族国家的特点，是我们将在下一章重点探讨的内容。

第三章

瑞士特殊性民族国家的建立

尽管我们已经知道了民族和国家结合为民族国家的重要性和现实性，对于一个共同体的形成是逐步且长期的过程。不过有一点是可以确认的，即政体的变革对于民族国家会产生重大的影响。虽然我们承认文化环境难以被变革或者说是很漫长的，但这并不意味着只有文化环境的变革才能影响政体；相反，政体上的变革应该被视为民族国家建立研究中最需要关注的一点。因为文化环境的变革总是一贯的，即要求用大量的时间来融合和消解对立文化间的差异；而对国家体制的变革却可以是跳跃的，换言之，它是特殊的。一个特定的历史环境造就了一定的制度，这里大有文章可做。而民族融合从现实的层面来看，变量仅仅是时间。所以从瑞士特殊的政治体制的形成反过来去看它对整个环境的影响才是一个可行的路径。那么在叙述瑞士特殊性的民族国家建立这一章节里，我们就要着重强调瑞士国家政治体制形成的特殊性，并将视角集中到当时整个历史环境中去考察。从法国大革命到拿破仑的入侵，再到由法国传来的资产阶级宪法和思想的引导下，瑞士建立的海尔维第共和国，并在 1848 年制定了新宪法，来完整地阐述瑞士近代的政治变迁。从中我们可以发现，瑞士国家的统一性是在历史发展中不断形成并完善的，其他欧洲民族国家在建立时，不仅在政治上与反动的封建势力作斗争，而且在语言和文化上，都尽可能地与原先统治民族切割。而瑞士从最早的三州同盟开始，就没有王权的掣肘，后来更多的州加入后，仍继续保持各州的独立主权。瑞士各民族来到这片土地时，各民族的母国还没有形成民族国家，所以不需要从国家民族的角度上割断与宗主国的联系。这一切都使瑞士在促成国家统一性的道路上比较顺利，国内资产阶级的政治理想也最终付诸实践，从国家体制上解决了国家和民族统一的问题。

虽然政治史的重要性已得到了充分的阐释，不过本章节的内容分布，尤其是第一节法国大革命的叙述，仍可能会使许多读者一头雾水，法国大革命和瑞士特殊的民族国家建立有什么联系？有没有必要花这么多的文字来介绍？其实这种疑问只能说明对瑞士的历史以及其文化乃至欧洲历史的了解上的疏漏。宏观上说，法国是瑞士乃至欧洲近现代文化思想的"母国"，法国的一举一动都给瑞士带来不小的影响。从具体影响来看，不仅是法国大革命，由于法国启蒙运动的一些领导人都与瑞士有密切的联系，因而法国大革命给瑞士的冲击要远远大于其他国家。特别是法国拿破仑还曾入侵过瑞士，给瑞士国家人民、财产等留下了深刻的"印象"。我们甚至还可以发现，这场声势浩大的政治变革的最终果实——瑞士的新宪法，也是几乎套用了法国拿破仑宪法的内容的产物，而它对瑞士来说具有重大的意义，标志着瑞士迈入现代社会，这是瑞士前后进行了700年才完成的政治民主和民族融合之路的一个重要标志。那么，对于试图从瑞士政治发展的角度来研究瑞士特殊性的民族国家建立的我们来说，无论花多少笔墨来阐述法国都是可以理解和接受的。

第一节　法国大革命

一　法国旧制度的危机

法国大革命之前腐朽的封建制度被称为所谓的"旧制度"（L'Ancien Régime），[①] 具体来讲即路易十五（1715—1774）和路易十六（1774—1789）当政时期的政治体制，到1774年路易十五去世，路易十六即位时，法国的社会矛盾已十分尖锐了，而要分析这种被称为"旧"的原因还得从法国的中央集权化的时期开始。为了尽快从一个传统的封建社会过渡到君主专制的中央集权，当时典型的一种方法就是将贵族的政治权力给剥夺，以此削弱贵族在地方的行政权力并将这种权力统统转交给国王。路易十四时期对凡尔赛宫（Château de Versailles）的大规模修建和在行政意义上的迁都就是这种政策的一个很好的体现。1682年5月2日，路易十四将王国的首都固定在了凡尔赛，这使得凡尔赛成为由君主制理论和国家概

---

① Alexis de Tocqueville, *L'Ancien Régime et la Révolution*, Édition: Ed. rev. et corr, 1985.

念的演变引起的权力实践的一个关键的转折点，它使得巴黎和凡尔赛之间作为政治中心的冲突黯然失色，并直接结束了君主制在法兰西王国上空作为游荡幽灵般的政治概念的徘徊等待。这并不是说明圣日耳曼、枫丹白露之类的其他宫殿的运行如此就停止了，而是使得一个引力中心被固定了下来——这种政治理论的革命似乎是由哥白尼、开普勒、笛卡尔等提出的世界观启发而来的。路易十四打算充分发挥这种国王如同太阳般一动不动的、类似普照的光芒般的（le soleil rayonnant）含义，而其他的贵族和臣民都围绕着其旋转并敬仰着他的威严。① 于是他将各类地方贵族统统集中到了凡尔赛宫中，使他们都处在自己周围并用大量的金钱、礼节、宴会等东西制约、笼络他们，让他们逐渐交出地方的权力。由此，法兰西王国的绝对君权渐渐走向了顶点。

可这种权力是有代价的，用在凡尔赛宫中贵族们玩乐享受上的、占法国大量财政的支出的消费还只是小事情，关键的是由于这种笼络方式造成的地方权力真空。为了安抚贵族，他们的那些封建权力并没有完全消失，大小贵族们的头衔、财产等特权还被保留，封建制度并没有从根本上被解除。相反，由于贵族丧失了对地方的统治能力，他们不再关心属地的情况，将一切责任委托给了国王。就拿服兵役来说，尽管路易十四数次试图下达御令执行，但效果甚微，乃至后来的国王都懒得下达这类御令了。而且人们还意识到，虽然贵族的那些头衔和名誉似乎都成了形式上的东西，但他们的土地享受的免税以及一系列特权却是实实在在的。② 这固然会造成那些土地真正的所有者，也就是在其上的劳动者的不满，他们需要承担更大的压力以养活那些不劳而获的贵族。虽然法国农民的境况不会比欧洲其他地方的处境要差，相反由于那种中央集权以及其他一系列的原因，他们早已脱离了那种被"现管"的当地贵族直接压迫的情形。可正是由于这种脱节的管理让他们更加不满了，原本他们还能自我安慰地认为贵族是拿钱做事的，但现在就算是最迟钝的观察者也会发现贵族已成为纯粹的蛀虫。使得人民不满的不是他们在客观上遭受的不公平和苦难，而是他们所意识到的，也就是说只有当"农民不仅仅再是农奴，而且已成为土地所

---

① Gérard Sabatier, Versailles, *un imaginaire politique*, Publications de l'École Française de Rome, Année 1985, p. 307.
② Georges Lefebvre, *Le mythe de la Révolution française*, Annales historiques de la Révolution française, Année 1985, pp. 2-3.

有者"① 时,他们才有可能认识到的自己被压迫的事实。可当政者并没有意识到这一点,在独裁者(指法王)的鼓舞下,领主们还试图通过进一步剥削自己土地上的农民和恢复特权(例如对所属地垄断式的剥削)来改善收入,使得自己能更好地享受在凡尔赛优越腐朽的宫廷生活。如此几十年之后,终于在 18 世纪 80 年代后期,由于天气原因导致的收成不佳引发了最严重的农业危机,这使得很多农民流落街头。毫无疑问,令人苦恼的天气状况导致的收成不好,使得谷物和面包的价格显著上涨,② 而接下来冬天的严酷,更是推高了柴火的价格。这些现象激起了人们心中被压抑了许久的怒火。③ 这就是大革命前法国农民的生存状态。

与农民和领主之间较为错综复杂的冲突相比,新兴的资产阶级和上层阶级的冲突就更加明了了,这便是资本主义商品经济的发展与封建专制制度之间的冲突。可以知道,法国资本主义经济在 18 世纪有着很大的发展。此时,法国的工场手工业发展迅速,最为发达的是采矿业、冶金业、奢侈品工业和纺织业(包括棉、麻、丝、毛)。纺纱机、蒸汽机日益增多,采矿和冶金业集中程度最高,拥有几个在全欧洲首屈一指的大企业。欧洲最大的冶金企业之一、坐落在勃艮第的克勒佐公司,是为数极少的以煤代炭作燃料进行生产的先进企业中的一个。波尔多、马赛被称为最繁华的商业港口。这就使得资产阶级的财富快速增长,虽然当时法国社会最富裕的还是以贵族阶级为主,但动摇却是显著的。何况当时启蒙思想广泛流传,还有一批资产阶级化了的贵族受它们影响,站到了资产阶级的队列之中。资产阶级的兴起还体现在城市建设上。18 世纪,不能忽略和否认的一种显著现象便是新的社会阶层在城市和大城镇的兴起。在新的阶层中,一方面是商人或金融资产阶级,他们通过全球的财富增长、国家政策、对劳动者的剥削和日渐强大的购买力获得了巨大的资源,并利用这些资源为他们的子女提供优良的教育。另一方面是渴望扮演更加重要的政治角色的资产阶级,一些先进的公务员和律师。④ 然而,面对来势汹汹的新兴阶级,贵族们却尝试用最为简单和暴力的手法去化解它们,他们将出生和血缘放到了

---

① [法]托克维尔:《旧制度与大革命》,冯棠译,商务印书馆 1992 年版,第 34 页。

② Notamment Emmanuel Le Roy Ladurie, *Voir Le Territoire de L'historien*, Paris, Gallimard, 2014 (ISBN 978-2-07029-778-8), p. 544.

③ Charles de Saint Sauveur,《*Le 13 juillet* 1788, *un orage de fin du monde*》, le parisien.fr, 3 juin 2018.

④ Robert Darnton, *L'Aventure de l'Encyclopédie*, Paris, éditeur Points, 10 janvier 2013, p. 26.

比财富、教育和才华更为优先的地位上,并重申这样的原则:这是上帝赋予的世袭和高贵。

然而,他们的企图并没有在法国资本主义商品经济发展下得到完全的实现,法国专制王朝王室的财政危机没有得到丝毫的缓解。恰恰相反,此时专制王朝的财政危机日益加深。当人们对贵族特权、行会垄断以及腐败的官员越发不满时,已在新兴阶级、平民和自由贵族中蔓延的启蒙思想终于引发了政治上的行动。1774年,财政总监安·罗贝尔·杜尔哥起草一份计划,旨在削减一些制约经济发展的垄断和特权。但是废除行会的法令和其他法令立即引发了贵族们、巴黎高等法院与普通民众的敌对情绪。法国依然是一个特权、权利、传统、司法权力互相交叠的国家。贵族和诸如行会、包税商等职业团体反对任何削弱特权的计划。改革最坚定的反对者是那些较为贫困的贵族。"佩剑贵族"是法国古老的贵族家庭,他们的祖先曾经自豪地上战场为国王服务,但是他们有些在当时已经陷入困境,他们疯狂地把持一切特权,反对改革,以此作为维护他们地位的一种方式。尤其让他们憎恨的是:省高等法院中到处都是通过购买获得职位的新贵族——"穿袍贵族",且贵族阶层内部的势力已经从最古老的家族转移到这些新贵族手上。王室依靠出售头衔、官职以及经济专营权获得财政收入和长期贷款。但是创建的新职位(1789年职位超过了5万个)可能会损害公众信心,拉低已为人所具有的职位的价值。

与此同时,虽然贵族仍然试图通过血缘得来的特权继续作威作福,富裕的平民与贵族之间的社会界限在18世纪其实已经变得不那么固定了。在1789年前的连续15年中,近2500个家族通过购买头衔成为贵族,尽管最古老的家族强烈反对,他们认为自己的阶层被新人所压制。因此,就出现了这样的情况,平民心怀不满要求改革,而古老的贵族家庭则厌恶新贵族,坚决地反对改革。

贵族的胜利意味着此时在经济上占据了重要位置的资产阶级必将会因为那种政治的不公平而感到极度的不满,在政治上,他们仍被归为第三等级。因此,他们也强烈要求平等参政的自由权利。另外在上文就已经提到,粮食连年的歉收使贫民的生活更加艰难,财政收入减少,社会问题更加严重,而农民认为政府的政策需要对这种粮食的缺乏负责。[①] 历史学家

---

① Labrousse, *La crise de l'économie française à la fin de l'Ancien Régime et au début de la Révolution*, vol. 1, Presses Universitaires de France, 1944.

让·尼古拉（Jean Nicolas）将整个 18 世纪称为"不安的世纪"（siècle d'intranquillité）①是有理由的，不低于 8500 多次的农民起义是那个时代情况的最好反映。② 而贵族的收入同样由于农业产量的下降而减少，通货膨胀又使贵族生活的成本上升，于是产生了一种"领主反动"（seigneurial reaction），贵族地主们雇用地产代理、律师、土地测量员来最大限度地提升土地带来的收入，并重申对公共土地拥有的古老权利，但是许多农民是依靠这些土地进行放牧、砍柴的。③ 许多地主提高地租，并且试图强迫那些之前已经租了土地的农民成为佃农。因此，这时期粮食可怜的收成（frumentaire）证明，它也需要被视作导致革命的主要因素之一。④ 新兴阶级和旧的上流阶级，农民和贵族，法国社会中各种矛盾不断激化，并叠加起来使得旧制度处于深深的危机之中。

那么，在 18 世纪时已经非常腐朽的法国专制王朝和贵族又有什么作为呢？坐在柴堆上的他们不过是继续享受他们仅存的时光罢了。他们居于军政高位，又把持高级教士的职务，还占有大量宫中闲职，领取高额俸金。在宫廷和贵族的沙龙里，充满下流的情调；淫秽文学在贵族圈中流行；夫妻分居各找情人的风气成为贵族社会的时尚。尤其是宫廷贵族集团，更成为整个贵族腐败的缩影。国内政治腐败，对外战争也迭遭失败。特别是在七年战争（1756—1763）中被英国打得惨败，失去了加拿大、美国的路易斯安那、塞内加尔和在印度的许多据点。这不仅使法国资产阶级丢掉了大部分海外市场，而且使法国在欧洲大陆降到了二等国地位。更何况法国还参与了美国独立战争，这直接引发的金融危机也迫使政府考虑征收新的税款。这些法国大革命外在的触发事件也加快了民众不满的爆发。虽然经过了杜尔阁和内克这些类似"帝国的糊裱匠"一般的改革，但法国专制制度的危机已经没有办法再挽救了。

---

① Jean Nicolas, *La Rébellion français*, mouvements populaires et conscience sociale（1661-1789），Paris，Seuil，2002.

② Jean-Luc Chappey, Bernard Gainot, Guillaume Mazeau, Frédéric Régent et Pierre Serna, *Pour quoi faire la Révolution*, Agone, 2012（ISBN 978-2-7489-0161-0），p. 208.

③ ［美］约翰·梅里曼：《欧洲现代史：从文艺复兴到现在》，焦阳、赖晨希、冯济业等译，上海人民出版社 2016 年版，第 420—421 页。

④ Emmanuel Le Roy Ladurie, *Histoire humaine et comparée du climat*, t. 2.

二 法国大革命

没有一个人会认为1789年发生的巨大变革仅仅是对于法国社会而言的，大革命绝不会只是被视作对某一个单一封建政权的颠覆，它在实际意义上是对世界历史进程的修正。由大量启蒙思想家引导的、关于政治的讨论已经从高高在上的沙龙的单纯思辨中走向了几乎全部的平民，对社会的改造、至少是对旧社会的清扫被全体第三等级的国民所关注，而他们涉及几乎法国人口的三分之一。无数的反封建的宣传物在全国上下流传，使得革命的理论深入到每一个人心中。比如西耶斯神父（abbé Sieyès）的一本小册子《论特权第三等级是什么？》（Qu'est-ce que le Tiers-État?）中就曾这样宣传："我们要向自己提三个问题：1. 第三等级是什么？是一切。2. 迄今为止，第三等级在政治秩序中的地位是什么？什么也不是。3. 第三等级要求什么？要求取得某种地位。"① 不会存在一个有稍许热情的人不能从这铿锵有力的声音中听出革命的号角声，尽管在暴风雨之前还会有一段平静，一段容许旧制度再做最后挣扎的时间。

当时会议的一些显赫的成员已经开始表示愿意接受财政改革，并且交纳更多的税，条件是必须一起进行保证他们特权的制度改革。他们希望国王能定期召开由三个等级的代表出席的三级会议（les états généraux）。为此，从2月起，法国举行了三级会议代表的选举。② 由于社会的压力，自1614年最后一次召开以来，已经中断了175年之久的三级会议将于是年春天召开。根据国王颁布的选举规则，前两个等级，即贵族和教士的代表由直接选举产生，而第三等级的代表则由复选制选举产生。当时第三等级的选举权要求是年龄在25岁或以上的在法国出生的男性，且必须是纳税人。③ 国王在此时陷入了进退两难的境地。一方面，为了解决财政危机，国王需要削减贵族的特权，但是如果他在没有取得贵族的同意的情况下一意孤行，就会遭到实施独裁甚至暴政的指责；另一方面，如果国王屈服于特权阶级的要求，以换取新税的通过，那么就会危及国王的专制权力，显示出他的话语权受制于国家的标准，或者说至少受制于贵族的批准。在会

---

① ［法］西耶斯：《论特权 第三等级是什么？》，冯棠等译，商务印书馆1990年版，第18页。
② 吕一民：《法国通史》，上海社会科学出版社2012年版，第98页。
③ William Doyle, *The Oxford History of the French Revolution*, Oxford University Press, 1989, p. 59.

议召开前夕,三个等级都对国王路易十六充满信任。① 极高的投票率产生了1201名代表,其中包括303名神职人员、291名贵族和610名第三等级的成员(这里的数据根据引用材料不同有所差异)。第一等级的303名神职人员作为全法1万名天主教神职人员、全法国大约10%的土地并向农民征收高额税收的教会代表,竟有2/3是普通教区的牧师,只有51位主教,尽管当时教会的土地由修道院的主教控制。② 第二等级代表了贵族,约有40万人,他们拥有约25%的土地,并和第一等级一样,从农民的住户那里收取佣金和税收。这些代表中约有1/3是贵族,多数都是少数人。第三阶层的代表人数相比前两者增加了一倍,达到610人,尽管他们实际上占人口的95%。其中,一半是受过良好教育的律师或地方官员,近1/3从事贸易或者工业行业,而还有51人是富有的土地所有者。③

这样的局势对于旧贵族来说是很不利的,特别是当第三等级组成了国民议会以及低级教士的加入所可能造成的影响被贵族们所察觉之时。于是在6月19日,贵族们向国王呈递了一份抗议书,试图争取到王室的支持。而第三等级代表人数的加倍,更让他们坚持以人数为实际权重的原则,并要求每个代表都有发言权。国王同意了第二点,但对以人头数为依据的投票方式保持了沉默。路易十六这种使王室权威扫地的做法,使得一个名为"爱国党"(Patriote)的、极力呼吁第三等级权利的组织兴盛了起来。④ 而5月5日在三级会议正式开场之后,国王的讲话更是令人失望,他警告所有的创新精神都是有风险的,表达了保守的意图,时任路易十六的财政总监的雅克·内克尔(Jacques Necker)也仅仅表达了正在解决财政问题的信号。国王只字未提那被期待已久的政治改革,而对于会议的投票表决制的拟定到那时也没有任何明确的立场。⑤ 在这次会议中,神职人员和旧贵族联合反对了第三等级的众多要求,这也进一步使第三等级开始意识到他们只能依靠自己。尽管后来神职人员和贵族同意放弃一些税收优

---

① 吕一民:《法国通史》,上海社会科学出版社2012年版,第98页。
② William Doyle, *The Oxford History of the French Revolution*, Oxford University Press, 1989, p. 59.
③ Albert Soboul, *The French Revolution*, Routledge, first Published in 1989, pp. 127-129.
④ Munro Price, *The Road from Versailles*: *Louis XVI, Marie Antoinette, and the Fall of the French Monarchy*, St. Martin's Press, 2003, p. 73.
⑤ Pascal Perrineau, Dominique Reynié, Sandrine Lefranc (collectif), *Dictionnaire du vote*, Presses universitaires de France, 2001, p. 426.

惠，可经过一个月的讨论以后，在西耶斯神父（也就是上文的那位）的鼓动下，第三等级主动在没有特权命令的情况下尝试联合其他等级。到16日，有10个教区的主教表示了意向。不仅如此，在6月10日，西耶斯还提出建议，以新成立的公社会（Communes）的形式取代原来的三级会议，在新设立的议会之中第三等级可以获得自己的权力，他还邀请其他两个等级加入。仅两天后，第三等级就开始如此着手。① 然后，他们投票通过了一项更为激进的措施，宣布自己为国民议会（Assemblée nationale）。要注意的是，国民议会不是为了某个特定的阶级，而是为了"国民"的。这就意味着他们正式邀请其他等级加入他们的行列，但明确表示他们将要参与到国家事务之中。② 于是应西耶斯邀请，贵族和神职人员以及第三等级的某些代表参与到了"国民议会"之中。③ 17日，众议院以490票对90票的多数通过了西耶斯的提案，发布了《关于建立国民议会的声明》。从此，第三等级代表便以国民议会自居，并且赋予自己批准税收的权利。第三等级的强硬态度削弱了教士等级的反抗，使它首先让步。两天后，教士等级以149票对137票的微弱多数通过决议，加入第三等级的国民议会。④ 为了保持对会议进行的控制并阻止国民大会的召开，6月20日，路易十六下令关闭将举办大会的大厅（Salle des États），以此为借口说由于在两天内大厅将准备皇家演讲，木匠需要对它进行修补。由于天公不作美，且担心路易十六可能的袭击，会议成员只能在凡尔赛郊外的一个网球场见面，在那里他们发动了著名的"网球场宣誓"（le serment du Jeu de paume）。⑤ 在这里，第三等级的代表们进行了宣誓："我们宣誓永远不脱离国民议会，在形势需要的任何地方开会，直到王国的宪法制定出来并且在坚实的基础上得到巩固。"⑥ 大多数神职人员代表很快加入了他们的行列，贵族代表中也有47名成员加入了进来。到6月27日时，尽管路易十六从前线回撤的大量军队开始抵达巴黎和凡尔赛宫，但保皇党已

---

① John Hall Stewart, *A Documentary Survey of the French Revolution*, New York [N.Y.]: Macmillan Company, 1951, p. 86.
② John Hall Stewart, *A Documentary Survey of the French Revolution*, New York [N.Y.]: Macmillan Company, 1951, p. 303.
③ Alexandre Maral, *Les derniers jours de Versailles*, Paris, Perrin, 2018.
④ 吕一民：《法国通史》，上海社会科学出版社2012年版，第99页。
⑤ John Hall Stewart, *A Documentary Survey of the French Revolution*, New York [N.Y.]: Macmillan Company, 1951, p. 312.
⑥ 吕一民：《法国通史》，上海社会科学出版社2012年版，第100页。

公开屈服。大量对国民大会表示支持的信息涌入了巴黎和法国的其他城市。①

6月23日的御前会议也宣布了17日第三等级代表所通过的决议无效。会议结束后，贵族和教士的代表都退场了，但第三等级代表和部分教士拒不从命，继续留在座位上。接下来第三等级不仅控制了局势，而且开始节节取胜。6月24日，大部分教士代表加入了国民议会。翌日，部分贵族代表也加入了国民议会。6月27日，国王让步了，他要求未加入国民议会的代表们也加入国民议会。但国王路易十六只是表面的让步。7月11日，他解除了内克的职务。这一举动引起了众怒。7月13日，第三等级代表们组成了"常务委员会"，并成立了民团。次日，巴黎市长丢掉了脑袋。7月14日，愤怒的巴黎市民们为了武装自己攻占了巴士底狱，这一天标志着法国革命的开始，后来被定为法国国庆。

当巴黎演绎着这惊天动地的一幕，甚至在制宪会议〔为了正式发挥政府的功能以起草宪法的时候，7月9日，国民会议更名为制宪会议（Assemblée nationale constituante）〕派出的代表团向国王报告了巴黎正在发生的事情之后，身在凡尔赛的路易十六仍尚未悟出局势的严重性，并在记事本上这样写道："14日，星期二，无事。"路易十六直到15日才明白了局势的严重性。一段众所周知的对话概括了当时的情景。在其宠幸的近臣利昂古尔公爵向他报告巴黎发生的一切后，这位感觉异常迟钝的国王吃惊地问道："怎么，这不是造反吗？"利昂古尔公爵回答道："不，陛下，是一场革命。"② 于是，路易十六承认了国民议会的存在并任命在网球场宣誓中表现突出的巴伊为巴黎市长。攻占巴士底狱和巴黎新市政机关的建立，立即在法国各地的城市引发了一场"市政革命"。之后制宪会议通过了《八月法令》。《八月法令》从根本原则上废除了封建制度。可以说《八月法令》的通过标志着制宪会议基本完成了"破旧"的工作，下一步就是"立新"，立新的当务之急是起草《人民和公民权利宣言》（La Déclaration des droits de l'homme et du citoyen，简称《人权宣言》）。8月26日，制宪会议终于通过了这个庄严的宣言。所有个人特殊的权利（如义务徭役、农奴制等）和贵族狩猎的垄断都被直接地删除了——8月11

---

① John Hall Stewart, *A Documentary Survey of the French Revolution*, New York〔N.Y.〕: Macmillan Company, 1951, p. 312.

② 吕一民：《法国通史》，上海社会科学出版社2012年版，第104页。

日的法律赋予任何人狩猎的权利，结束了狩猎权的垄断。① 这看似小小的、无关紧要的狩猎权已经标志了一种普世的平等思想了，这点在《人权宣言》中就更加的明显了。它宣称：在权利方面，人们生来是而且始终是自由平等的，自由、财产、安全和反抗压迫是人自然的且不可动摇的权利。作为大革命中第一个以启蒙思想为基础制定的纲领性文献，《人权宣言》所具有的伟大的进步意义是不言而喻的。它从根本上否定了封建主义的王权、神权和特权，用人权和法治取而代之，并在以后作为新社会秩序的奠基石。由于《人权宣言》确定了资产阶级民主改革的纲领，因此，有西方学者在把"8月4日之夜"的结果，即《八月法令》称为"旧制度的死亡证书"的同时，把《人权宣言》誉为"新制度的诞生证书"。② 但是路易十六仍旧对《八月法令》和《人权宣言》进行消极抵抗。在此基础上，"10月事件"爆发。国王路易十六被囚禁在巴黎杜伊勒里宫，处于巴黎人民监视之下。王室和议会迁到巴黎，使巴黎再一次成为名副其实的首都（如前文所言，原先的首都被认为是在凡尔赛的）。在这期间，各种政治俱乐部出现了。比如著名的雅各宾俱乐部、科德利埃俱乐部。

而就在制宪议会紧张地制定法律重新建构国家的时候，路易十六在1791年6月20日午夜时分出逃，试图前往蒙梅迪（Montmédy），那里的部队保皇派的军官相对集中。③ 大约晚上9点，他的部下从圣马丁港（Porte Saint-Martin）带来马车来转移王室。午夜，国王伪装成仆人与女王一起试图离开。21日晚上，宫殿中的仆人才注意到国王的失踪。紧接着，国民议会然后是整个巴黎都了解了这一消息，但他们尚不知道国王是被绑架还是逃脱了，直到制宪议会收到了国王的手书《国王宣言》（la Déclaration du roi）。宣言是写给全体法国人的，其中他谴责国民大会使他丧失了一切权力，并呼吁法国人重新拥护君主专制。④ 可路易十六的逃亡并不顺利，一路上许多人认出了国王并通知了制宪会议，制宪会议立刻派出军队前去逮捕。在香槟地区沙隆（Châlons-en-Champagne），接应国王

---

① Robert Fol, 《*Place de l'Ordonnance de 1669 dans l'évolution de la législation sur la chasse*》, *Revue forestière française* (RFF), no. 7, 1969, p. 6.
② 吕一民：《法国通史》，上海社会科学出版社2012年版，第108页。
③ Lucerne, *Lion Monument Lucerne*, all About Switzerland travel guide, 2008.
④ P. J. B. Buchez, *Histoire de l'Assemblée Constituante*, vol. 5, Paris, J. Hetzel, 1846, p. 237.

的骑兵和民众发生冲突，为了说服阻拦他的民众，路易十六交代了自己的真实身份，可他仍然无法说服那些民众，因为国民议会的一项法令要求制止可能存在的逃犯。国王只能等待布耶将军（général Bouille）的到来，可将军始终未来而骑兵和民众的冲突也没有解决。最后国王被赶来的军队给押送了回去。无奈的国王当时就向女王说："法兰西再也没有国王了。"[1] 6月25日，路易十六被逮捕回国。惊魂未定的路易十六在1791年9月13日来到制宪会议宣布接受新制定的宪法，也就是1791年宪法（Constitution de 1791）。该宪法依据孟德斯鸠的三权分立和卢梭的人民主权和立法至上的原则建立。但是，制宪会议对于法律的要求过于严格、教条，导致行政机关和立法机关之间的关系过于僵化，效率低下。因此，这部宪法并没有如想象的那样解决它们之间的分歧。[2] 更严重的是它保留了国王的否决权和行政权力——尽管过去的那种直接权力非常有限，但国王还是拥有代表国家的头衔的。[3] 当然，作为法国历史上第一部宪法，1791年宪法的地位还是要被肯定的。

　　法国的这种革命行为毫无疑问地引起了周边国家的恐慌，普鲁士与奥地利于7月6日向法国宣战，考虑到国王可能存在的阻止意图，立法机关不得不绕过皇家否决权，于1792年7月11日宣布"国家处于危急状态"，并要求所有志愿军聚集到巴黎。[4] 民众对国王的不满终于一齐爆发了，在制宪会议中数名革命派领袖（如罗伯斯比尔）的指导下，他们准备于8月10日发动以无套裤汉（les sans-culottes，即平民）为主体的巴黎人民冲击国王当时的住宅——杜伊勒里宫（Tuileries）。

　　当时革命者席卷了整个宫殿，尽管瑞士卫队全力捍卫，但由于之前派遣了近300名士兵前往诺曼底，且他们缺少弹药，不得不被更多的对手击溃。虽然他们已经找到了国王手写的纸条，命令他们撤离并返回军营。可事实上，尽管守卫法国国王的瑞士雇佣军卫兵知道法王已经投降，但他们认为没有接到法王直接的命令，为了保卫法王他们履行了诺言，奋战到了最后一刻。这800多名瑞士警卫多数当场战死，而剩下的死在了监狱和酷

---

[1] Mona Ozouf, *Varennes. La mort de la royauté*, Gallimard, Paris, 21 juin 1791, 2005.

[2] François Furet et Mona Ozouf (dir.), *Dictionnaire critique de la Révolution française*, 《Idées》, 1991, p. 334.

[3] Michel Vovelle, *La chute de la monarchie 1787-1792*, Editions du Seuil, 1972, p. 176.

[4] Jacques Godechot, *La révolution française*, Librairie Académique Perrin, 1 décembre 1988, p. 108.

刑之中，这是瑞士在历史上牺牲人数最多的战斗之一。虽然事后仅存的两位军官被拿破仑破格提拔，而一些幸存的士兵在后来也被国会授予了"勇气和忠诚"（Treue und Ehre）的勋章，但这对瑞士人民造成的影响还是巨大的。① 由于这些瑞士雇佣军大多来自瑞士德语区的琉森（Lucerne），琉森当地人民为了纪念他们就建立了琉森狮子纪念碑（Lion de Lucerne），纪念碑雕刻在采石场崖壁的一整块的砂石上，长 10 米、高 6 米，是由丹麦的雕刻家特尔巴尔森设计的。狮子纪念碑刻在一个浅穴里——垂死的它被由背脊刺入的长矛贯穿，覆盖着饰有代表法国皇室的鸢尾花的盾牌；在它旁边的是另一面印有瑞士徽章的盾牌。雕塑上方刻有拉丁语的献"向瑞士人的忠诚和英勇致敬"（Helvetiorum Fidei ac Virtuti），下方则铭刻有军官和士兵的姓名。美国作家马克·吐温曾称赞这座雕像为"世界上最悲惨，最感人的石头"。②

回到之前与普鲁士和奥地利的战争之中，由于国内动荡，法国一直处于不利地位。而 9 月 20 日，法国取得的瓦尔密大捷大大鼓舞了法国人民的斗志。这时，法国国内召开了国民大会，决定废除王政，宣布法国是共和国。1793 年 1 月 21 日中午，路易十六被推上了断头台。此后，法国进入了雅各宾专政时期。

看到将国王全家砍头所带来的巨大政治效果之后，雅各宾派似乎对这种"杀鸡儆猴"的方法来了兴趣，开始不断地扩大处决对象的范围，反革命的敌人的定义被扩大、模糊了。③ 它为被称为"大恐怖"（Grande Terreur）的时代铺平了道路。在接下来的几周内，巴黎有 1400 多人被送上断头台。当然这样的方式所造成的结果是明显的，1794 年 7 月 28 日（热月 10 日），热月党人爆发的"热月政变"（Coup d'Etat du 9 Thermidor）之后，雅各宾派的领袖罗伯斯庇尔以及其他领导纷纷被送上断头台，随后法国被代表新兴大资产阶级的热月党人所控制。

可大革命斗争的浪潮还远未结束。1795 年 8 月 22 日，国民工会通过 1795 年宪法。1795 年 10 月（葡月），保王党人占领了大部分巴黎地区。而拿破仑在这场战役中表现突出，获得了"葡月将军"的美称，并开始

---

① Alain-Jacques, Czouz-Tornare, 《Massacre des Tuileries》dans le Dictionnaire historique de la Suisse, version du 25 février 2014.
② Mark Twain, "*Chapter XXVI: The Nest of the Cuckoo-Clock*".
③ J. -Cl. Martin, *Contre-Révolution, Révolution et nation en France* (1789–1799), Paris, Le Seuil, 1998, chap. 4 et 5.

发迹。1795年10月26日，持续3年多的国民工会正式闭幕，翌日，新的立法两院开幕，选出了督政府，督政府时代由此开始。1797年9月4日（共和五年果月18日），根据督政府授意，拿破仑派奥热罗将军率领巴黎周围驻军进入议会两院，宣布新当选的王党分子的当选资格无效，逮捕并流放了大批王党分子。史称"果月政变"（coup d'État du 18 fructidor）。果月政变后新组建的督政府被称为第二督政府。随后又发生了花月政变。督政府和立法机关之间的矛盾日益激烈，不得不依仗兵权在握的将军们。在1799年11月9日（雾月18日），督政府被拿破仑将军推翻了。同时，波澜壮阔的法国大革命也被雾月政变（Coup d'État du 18 Brumaire）画上了句号。

三 拿破仑的崛起和第一帝国的兴亡

拿破仑的崛起与他帝国的这一系列事件应该放在法国大革命这一历史背景中进行考察。作为启蒙运动的崇拜者，拿破仑称自己是法国大革命之子，他将自己视为把"自由、平等、博爱"精神传播到国外并且将欧洲人民从压迫他们的统治者手中解放出来的救世主。但是，当他在将其他国家从旧体制的束缚中"解放"出来的同时，他也征服了这些国家。

1769年8月15日，拿破仑出生在法国科西嘉岛上。10岁时，拿破仑被送到法国本土的军校学习。1785年10月，拿破仑被派往法国南方的瓦朗斯任炮兵团少尉。1793年6月，因同保利产生严重分歧，拿破仑携全家逃离科西嘉。当时正值雅各宾党人专政。同年12月，拿破仑在土伦战役中表现突出。1794年1月，拿破仑被破格提升为炮兵准将。1795年10月的"葡月事件"为拿破仑的飞黄腾达提供了天赐良机。翌年3月，拿破仑被任命为意大利方面总司令。在这之后，拿破仑在对外战争中取得了一个又一个辉煌的胜利。1799年夏，法国国内外局势迅速恶化。10月9日，拿破仑回国。10月16日，当拿破仑抵达巴黎时，受到了万人空巷的欢迎。巴黎的报纸写道："我们每个人向他欢呼，因为他带给我们新的希望。""伴随拿破仑而来的是光荣、和平和幸福。"[1] 最终，在1799年11月9日（雾月18日），督政府被拿破仑将军推翻了。拿破仑能在雾月政变中较轻松地取得法国最高的权力，并维持这个最高权力达15年之久，

---

[1] 吕一民：《法国通史》，上海社会科学出版社2012年版，第136页。

这说明政变具有深刻的社会因素，绝非纯粹政治阴谋的产物。值得一提的是，这种以议会方式开始，用武力手段完成，最后又戴上合法面具的政变方式成了近代政变的典型模式之一，而拿破仑走的就是这条路。

1799 年 12 月 25 日，经过反雅各宾派的自由共和党人道努（Daunou）历时 10 天的修改，新的宪法制成颁布，这就是共和八年宪法。2 月，宪法经全民公投后批准。宪法草案原是拿破仑和西耶斯一起主持制定的，意在确保拿破仑拥有至高无上的行政权。虽然宪法仍宣布法国为共和国的性质，但权力高度集中在执政府。执政府由三名执政组成，分别是：第一执政拿破仑；第二执政，原平原派政治家、著名的法学家，康巴塞雷斯（Jean-Jacques-Régis de Cambacérès）；第三执政，原吉伦特派代表、后是元老院成员的勒布伦（Charles-François Lebrun）。① 虽然总共有三位执政，但与宪法所明文拟定不同的是，相比于第一执政，另外两位执政仅具有咨询权。所以第一执政的权力是巨大的，他不仅具有主要的公共职能，还在立法事务上具有一定的主导地位。他在外交和军事事务上也拥有重要的权力。立法机构为三院制，包括元老院、立法院、保民院。分别由 60 人（后增至 120 人）、300 人、100 人组成。名义上议员由普选产生，但程序很特殊：市镇（公社）从公民中指定 1/10 的人，这些人再选出 1/10 的人即到了省级，从省级人员中再选出 1/10 便是全国一级的，称为"名流"，执政府从"名流"中任命元老院，元老院再从"名流"中遴选另两院人员。元老院为终身制，另两院每年改选 1/5。在执政府之下设参政院（又译参事院），参政院下设政府各部。地方上仍划为省、大区、市镇三级，省长、副省长、5000 居民以上的市长，均由第一执政任命。省和大区参议会的成员，也由第一执政任命。在塞纳省 3 个大区中，巴黎市为第三区，再分 12 个市区，但不设市长。省长直接在巴黎市政厅办公，省警察长管巴黎治安。在立法程序上，由第一执政身边的参政院提出议案，保民院进行讨论但不能表决，立法院进行表决但不准讨论（人们戏谑地称它为"三百哑巴院"），元老院最后审议，再由第一执政批准颁布。这显然是一部处处突出第一执政的集权式宪法。它没有提及公民的言论、出版自由，只规定保障个人家庭的安全。拿破仑上台后，执行了以实现稳定为首要目标的政策，顺应了克服混乱、巩固大革命成果的客观历史潮流。

---

① Le texte de la Constitution du 13 décembre 1799.

为此在对内政策上，他利用各种不同的灵活策略针对以根据具体情况不同的各种反对力量，如对雅各宾派的栽赃和对保王党的安抚，但无论对于哪一反对派拿破仑无疑都是果断镇压的。因此不奇怪在担任第一执政期间，拿破仑遭遇了数次保王党和雅各宾派的暗杀，包括1800年10月的达格勒谋杀案（Conspiration des poignards）和两个月后的圣尼卡塞街谋杀案。① 以此为理由他支持警务部长富歇（Fouché）镇压各类反对派，并下令禁止在1月21日举行纪念处死路易十六的活动。镇压暴力之时他也丝毫不手软，他严令手下的将军枪决一切手持武器的或煽动叛乱的人。不仅如此，这类暗杀反而被拿破仑利用来扩大自己的力量，他试图利用这些未遂的暗杀来为他所建立的基于罗马模式的帝国的体系辩护。他还认为，如果他的亲人的继承权根植于宪法之中，一直萦绕在他心头的波旁王朝的复辟就将更加困难。② 这也就是未来拿破仑的亲属随帝国的扩展遍布全欧洲的原因。与此同时，他也采取了不少安抚与和解的政策。他终止了公布新逃亡者名单的政策，而且在1800年3月至1802年5月，几次发布命令，允许逃亡者回国。最后一道命令宣布，凡肯于宣誓效忠新政权者，均可回国。一些老恐怖主义者如瓦迪耶、巴雷尔，1789年革命的元老如拉法耶特，甚至因参与王党活动而获罪的人如果月政变时放逐的元老院主席巴尔贝-马尔布瓦以及许多旧贵族，都陆续回国了。到1802年初，回国者已占逃亡人数的40%左右。值得注意的是，拿破仑从回国的人员中还任命了一批官员。巴尔贝·马尔布瓦、波塔利斯、弗勒里厄、尚帕尼等，都进了参政院。波塔利斯还成为《民法典》的4名起草人之一。拿破仑的这些做法，既表现出对自己的政权很有信心，又在相当程度上革新了革命以来，特别是恐怖年代以来比较僵硬的政策。这使得政治局势向着稳定的方向发展，在保住大革命基本成果的同时，又可避免再有基贝隆半岛那样的事件发生。

在用安抚的政策削弱旧势力方面，拿破仑的宗教政策很引人注目。拿破仑受到启蒙运动的影响，他认为教会不应该成为插手世俗事务的机构，同时，他又是一个愤世嫉俗的实用主义者。他曾经说过，"只有一种方法能增进道德，那就是重建宗教"。他认为，革命中那些"自由""平等"一类的口号已不能笼络人心，利用绝大多数法国人世代信仰的天主教是有必要的。如果将天主教抓在自己手中，也可剥夺保王党势力进行煽动的一

---

① R. B. Mowat, *The Transformation of European Politics* 1763–1848, Oxford U. P. 1996, p. 243.
② R. B. Mowat, *The Transformation of European Politics* 1763–1848, Oxford U. P. 1996, p. 297.

种思想武器。正是出于这种考虑，他在 1801 年 7 月同罗马教皇签订了《教务专约》（又译《政教协议》），1802 年 4 月在立法机构通过。拿破仑宣布，天主教是"大多数法国人的宗教"，可公开举行宗教仪式。不得不作出让步的教皇，只能取消法国的什一税，并将任命主教的权力交给了第一执政，而他在法国的大量特权也被迫取消了。这实际上意味着天主教承认了法国大革命的成功。拿破仑没有承认天主教是国教，而且在他颁布的新教信仰组织法中明确宣布，承认新教的地位，建立帝国后又承认了犹太教。即使如此，仍有不少人反对承认天主教。于是拿破仑不经教皇同意又发布天主教信仰组织法，宣布不经法国政府同意，教皇不能随意向法国教徒发圣谕、召集主教会议、授圣职等。1802 年 4 月 18 日在巴黎圣母院举行了革命以来的第一次礼拜仪式。拿破仑与教会的和解，是为了通过恢复教会的一些特权，以减少人们对君主主义者目标的支持，但是恢复教会的权威是绝对不足以挑战政府的权威的。这样的宗教政策是将天主教改造为新政权工具的重要步骤，它对缓和矛盾、促进稳定有积极的作用，也受到了人们的拥护。在随后的一个多世纪里，《教务专约》一直是法国宗教政策的主要法典之一。

拿破仑十分清楚，改革财政和重振经济是执政府的当务之急。执政府建立时，国库现金只有 16.7 万法郎。面对这种困境，拿破仑发动政变后做的第一件事却是宣布废除督政府的某些类似恐怖年代的经济立法，诸如强制公债、军需品征发等，这起了稳定资产者情绪的作用。随后，财政部部长戈丹便大刀阔斧地进行了改革。他首先将财政管理权集中到中央，于 11 月 24 日下令取消地方政府分配与征收直接税的权力，设立了直接税行政总署，各省设分署。根据 1800 年 3 月 18 日的法令，由国家直接派税收人员到各省、大区、市镇执行收税任务。这些人员出发时要预付一部分税款作为保证金，从而提高了他们的责任感。拿破仑深知，必须调动法国最富有的金融界的兴趣。在 1799 年 11 月 27 日，就下达了恢复期票证券制度的法令，交易所重新活跃起来。在税收上，开征时都发行了税收期票。人们购买期票，在该项税款收齐后，政府贴现偿付并付较高利息。这种类似包税制的做法，使谙熟此道的金融界感到兴奋，纷纷购买，使国库在较短时间内便得到了充实。自然这同拿破仑政权享有的威望是直接相关的。期票证券的恢复和投资国税的活跃，使银行业又兴隆起来。1800 年 2 月 13 日两家大银行在政府支持下合并组建了法兰西银行，拥有资金 3000

万法郎。它一成立就购买了税收期票 300 万法郎。法兰西银行的股票为每股 1000 法郎，还得到政府提供的资金。它的 200 名最大的股东实际上操纵了法国金融市场，并从中推选 15 人组成银行董事会。1806 年该银行改由政府控制，并取得独家发行纸币的特权。这个银行作为金融中心，对振兴法国经济发挥了重大作用。执政府进行的币制改革也取得了成功。它实行银本位制，将黄金、白银的比价定为 1∶15.5。依此铸造发行的银法郎（因铸造时间而被称为"芽月法郎"）币值稳定，第一次实现了币值与票面值相符。"芽月法郎"一直沿用到第一次世界大战。成功的财政与税制改革，使执政府的财政预算到 1802 年至 1803 年奇迹般地实现了收支平衡，并略有结余。这是从旧制度时期以来从未有过的。币值的稳定对经济复苏起了很好的作用。

拿破仑重视工商业，推行了类似重商主义的政策。为增加出口换取更多金属货币，执政府建立统计局，对经济进行调查统计，并下令一律以公制为准统一度量衡。还成立了全国工业促进会、商业管理总委员会，举办了工业博览会。在对外贸易上实行保护主义政策，尤其是对英国商品征收高关税。1799 年至 1802 年，法国外贸总额增长了 2.4 亿法郎。

拿破仑在军事上取得的成就更为显赫。面对国内各阶层对内稳定、对外和平的企望，执政府也举起了和平的旗帜。政变后拿破仑鉴于国内的混乱局势，曾向英、俄、奥三国君主建议停战，但遭到了拒绝。在必须仓促应战的条件下，他确定的外交方针是：稳住普鲁士的中立地位，争取俄国退出反法同盟，全力摧毁奥军，然后集中力量打击英国。后来证明，这个方针是正确的并得到了实现。

1800 年 4 月，由梅拉斯将军率领的驻意奥地利军主力向当地法军发起进攻，将马塞纳将军（Masséna）围在热那亚，而当时拿破仑的主力军正在试图翻越阿尔卑斯山。由于奥地利人正忙于进攻驻扎在热那亚的部队，而马塞纳领导下的法军又在顽强地抵抗，拿破仑的主力军几乎没有受到任何抵抗就进入了意大利的北部平原。当时奥军指挥完全没有料到法军会翻越风雪封锁、道路崎岖的阿尔卑斯山脉，仓促应战。终于，两军主力于 6 月 14 日在马伦哥中遭遇。梅拉斯将军拥有数量优势，可以部署约 3 万名奥地利士兵，而拿破仑仅仅指挥了 2.4 万名法国士兵。[①] 可凭借天才

---

① Holt, Lucius Hudson, Chilton, Alexander Wheeler, *A Brief History of Europe from 1789-1815*, Wentworth Press, 2016, pp. 298-301.

般的战术，拿破仑成功使敌军以为获得了胜利并借此机会大败了奥地利军。第二天，奥地利军队不得不同意通过《亚历山德里亚公约》再次放弃意大利北部。可由于英国人的干预变得愈加地紧张，拿破仑因此下令命令莫罗将军再次进攻奥地利。法军又一次大败奥地利军并横扫了巴伐利亚，于12月在霍亨林登（Hohenlinden）取得压倒性胜利。结果，奥地利人又一次投降，并于1801年2月签署了《吕内维尔条约》，该条约重申并扩大了法国在当地的势力范围，并接受法国在意大利北部建立的"姊妹共和国"。[1] 法军打败奥地利，促成了第二次反法同盟的瓦解。俄国退出了同盟，普鲁士保持了中立，而且由于英国在海上实行的封锁政策损害了它们的商业利益，以至它们同瑞典、丹麦共同组成了保护商业同盟。英国已完全陷于孤立。

此时，拿破仑已集中力量准备同英国作战。执政府发布公告说："全体法国公民，你们希望和平，你们的政府比你们更迫切地希望和平……但是英国政府拒绝和平。"法英之间直接交手似已难免。然而，此时的英国已无意再战，它不仅在国际上陷于孤立，而且国内的农业歉收和爱尔兰问题也困扰着它，致使一向主战的首相皮特在1801年2月辞职。继任者是倾向议和的阿丁顿。在这种情况下，英法在1802年3月25日签订了《亚眠和约》。和约规定，英国将它在西印度群岛和印度所占领的法国殖民地归还法国，并且要从马耳他岛和埃及撤军，但是没有承认法国的"自然疆界"及"姊妹共和国"。法国则承认英国从荷兰手中夺取锡兰（斯里兰卡），从西班牙手中取得特立尼达。《亚眠和约》以大大有利于法国的内容使拿破仑赢得了光荣的和平。

在短短几年内，拿破仑以其出色的才干和过人的精力为法国赢得了稳定、发展和荣誉。督政府时期法国面临的困境被摆脱了，在国内稳定、国外和平的环境中，法国大革命的成果得到了巩固和发展。拿破仑的功绩是巨大的。拿破仑以神奇的速度取得了令人目眩的成就，从而也就遮掩了他的恣意妄为，给他膨胀着的个人野心提供了方便的条件。1802年4月，他利用立法院、保民院改选的机会，将自由主义思想家贡斯当、督政府时期教育政策的设计者多努以及舍尼埃等20余名反对派清除出保民院。在军队中也进行了清洗，包括莫罗将军在内。经过清洗的立法机构对拿破

---

[1] Holt, Lucius Hudson, Chilton, Alexander Wheeler, *A Brief History of Europe from 1789-1815*, Wentworth Press, 2016, p. 302.

仑表现得更为顺从了。保民院在 5 月 6 日提出,应在全国对拿破仑的功勋给予表彰,以示"全国的谢意"。5 月 8 日元老院更作出决议,重选"公民拿破仑"为执政,并连任 10 年。"拿破仑"这个教名首次出现在官方文件中是意味深长的。5 月 19 日,元老院根据拿破仑的提议决定成立"荣誉军团"。荣誉军团类似旧制度下的骑士团,在很大程度上是对拿破仑个人效忠的组织,为后来的帝国贵族集团准备了条件。"荣誉"是拿破仑用来取代"自由""平等""人权"等大革命原则的基本口号,也是他用来鼓动法兰西民族主义的口号。

在成就突出、威望大增的情况下,拿破仑对连任 10 年执政的元老院的决议是不满足的。他暗示,应举行公民投票,由法国人民决定是否由他担任"终身执政"。投票的结果是,赞成者 330 万票,反对票只有 8000 余票。[①] 于是元老院在 8 月 2 日正式宣布拿破仑为终身执政。为适应这一变化,8 月 4 日元老院颁布法令,即共和十年宪法。据此,第一执政不仅有权缔结条约,任命第二、第三执政,而且有权向元老院指定自己的继承人。这就向世袭制靠近了一步。此外,元老院的权力增强了,保民院和立法院的权力则削弱了。

至此,拿破仑通过《教务专约》争取了宗教势力,依靠荣誉军团又掌握了世俗权贵,本人则拥有了终身职位而且可以指定继承人,所差者只是帝王的称号了。

拿破仑的施政虽带有专断的色彩,但是他十分重视法制建设。在 1800 年 8 月,他就设立了由 4 人组成的民法典起草委员会。起草民法典是大革命时期就已开始了的事情。当时的主持人便是此时的第二执政康巴塞雷斯。1793 年、1794 年、1796 年起草者先后将三种文本交立法机构讨论,均未获通过。拿破仑亲自督促起草工作,1801 年 1 月就公布了草案。参政院对此进行了非常认真的讨论,召开会议达 107 次之多,拿破仑直接主持了其中的 55 次。民法典的最后定稿于 1804 年 3 月 21 日正式公布实行,名为《法国民法典》,1807 年改名为《拿破仑法典》。《拿破仑民法典》共有 2281 条,分为 3 篇、35 章。它宣布保护私有制度,规定一切动产、不动产的私人所有权都是绝对的,受到法律严格保护的。法典根据法律上公民平等的原则,规定一切人都享有民事权利。对于体现资本主义生

---

① 吕一民:《法国通史》,上海社会科学出版社 2012 年版,第 142 页。

产关系的契约，法典给予了特别的重视，规定了一系列保障契约自由和契约法律效力的条款。法典在父权、夫权、妇女地位、离婚事件、继承权等问题上，有明显的封建家长制和男子为主宰的色彩。但在整体上，如恩格斯所说，这部法典"总括了革命的全部法规，在法律上承认了整个这种完全改变了的秩序"是一部"典型的资产阶级社会的法典"。

　　颁布《拿破仑民法典》后，拿破仑称帝的步伐加快了。他迫切需要成为世袭的君主是有自身考虑的。尽管他在法国已经取得主宰一切的地位并享有很高的威望，但是这一切都是靠治国的成就和战场上的胜利取得的。如果遭到失败，既得的东西还可能失去。而那些传统的世袭帝王则没有这种忧虑。他们在政治上受挫或在战争中失败，并不会改变其帝王的称号和地位。这是很令拿破仑钦羡的。拿破仑后来曾向奥地利的梅特涅明确地表述过他与封建君主的这种区别。同时，国际国内的形势也给拿破仑称帝提供了某种"理由"。《亚眠和约》签订后，法英双方都没有认真遵守。拿破仑在德意志、意大利、荷兰、瑞士一直进行扩张活动，英国也迟迟不肯从马耳他撤军。1803年5月12日，英国召回了驻法大使，并开始截击和劫持法国商船。5月18日正式对法宣战，使战端重开。法国西部的保王党势力又死灰复燃，重新开始活动并极力与莫罗将军进行联系。逃亡英国的朱安党头目卡杜达尔重新潜回国内，被放逐的皮什格吕将军也回来了。1804年2月、3月间，富歇先后抓获了莫罗、皮什格吕、卡杜达尔等人。据一些阴谋分子供认，他们在"恭候"一位波旁王子到来。这些复辟活动以及英法重新开战，更使拿破仑有了称帝的根据：与其让波旁家族复辟，还不如由拿破仑称帝，以杜绝旧王朝的妄想。于是，他周围的人在制造舆论，宣传应该由他称帝以"完成不朽大业"。实际上，拿破仑称帝并没有引起什么特别的变化。作为第一执政，他的权力早就不亚于甚至已超过一个帝王了。

　　已察觉到这一趋势的保民院提出了由拿破仑称帝的主张。5月4日，元老院对拿破仑正式劝进："元老院认为，把共和国托付给世袭皇帝拿破仑掌管是法国人民的最大利益。"5月18日以元老院法令形式修改共和十年宪法，宣布法国改制为帝国，第一执政为皇帝，号拿破仑一世。这就是历史上的法兰西第一帝国。元老院还就设立世袭的"法兰西人的皇帝"一事进行公民投票，结果350万票拥护，反对的只有2000多票。[①] 12月2

---

① Albert Soboul, *Le Directoire et le Consulat* 1795-1804, Paris Presses Universitaires de France, 1967, p. 120.

日，拿破仑在巴黎圣母院举行了加冕礼。

帝国建立时，正值英法重新开战之后。拿破仑首先任命了18名元帅，其中包括贝尔蒂埃、内伊、达乌、缪拉、苏尔特、马塞纳、拉纳、奥热罗、布吕纳、贝尔纳多特等富有军事才能的骁将。随着帝国的强盛，1806年又分封了一批世袭贵族爵位。与封建时代不同的是，这些贵族的封地是名义上的，而且是在附庸国家，贵族并无领主权力。如勒费弗尔元帅享有但泽公爵封号，并不能去波兰但泽坐享领主权。拿破仑的帝国贵族集团日益扩大，其中也包括一部分旧日的贵族，但资产阶级出身的占大多数。

随着帝国的建立，政体、官制都改变了，但是基本政策并没有变，仍然坚持执政府时期的施政方针。过去的第一执政专权演变为皇帝专断。拿破仑不允许权力旁落，也不准对其决策加以议论。1807年他废除了保民院，立法院的作用也急剧降低。只有俯首于他的元老院和相当于他的秘书班子的参政院在亦步亦趋地跟着他的调子活动。

在经济上，继续实行保护主义政策，尤其重视推进工业革命，鼓励机器的发明创造。政府曾以高额奖金张榜招贤，以求制造麻纺机。对农业也给予重视，鼓励垦荒和培育良种。然而，常年的战争，使工业革命的进展受到阻碍。在相当一段时间里，法国的经济发展和财政来源，同在战争中的扩张与掠夺是联系在一起的。

为了与英国作战，拿破仑于1805年初在布伦等几个与英国隔海相望的港口建立了布伦大营，准备渡过拉芒什海峡攻打英国本土。同时，与西班牙建立了法西联合舰队，驻直布罗陀海峡一带，准备渡海时北上配合作战。没有常备陆军的英国急忙拼凑新的反法同盟。1805年4月英俄缔约，联合起来。由于帝国建立后拿破仑将所占的意大利共和国改为王国，自任国王，由继子欧仁·博阿尔内为副王；又将卢卡地区封给妹妹埃丽莎·拿破仑作为公爵领地，从而激怒了奥地利，奥地利于8月也加入了同盟。这就是第三次反法同盟。瑞典和那不勒斯随后也加入了。俄奥联军的开始行动使拿破仑不得不将7个军从布伦大营调至莱茵河。9月底各军到达指定地点，切断了奥军前锋部队同后方的联系。10月20日，拿破仑在乌尔姆全歼了这支奥军。

但是，10月21日在另一个战场上却出现了相反的情况。法西联合舰队在特拉法加海角与纳尔逊率领的英国舰队相遇，展开大战。结果法西联合舰队几乎全军覆灭，纳尔逊也在受重伤后身亡。虽然失去统帅，英军却获全胜，依然掌握着制海权。法国则失去了渡海攻打英国的可能。然而，这并不能阻挡拿破仑在陆上的进军。乌尔姆战役之后，法国部队于11月占领了维也纳。维也纳的沦陷为拿破仑进一步的军事行动提供了充足的补给，法军缴获了10万支步枪，500门加农炮以及保存完整的、横跨多瑙河的桥梁。① 在这个关键时刻，沙皇亚历山大一世和神圣罗马皇帝弗朗西斯二世都决定予以拿破仑致命的打击，尽管他们的一些属下认为时机并不成熟。拿破仑派兵北下追击同盟国军，但随即后撤，造成了一个部队战斗力不足的假象。同盟军迫不及待地向法军进攻。② 在拿破仑出色的指挥下，联军大败。奥斯特里茨的灾难大大动摇了弗朗西斯皇帝对英国领导的反法战争的信念。奥地利不久后即同意停战，并于12月26日签署了《普尔斯堡和约》。奥地利在该和约中被迫将意大利和巴伐利亚的势力范围转让给了法国，并成了拿破仑在德国的盟友。它还得向拿破仑偿还4000万法郎的赔偿。③

俄军逃回本国，奥地利割地赔款，第三次反法同盟实际上已瓦解。由拿破仑统治的、远远超出本国疆域的大帝国建立起来。拿破仑在1806年采取了许多措施加强这个大帝国。在意大利，除占据北部、中部地区的意大利王国之外，他还在南部取消了西班牙波旁王朝的统治，任命其兄约瑟夫为那不勒斯国王。在德意志，建立了以杜塞尔多夫为中心的伯格大公国，任命妹夫缪拉元帅为大公。7月，更将南部、西部的14个邦（后增至16个）组成为"莱茵邦联"，由拿破仑任"保护人"，可在那里征兵收税。8月1日，宣布莱茵邦联退出德意志帝国，存在了约9个世纪的"神圣罗马帝国"实际上解体了。皇帝弗兰西斯二世被迫放弃尊号，改称奥地利皇帝弗兰西斯一世。另外，拿破仑还将其弟路易封为荷兰国王。

拿破仑在德意志的扩张，特别是莱茵邦联的建立，使已经保持了10年中立的普鲁士感到了极大的威胁。普王威廉三世与俄国进行谈判，得到了支持。英国也对普鲁士给予津贴。于是，1806年9月第四次反法同盟又形成了。10月1日普王向法国发出最后通牒，要求法军从莱茵河右岸地区撤出。10月7日拿破仑收到通牒，8日便离开巴黎率军出征。出征后

---

① David G. Chandler, *The Campaigns of Napoleon*, Scribner, 1 mars 1973, p. 407.
② Adrian Gilbert, *The Encyclopedia of Warfare: From Earliest Time to the Present Day*, Routledge, 2013, p. 133.
③ Adrian Gilbert, *The Encyclopedia of Warfare: From Earliest Time to the Present Day*, Routledge, 2013, p. 414.

第六天即 10 月 14 日，在耶拿地区与普军主力会战，大获全胜。27 日拿破仑进入柏林，并在各地扫荡残敌。11 月 8 日最后一支普军投降，距拿破仑出征刚好一个月。拿破仑取得军事胜利速度之快，使得普鲁士盟友俄国还未及出动。但是，已遭失败的普王却不肯议和，仍寄希望于俄国。拿破仑挥师东进，到达波兰，于 11 月 27 日进入华沙。深受俄普奥瓜分亡国之苦的波兰人民曾把他视为"解放者"加以欢迎。12 月 26 日法军与开进波兰的俄军交锋，胜负未分。1807 年 2 月双方在埃劳（东普鲁士）大战，仍然相持不下，双方损失都很严重。巴黎交易所的股票价格出现下跌现象。法军未能迅速取胜，主要是因为拿破仑惯用的战术不适应东欧的大平原。5 月，法军终于攻下了包围达两个月之久的但泽港。6 月 14 日，在埃劳东北的弗里德兰，法军同俄普联军进行了大会战，取得巨大胜利。随后，法军占领普鲁士全境，并推进到俄国边境的涅曼河。俄国求和，沙皇与拿破仑于 6 月 25 日在涅曼河上新建的华丽船只上进行了未透露内容的会谈。7 月 7 日和 9 日法国先后同俄、普签订了《提尔西特和约》。

根据和约，战败的俄国未损失任何领土，反而拿破仑同意俄国在东欧和北欧自由行动。俄国承认了莱茵邦联以及法国在意大利、德意志、荷兰的全部行动，而且与法国订立了反英同盟。11 月 7 日，俄国对英宣战，加入大陆封锁体系。显然，法俄以别的国家为牺牲达成了妥协。拿破仑对待普鲁士是十分苛刻的。除保留东普鲁士、波美拉尼亚、勃兰登堡和西里西亚外，普鲁士丧失了其余大片领土。其易北河以西领土的大部分划入了新成立的、由拿破仑幼弟热罗姆为国王的威斯特伐利亚王国。原来普鲁士在瓜分波兰时占领的土地被改为华沙大公国，由拿破仑的附庸萨克森国王兼任大公。普鲁士还要向法国赔款 1 亿法郎，条约使普鲁士人口从 1000 万降到 493 万。

《提尔西特和约》表明，拿破仑对外战争的性质已完全变为霸权主义的了。在此之前，几次战争主要是由反法同盟方面挑起的，企图扑灭法国革命。尽管拿破仑有着很强的霸权主义野心，但是其战争在客观上仍具有反干涉的性质。第四次反法同盟被击败和《提尔西特和约》的签订，使以后的法国对外战争失去了反干涉的性质。欧洲大陆上已没有堪称法国敌手的国家，倒是拿破仑在扮演欧洲的主宰并力图建立一个大陆体系。

还在 1806 年 11 月 21 日，拿破仑在柏林就发布敕令，宣布封锁不列颠诸岛，英国及其殖民地的船只一律不准驶入帝国控制的任何港口。这就是大陆封锁政策的开始,也是拿破仑企图建立大陆体系以扼杀英国的起点。1807年10月13日拿破仑在其设朝听政的枫丹白露行宫(巴黎南部)再次发布敕令加强大陆封锁。1807年11月23日和12月17日他在意大利又两次发布米兰敕令,宣布任何商品必须有原产地证明,确属非英国及其殖民地的产品,方可进入大陆;一切中立国的船只凡曾在英国靠过岸的,货船一并没收;曾屈从于英国要求的中立国船只即视为"已剥夺国籍",可予捕获。

严厉的大陆封锁政策曾使英国出口额锐减,蒙受很大损失。英国当即宣布从海上封锁大陆,同时力图打开英货进入大陆的通道。中立国葡萄牙成了重要的通道之一。拿破仑对此不能容忍,还在发布枫丹白露敕令的前一天即10月12日,就命朱诺将军率兵远征葡萄牙。为稳定西班牙并促使其借道行军,10月27日与西班牙签订条约,许诺事后将葡萄牙南部划归西班牙。然而,在朱诺出征之日,拿破仑却组成了进攻西班牙的军团。

法军开到葡萄牙时,自知不敌的该国王室于11月29日逃往殖民地巴西。30日法军进入里斯本。1808年3月初,进攻西班牙的法军开始行动,23日攻占首都马德里。5月,西班牙国王查理四世被迫宣布将王位赠予拿破仑。于是拿破仑于7月初将其兄约瑟夫调至西班牙为国王,封其妹夫缪拉继任那不勒斯国王。①

这时,拿破仑的大帝国除法国本土外,已包括三大地区,它们是整个亚平宁半岛即意大利地区;伊比利亚半岛即西班牙、葡萄牙地区;德意志的大片领土以及相连的华沙大公国、比利时与荷兰地区。其兄约瑟夫,其弟路易、热罗姆,其妹夫缪拉,其继子欧仁·博阿尔内在这些地区中担任国王、副王之职。拿破仑家族似乎建立了一个"家天下"的体系。

但是,拿破仑的大陆封锁体系矛盾重重,光是拿破仑阵营内部就产生了强烈的抵触情绪。约瑟夫表示:"如果有人要我仅仅为法国的利益去统治西班牙,那就别指望我会这样做。"缪拉则在那不勒斯培植私人势力,扬言:"做国王不是为了听从别人指挥。"路易在荷兰无视大陆封锁法令,放任走私英货的活动。如同封建时代君主与诸侯的矛盾一样,拿破仑与其亲族的矛盾是协调不了的。

最严重的危机还是来自欧洲各地对拿破仑统治的反抗。西班牙人民以

---

① [法]乔治·勒费弗尔:《法国革命史》,北京编译社译,商务印书馆2010年版,第237页。

游击战的方式进行了顽强的抵抗,一度将约瑟夫赶出了马德里。杜邦将军在镇压时遭到惨败,被迫投降。1808年11月拿破仑不得不率军亲征,但仍难以镇压住西班牙的反抗。在这之前,葡萄牙在英国支持下也打败了法军。根据8月30日签订的条约,法军撤出了葡萄牙。在威斯特伐利亚王国,热罗姆也曾一度被反抗者赶出首都。提罗尔地区也发生了武装起义。在《提尔西特和约》中蒙受奇耻大辱的普鲁士,进行了资本主义性质的改革,而且吸取法国的经验改组军队,迅速恢复国力。所有这一切,形成了拿破仑无法遏制的反抗运动。

此外,法国的宿敌英国,依然是拿破仑难以应付的劲敌。1809年1月,英国联合奥地利又组成了第五次反法同盟。此时,在西班牙久战不克的拿破仑被迫留下30万大军,急忙返回国内,在毫无准备的情况下仓促应战。他带领1810年才达到入伍年龄而被提前预征的军人,于1809年4月12日离开巴黎奔赴前线。5月12日拿破仑在连破敌军后进入维也纳,随后又去追击奥军主力。欧洲各国未料到拿破仑在仓促间仍会迅速取胜,故而普鲁士曾暂停支付对法赔款,教皇则宣布将拿破仑革出教门。拿破仑立即进行报复,7月6日,法军进入罗马,将教皇逮捕。就在同一天,法军与奥军主力在瓦格拉姆进行了决战。经过艰苦奋战,法军击溃奥军,奥地利求和。10月14日双方签订《肖恩布鲁恩和约》,奥地利对法赔款7500万法郎,割让部分领土,损失人口350万。至此,拿破仑占领的别国领土已相当于本国面积的3倍,统治的外国人口达7500万。但是大帝国已盛极而衰,内部矛盾日趋严重了。

除去其亲族的离心倾向外,法国人民以及资产阶级本身,也逐渐收回了对拿破仑的拥护和支持。这是由多种原因造成的。大陆封锁政策是首要的原因。这个政策曾为法国和欧洲大陆带来一些好处。由于免除了英货的竞争,使部分工业得到了发展;为得到过去依靠进口的商品,兴起一些新的工业部门;为制造某些代用品,出现若干新的发明创造;等等。但是,大多数传统进口商品是无法自行解决的。依靠进口原料的工业停产了,进出口业务和航运业瘫痪了,法国传统的具有优势的出口商品——奢侈品市场凋零了。而且,由于封锁造成的机会,德意志西部、中部和比利时、捷克等地的工业发展起来,成为法国的竞争对手。所有这一切,都严重损害了法国资产阶级的利益。实际上,拿破仑是在强迫资产阶级为了他的皇朝的利益作出牺牲,这是违背当年资产阶级拥护他的初衷的。大量人民生活必需品如食糖、咖啡、香料等的奇缺甚至绝迹，也使群众十分不满。少许的走私货则奇货可居，价格较前上涨5—12倍。在这种情况下，帝国的财政收入也在下降。海关税收急剧减少，国内营业税大幅度降低。仅1808—1809年，关税就从6000万法郎降至1150万法郎。帝国被迫实行通货膨胀政策，法兰西银行发行的纸币，从1806年的6300万法郎猛增到1812年的1.11亿法郎。

　　同时，拿破仑穷兵黩武的军事政策给法国人民造成了深重的灾难。除去物价高涨使人民日趋贫困外，他长期的对外侵略以及连年战争造成的部队伤亡，不仅给无数家庭带来痛苦，而且也造成法国劳动力大量减少，影响了社会经济发展。另外，工业凋敝使得失业人口激增，1811年巴黎失业工人就达2万。农业也发生了严重歉收，1811年秋至1812年秋小麦价格上涨一半。在广大人民度日艰难，乞丐、游民日益增多之时，皇族、官员、少数暴发户资产者却大发横财。皇帝的年俸为2500万法郎，皇太后100万法郎，塞纳省长3万法郎，参政院成员2.5万法郎，军需供应商、向国家放债的大银行家和经营与欧洲大陆贸易的工商业巨子，更是大发横财。而普通工人一年所得还不足900法郎。贫富分化更加深了社会矛盾。

　　拿破仑日益向封建传统靠拢也严重地伤害了大革命以来法国人民已具有的近代公民意识。在宫廷里，拿破仑重建传统王朝那种繁缛的朝仪，从1811年起又为廷臣安排席次，等级森严。他从1808年就创立了帝国贵族制度，仍袭用了亲王、公爵、伯爵、男爵等封号。宫廷官制则设大选侯、大总督、大法官、大司库、大司马、帝国首席大臣、元帅等职位。他所封的贵族头衔多达一千数百个。这种家天下、贵族化的封建倾向正是大革命所摧毁的。而且，帝国贵族集团并不具有旧贵族那种世袭的和血缘的纽带，也没有传统的忠君观念，仅仅是拿破仑以个人的权势制造出来的一群人。一旦拿破仑失势，这个贵族集团也必然会"树倒猢狲散"，各奔西东。实际上，拿破仑对这个贵族集团也不真正信任。从1807年起，不少有才能、有见解的官员被排斥了，包括夏普塔尔、塔列朗、富歇等。起用了一些二流人物，可以是好雇员，但却不能成为好助手。

　　为了使自己处处像个正统皇帝的样子，拿破仑于1809年12月与不能再生育的约瑟芬离婚，于1810年4月娶古老的哈布斯堡皇朝的女大公、奥皇之女玛丽·路易丝为皇后。玛丽·路易丝是前法国王后玛丽·安托瓦内特的侄女。在亲缘上，拿破仑成了路易十六的内侄女婿。这个联姻使法国人自然想起了 17 年前被处死的另一个奥地利公主玛丽·安托瓦内特。1811 年玛丽·路易丝生下一子，拿破仑封之为罗马王，就是从未登基过的"拿破仑二世"。拿破仑将自己降低到封建帝王的水平，拜倒在正统主义面前，既伤害了法兰西民族的感情，又不能见容于那些传统的封建君主。这一切都表明，帝国处于一种不稳定的危险状态之中。一位历史的改革者、潮流的顺应者正慢慢走向它曾经对立的反面，而这也意味着它必将崩溃。

资产阶级的不满，社会上的厌战情绪，各被占领地区的反抗运动，英国从未停止的敌对行为，帝国经济与财政的困难，兵源日渐枯竭和军队素质的下降等，使拿破仑陷入了困境。然而，称帝后愈加膨胀了个人野心的拿破仑不相信厄运的来临，倾全力为他的拿破仑皇朝图谋长久的"基业"。他只迷信强权，声称："要主宰世界只有一个诀窍，那就是强大。力量最强大就无所谓错误。"他决定远征俄国，以新的对外征服来加强自己的地位。

几次败给法国的俄国并未丧失元气，仍是东欧举足轻重的大国。它虽然加入了大陆体系，但从未认真执行过大陆封锁政策。作为传统的农产品出口国和工业品进口国，俄国港口对英货一直是开放的。拿破仑对奥尔登堡公国的兼并更使俄国恼怒，因为奥尔登堡公爵是沙皇亚历山大一世的妹夫。于是俄国开始和英国接近。沙皇更在 1810 年 12 月 31 日下令对法国及其盟从陆路运来的商品提高关税，而对英国和中立国从水路运来的商品实行优惠。这使法俄关系进一步走向破裂。

1812 年初，拿破仑开始募集征俄大军。感到威胁的亚历山大一世于 4 月 8 日提出，要法军全部撤到易北河以西，遭到拿破仑拒绝。到 5 月中旬拿破仑已纠集了 70 万大军，其中附庸国士兵占一大半，来自法国本土者只有 20 万。6 月 24 日至 25 日拿破仑带领约 40 万人渡过涅曼河进入俄罗斯领土。俄军将领采取边战边退的方式，不与法军决战。广阔的俄罗斯平原为俄军的战术提供了方便却使擅于速战速决的法军丧失了优势。后方供给十分困难的法军在长时间疲劳行军和缺乏给养的情况下，大量减员，逃兵猛增。8 月 16 日与俄军在斯摩棱斯克发生遭遇战时，作战部队只有 16 万人了。虽然法军在战斗中取得胜利，但战后可调动的军队已剩下不足 13 万。这时，重新被沙皇起用的老将库图佐夫在莫斯科附近的鲍罗金诺设营布阵，以逸待劳准备歼灭疲惫的法军。9 月 5 日至 7 日法军向俄军阵地发起进攻，双方展开大战。俄军虽准备充足，但还是未能挡住法军进攻，以损失5万人的结局再次败退。法军也损失了3万人。9月14日拿破仑进入已撤退一空的莫斯科，所属军队已不足10万。这时莫斯科发生大火，三日不熄。拿破仑艰难地在这座空城度过一个月，急切盼望彼得堡派人前来议和，但却杳无音讯。在无力坚持的情况下，于10月19日被迫下令撤军。在提前到来的严寒中，饥饿的法军已失去了以往那种战斗能力。在撤退途中，库图佐夫的军队、哥萨克骑兵以及农民游击队不停地追打袭击。11月16日法军进行了在俄国境内的最后一战，付出沉重的代价之后，才得以摆脱敌军，渡过别列津纳河。退出俄国领土后，拿破仑只剩下残兵1万人，又收拾失散士兵4万余人，共得5.5万溃不成军的队伍。

由于11月初便得到巴黎发生未遂政变的消息，心急如焚的拿破仑于12月5日兼程赶回巴黎。至此拿破仑所面临的战场形势急转直下，军队伤亡惨重，无法形成战力，而在国内他的政敌伺机而动图谋颠覆，政权形势已经岌岌可危。为求缓兵之计以恢复元气，拿破仑向元老院表示今后不再发动战争。但是反法同盟不会放弃这大好机会，他们开始集结全部军力，不给拿破仑任何喘息机会，想抓住这千载难逢的机遇彻底击败拿破仑。

1813年2月28日，普鲁士与俄国签订了共同对法作战的条约，第六次反法同盟形成。拿破仑紧急拼凑15万军队，于4月15日离开巴黎率军前往迎敌。在完全处于劣势的条件下，拿破仑凭借其指挥才能，仍然在5月2日和20日取得两个战役的胜利，将俄普军队打败。6月双方签订停战协定。奥地利出面进行调停，未获成功，遂于8月加入同盟，对法宣战。英国则向同盟各国提供了大量经费。普鲁士利用两个月的停战期将军队扩充了一倍。双方战端重启时，同盟国已有军队51万。拿破仑也凑起了44万人，但是武器弹药却极为缺乏。10月18日至19日双方在莱比锡进行了大会战。这次战役被称为"民族之战"，即决定欧洲各民族命运的战斗。原拿破仑的元帅，后成为瑞典国王的贝尔纳多特，此时也加入反法同盟对其原来的皇帝作战。在会战中，同盟国投入32万大军，对抗只有16万人的法军。交战中双方各损失约6万人，战斗打得十分激烈。由于一直同法国协同作战的萨克森军队突然倒戈，拿破仑遭到失败，突围返回巴黎。①

---

① ［法］托克维尔：《旧制度与大革命》，冯棠译，商务印书馆1992年版，第114页。

这时，庞大的帝国已陷于土崩瓦解状态。莱茵邦联解散了，荷兰已没有法军，西班牙也被放弃了，瑞士不再承认法国的保护，意大利重被奥军侵入，那不勒斯王缪拉也已降敌。法国又回到1793年时的情境，面临着各国的入侵。

1813年12月4日，同盟各国发表宣言，声称应由拿破仑个人承担全部战争责任，法国人民与此无关。1814年1月25日拿破仑离开巴黎前往迎战联军，行前将皇后、皇子托付给长兄约瑟夫照看。从此他再也未能同妻儿见面。2月1日他被3倍于己的联军打败，瑞典、普鲁士、奥地利三国军队攻入法国领土。拿破仑同意进行和平谈判。但很快发现联军部署上的弱点，又迅速出击，于2月中旬分别击败普军与奥军。但因兵力过少，难以全歼，以致三国军队终于会合，加强了攻势。3月14日英军占领波尔多。3月20日拿破仑在阿尔西战败。21日里昂失守。30日莫尔蒂埃元帅和马尔蒙元帅战败投降。联军进抵巴黎城下。这时，巴黎已组成以塔列朗为首的临时政府，得到元老院的承认。31日联军进入巴黎，包括沙皇和普鲁士国王。塔列朗与联军进行了谈判。4月2日元老院通过了废黜拿破仑的决议。同时还通过了再制定新宪法的几条原则：保留立法机构、维持军队并保持军官的官阶与薪金、承认继续偿还公债和出卖国有财产、保障言论和出版自由，等等。实际上是要联军扶植的复辟王朝承认大革命的基本成果。

在莱比锡会战后，反法同盟诸国在法国前途的问题上已出现分歧。俄国主张由瑞典王贝尔纳多特返回法国取代拿破仑；奥地利则主张由拿破仑之子继位，由皇后玛丽·路易丝摄政，维持拿破仑皇朝；英国认为应使波旁王朝复辟。塔列朗在与联军谈判时，以正统主义原则说服了各国，决定由波旁王朝复辟。塔列朗认为，只有正统王朝才可能使法国各阶层接受，避免产生新的混乱。这不失为恢复国家稳定的颇有见地的主张。正因为达成了妥协，元老院于4月6日宣布，邀请路易十八回国登王位。当时，拿破仑已回到枫丹白露，仍然准备继续再战。但是他身边的几名元帅承认大势已去，不肯受命。拿破仑不得已于4月4日宣告退位，20日被押送去地中海的厄尔巴岛。联军决定将该岛作为其私产，他可在岛上继续使用皇帝称号，领取年俸。

5月3日，路易十八回到巴黎，实现了复辟。他回到离别24年的故国，发现一切都发生了巨大变化，原来设想的完全恢复旧制度，事实上已没有可能性了。同时，为避免发生新的革命，沙皇也劝诫复辟者不可造次。于是，路易十八采取了较为现实的态度，于6月颁布《钦赐宪章》，几乎全部接受了元老院提出的那些原则。随同他回国的逃亡者和一切极端派王党分子反对宪章，并进行各种报复，诸如回乡鞭打农民，教士在布道时恶毒诅咒革命者和所有购买国有财产的人等。在他们的压力下，路易十八也作出种种让步，为他们安排高官厚禄，同意对军官们只发半薪，还借口财政困难大量增税。此外，北部地区还被联军占领着，人们喜爱的三色旗又换成了波旁王朝的白百合花旗，为深遭人民痛恨的基贝隆半岛登陆者建立起表彰的纪念碑，反动的叛军头目卡杜达尔被追封为贵族。所有这一切都是法国人民难以容忍的，对比之下，他们更回忆起刚刚失去的帝国的"荣誉"。

已在厄尔巴岛上被禁10个月的拿破仑，始终注视着国内的局势，并未放弃东山再起的野心。在他感到时机又已来临时，就在1815年2月28日带领900名卫兵离岛偷渡回国。他们避开英国海军的监视，于3月1日在法国登陆，奔向格罗诺布尔，一路上受到了农民的欢迎。到达里昂时工人和市民热烈地拥戴他。复辟王朝派已经归顺的内伊元帅前去捕捉拿破仑，而内伊见到故主后又投入了皇帝的怀抱。3月20日拿破仑在"皇帝万岁"的欢呼声中回到巴黎，路易十八再次出逃。重登帝位的拿破仑在自由派思想家贡斯当协助下，制定了帝国宪法补充条款，提高立法机构的权力，承认新闻自由并扩大了公民权利。在对补充条款进行公民投票时，赞成票155万张，只有5700张反对票。

正在维也纳举行国际会议的各国元首和政府首脑以及代表们，无不为这个奇迹而震惊。英、俄、普、奥立即组成第七次反法同盟，以70万至80万大军向法国扑去。拿破仑在仓促间竟然也募集起70万军队。但是，由于武器、马匹奇缺，真正带到战场去的不过12万人。6月15日他率军进入比利时，与之对垒的有9万英军和12万普军。6月16日拿破仑击退布吕歇尔统率的普军。内伊元帅与威灵顿率领的英军进行了交战，互有伤亡。17日双方都在调兵遣将进行部署。18日展开了决战，即著名的滑铁卢战役。开始时是英法军队激战，法军稍占优势。下午5时许，摆脱了法国追击部队的布吕歇尔赶来，加入战斗。于是形势突变，拿破仑败阵而归，从此结束了他的政治生命。败回巴黎的拿破仑于6月22日第二次宣告退位。7月3日法国向联军签署巴黎投降书，8日路易十八重新复位。

拿破仑被送往南大西洋的圣赫勒拿岛，1821 年 5 月 5 日在该岛去世。从拿破仑重建帝国到第二次退位，共计 97 天，接近 100 天，历史上称这个短暂的政权为"百日"。对拿破仑个人来说，"百日"可说是个罕见的奇迹，而对法兰西民族来说，它只是带来了更大的灾难。

恩格斯曾说过："对拿破仑的胜利就是欧洲的君主国对法国革命的胜利。"① 可大革命开辟的新时代，绝不可能因为一个拿破仑的失败而覆灭，资本主义登上历史的舞台仅仅是时间的问题。

第二节　海尔维第共和国建立

1789 年法国大革命开创了欧洲乃至全世界的新时代，其思想原则、政治体制对各国的影响、冲击是不可估量的。然而，由于特定的民族历史、社会背景，各国对法国大革命的接受程度不尽相同，即使在按"统一不可分割"的法兰西共和国模式建造的"姐妹共和国"中，革命的进程与结局也迥然有别。那么它对瑞士民族国家的建立的影响也是极为特殊的，海尔维第共和国就是一个典例。

一　法国大革命对德国与瑞士的影响

1789 年法国大革命的震动，不仅对本国，同时也对周边国家产生深远的影响。作为瑞士人口比例最大族群德意志人的母国——德国反响尤为巨大，首先是德意志的民族精英——知识分子阶层开始关心政治，有了政治觉悟，在政治上积极起来。如果说启蒙运动使他们摆脱了传统宗教的约束，如今便把民族和国家作为自己精神追求的世俗对象，而法国革命引起的战争恰恰造成了这种精神追求的"物质"基础。法国革命给德意志的文化民族主义和政治民族主义极大鼓舞，正是法国大革命使德意志诞生于对法国革命的欢呼和对法国入侵的斗争之中。德意志的知识分子开始几乎一致欢呼法国大革命。所有德意志诗人几乎没有一个不歌颂光荣的法国人民。歌德、赫尔德尔、荷尔德林，还有其他许多人都在自己的作品中欢呼封建专制大厦的垮台。歌德在其诗作《赫尔曼与窦绿苔》中回忆当时的欢庆情景："谁能否认，当朝阳放射出第一道光芒时，当人们听到人人权

---

① 《马克思恩格斯全集》第 22 卷，中央编译局译，人民出版社 2007 年版，第 133 页。

利平等、鼓舞人心的自由和令人赞美的平等时,他们是如此的情绪高涨、心花怒放和精神振奋。"① 年迈的克洛卜斯托克赞美说:"我要用一百个声音来欢呼高卢的自由。"年轻的哲学家、当时还在杜宾根神学寄宿学校当学生的黑格尔和谢林以及耶拿大学神学院的费希特,特别热情地祝贺法国大革命。黑格尔在10年后还把法国革命比作"旭日东升"。法国大革命的理想也反映在天才音乐家贝多芬的作品中。贝多芬的伟大音乐创作渗透着法国革命的精神。这些文化民族主义的精华人物,无疑是当时德意志新兴的市民——资产阶级的代言人,他们激动地为法国大革命所追求的自由、平等、博爱的理想欢呼,他们用语言和作品从根本上促使分裂的德意志各民族人民互相联系起来。②

贝多芬音乐创造的鲜明特点是具有时代精神。他的作品旋律既热情奔放、铿锵有力,又富有自然色彩和田园韵味,内中渗透着反对诸侯专制主义和拥护共和主义的战斗精神。他的思想是进步的,他曲目合着时代的节拍前进。1804年他创作了雄伟壮丽的《第三交响曲》,这部又名《英雄交响曲》的曲子最初是贝多芬题献给拿破仑的,他把拿破仑当成实现人类幸福的英雄来崇拜。该交响曲完全冲破了海顿和莫扎特的创作框框。作品通过大胆的构思、超人的手法和独特的结构设计,与法国大革命时代的感情水乳交融。

如果考察德意志近代依赖的文化民族主义的话,会发现有以下四个明显的特点:第一,在邻国英国和法国的现代运动强烈影响和推动下的一种回应,主要局限于文化领域;第二,主张精神和物质相分离,因而造成理论与实践相脱节;第三,主张政治和文化相分裂,只从思想和文化上提出反封建专制的要求,而其政治理想多数还是一种民主的王权和开明的专制;第四,存在着一种世界主义的倾向。如果没有拿破仑战争的推动,德意志是不可能靠自己的力量创造向现代转变的前提条件的。③

德意志的这种精神和物质相分离的态度对瑞士自然也产生了很大的影响。不奇怪于瑞士著名的历史学家、大革命的同时代人让·德·穆勒在他的多卷本力作《瑞士联邦史》中曾指出:"法国大革命曾经震撼了欧洲大

---

① Johann Wolfgang Goethe, *Hermann und Dorothea*, Holzinger. Taschenbuch Berliner Ausgabe, 2016, p. 9.
② 丁建弘:《德国通史》,上海社会科学院出版社2007年版,第135页。
③ 丁建弘:《德国通史》,上海社会科学院出版社2007年版,第129页。

陆，但除了群山环绕的这块谷地——联邦的摇篮之外。"① 20世纪初瑞士另一位著名历史学家威廉·马尔登也认为："法国大革命似乎没有在我们的各州中引起巨大轰动。"② 事实上，瑞士不可能不受到大革命的震动，更何况瑞士还因为法国大革命出现过一个命运短暂而独特的海尔维第共和国。虽然它是昙花一现，但这个共和国在近代瑞士史上留下的教训却是深刻的。③

法国革命前邦联许多城市实行少数家族的寡头或贵族统治，普通人没有什么民主权利。但是由于这种统治管理得很好，人们并不认为需要一场革命来改变政治现状。在实行公民直接民主制的地方，农民生活守旧落后，但人们能够自己管理自己，因此并无大的不满。在邦联的属地，如阿尔高、提契诺等地，农民没有民主权利，但日子并不像法国农民那样难过。贵族和教会的特权仍然存在，但远不像在法国那样为人们不堪忍受。总之，瑞士人并不普遍要求一场革命来改变他们的生活。和正处于如火如荼革命风暴中的法国相比，瑞士是一个平静的港湾。

但是随着革命的深入发展，瑞士中一部分人也开始响应法国革命了。在靠近法国的瑞士西部法语区受到大革命的辐射尤为强烈，因为这里与法国语言相通，又有千丝万缕的亲友关系。更为强烈的要求变革的呼声来自商人、厂主、银行家以及手工业师傅这些社会阶层。他们对如下状况强烈不满：征收道路通行税；只修建与伯尔尼单方面相联系的道路，忽视修建与意大利和法国相联系的道路；伯尔尼通过立法限制沃州地区的农民种植葡萄，使沃州地区保持为农业区，阻碍其工商业的发展。

随着时间的推移，法国革命的影响也波及瑞士东部德语区。在瑞士东部工业化地区，以及那些生活水准与城市相当接近的半农半工地区，例如沿苏黎世湖四周的农村，人们尤其愿意接受新思想。邦联统治者虽与法国贵族和保王党为友，反对革命，但在外交政策上瑞士仍然保持中立。

---

① *Histoire de la Confédération suisse*, 5 tomes en vol. 6, Lausanne, 1910–1919 (t. 1, 2e éd., 1927), p. 82.

② W. Martin, *Histoire de la Suisse*, paris, 1926; 8eéd., avec une suite de Pierre Béguin, complétée par Alexandre Bruggmann, Lausanne, 1980, p. 167.

③ 端木美：《法国大革命与瑞士——海尔维第革命独特结局浅析》，《世界历史》1989年第4期，第50页。

二 法国占领瑞士

瑞士的政治流亡者跑到法国，像雅各宾党人一样，在巴黎组织起瑞士俱乐部，向国内输送革命的宣传品，留在国内的革命者也开始了新的行动。革命从巴塞尔市开始。1798 年 1 月 17 日，在巴塞尔的利斯塔尔（Lestal），人们在巴塞尔大教堂的周围竖起了一棵自由树，并冲进了市长的住所试图推翻政府。①

1798 年 1 月 23 日，沃州革命爆发。沃州各市镇代表宣布成立"莱蒙共和国"，并组成了地方临时代议机构。在沃州革命带动下，邦联许多地方如弗里堡、索洛图恩、卢塞恩以及巴塞尔等地均发生了人民起义。邦联属地的民众也纷纷揭竿而起。1 月 25 日，拿破仑的军队打着要解救瑞士人民，以帮助瑞士人获得自由，使瑞士人民摆脱权贵压迫的旗号，占领了瑞士。伯尔尼贵族政府曾经试图要阻止法国军队的入侵，但是在阿尔高，人们把法国人当作推翻贵族统治的解放者而加以欢迎。在下瓦莱和阿尔卑斯山南的属地民众则索性宣布自己独立成为自由民。

法国此时不顾瑞士中立而加以占领是出于一些新的考虑。一是摧毁保王党人的避难所。1789 年以来，大批保王党躲进瑞士，仅在伯尔尼州内就有 1000 多人。② 二是出于战略考虑，使瑞士不再是奥地利进攻法国的潜在基地，反而成为进攻奥地利和意大利的前进基地。"瑞士是一个隐蔽的大营地，从那里可以轻而易举地到法国、德国和意大利。"③ 瑞士拥有诸多阿尔卑斯山口，占领瑞士就等于打开了通往意大利的大门。三是出于财政上的考虑。占领富有的瑞士，陷于财政困境的法国督政府显然可以从瑞士银行中得到财政补充。

1798 年 3 月，索洛图恩及弗里堡抵挡不住法军入侵而投降。法军便集中力量攻击伯尔尼。伯尔尼最终寡不敌众于 3 月 5 日陷落。从 1291 年邦联成立以来，这个共和国还从未遭受外国军队的践踏。但是在法国革命军队面前，伯尔尼陷落了，整个邦联也随之覆灭。

法国革命以来，那些拥护革命的瑞士人所期望的海尔维第革命赢得了

---

① Ménard, Philippe Romain, *Historisches Lexikon der Schweiz*, Schwabe（1 octobre 2008），p. 348.
② 他石：《瑞士联邦 700 年》，中国国际广播出版社 1990 年版，第 61 页。
③ ［法］路易·布尔热内：《拿破仑一世通信中的瑞士》，《瑞士月刊》1944 年第 61 期。

胜利。然而，从这场革命的发生到结束无不打上来自法国的烙印，它的结果也并不尽如人意。一些历史学家强调法国入侵瑞士主要并不是为了帮助水深火热之中的被压迫的瑞士人民，而是为了掠夺伯尔尼的财富。法军缴获了1050万镑的钱币和1800万里弗尔的债券，至4月为止他们又在瑞士其他地区缴获了1600万法郎。① 瑞士的领土同时也被肢解。南方的瓦尔特林纳等几处土地被分割出去。纳沙泰尔与瑞士断绝了关系，日内瓦与法国结盟。整个瑞士的统一遭到了威胁。

三 海尔维第共和国

1798年4月12日，在阿洛城举行国民议会，宣告海尔维第共和国成立。一部新宪法晓谕全国。这部海尔维第宪法以法兰西共和三年宪法为模式，抛弃了瑞士500年的传统联邦制度，宣布"海尔维第共和国是统一不可分割的"。②

瑞士新宪法是由瑞士政治家彼得·奥克斯依照法国1795年宪法起草而成。根据宪法，取消各州的自主地位，建立一个由18个州组成的中央集权的统一国家，实行代议民主制。③ 为了管理的方便，把原来13个邦联成员中的施维茨、乌里、翁特瓦尔登和楚格合并成一个"森林州"。作为旧体制象征的伯尔尼则被分解为4个州，即沃州、阿尔高州、奥伯兰州和伯尔尼州。还有一些过去邦联属地的邦联成员的结盟区现在成为新州，如图尔高、提契诺、格劳宾登和圣加仑等。④ 这种人为的区域划分违背了瑞士民族的传统，从一开始就受到人们的抵制。

根据宪法，瑞士实行代议民主制，其基础是人民主权和法律面前平等的原则。全体成年男子均有选举权。公民的政治权利在于选出选举人，由选举人选举议会成员，再由议会选出如同法国那样的五人督政府。立法权属于大会议和参议院。大会议拥有立法权，参议院拥有修正宪法的创制权。大会议提出的法律或参议院提出的宪法修正案另外一方只能表示通过或否定。这种分工方式使得议会两院处理事务十分困难。行政权属于一个

---

① Kästli, *Die Schweiz*, Verlag Neue Zürcher Zeitung（1. Januar 1998），p. 59.
② ［瑞士］米歇尔·萨拉里：《瑞士历史文献1798—1847年》，锡尔，1973年，第17页。
③ 段鑫佳：《瑞士永久中立地位起源发展探析》，硕士学位论文，外交学院，2011年。
④ 对此说法不一。邦儒尔在《瑞士史》中提到"共和国分23个州，即旧邦联的13个邦加上10个新州"。法尔尼在其《瑞士简史》中则提出"在原有12个州的基础上增加了6个新州"。本书采用《瑞士及瑞士人的历史》一书的观点。

由五人组成的督政府。督政府负责外交，拥有武装力量，行使无限的行政权力。督政府任命各州的行政长官，州长官任命下级长官。这一行政体制很大程度上类似法国的集权与中央的省长制度。这就意味着取消了地方自治。司法权属于最高法院（每州一名法官组成）、州法院和地区法院。公民政治权利不多，但是，根据法国革命思想和自然法原理规定了一系列个人自由权利。国家保障公民个人的出版自由、结社自由、请愿权、信仰自由、迁徙自由以及职业自由等。

宪法中保障和实施的个人的自由权利以及法律面前人人平等的原则对于以后瑞士政治体制发展有着深远的影响。其中，出版自由、结社自由和请愿自由尤其为富有斗争精神的瑞士人所欢迎。正是对这些个人自由的追求，推动着瑞士人不断地为政治体制的更新而奋斗。

海尔维第共和国为瑞士带来了统一的国家、民主的理想与公民的自由，带来了人民主权和法律面前各民族人人平等的宪法精神。但是，这一个统一的官僚行政体制是由外国的武力强加的，因而从一开始就没有扎根于瑞士社会。500年以来，瑞士各邦自主发展，许多地方自治与民主已成为牢固的传统。人们显然难以接受中央集权的官僚体制。1789年之前的瑞士，既无首都，又不统一，而且非常分散。在当时的瑞士，享有特权的阶层十分庞大，不仅有主权城市的资产阶级，全部的"森林州"的居民，有附属城市的资产者，还有顽固的贵族势力。这样的瑞士，是不可能发生像法国那样的大革命的。因此，可以说，"瑞士的革命是外来的，瑞士共和国是法国制造的"。① 没有成熟的革命条件和共和国成立的时机，这样的革命是不被绝大多数瑞士人理解的，这样的共和国是不被绝大多数瑞士人接受的。

宪法一颁布，就引起了瑞士人的反抗。这种反抗在实行公民大会民主制的几个乡村州最为强烈。法国军队残酷镇压了各地的反抗，宪法被强制推行。为了维护自己的自治和自由权利，瓦尔登民众再次起义。法国集中优势兵力于1798年9月挫败了抵抗，并屠杀了500多名当地居民。②

在反抗外来侵略的斗争以及同周边各强国的压力对峙中，瑞士人的民族意识逐渐增强。共和国时期文化教育事业的发展，也促成了民族意识的形成。

---

① 任丁秋、杨解朴等编著：《瑞士》，社会科学文献出版社2016年版，第64页。
② ［瑞士］埃·邦儒尔：《瑞士简史》下卷，南京大学历史系编译组译，江苏人民出版社1974年版，第403页。

当时的艺术科学部长施塔普费尔主张统一全国的教育。他主张建立一所国立大学，为全国才智之士提供一个活动中心，并由此促成国家的统一。他提出："这所高等教育机关将是全国学术力量的中心，是联合各种尚处于分散状态的因素的工具，是以海尔维第为中心的三个民族的文化宝库。这所高等教育机关的任务也许就是把德国的钻研深度，法国的多才多艺和意大利的风格情调融合起来。"① 他的这一理想由于种种原因而未能实现。然而，他通过教育把操各种语言的瑞士民族统一起来，互相学习、融为一体的主张却有着很大影响。

海尔维第共和国时期，瑞士由操三种语言而又在法律面前一律平等的民族组成，这就使人们对瑞士民族的概念有了全新的理解。瑞士民族显然不符合一般的民族概念。但是，能不能有讲多种语言的一个民族呢？过去，只有德语是官方语言。现在说法语和意大利语的属地也成为享有平等权利的州一级行政单位。既然在法律面前一律平等，那么三种语言在议会里在共和国文件中都应得到通用。当时拉阿尔普给新瑞士民族的前景作了如下说明："必须学习德语、法语和意大利语，这将加强各族之间多方面的联系，并能使我国发展教育和文化；循此以往，那些语言中蕴藏的财富将被揭开，而我们也会看到使人们成为竞争者、仇敌终至沦为奴隶的种种野蛮偏见彻底消灭。"② 这就是说，新的民族理想是操多种语言的人彼此互相理解、互相帮助、互相学习、和睦相处。这个理想在当时尽管未能实现，但是作为奋斗的目标鼓舞着瑞士人继续努力。到19世纪中期终于建成了一个多民族的统一国家。

四　海尔维第共和国覆灭

海尔维第共和国从成立起一直存在着中央集权主义者，即主张建立统一国家的人们，同各邦分立主义者，即主张建立松散邦联的人们之间的斗争，又被称为"统一派"和"联邦主义者"之间的战争，他们围绕国家体制展开了激烈的辩论。仅仅两年多时间，瑞士经历了数次关于国家体制的大论争。1802年夏天，拿破仑军队刚刚从瑞士撤出，瑞士立即爆发了内战，全国陷入混乱。拿破仑急忙派兵重新占领瑞士。拿破仑在巴黎召见

---

① ［瑞］埃·邦儒尔：《瑞士简史》下卷，南京大学历史系编译组译，江苏人民出版社1974年版，第409页。
② 他石：《瑞士联邦700年》，中国国际广播出版社1990年版，第64—65页。

70 位瑞士议员，目的在于促进互相争斗的两派和解，同时制定一部新宪法。1803 年，他交给瑞士人一部新宪法，称为《斡旋法》。这部宪法在瑞士实行了 10 年。

根据《斡旋法》，瑞士恢复了古老邦联的各邦分立的传统，统一的海尔维第共和国变成了邦联制共和国。联邦由原有邦联 13 个成员和 6 个新州组成，每个州拥有自己的宪法。实行公民大会制的各州重新制定原有的民主宪法。城市州制定代议民主制宪法。圣加仑、阿尔高、图尔高、提契诺、沃州等新州实行代议民主制。宪法强调 19 个州彼此平等的原则。6 个大州被指定为理事州，它们是弗里堡、伯尔尼、索洛图恩、巴塞尔、苏黎世和卢塞恩。6 个州轮流执政，执政州最高行政长官为国家元首。各州实际上恢复了过去的一切主权，如管理财政、货币、邮政、关税和教育等。革命以来取得的成果，例如承认全瑞士的公民权，承认公民个人的各种自由权利，都写进了各州的宪法。《斡旋法》不是海尔维第宪法的有机的改造，而是与其统一的原则的彻底决裂，结果是部分地具有了联邦的性质。各州实质上恢复过去的一切主权，包括财政管理、铸币、邮政、关税、教育、修道院以及某些专卖事业等。

由于瑞士实际上朝原来的瑞士邦联倒退，因此人们称《调节法令》为小复辟。拿破仑使瑞士倒退，主要有两个方面考虑。拿破仑承认了瑞士的特殊国情，即长期以来"瑞士的主要力量存在于各州之间"，州的利益至上，这是几百年来的传统。他在接见瑞士议员时说："我越是研究你们的地理、历史及习惯，就越是相信，在你们国家不应当实行统一的中央政府和统一的立法。在这样一个多样化的国家里需要多样化的政府。"① 基于这种现实考虑，他作了政策调整。另外，使瑞士保持一种分裂和软弱状态，有利于法国对瑞士的控制。拿破仑的海尔维第宪法是法国统治者以革命使命为掩护来追求自己的政治目的——侵略他国的遮羞布。新的法律理论是由外国的武力强加于被侵略国的，瑞士在自然条件、宗教、风俗和语言方面与法国差别如此之大，它就决不能忍受一种外来的法律体系，因而新宪法在很多方面在拿破仑时期从未有效地实行。所以，从这个方面来说，《斡旋法》并不能从根本上来解决海尔维第共和国内部的矛盾，只能起到暂时缓解矛盾的作用。但是从积极的方面来说，第一部海尔维第宪法

---

① 他石：《瑞士联邦 700 年》，中国国际广播出版社 1990 年版，第 66 页。

是基于法国大革命思想的一种理论和精神的产物,它的主要思想是统一国家、自由、民主、平等、博爱。从大背景来说它是符合历史潮流、顺应民心的,从而也使瑞士仿效法国大革命的榜样唤起自由统一国家的观念,废除封建思想。

瑞士内部邦联主义者及中央集权主义者的争执,在《调解法令》时期前者占了上风。海尔维第共和国名存实亡了。1814年拿破仑的失败,标志着这种政治上的两重性政体的终结。

在1814年到1815年召开的维也纳会议上,成立了一个以英国外交家坎宁为顾问的处理瑞士事务的特别委员会。在会议的《最后议定书》中,《斡旋法》时期的19个州的独立和完整得到承认;伯尔尼放弃阿尔高及沃州地区,作为补偿,它取得了巴塞尔主教区的汝拉地区;日内瓦、瓦莱和纳沙泰尔作为新州加入联邦。在联邦国会中每个州拥有一票。在这次会议上,参加会议的瑞士代表竭力争取瑞士获得永久性中立。维也纳会议的几个主要国家在一份特别的文件中,承认了瑞士的永久性中立地位,并保证瑞士地区不受侵犯,这对瑞士今后的发展至关重要。列强把瑞士看成是法国、奥匈帝国、德国和意大利之间的缓冲地带,从欧洲"三十年战争"到反法同盟战争的历史经验中,欧洲大陆各国逐渐认识到,鉴于瑞士的特殊地理位置和联邦特点,瑞士的中立与完整符合各国的共同利益。这一共识事实上成为瑞士中立的保证。他们从自身利益出发,为了达到各自的目的,共同承认了瑞士的中立,并将其作为欧洲公法的一项原则。这次会议划定和确认的瑞士边境线直到今日都没有改变。①

五 海尔维第革命失败原因分析

海尔维第共和国失败的原因是复杂的。我们大概可以从瑞士革命背景、历史传统及革命领导这三个方面究其原委。②

第一,不成熟的革命和政权。威廉·马尔登指出:"法国和瑞士条件毫无相似之处,乃至始终是纯政治性的法国大革命无法在瑞士旧邦联内引起更多的反响。"③ 在瑞士旧邦联,社会矛盾并未激化,贵族政权相对稳

---

① 任丁秋、杨解朴等编著:《瑞士》,社会科学文献出版社2016年版,第65页。
② 端木美:《法国大革命与瑞士——海尔维第革命独特结局浅析》,《世界历史》1989年第4期。
③ W. Martin, *Histoire de la Suisse*, paris, 1926; 8eéd., avec une suite de Pierre Béguin, complétée par Alexandre Bruggmann, Lausanne, 1980, p. 167.

定，甚至"政权受益者数量巨大，可能比属民更多"。① 在这块土地上，革命思想的影响是微弱的。在旧邦联，由于贫富不均或由于社会地位不平等而发生的贫苦农民或属地人民的骚乱，不足以危及统治阶级的政权。因此，威廉·马尔登认为："贵族政府并非被其属民所推翻。"② 1798 年，少数瑞士革命者借助法国的力量，在这个革命缺乏基础的国家发动革命，建立政权，其困难可想而知。综观海尔维第共和国存在的 5 年，各州反叛此起彼伏，领导内部危机四起，一旦法国军队撤离，政权就垮台，这是不足为怪的。新政权本身则由于内部无休止的派别纷争以及频繁的政变而软弱无能、四分五裂，在内外打击下终于瓦解。由此可见，一场不成熟的革命带来有争议的政权不可能长存。

第二，瑞士的传统：历史和制度。尽管已故瑞士著名法国革命史专家乔治·勒费弗尔和阿尔贝·索布尔的亲密朋友阿尔弗雷德·鲁弗尔认为统一制不只是外国强加的，而且也是一部分瑞士人期望的并受到农民支持。③ 然而他的同胞威廉·马尔登却坚持认为："海尔维第政权是舶来品，而且对我国来说是完全陌生的。"④ 瑞士内部邦联主义者及中央集权主义者的争执在领导集团内部以及全国范围的激烈斗争，"统一不可分割的"共和国短暂寿命都证明了在法国刺刀支持下建立的统一制国家是违背瑞士的传统的。几个世纪以来，在瑞士既不存在共同的政府，也不存在集权制度。其政治制度的建立，以州为主体，各州之间的联系则是松散的。让·德·穆勒指出："瑞士的主要力量存在于各州之中。"⑤ 州的利益至上，体现出当地人民对独立的热爱和一种不可动摇的爱国主义。因此，很难把那种取消各州主权的中央集权制强加于忠于传统政治制度的人民身上。

新制度显然由于不合国情而夭折了。但海尔维第共和国的影响是不可否认的，正如《瑞士历史新编》中指出的："海尔维第共和国宪法的重要

---

① W. Martin, *Histoire de la Suisse*, paris, 1926; 8eéd., avec une suite de Pierre Béguin, complétée par Alexandre Bruggmann, Lausanne, 1980, p. 168.

② W. Martin, *Histoire de la Suisse*, paris, 1926; 8eéd., avec une suite de Pierre Béguin, complétée par Alexandre Bruggmann, Lausanne, 1980, p. 168.

③ E. Rott, *Histoire de la représentation diplomatique de la France auprès des cantons suisses*, vols. 10, Paris, 1935, p. 139.

④ W. Martin, *Histoire de la Suisse*, paris, 1926; 8eéd., avec une suite de Pierre Béguin, complétée par Alexandre Bruggmann, Lausanne, 1980, p. 187.

⑤ *Histoire de la Confédération suisse*, 5 tomes en vol. 6, Lausanne, 1910-1919 (t. 1, 2e éd., 1927), p. 439.

性远远超出新制度存在短暂的事实。"

第三节　1848年新宪法以及意义

一　瑞士联邦制国家的建立

1815年宪法制定之后，各州在权力分配上取得相对平衡，但是瑞士邦联本身的作用被削弱了。到了1830年，之前的宪法已经远远不能适应瑞士发展的需要。缺乏中央权威的分散局面导致的结果就是：对外表现软弱，一旦遇到国际风云变幻，邦联内部就出现分歧，尤其是外交难以开展，有损一个主权国家的尊严；对内表现则是瑞士工业发展严重受阻。这样的政治局面对瑞士民族国家的发展极为不利，因此必须修改过去那部与时代严重不符的宪法。[①]

除此之外，维也纳会议后，瑞士出现了名副其实的复辟时期。瑞士又恢复了过去已被取缔的贵族政权。革命带来的公民平等权利以及个人的自由权利大部分都取消了。城市中行会制度重建。革命带来的统一的国家重新变成小邦分立的邦联。各个邦都拥有在政治和经济上无可争辩的主权地位。邦联既没有权力也没有能力来协调各邦的共同事务。瑞士邦联对外没有统一的关税政策，内部却关卡林立。各州之间还要展开无休止的贸易战。

贵族能够复辟旧体制只是因为得到了外力的庇护。这个外力恰恰是瑞士人为争取独立而与之斗争几百年的敌人——哈布斯堡王朝。所以，正是在旧秩序重建的表层下面，集聚着反对复辟更新政治体制的浪潮。经过法国大革命的冲击，同欧洲其他国家一样，瑞士社会、经济、政治乃至观念都发生了根本变化。复辟时期固定不变的制度与正在发展运动中的社会之间的距离逐渐扩大。

自1830年起，革新与保守的两派势力进行了18年的较量。受启蒙思想和法国革命熏陶的各族先进阶层从一开始就否认旧制度的复辟。瑞士自由主义思潮植根于启蒙运动和法国革命，而且也从海尔维第共和国，从对早期瑞士自由理想化图景的回忆中汲取力量。他们要求在法律面前的平等

---

① 任丁秋、杨解朴等编著：《瑞士》，社会科学文献出版社2016年版，第66页。

权利,个人的自由权利,国民教育权利;他们也要求政府事务的公开性、分权制度,从而实现以直接选举为标志的人民主权,实现代议制;他们还要求建立联邦制民族国家,改变目前一盘散沙式的邦联制度。

要求改革的自由主义者们通过一定的组织在全国到处串联,酝酿改革要求,最终形成了统一的政治目标。这一目标可以概括为:废除少数贵族家族的独占统治,废除教会特权,选举产生作为立法机构的议会,保障公民个人自由权利等。更为激进的目标则是把邦联革新为一个现代的中央集权的统一民族国家。这些政治目标集中起来便是要求改革宪法。

自由主义者在各地举行群众集会,或者组织群众向州首府进军,从而对政府形成强大的压力。各州政府迫于这种压力不同程度地修改了宪法。1830年以后,有12个州制定了民主开明的宪法,主要在新教地区。信奉天主教、思想保守的7个州为保留州的自治权单独缔结了同盟,被称为"松得崩德"(Sondernund)联盟。这是一个代表贵族、教会利益的保守派军事联盟。随后,在"松得崩德"联盟与新教各州之间展开了一场内战。① 由于主导思想是自由主义的革新派在国会中占据了多数,并且他们代表着全国80%的人口和经济最发达的地区,最终革新派取得了胜利。而"松得崩德"联盟在1847年解散。1831年各州修改宪法主要有如下几点:强调民族平等、人民主权原则,由人民决定宪法,实行普遍直接选举;代议制民主,将州内国家权力集中到大会议,实行司法与行政权的分立,行政管理的公开性,法律面前的平等和个人自由权(包括出版自由、结社自由、请愿自由、信仰自由、居住自由和工商业自由等)。由于上述一系列自由权利的重新取得,人们称整个运动为自由主义运动,或者称革新运动。②

自由主义在州一级取得胜利,人们进而要求进行全邦联的改革。邦联改革首要目标显然是加强统一,实行联邦制。然而这个目标的阻力极大。国内的邦联分立主义者担心失去各邦的独立地位。国外的势力,尤其是奥地利的哈布斯堡反对邦联加强统一,反对改变维也纳会议既定政治格局。奥地利甚至威胁,如果瑞士改变其政治状况,它将不再保证瑞士的中立。

在这种情况下,瑞士自由主义运动出现了激进化的倾向,不少自由主义者变成了激进主义者,而且从自由主义派别中分裂出来。激进主义者的

---

① 任丁秋、杨解朴等编著:《瑞士》,社会科学文献出版社2016年版,第66页。
② 他石:《瑞士联邦700年》,中国国际广播出版社1990年版,第70页。

目标是建立纯粹的人民国家并且实现国家统一。他们认为，人民的意志是神圣的，如果宪法违背人民意志，那么宪法就必须修改。激进主义者在经济上也有一系列要求。他们要求废除地方关税壁垒，废除桥梁和公路通行税，要求国家统一邮政、币制和度量衡。同时，激进主义者采取暴力行动来达到自己的目标。自由主义的革新运动发展到激进主义势必使国内矛盾激化，一场内战注定不可避免。

激进党人首先在阿尔高取得了进展。经过一次全民投票，按激进主义观点制定的新宪法获得通过。这就打破了邦议会中的力量均衡。天主教少数派于是起而反抗，并且发动武装暴乱袭击邦政府。政府军镇压了这次骚乱。按照激进党人要求，阿尔高州政府解散了境内的修道院，因为据说暴乱是在修道院里策划的。这一措施违背了当时的邦联协议。对于阿尔高州的措施反响不同。天主教徒对此强烈抗议。其他人则持同情态度，尽管阿尔高违反了共同协议。1843年8月阿尔高州一定程度上纠正了自己的做法，重建了4个修女修道院。邦联议事会的多数成员立即表示满意。但是卢塞恩、乌里、施维茨、翁特瓦尔登、楚格、弗里堡、瓦莱和阿彭策尔（内罗登）7个半天主教州表示抗议，它们反对议事会多数人对这一问题的决定权。

9月12—14日，上述几个持反对意见的邦联成员在卢塞恩开会，决定发表一个宣言，要求重建所有被解放的修道院。与此同时，它们还有秘而不宣的决定，即以脱离邦联来作为威胁，同时赋予各邦政府以军事全权。它们还试图向奥地利和教会寻求支持。1844年夏，反对激进主义者的天主教各邦为寻找支持而邀请耶稣会前来工作。卢塞恩政府于1844年10月请耶稣会①成员来管理神学院，主持礼拜仪式。

在大多数自由主义者看来，耶稣会是人类进步的敌人，是自由世界有组织的压迫者。因此，卢塞恩政府1844年的决定被视作对进步力量的挑战，它激起了全瑞士自由主义者、激进主义者乃至新教徒的激愤。卢塞恩激进主义者随即组织反政府暴动，遭到政府严厉镇压。其他各州同情者立即组织了一支3000多人的义勇军前去支援。② 由于组织混乱而被击溃。

---

① 耶稣会为天主教修会之一，1534年创立于巴黎，是反宗教改革的主要工具。该会不仅在欧洲国家，而且在亚洲等地活动。该会有严格的组织纪律，实行严格的集权制，地位低的人必须服从地位高的。即19世纪，耶稣会是教权主义的骨干队伍。

② 他石：《瑞士联邦700年》，中国国际广播出版社1990年版，第73页。

1845年上述天主教和保守主义的 7 个州（卢塞恩、乌里、施维茨、翁特瓦尔登、楚格、弗里堡、瓦莱）为抵御这种进攻和突袭缔结了一个防卫协定。同盟设有作战会议，拥有军事全权，实施军事和政治的领导。同盟宣称是为保卫自己而组织起来的，实则为反对即将到来的邦联改革。

原来还迟疑不决的邦联成员，如苏黎世、伯尔尼也变得激进了，在这些地方也成立了激进党政府。最后共有 12 个州站到激进主义者一边。1846 年邦联议事会讨论特别同盟问题。经过激烈的辩论，10 个州加 2 个半州赞成特别同盟，还缺少 2 票形成多数。后来，日内瓦和圣加仑自由主义者或激进主义者取得胜利，在议事会终于形成了要求解散特别同盟的多数。1847 年 7 月至 9 月，在伯尔尼召开的邦联议事会上按照激进主义者的意愿通过了多数的原则立场：解散特别同盟，因为它违背邦联协议，修改邦联宪法；驱逐耶稣会人士，禁止他们再来瑞士。

特别同盟当然不准备自我解散，因而积极备战。他们从奥地利获得金钱和武器的支持，从法国及撒丁王国取得战争物资。但是，他们缺乏一个有力的统一的指挥，而且从国外进口的武器被激进主义者扣留。激进主义阵营也积极备战。他们招募军队，由杜福尔上校任统帅。

1847 年 11 月 4 日，邦联议事会决定以武力解散特别同盟。邦联军统帅杜福尔（1787—1875）集中优势兵力攻击分散的同盟军各个部分，使战争能够迅速而且几乎兵不血刃地取得胜利。杜福尔不仅制定了正确的战略战术，而且也制定了正确的政策。他提出，要尽可能减少流血和不必要的破坏。11 月 14 日，在邦联军攻击下弗里堡投降。于是杜福尔集中兵力攻击卢塞恩和楚格。11 月 21 日楚格投降。邦联军乘胜追击，到 11 月 29 日四个森林州及瓦莱均告战败。至此内战结束，特别同盟首领逃亡国外。双方只付出很小的伤亡。邦联方面死 78 人，伤 260 人。特别同盟方面死 50 人，伤 175 人。① 特别同盟各成员负责支付战争损失，激进主义者在卢塞恩、弗里堡和瓦莱都取得了政权。1847 年，富勒尔率领的联军结束了分裂战争，新兴的资产阶级终于取得了胜利。后来，1848 年制定的全国宪法把邦联之间的盟约变成了宪法，瑞士由实际上的邦联变成了新的联邦国家，从而结束了封建割据的局面。同时还组织和增强了联邦军队，使其中央化；统一立法制度，增强联邦权力，禁止各州再个别缔

---

① 他石：《瑞士联邦 700 年》，中国国际广播出版社 1990 年版，第 73 页。

结同盟或条约。瑞士开始成为一个现代资本主义国家。因此，在欧洲君主政体纷纷复辟的1848年，西欧中部出现了一个具有进步共和思想的瑞士联邦。

特别同盟曾请求奥地利出兵干涉。然而，当奥地利和其他国家还在考虑如何干涉瑞士内战时，瑞士内战已经结束，激进主义者已经取得胜利，特别同盟已经不复存在。奥地利等国只好向瑞士递交集体照会，企图阻止邦联实行改革。邦联政府毫不含糊地回答，基于民族自决原则瑞士有权按自己的意图修改宪法，改革自己的政治体制。考虑到直到1848年法国革命前欧洲仍是维也纳会议确定的政治格局，神圣同盟仍在充当欧洲反动势力的宪兵，瑞士这一行动就显得更为英勇了。一个革命的小国公开向整个欧洲封建势力宣战。

此后不久，欧洲爆发了1848年革命，普鲁士、奥地利等国再也无暇过问瑞士事务了。新的瑞士联邦在混乱的欧洲中迅速站稳了脚跟，巩固了自己的资产阶级民主共和国。欧洲革命帮助了瑞士，使其免受国外势力的干涉。而瑞士联邦制共和国的建立则鼓舞了当时欧洲的革命者。

二 1848年宪法

1848年成立的宪法修改委员会在不到2个月的时间里完成了联邦宪法初稿。委员会成员们并没有因革命胜利而头脑发热。他们并不打算将瑞士改造成一个中央集权的统一国家，他们不打算抛弃植根于瑞士土地上几百年之久的自治传统。各州的地方利益可以为国家整体利益作出必要的牺牲，让渡部分权力，但是各州依旧有必要维持自身的主权。海尔维第共和国失败的教训人们记忆犹新。这样，宪法修改委员会就确定了宪法关于联邦和州权力分配这一重要的原则。

联邦宪法草案在1848年9月付诸公民表决。结果180.7万居民赞成，29.3万居民反对。与此同时，22个州中有15个整州和1个半州赞成，6个整州和1个半州反对。[①] 9月12日，联邦议会宣布新宪法获得通过。

根据新宪法，联邦议会拥有立法权，由国民院和联邦院两院组成。联邦委员会是联邦的行政机构，由7名委员组成，联邦主席由联邦委员轮流担任。司法权由联邦法院行使。联邦委员和联邦法院的法官均由联邦议会

---

① 他石：《瑞士联邦700年》，中国国际广播出版社1990年版，第74页。

产生。按照宪法，联邦由22个主权州组成，州的主权受到联邦的限制。联邦致力于维护国家对外的独立以及内部的和平与秩序，保卫自由及联邦的权力，促进整个联邦的福利。

联邦有以下权力：决定战争与媾和，结盟与签约，禁止军事上投降；裁决州际争执（部分经过联邦法院，部分经过联邦议会）；实施军事教育与训练；建立或者资助公共企业；建立联邦高等学校；统一关税、邮政、货币及度量衡等。

联邦行政机构为联邦委员会。联邦委员会的7名成员每3年由联邦议会选举产生。联邦主席每年由联邦委员轮换担任。联邦政府日常办公业务由联邦办公厅主任负责。由于从历史传统上瑞士人更重视集体权力，因而不像美国那样设立一个总统。瑞士的"总统"可以说是整个联邦委员会，而不是联邦主席。后者仅仅是整个委员会的代表。联邦委员会强调协调合作，不突出某一个人。

联邦司法权由联邦法院行使。联邦法院11个法官由联邦议会选举产生。

联邦立法机构为联邦议会。联邦议会由代表国民的国民院以及代表各州的联邦院两院组成。① 国民院议员由国民直接选举产生，每2万人产生1名议员（当时人口约240万）。联邦院议员每州2人，由各州选举或州议会推举产生。联邦院维护各州的权益。这一政治结构使议会民主制的新内容同过去各州独立自治的历史传统融合在一起，体现了革新同传统的调和。

按照宪法，尽管各州主权受到中央很大限制，但是仍然保留了相当大的权限。各州可以制定与联邦宪法不相抵触的州宪法，拥有管理州内警察、道路、税收、司法、卫生、教育以及宗教事务的权力。各州不得与外国或其他州订立政治性条约。然而，非政治性事务，例如与邻州的交通或者与外国的警察进行合作等，各州仍可与外界订立非政治性的条约。

宪法保障个人的自由权利，即出版自由、结社自由、请愿自由和迁徙自由等。

值得注意的是，宪法规定了修正程序。如果5万名有投票权的公民要求修改宪法，那么就必须将这一修改要求提交全民表决。如果多数公民和

---

① 韩世奇：《浅论瑞士的"共识民主制"》，《中国校外教育》（理论）2008年第1期。

多数州赞成，那么修改宪法得以进行。联邦创建者们认识到自己创建的政治机构尽管是适合当时情况，但是不会一成不变。制订修正程序便为今后修改宪法提供了合法的途径，从而有可能避免政变与动乱。

三 新宪法的意义

1848年宪法的通过和实施，表明瑞士历史发展到了一个新阶段，在瑞士历史上具有里程碑式的重大意义。

从中世纪末期以来，在瑞士封建制度的表层下面，已经形成和出现了一系列新的因素。商业的繁荣带动了手工业的发展，瑞士成为欧洲大陆工业化领先的地区。商品经济也深入到农村，不断侵蚀封建体制的根基。在法国革命影响下，瑞士人民对这一旧体制从政治上进行了一次冲击。法国革命的失败很快使这次冲击的成果付之东流。19世纪30年代以后的革新运动以及1847—1848年的革命是对瑞士封建体制又一次冲击，而且是一次成功的冲击。领导这场运动和这次革命的是激进自由主义者，他们是19世纪上半期成长壮大的瑞士资产阶级政治代表。他们推翻了维也纳会议强加于瑞士的正统主义秩序，建立起以个人自由为基础的资产阶级民主制度。他们改变了长期以来封建割据状态，建立起统一的联邦制共和国。从18世纪30年代到1848年瑞士人经历了一场真正的革命。过去的1个多世纪以来，瑞士一方面要协调各个州的民族利益，另一方面要调解城镇居民与农民的利益，还有调整各个社会部门之间的分歧，瑞士联邦从19世纪的集权国家和秩序的保卫者，逐渐发展成为现代民主福利国家。这次革命主要不是来自外部，而是根源于瑞士民族争取自由和民主的坚定决心和建立统一国家的强烈愿望。这次革命不是自上而下的改革，而是一场自下而上的群众运动。人们首先在州一级更新政治体制，在此基础上进而实现了全国的变革，因而这场革命有着深厚的群众基础。至此，瑞士形成了现代资本主义政治体制。中世纪的城市贵族共和制和乡村的自由农民共和制政体演变为资产阶级的民主共和制。时至今日，1848年宪法的基本特点仍有意义，这部宪法以法律条文的形式记录了人们从瑞士历史中吸取的教训：只有尊重各州的民族个性，才能实现国家的统一。

（1）对外关系

1848年的联邦宪法大大地明确和加强了瑞士在外交事务中的地位。

从那时起，全国只有一个机构主管外交政策的事务；唯独联邦国家不但一如既往地有权宣战议和，而且有权同其他国家缔结同盟和条约。这样，各州被剥夺了推行自己的外交政策的权力。它们仅仅保留了在少数例外事件中同外国订立协议的权力，例如经济事务、边界贸易和治安问题；而且就是这样的协议，也必须同联邦国家的法律相符合。另外，各州有权同外国下属官府建立关系。

国家的统一很快为民族独立提供了更好的保障。在前一些时候，由于首府州的轮换，邦联的外交政策不能不随之发生某些变化，而现在中央政府有充分权力处理外交政策问题，这就保证了决策的统一和行动的一致。由于各州在外交政策上的自由受到宪法的限制，别国借助个别州和个别政党来干涉瑞士内部事务就更加困难了。这意味着受外国保护的时代已经过去。正如新的联邦制国家的创建者所曾希望的，瑞士人现在作为民族融合充分发展的国度，团结一致地屹立于世。

这种使瑞士不对任何外国承担义务的努力，其表现形式之一是禁止同外国签订军事条约，同时也默认正在履行的雇佣军协定仍然有效，一直到期满为止。还决定，联邦当局的成员以及联邦国家的文武官员不许接受外国政府的津贴、薪金、礼物、爵位或勋章。连这样一些小节上的独立性，联邦制国家的创建者也视为最郑重的事。

当瑞士仍忙于在外交事务上的中央集权时，它就有必要就其同别国的关系加以充分负责的说明。对于列强，议事会热烈地维护自己采取任何中立的宪法的权力，并以历史的和法律的理由拒绝任何干涉的要求。脱离一切外国影响的决心清楚地表现在约纳斯·富勒尔起草的给列强的一份照会中。这是一份从未听到过的响当当的自豪的照会。联邦开始感到自己是一个国家，在应付其他国家时有充分的信心。

不久以后，议事会根据瑞士外交政策的基本原则，明确了自己的立场就是中立，如撒丁国王在行将对奥地利宣战时，向瑞士建议缔结攻守同盟。首府州恰好曾行文对各州说：正如瑞士把内部事务的组织与处置看作是只有他自己能够决定的事，他在外国冲突时也将努力遵守中立而无所畏惧，同时在这方面将诚心诚意地履行现有条约。

接着在议事会中掀起了一场关于中立的意义和实践的热烈辩论。极端的激进党人，即主张各民族团结一致的人，愿意帮助所有争取自由的各族人民，因为那也同瑞士的基本原则有关。据他们的意见，瑞士应当抛弃旧日消极的中立而采取积极的政策，以此来完成它作为一个解放者的使命。可是，议事会中的多数派一点也不赞成放弃中立，对于外国的争端坚持传统的不干涉政策。关于日内瓦以一种在适当时机到来的时候去占领萨瓦一事，议事会也采取同样的态度。

19世纪中叶，当欧洲各地再度爆发革命的风暴之时，瑞士抵制了一切诱惑而没有充当共和政体的拥护者。因此，联邦委员会拒绝革命党人要求帮助的一切申请，它抱定中立是国际法的原则这一理由，而不管共和党和革命党应团结一致的想法。

也正是因为瑞士的中立政策，瑞士的边界地区挤满了流亡者。起初，瑞士的多数居民给予流亡者热烈地欢迎，把这些人视为自由事业的牺牲者。建立了一些委员会来分配赠品，安排公共机会，并为他们找工作。这样做，瑞士得到很多有待将来才显出价值的东西。可是联邦逐渐感觉到这些流亡者有时也会带来危害。有些流亡者得到国家赦免得以离开瑞士，也有若干流亡者在瑞士定居，并安家立业。他们在中学和大学找到了工作，成为瑞士高等教育方面的巨大财富。作为学者、作家和艺术家，他们丰富了瑞士的文化生活。

当时这个年轻的联邦国家遇到了外交政策方面所必须面对的最大的危机——纳沙泰尔冲突。1848年，纳沙泰尔采取了共和制的宪法并经联邦国家承认是瑞士的一个州。但是普鲁士国王不承认这一事实。当纳沙泰尔共和党人和保皇派人因为铁路问题发生争议时，保皇党就偷偷和柏林接上了关系，他们开始了反革命活动。1856年9月2日至3日晚上，保皇党人占领了莱洛克尔和纳沙泰尔城堡。第二天，共和党的民兵部队猛攻城堡，俘获了首犯和他们的同伙600人，并扔下了很多死伤者。接着普鲁士提出抗议并号召列强干涉，但是，欧洲作为一个整体来说，无意为了纳沙泰尔的叛乱而让战争在大陆的中心爆发，只想求得争端的和平解决。法国在这中间当了调解员，但是由于谈判破裂，普鲁士已命令于1857年初动员，并且准备进攻瑞士。瑞士全国各族人民极度激动，甚至感染了前分离派联盟的各州。全国各民族人民齐心一致地团结在联邦委员会周围，联邦议会则授予联邦委员会绝对的全权以达成和平解决，假如必要的话，就准备战争。甚至在普鲁士动员以前，北部边界已驻有杜福尔统率的3万人。在欧洲，自然深恐对瑞士的进攻可能导致整个大陆被压迫的少数民族一致奋起。在这种紧张的局势下，英国帕麦斯顿内阁再一次进行干涉。瑞士认为英国是它最可靠的朋友。约在 1856 年和 1857 年之交，战争看来迫在眉睫，但瑞士却获得最重要的一个契机。《维也纳和约》承认瑞士为永久中立国，保证瑞士地区不受侵犯。英国政府对普鲁士政府施加强大的外交压力，在一系列照会中强调维也纳和约保障了瑞士的中立、独立和完整。在一次戏剧性的巴黎会议上，普鲁士终于永远放弃了对纳沙泰尔的主权。瑞士则承认纳沙泰尔州是有充分权利的联邦成员。这个严重的危机，虽然对年轻的联邦国家有过威胁，但在很大程度上帮助克服了充塞于 19 世纪前半期的派系以及民族分裂活动。联邦在外国的压力下，第一次真正形成一个民族国家。瑞士现在知道，它的新的中央机构能够应付一场外来危机，并且成功地保卫了它的独立。

在意大利统一战争中，联邦委员会以同样的决心保卫了瑞士的利益。意大利战争导致进一步摆脱了对外承担的义务和澄清了瑞士中立的思想。长期以来，大多数人感到雇佣兵服役同新瑞士的尊严不符，因此联邦宪法禁止签订军事条约。在所谓瑞士诸雇佣军团中爆发的一次兵变，导致联邦两院和公众的热烈争辩。在这之后，联邦发布了一项决议，不仅对招募雇佣兵而且对应募进外国军队，都给予严厉的惩罚。唯一准许的事情，是以某些条件在外国国家军队的服役。至此，古老的服役于外国的制度，虽曾对人口过剩的邦联是一种经济上的必要，现在则合法地和最终地告一段落。①

（2）对内政策

联邦委员会最重要的宪法问题之一是联邦委员会的组成。有组织的政党政府还没有出现，最高行政机构的七个选任的成员全属于激进主义的自由党类型，并代表其各种不同的意见。他们全都加入民族主义的进步政党，这就使联邦政府在行动上出现了异常的统一和勇气。在联邦政府中，两种民族宗教和三种语言都有配置平衡，还从小州选出能干的人来防止任何大州的独占优势。

联邦委员会中全体委员来自那些曾在贯彻执行革新计划中起过作用的地区和社会阶级。他们中的多数人在各自的州里曾是革命变革的战士，并且一度扮演州的独裁者的角色，接着是参加议事会的委员会，反对分离派联盟，而后又互相合作以修改联邦宪法。因此，除了个人能力，他们在担

---

① [瑞士] 埃·邦儒尔：《瑞士简史》下卷，南京大学历史系编译组译，江苏人民出版社 1974 年版，第 670 页。

任新职时又随身带来了政治和行政的经验。这几个人全都是新思想的战士并且懂得什么是政府。作为联邦长官，他们把彼此的争吵搁在一边，摒弃了政党政治，甚至那个激烈的和有创建的德律埃也是这样。

首都的选择，也出现了争议。是定都于伯尔尼还是定都于苏黎世，曾有过激烈的竞争，最终是伯尔尼获胜。这个城市因它的地理位置在瑞士德语区和法语区的交界处而被选中，而苏黎世则完全是德语区。这一选择也许还部分决定于承认伯尔尼的伟大历史功绩，特别是它有力地主张宪法的修改；同时，更是为了民族融合、民族和谐而考虑的。

议会。是政治权力的重心，不是行政部门而是立法机关。联邦议会选出联邦委员会，而联邦委员会仍旧依靠议会，是议会的右手。因此，年轻瑞士的宪政生活表现出议会政治的一切特点。选举区的任意划分，保证了1847年的得胜者在未来很长一段时间内获取多数票。那个多数，拥护自由党在政治和经济上的激进主义。尽管有着人事变动和各州的形形色色的政党运动，议会仍保持原来性质不变。曾经奠定联邦国家基础的那些政治旨趣，现在都好不容易实现了。对内政策和对外政策，都决定于议会的一致的多数以及联邦委员会，这对新瑞士的繁荣肯定是有利的。虽然议会的所作所为有些粗鲁无情，但它永远是强有力的和活跃的。用历史的眼光来看，必须肯定它的功劳是在国内外巩固了联邦多民族国家。

关税、邮政、币制和军队的统一。为了联邦的经济生活的统一，联邦宪法曾经规定设置若干中央机构，这时都由立法部门建立起来。麻烦的内部关税壁障废除了，国内的贸易自由取得了。联邦建立了一种适中的税率制度，而不损害贸易的基本自由，新的关税条例促进了国家的经济发展，并提供了一些足够维持联邦行政费用的收入。后来，关税收入有余，使联邦能把一部分关税权交给各州，并进一步发展它的福利政策。

由于新的运输工具的迅速发展和瑞士进入世界贸易，瑞士邮政的极度混乱状态不再能存在了。1849年的联邦法律规定一种邮务运输的健全组织，并引进一种合理的邮费制度。1851年联邦又接管了电报的设置和业务。

关于币制，瑞士当时普遍存在一种混乱状态。1850年，联邦政府统一了货币制度。经过多方角逐，也因考虑到民族平衡等诸多因素，最后以法国法郎和法国货币本位的瑞士法郎获得胜利。币制的混乱消失了。币制在改革时被认为是新联邦作出的最有益的事业之一，它使瑞士的工业和银行附属于法国，而法国是当时欧洲最大的资本市场。这个改革的进一步的成果，是瑞士加入1865年拉丁货币联盟的世界货币体系。

实现联邦指望的度量衡的统一，花了更多的时间。直到1875年，纯粹的十进法才成为强制性的。军队的统一也有进步，但是完全的中央集权没有成功。

大学。高等教育方面，中央集权的成果是显著的。联邦建立联邦工学院。联邦工学院是瑞士技术成就的鲜明总结，并装备这个国家以便在工业、建筑、工程、商业、运输、森林、农业和各种科学方面参与欧洲范围的竞争。

铁路。在铁路方面最开始是私人经营和国家统制争执不休，但是瑞士完整的铁路系统在不断完善。1852年，联邦政府通过了铁路法。瑞士铁路建设之后，所有较大的市镇都相互联系起来了，同别国也联系起来了。相互来往的增多，大大冲淡了全国各地区之间的差异和居民中各阶级的分歧。这为瑞士政治后来采取的民主制和中央集权的转变铺平了道路。

第四节 具有民族特殊性的瑞士民主政治

在中世纪以前，瑞士还没有成为一个地理概念，在现今的瑞士疆土并没有一个政治的、文化的统一体。瑞士在政治上，近代以来受法国思想影响较大。许多历史学家将瑞士联邦国家的演进过程分为两个阶段。第一个阶段是从1291年"永久同盟"的建立到1798年旧邦联（即松散的联盟）的崩溃。第二个阶段是从1798年的海尔维第革命到瑞士联邦现代国家的形成。

首先来简要说一说第一阶段，即从1291年"永久同盟"的建立到1798年旧邦联（即松散的联盟）的崩溃。1291年，瑞士中部卢塞恩湖周围隶属于神圣罗马帝国的三个乡村共同体乌里、施维茨和翁特瓦尔登因不满哈布斯堡家族的蛮横统治，为了共同抵抗外来的威胁，捍卫各自的传统自由权利，维护自治地位和各自的法律体系，在吕特利秘密集会，宣誓在经济、军事上互相帮助、相互支持，共同驱逐外来统治者，建立"永久同盟"。"永久同盟"是瑞士联邦的雏形，也是瑞士立国的基础。而从当初"永久同盟"的建立到之后的瑞士联邦的形成经历了漫长的过程，其间体现了多民族多元文化的碰撞和交融。[1]

---

[1] 任丁秋、杨解朴等编著：《瑞士》，社会科学文献出版社2016年版，第66页。

法国的启蒙运动思想首先对瑞士人的意识进行了灌输，而法国大革命后，1798年拿破仑入侵瑞士，建立了一个统一的海尔维第共和国，尽管它生存时间仅仅只有5年，可是这5年对瑞士政治上来说是一个承上启下的转折点。这就是第二阶段，即从1798年的海尔维第革命到瑞士联邦现代国家的形成。海尔维第共和国推翻了500多年带有封建割据性质的旧邦联体系，实行三权分立，共和国废除一切特权，实行宗教自由和言论自由。这一中央集权的共和国的宪法特别突出强调了法国革命的平等原则，废除一切特权和实行宗教自由和言行自由的措施，引起了中央集权主义者和联邦主义者之间的纷争，并爆发了多次内战。几个世纪以来，在瑞士不存在中央集权的政府，各种主要的力量都保留在各州手中。以州为主体，各州之间建立的是松散的联系，因此很难将中央集权制强加给忠于传统政治制度的瑞士人民。于是在1803年，拿破仑下令颁布《斡旋法》。联邦委员会（瑞士的联邦中央政府）是最高执行机构，联邦议会为最高立法机关，联邦法院则掌握着最高司法权。另外，在拿破仑干预下颁布的《斡旋法》，将海尔维第共和国改为了联邦制共和国，将旧邦联的传统与革命的成果巧妙地结合起来，其内容体现了时代所要求的新旧体制的妥协，从而暂时平息了中央集权主义者和联邦主义者的纷争。

从国家联盟到联邦国家的关键一步在于1848年，这一年瑞士的历史发生根本性的转折。1848年新宪法明确的、具有现代意义的联邦国家在更新了的联邦思想基础上，向世界演绎瑞士人独特的政治文化。今天的瑞士选民在政治生活的各个方面享有直接或间接的发言权。20世纪50年代以来，联邦选举户的选票总数持续上升，民众提出的立法议案也大幅度增加。然而与此同时，真正参加选举的选民人数却在不断地减少。联邦政府近年来又放宽了公民享有的民主权利，或许可以改变目前的这种趋势，瑞士公民在1991年3月获得18岁参加选举的权利等。[①] 瑞士的民主政治已经历700多年的路程。

一 民主政治的发展

现代的瑞士机构和政治组织反映出瑞士过去700年民主政治发展的历史。瑞士是高山地区的国度，自古以来高地人由于生存环境的恶劣，

---

① Switzerland, 2001 Kummerly+Frey, CH-3052 Zollikofen-Berne, 2001, p.30.

所以往往他们的民族性格是骁勇、强悍、好斗的。尽管瑞士人在战场上确实是英勇无比，成为中世纪和近代欧洲战场炙手可热的雇佣军，但是瑞士人在政治上表现得出奇的平稳和善。近现代以来，瑞士在政治现代化进程中往往都是通过渐进的改良过程，而非激进的动荡与革命，这也是瑞士非常尊重传统、尊重历史的一个重要因素。瑞士是一个联邦制的国家（过去是邦联），州一级的行政权力很大，从13世纪时"老三州"为了捍卫最基本的自由——缔结同盟形成邦联国家的"核心"，来反对奥地利哈布斯堡王朝，维护自身州的独立。1291年以后的几十年中，由"老三州"组成的"永久同盟"发展成为由8个独立主权组成的松散的邦联，而这8个州制度不同、传统各异。也可以这么说，古代一些日耳曼人、法兰西人、意大利人他们因各自要求维护地方人民的自身利益，为了反对强权，这些"反叛"的日耳曼人、法兰西人、意大利人结合在一起形成了国家。而这个"国家"是非常松散的，平时各州分而自治，独立性很强，每当有外敌威胁或入侵时，他们又会紧密团结起来共同御敌，而隐患解除后各州又老方一帖各自为政。瑞士联邦从它独立的这一天开始一直到今天，国家权力的很大一部分在地方州，各州成为"主权州"。各州和人民仍然围绕联邦制度展开辩论，人们要求地方自治的基本愿望从未遭到过非议。瑞士人的政治意识中既包含了对自治的渴望，又有对民族特性的感情，两者奇妙地融合在一起。所以瑞士人即便是在当地的政治事务中也不愿听命于人。

瑞士的政治还有许多特色，除了体现在联邦制度、主权州、中立原则之外，还有其独特的民主形式和传统。瑞士的民主标准是：国家最高权力属于权利平等的全体公民。瑞士的民主制度是瑞士政治制度的重要组成部分。因此，从这个角度上分析，我们可以说，在瑞士，民主不是最后阶段，而只是一种手段。一个国家的民主体现在不同形式、多重层次之上，与其产生的历史传统背景密不可分，瑞士的情况尤为如此。由于特殊的历史传统，瑞士的民主制度在演进的过程中表现为多种形式。从其形式本身看，在瑞士既有"直接民主""半直接民主"，也有"间接民主"；从联邦国家看，其民主体现在以"地方自治"为基础的3个层次上：联邦、州和乡镇（社区），同时也表现在国家与人的关系层面上。瑞士的政治制度带有"间接民主"的性质，"直接民主"和"半直接民主"是最具有瑞士特色的。自1848年制定全国宪法、设立联邦委员会以来，瑞士从此成为统一的联邦制国家。各州为"主权州",有自己的议会、政府、州旗、州徽。但外交、国家安全和防务、铁路、国家公路、邮电、海关、货币、联邦税收等由联邦政府管理,其他方面由各州管理。联邦的全国性立法对州有效,联邦有权监督执行。瑞士实行"公民表决"(即"全民公决"和"公民倡议"形成的直接民主),凡修改宪法,通过与宪法有关的法令以及签订15年以上的国际条约或加入国际组织,必须经"公民表决"通过方能生效。联邦的某项法令或决定,如公民有异议并征集到5万公民签名或征得8个州的提议,就得由"公民表决"复议。提案有8万人签名,就可作为"公民倡议"提出,联邦政府有义务受理,经议会决定,或按原提案或同时提出对案,提交"公民表决"。"二战"以后,政局十分稳定,从1959年至今,瑞士基本上由激进民主党、基督教民主党、社会党和中间民主联盟四党联合执政;联邦议会由联邦院和国民院组成,是联邦立法机关,联邦委员会是国家最高行政机构,由七名委员组成,分任七个部的部长,一律平等,联邦主席由七位部长轮流担任。联邦委员会由议会两院联席会议选举产生,任期4年,可连选连任。瑞士由于制定了一套比较民主、健全的法律,所以政府官员一般都相当廉洁,奉公守法,贪污腐化、利用职权等现象比较少见。政府官员平易近人,而且官员的财产和收入都是公开的,以便于人民的督促。瑞士权力不是集中于某一人,而是实行三权鼎立。各级部门办事较规范化,瑞士政府的办事效率也较高。所有这一切,都为瑞士经济和社会的发展,创造了一个有利的前提,成为其经济和社会发展的原动力。

瑞士的民主方式。主要有"露天州民大会"和"全民公决"。露天州民大会这种古代遗留的居民直接参政的民主传统,可追溯到缔结旧邦联的时代,是瑞士中部古代日耳曼民族最高权力形式的残余。它是现代瑞士民主制度的基石,迄今尚留存在瑞士中部和东部几个小州或半州里。如今在瑞士的中东部仍然有五个半州举行每年一度的名为"蓝德斯格曼得"即露天州民大会,该大会依然是所在全州人民的盛大聚会。至于"全民公决"又被称为"半直接民主",包含公民的两项权利,即创制权和复决权,也可以说是"公民复议"和"公民创制",即人们除了享有一般的选举权以外,还在立宪和立法方面享有直接参与权。瑞士公民通过对国家在内政和外交方面的一些重大事情行使表决权和倡议权来参与国家政治生活,并承担由此而产生的责任。关于半直接民主,1937年法国作家C.F.

拉缪在一篇文章中写道："要描写一个民族实在不容易，如果这个民族原本不存在，就更是难上加难。"① 他对瑞士人的苛刻批评曾掀起一场轩然大波。事实上，要26个州和半州的全体瑞士人用同样的眼光来看问题，几乎就是不可能的。在瑞士政治生活中，人们几乎看不到声势浩大的示威游行、狂热的辩论，或是激烈的冲突。惊人的戏剧性场面基本上不存在，如果的确出现了，那必然是人们期待已久的。

瑞士全境分为26个州和半州，州或半州各自设立政府和议会，拥有极高的行政与政治权力。这意味着国家的政治生活分散在各个地区里展开。因此，一切政治问题的根源基本上都是本地或本州的。尽管如此，联邦事务的作用越来越重要。1900年至1950年只举行过94次全民公决，而1950年至2000年则不下324次。20世纪50年代以来，提交给联邦议会的立法提案的数量也有大幅度增长，仅在1991年至2000年就有50多件。一个矛盾的现象是，全民公决表决的次数虽然增加了，但选民参与的热情却下降了。在20世纪50年代以前，全民公决率一般都高于56%，有时甚至达到85%；但是，如今的投票率只维持在33%—50%之间，这个比例已经大幅度萎缩。② 各州举行的全民公决也经历了类似的变化，各州的参与热情更低，投票率通常不足30%。③ 公民对公共问题无动于衷的态度，是瑞士政治体制和政治机构面临的最严峻的问题。历史学家和社会学家们曾就这种弃权现象展开过广泛讨论，但真正的原因还是不得而知，也没能找到补救方法。但有一点是清楚的：涉足政坛已不再是政党独享的特权，全国各地的人们正在成立各种各样的"公民委员会"，他们因为某个具体问题走到一起，下决心要扮演压力集团的角色，充分利用全民公决和立法提案权。

"为了很好地认识瑞士，应当懂得什么是在联邦国家里的州自治。"④ 联邦宪法指出，瑞士联邦由26个州（其中的6个是半州）组成。"各州享有主权，不受联邦宪法限制并行使一切不在联邦权力之限的权

---

① Switzerland, 2001 Kummerly+Frey, CH-3052 Zollikofen-Berne, 2001, p.40.
② Switzerland, 2001 Kummerly+Frey, CH-3052 Zollikofen-Berne, 2001, p.40.
③ 张健、王凤飞：《瑞士联邦民主模式对中国民主发展的启示》，《河北经贸大学学报》（综合版）2011年第4期。
④ [瑞士]安德烈·齐格弗里德：《瑞士——民主的证据》，纳沙特尔1969年版，第150—151页。转引端木美：《瑞士文化与现代化》，辽海出版社1999年版，第45页。

利。"① 各州在遵守共同的联邦宪法的同时，各自拥有合乎本州情况的州宪法、独立的本州立法等管理权力，甚至部分警务军事权。各州自治权虽然很大，但前提是遵守联邦宪法和各项联邦法律，公民有权对此发表意见或要求修改，这样体现主权在民的民主思想。② 随着汝拉州的加入（1979），瑞士联邦现有26个自治州，其中州只有23个，其余3个州又各自分为两个半州。早在12—14世纪，翁特瓦尔登州就划分为下瓦尔登半州和上瓦尔登半州；宗教改革结束之后，阿彭策尔州在1597年被分为内阿彭策尔半州和外阿彭策尔半州；巴塞尔州的城市和乡村曾在1833年爆发内战，战争粉碎了城市的扩张野心，巴塞尔州在战后分裂为巴塞尔城市半州和巴塞尔乡村半州，半州在联邦院中只有一个议席，在联邦宪法修正案的投票表决中，半州的选票也只能算作半票。

州和半州独立管辖各自的事务。全民公决选举本州的州政府，并且参与州内事务的决策。州政府由不记名投票正式选举出的5名、7名或9名成员构成（乡镇各州除外），按合议制方针运作。州议会也称大委员会或州委员会，实行一院制，各州的议员人数有很大差别（上瓦尔登半州的议会设议员52人，伯尔尼、阿尔戈维亚和沃州三州的议会各有议员200人）。州议员任期4年，但以下一些州例外：弗里堡（5年），外阿彭策尔（3年），格里松（2年），内阿彭策尔（1年）。州政府的资金来自直接税收，各州独立自主地管理各自的教育系统和社会服务事业。

当然，还有些权限由联邦和各州共同分担，如地方交通、环境保护、农业生产、区域规划等。

联邦民主的最后一个层次是在州之下的社区，它是联邦的基层组织。"乡镇"（社区）制度可以追溯到缔结旧邦联的时代，施维茨、楚格、乌里和外阿彭策尔等州都曾采用该制度，后来分别于1848年、1918—1929年和1997年废止。格里松州的某些地区至今仍保留乡镇制度，但其作用仅限于选举乡镇长（本区的行政长官）、法官和州议员（大议会的议员）。瑞士联邦中目前共有2909个市镇，分别由当地政府管理，有些市镇同各州一样享有高度的独立自主权。瑞士的民主在市镇中得到最直接的体现。

---

① Aubert Jean-François, *Traité de droit constitutionnel suisse*, vol. 2, Neuchâtel, Ides et Calendes, 1967, p. 6.
② 端木美：《瑞士民主初探》，《世界历史》1993年第5期。

公民通过参加当地市镇议会（在人口较稠密的市镇，民选的市镇议会正在取代此类会议）和投票，亲自选举本镇或本市的政府首脑，管理自己的事务。市镇承担着多种多样的责任：管理公共财产，如森林、水资源、煤气和电力供应；桥梁和道路，市政建设；学校；警察；消防；卫生部门；民防，等等；以及社会、文化和军事事务，在战时还要强行采取必要的经济措施。市镇和各州的行政自治权让每一位公民都可以积极参与民主的公共生活和当地事务。市镇还征缴直接和间接税。瑞士的市镇呈现出丰富的多样性，反映出该国明显的地区差异和悠久的历史。面积和人口方面的地区差异最明显，从市镇的类型上也可以看出差异——偏重农业的市镇、传统手工业市镇、工业市镇、城市开发市镇。一个市镇的面积可以大于一个小州，一些"袖珍市镇"比一个城市小区还要小。

瑞士的民主充分体现资本主义社会人与国家的关系上。联邦宪法受到了1789年法国大革命的影响，也受到1948年联合国《人权总宣言》的影响，联邦法律保护个人利益，在人与国家权利关系中强调保护个人不受侵犯。[①]《欧洲人权公约》保障基本的公民权利，联邦宪法、联邦法律和州宪法则规定旨在保护瑞士公民个人的权利。瑞士公民在法律面前人人平等，联邦宪法明令保护私人财产所有权、贸易与商业自由、选择居所的自由、礼拜自由、言论自由，以及结社和请愿的权利。这些是联邦政府提出的标准化权利，各州和市镇还可以赋予公民更多的权利。

在联邦一级，达到法定投票年龄的全体瑞士公民（妇女已于1971年获得选举权）不但可以选举议员，还可以就拟议中的新法律和宪法修正案投票表决。瑞士公民享有立法提案权，并且有权在全民公决中投票。写入宪法的这些权利给各州和市镇带来了不同程度的影响。

联邦立法提案权规定，公民有权要求全面或部分地修订宪法。公民行使立法提案权，需为立法提案争取至10万名选民的签名，提案内容可以具体详尽，也可以只列出大纲。联邦议会有权提出反提案，两项议案的命运交由全民公决决定。应该指出，宪法修正案须得到双重多数票（选民与各州）的支持才能通过。瑞士人十分珍视立法提案权的机会，并充分行使这项权利。但提案权的应用却错综复杂。立法提案权的主要优点是可以鼓励政治讨论，或重振政治对话之风。它使人民拥有了直接干预有关立

---

① 端木美：《瑞士民主初探》，《世界历史》1993年第5期。

法和宪法条文的政治决策的权利。在有些州，公民利用立法提案权可以修订宪法律。

这种瑞士维护人权的法律建立在1789年法国《人权宣言》、1948年联合国的《人权总宣言》和1950年欧洲议会制定的《保护人权和基本自由公约》的基础上。但是，实际上，直到20世纪70年代，瑞士才解决了性别上的政治平等问题，特别是妇女选举权问题，以及对天主教歧视问题后，瑞士才签署了欧洲议会的"公约"。[1]

在国家与公民的关系上最能深刻地反映这个国家的民主程度，而瑞士在国家与公民之间的关系上处理得非常恰当。

瑞士近年来几次重要的全民公决的情况：

1995年对关于"保护环境和切实有效的乡村土地管理"提案的反提案遭到否决；被否决的还有更加灵活的牛奶配额制度和向农民征收的"团结税"；削减重大新增开支的计划和《国家养老金方案》的第十个修订本得到批准；"扩大国家老年人和病残养老金方案"的提案被否决；更灵活地向外国人出售土地的计划被否决。

1996年若干条款获得批准；农业政策改革方案得到认可；政府和行政机构改组计划被否决；"反对非法移民"的民间提案和就业法修订本被否决。

1997年"将加入欧盟的谈判提交给人民表决"和"禁止武器进口"的民间提案均遭否决；为失业救济筹集资金的议案和"远离毒品的青年"的民间提案也未获通过。

1998年经济措施（为2001年平衡预算）得到批准；遗传工程提案和"无狗仔队的瑞士"提案均遭否决；根据车辆绩效征收重型车辆的建议获批准；支持小农场主和"第10次修订社会保障体制，保留现行退休年龄"的提案均遭否决；建设计划中的公共运输基础设施（铁路现代化）并为之提供财政拨款的议案和劳动法获批准；"为控制毒品制定令人满意的政策"的提案被否决。

1999年新修改的联邦宪法获批准。旧宪法中有关一州在联邦院中不得拥有一个以上议席的条款被更灵活的规定所取代。宪法中有关人体器官移植的条款和修订后的地区规划法均获批准。"全民财产所有权"的民间

---

[1] 端木美：《瑞士民主初探》，《世界历史》1993年第5期，第24页。

提案被否决。新的避难法和有关避难与外国人的紧急措施获批准。在处方中使用海洛因的有关规定也得到批准。联邦孕妇保险法和残疾保险法修订本均被否决。

2000年瑞士与欧盟签署的"扇形协议"获批准。这七份所谓"双边协议"包括欧洲运输市场准入，废除公共合同投标中的障碍和技术贸易壁垒，全面参与欧盟的研究计划，取消农产品关税，开放劳动力市场，允许劳动力自由流通。[①]

除此以外，联邦政府出台的改革司法体制，制定新的公务员法的决策也获通过，但有十一项民间提案被否决。

综上所述，瑞士联邦的治理、稳定和富裕，离不开其国内的民族融合、民主制度、民主传统。而其民主的产生和存在是以其自然条件、历史背景、社会环境、民众心态为依据的。最能体现延续不断的古老传统民主与现代新型民主的有机结合。

当然，瑞士民主虽独特，却并不是十全十美的。在资产阶级范畴内的民主制与其他西方国家的民主实质一样。而且随着时间的推移，时代变化、社会发展，新问题不断出现，批评和怀疑也经常困扰着瑞士人民及关注这个国家的公众。尤其是几个主要问题，如民主选举的领导更多代表经济巨头们，而不是普通百姓的利益；事无巨细都要投票的半直接民主形式："全民公决"渐渐令公众厌烦并流于形式，参加投票的人数减少，而且对于其作用产生怀疑的人越来越多（特别是在重大国际事务中不能审时度势，持反对态度，使瑞士在国际中作用减弱，令有识之士失望）；在尊重他人的前提下，许多秘密淹没在不可告人的沉默中，如银行保密法的实行导致瑞士银行中的黑钱、赃款等问题滋生，使瑞士外流资本无法统计等，都引起公众的不满与质疑。这一切无不为瑞士的民主蒙上阴影。由于瑞士什么事都得通过全民公决来裁定，因此，整个决策过程非常缓慢，效率低下。如瑞士在加入联合国和加入欧盟等涉及国家重大利益的问题上多次被全民公决否决，政府屡屡受挫。另外，在涉及一些州内和市内的问题上也如此，如日内瓦市政府很早就想计划在莱蒙湖底打一条隧道，以缓解该市的交通拥堵。但一晃十年过去了，这条隧道至今还没有被建造，原因是几次公决都被日内瓦人民否决了。但尽管从短期来看这种否决确实会耽

---

① Switzerland, 2001 Kummerly+Frey, CH-3052 Zollikofen-Berne, 2001, p.42.

搁延误一些政治利益、经济利益或者民族利益，可是从长远来讲它可以避免政府犯许多重大的不必要的错误，方向是正确的，体现了主权在民的民本主义思想，它们也是具有民族特殊性的瑞士民主政治的体现。

二　瑞士联邦行政机构

瑞士政治制度的特点能够明确地反映出过去700多年瑞士联邦漫长的形成和发展的历史。在这一历史发展过程中，瑞士的政治体制和政治制度也在不断地改良和完善，但是从总体上所反映出来的，依旧是瑞士人民对"地区自治"的渴望和对民族融合的理念接受。

现行瑞士联邦宪法规定瑞士是共和制国家，是实行立法、行政、司法三权分立的联邦制国家。[①] 瑞士宪法规定，联邦委员会及联邦政府是瑞士的最高行政机构，而由7个人组成的联邦委员会整体既是国家元首，又是政府首脑，这个体制在西方的政治体制中可以说是别具一格。瑞士分联邦、州、市镇三级行政机构，在联邦宪法的框架下，州享有高度的自治权，市镇属于州的管辖，是享有一定自治权的基层政治实体。

1. 国家元首

我们之前有提到过，瑞士的国家元首是由7个人组成的联邦委员会整体，这可谓是独树一帜，与其他国家都很不相同。联邦委员会设联邦主席和联邦副主席各一名，由议会从7名联邦委员中选出。联邦委员会的7名委员轮流担任联邦主席，对外代表瑞士，任期1年。联邦委员会由联邦议会每4年选举一次，拥有行政权。这7名联邦委员其按照当时当选为联邦委员的时间顺序轮流担任联邦主席，任期1年，不得连任。期满之后，联邦议会会在冬季会议上进行形式上的选举，由联邦委员副主席升任，并且另外选出新的副主席。

联邦主席对外代表的是瑞士这个国家，负责派遣驻外使节和从事诸如接受国书等外交礼仪方面的活动，对内负责主持联邦委员会会议，但是没有裁决权。瑞士联邦主席的职权是很有限的，既没有一个国家元首的权限，也没有一个政府首脑的权限，只是履行一些代表性的职责。联邦主席一般不出国访问，如果确有必要，也只是以其所任部长的身份出现。瑞士真正的国家元首是由7名联邦委员组成的联邦委员会这个整体，外国国家

[①] 曹枫：《试析瑞士民族凝聚力的形成因素》，《欧洲》1994年第3期。

元首到瑞士进行国事访问时，则是由 7 名联邦委员集体出面接待。①

因此，联邦主席虽然名义上是最高行政首长，相当于国家元首和政府首脑，但因联邦委员会属集体领导机构，故联邦主席、副主席并无多大实权。联邦主席的这种轮任制虽已成为惯例，但每年年终，仍要经议会两院的联席会议进行一次正式选举，加以确认。联邦主席主要有以下权限：（1）在国内代表联邦，参加各种礼仪活动。在特殊情况下，联邦主席这种代表联邦的权力可以委托其他联邦委员、联邦办公厅主任或经联邦委员会认可的其他联邦官员代为行使。（2）在一般性事务中，联邦主席出面处理联邦与各州之间的关系。（3）领导联邦政府，除负责准备和主持联邦委员会的会议外，有权责成联邦委员按时而有效地完成某项任务；② 有权随时了解特定工作的进行情况；有权向联邦委员会提议采取必要的措施。（4）在紧急情况下，联邦主席可以发布命令，采取应急措施。在来不及召开联邦委员会会议的情况下，联邦主席可以以联邦委员会的名义作出决定。但事后需经联邦委员会批准、认可。（5）联邦委员会授权联邦主席就一些次要问题或纯属形式的问题做出决定。联邦委员会主席下设副主席，副主席平时没有特别权限，只在联邦主席缺席时，代行主席职务。副主席也受主席委托，执行某些特定任务。由于瑞士每年更换联邦委员会主席，他的地位又不突出，所以瑞士百姓往往不清楚谁是当年的主席。实际上，瑞士联邦的国家元首或政府首脑就是"联邦委员会"这个集体。

2. 瑞士联邦行政机构

瑞士宪法第 95 条规定，联邦委员会是联邦的最高执行与管理机构，行使最高行政权。联邦委员会的组成与职权。作为联邦最高领导机构，7 人委员会的选举关系重大。联邦议会两院联席选举时需要考虑各种因素，如民族、地区、语言、宗教，特别是党派问题。因此，经过多年的实践和协商，于 1959 年在各大党派协商基础上正式提出一个名额分配的公正公平方案，成为联邦委员选举的共同原则，并且因而保持联邦内部的平衡，避免纷争，直至今日。这个以保障政治稳定为宗旨的，多地区、多种族、多宗教、多政党、多派系参政，权力共享，轮流坐庄的公正公平方案，瑞士人也称为"神奇方案"，成为瑞士政治生活的最大特色。

联邦委员会由 7 名联邦委员组成。委员人选先由参加政府的政党提

---

① 任丁秋、杨解朴等编著：《瑞士》，社会科学文献出版社 2016 年版，第 93 页。
② 徐继敏：《瑞士宪政制度探析》，《现代法学》2003 年第 1 期。

名，经过各党、各州反复协商，最后由联邦议会正式选出。按照惯例，参加政府的激进党、社会党、基督教民主党各选出 2 名委员，中间民主联盟只选出 1 名委员，这个比例大致反映了各政党在联邦议会中的席次，但是政府更迭或政府成员的易人不因议席的变化而变化。联邦委员会的组成，除了反映政党议席的比例，还要照顾语区的平衡。一个州不得同时出现 2 名委员，通常情况下，德、法、意三大语区大致按 4：2：1 的比例选举委员。比例是按照民族、人口数量、面积等方面所作出的，这个比例客观上说日耳曼民族与法兰西民族是吃亏的，因为他们的人口要远远超过意大利民族，尤其是日耳曼民族。但日耳曼与法兰西民族为了民族融合，为了民族平等的大局，作出了一定的牺牲。联邦委员会委员由联邦议会从有资格被选为议员的瑞士公民中选举产生，任期 4 年。但一经当选，就要辞去议员的职务，在任职期间也不得担任联邦机构或各州的任何其他职务，从事任何其他职业。联邦委员会委员在 4 年任期中出缺者，由联邦议会在下次常委会上补选，以接替遗缺直至任期届满。凡因血统、联姻关系而结成亲属者不得同时就任联邦委员会委员。

瑞士 2001 年联邦委员会成员是：莫里茨·洛伊恩贝格尔，社会民主党主席，1946 年出生，1995 年当选运输和能源部长。卡斯帕尔·维利格尔，激进民主党副主席，1941 年出生，1989 年当选财政部部长。露特·德莱富斯，社会民主党党员，1940 年出生，1993 年当选内政部长。帕斯卡尔·库什潘，激进民主党党员，1942 年出生，1998 年当选经济部长。鲁特·梅茨勒，基督教民主党，1964 年出生，1999 年当选司法和警察部长。约瑟夫·戴斯，基督教民主党，1946 年出生，1999 年当选外交部部长。萨穆埃尔·施密德，人民党，1947 年出生，2000 年当选国防。民防和体育部长。[1]

在瑞士宪法范围内，联邦委员会具有如下职权与义务：（1）依照联邦法律与命令管理联邦事务。（2）保证联邦宪法、法令、命令以及联邦各种契约条款的施行。主动或根据投诉采取必要措施使之得到遵守。但依第 113 条应提交联邦法院者不在此列。（3）保障各州的宪法。（4）向联邦议会提出法律或命令草案，对两院或各州向它提出的建议陈述意见。（5）执行联邦法律和命令以及联邦法院的判决，调节或裁决各州间的争

---

[1] *Switzerland*, 2001 Kummerly+Frey, CH-3052 Zollikofen-Berne, 2001, p. 38.

议。(6) 任命不属于联邦议会、联邦法院或其他机关委任权限的官员。(7) 审查各州之间或各州与外国缔结的条约，必要时予以批准。(8) 注意联邦在国外的利益，特别是注意国际关系；负责处理全面外交事务。(9) 注意瑞士对外安全，维护瑞士的独立和中立。(10) 保证联邦国内安全，维持安宁与秩序。(11) 当形势紧急而联邦议会尚未开会时，联邦委员会可招募必要的军队并进行调动。但招募的军队在2000人以上或其存在超过3个星期者，须立即召集联邦议会开会。(12) 主管与联邦军事有关的事务以及属于联邦的所有其他行政部门。(13) 审查各州应提请联邦批准的法律和命令；对应受其监督的各州行政部门实行监督。(14) 管理联邦财政，制定预算和公布收支决算。(15) 对联邦行政官员和职员进行管理。(16) 在每届联邦议会召开常会时，向其报告工作；就联邦的内外形势提出报告；并就采取它认为有利于促进共同繁荣的措施提出建议，请议会关注。(17) 敦促新闻处经常公布说明联邦委员会的意图、决定和采取的措施以及联邦行政机构的工作情况，但不得损害重要的和确需保护的公私利益。

联邦委员会的领导机制。根据瑞士法律，联邦委员会实行集体领导，委员之间权力平等、互不从属。联邦委员会领导机制的具体内容如下：

（一）集体议事规则

联邦委员会根据工作需要经常召开会议，会议由联邦办公厅召集。每个委员均可要求随时开会，但必须有4名以上委员出席方能开会。会议议题主要讨论大政方针和各部的重要事务及重要的任免事项。会议由联邦主席主持，联邦主席缺席，由副主席代替主持；如副主席同时缺席，由就任时间最长的联邦委员主持。会议采用多数表决制，如不能举行全体会议，至少有3票赞成，方可作出。如执行中遇到困难，可以撤销原来决议，但撤销决议的提议至少要有4名委员赞同。有关任命的决定，需征得到场多数委员的赞同。联邦主席若同时参加投票，如双方票数相等时，主席的一票按两票计算。缺席委员无权投票。联邦委员会所做的决定以举手方式表决，事先已有书面投票的规定或多数要求对某些事项采取书面投票方式者除外。

（二）集体负责制

出任联邦委员虽由本党举荐，但本人不一定都是本党党魁。为了避免将党派纷争带入联邦委员会，联邦委员一旦当选，就不以政党身份参加工作。他们共同的政策基础是，4个执政党在每届政府组成前所达成的共同施政纲领。原则上，联邦委员的行动和言论不受本党约束，而对联邦委员会负责。联邦委员会一经作出决议，任何委员不得公开反对，也不得持有异议和拒绝执行。① 一旦有其他国家元首、国王访问首都伯尔尼，一般都由全体委员（或尽可能多的委员）集体接待。

（三）多层次的集体领导方式

除集体议事原则外，7名联邦委员按对外经济、农业、财政、外事、军事与科技、法律等专门问题，组成12个"三人代表团"，负责研究和起草有关议案，向联邦委员会提出书面报告。集体领导的另一方面是联邦委员互为助手，7名联邦委员分管一部，同时兼任另一部的副部长，以便共同商量、相互代职。部长的分工也可不断调换，目的是从组织上保证联邦委员通晓情况、掌握全面，以利于集体研究、共同负责。

1. 联邦办公厅

联邦办公厅是联邦委员会的常设机构和参谋本部，协助联邦主席处理政府日常事务，负责联邦委员会与议会的联络。联邦办公厅主管联邦议会秘书处和联邦委员会秘书处，负责人为联邦办公厅主任。联邦办公厅设主任1名，副主任2名。联邦办公厅主任与联邦委员同时由议会两院选举产生，任期4年，可以连选连任，他在联邦办公厅的地位与各部部长相同，直接受联邦委员会领导，列席联邦委员会的会议。联邦办公厅主任协助并分担联邦委员会和联邦主席的责任，其主要职责是：（1）向联邦委员会提出有关政府计划的意见，完成联邦委员会交办的事项。（2）起草联邦委员会向联邦议会所作的施政方针与执行情况的报告，随时向联邦委员会报告施政方针的执行情况。负责起草联邦委员会向联邦议会所做的年度行政管理报告。（3）为联邦主席起草工作计划，安排联邦委员会的议事日程。负责了解实施情况。（4）对于提交联邦委员会讨论的某些事项，办公厅主任可就事先的准备工作发布指示，进行协调。在起草联邦报告时，主持部际磋商。（5）领导新闻处，会同有关的部发布新闻。（6）注意在联邦委员会与各部之间沟通情况，并发布必要的指示。（7）协助联邦委员会对联邦行政机构进行监督。

---

① 孙娜：《宪政语境下的瑞士联邦委员会制度——基于共识民主理论的分析》，《中共太原市委党校学报》2014年第4期。

联邦办公厅主任由 2 名副主任协助工作,其中 1 名主持行政事务,另 1 名主管文件和秘书工作。联邦办公厅下设的主要机构有:(1) 秘书处。负责拟制联邦委员会的方针政策草案,安排联邦的行政事务,记录政府的活动。(2) 事务处。负责准备联邦委员会会议,编写会议纪要,安排联邦委员会礼仪活动。(3) 法律处。组织联邦选举,审查"公民倡议"与"公民复决"提案的有效性,操办修改宪法和公布联邦法令事宜。(4) 新闻处。负责宣布联邦决定,传递联邦函电、文件,协调各部的新闻工作,接待驻联邦大厦记者。(5) 中央图书馆。及时收藏和科学管理联邦图书资料,专供联邦议员和联邦官员查阅。

联邦委员会拥有行政权,由联邦议会每 4 年一次选举产生。联邦委员会下设 7 个联邦部,确保现行的法律得到遵守,负责起草新的法律;开展外交活动,并可以授权有关部门动员军队。委员会每 4 年由联邦议会选举产生。联邦委员会按合议制运作,集体承担决策的责任。联邦主席由委员会成员轮流担任,任期 1 年,负责主持联邦委员会会议,除此之外,主席的地位同委员会其他成员完全相同,并不享有额外的权力或特权,并且仍可担任原来的部长职务。1959 年以来,根据议员们设计的所谓"神奇方程",4 个主要政党基本上平均分享了联邦委员会的权力,激进民主党、基督教民主党和社会民主党各占两个席位,瑞士人民党占 1 席。

自 1848 年以来,苏黎世、伯尔尼和沃州这 3 个最大的州通常都各有 1 名代表当选为联邦委员会委员,这项传统只是偶尔几次被打破过(沃州有 4 次无人入选联邦委员会,伯尔尼有 1 次)。实际上,由联邦议会选举联邦委员会委员,是复杂的"政治化学"产生的结果。必须在语言、教派、地区和政治因素中达成微妙的平衡,作出各方都可接受的妥协。政府提出的任何的意见或决策都很难博得瑞士公众的欢心,不但如此,他们还会公开表示反对,外国人常常对此惊诧不已。瑞士人大多希望政府官员尤其是联邦委员会的委员行事谨慎和有效率。

1984 年,来自苏黎世的激进民主党党员伊丽莎白·科普当选为联邦委员会委员,这是女性第 1 次入选联邦委员会。但后来科普夫人被指控违反《官方秘密法案》,被迫于 1989 年 1 月辞去了司法和警察部长的职务。由于一家她的丈夫任董事的公司涉嫌洗钱,她打电话建议他辞职。联邦法院审理了科普夫人的案件,并判她无罪。1993 年,鲁思·德赖富斯成为第 2 名当选为联邦政府部长的女性,第 3 个是鲁思·梅茨勒(1999 年)。

此外，瑞士议会在1999年选出了第1位女性联邦主席：安娜玛丽·胡贝尔-霍茨，她担任过联邦议会秘书长。

2. 联邦政府

联邦政府雇员有13万人左右，其中大多数在瑞士邮政和瑞士通讯公司（员工5.9万）以及联邦铁路公司（员工31500人）工作。政府的7个部和相关机构（如设在苏黎世和洛桑的联邦高等工学院）雇用了36500名公务员，其中有近5100人受雇于酒类管理局和军火仓库等公共事业机构。[①]

3. 联邦部委机构

瑞士联邦行政机构各部分别是：外交部，国防、民防和体育部，财政部，司法和警察部，经济部，环境、运输、能源和交通部，以及主管文化、教育卫生和福利事务的内政部一共7个部。联邦行政机构的具体设置是根据瑞士有关法律规定，瑞士联邦行政机构包括以下行政单位：

（1）联邦办公厅。

（2）联邦各部：联邦外交部；联邦内政部；联邦司法警察部；联邦财政部；联邦国民经济部；联邦交通运输与能源部；联邦军事部。

（3）联邦办公厅与各部所属局、处。联邦办公厅与各部包括以下局、处：联邦粮食局；外交部；外事处；联邦财政总署；联邦税务总署；议会与联邦行政机构；中央图书馆；联邦海关总署；联邦档案馆；瑞士国家图书馆；联邦社会保险管理局；战争特派员公署；联邦军事办公厅；发展合作与人道援助局；国际公法局；国际组织局；政务局；瑞士气象研究所；联邦检察总署；总监局；联邦辅助训练局；联邦文化事务局；联邦军事卫生事务局；联邦农业局；联邦枪炮局；联邦私人保险局；联邦民航局；联邦建筑局；联邦水利经济局；联邦能源局；联邦森林局；联邦印刷品与材料中心；联邦工业、手工业局；职业劳动局；联邦住房局；联邦人事局；联邦军火生产局；联邦民防局；联邦行情局；联邦卫生局；联邦军备技术局；联邦运输局；联邦机械化与轻便部队局；联邦体育学校；战争物资供给局；瑞士国家博物馆；联邦军火购置局；联邦军用机场管理局；联邦对外经济事务局；联邦军事兽医事务局；联邦土地整治局；联邦军事保险局；联邦社会保险局；联邦空军与防空局；联邦经济防务局；联邦教育与

---

① *Switzerland*, 2001 Kummerly+Frey, CH-3052 Zollikofen-Berne, 2001, p.40.

科学局；联邦外侨局；联邦工程与防御工事局；联邦步兵局；联邦司法局；联邦度量衡局；联邦警察局；联邦知识产权局；联邦环境保护局；联邦公路局；联邦统计局；联邦地形测量局；联邦防空部队局；联邦通讯部队局；联邦运输部队局；联邦兽医局。

（4）附属行政机构的局与处（下列局处附设于联邦办公厅或各部）：议会处联邦组织局；中央防务局；联邦银行委员会；联邦财政监察局。

（5）联邦事业与企业单位：联邦高等工业学院及附属机构；邮电局；联邦酒精专卖局；联邦铁路局。

（6）军事指挥部门：各军、空军与防空部队司令部；各师司令部；各旅司令部；战区司令部。

由于跨部性事务增多，部与部之间也需要加强协调与合作。部际协调合作的方式有：（1）情况通报与协调，如某项事务涉及几个部，有关单位相互通报情况、协调工作，联邦委员会指定一个部牵头。（2）磋商程序，当联邦委员会审议需要协调的事项时，有关的部应进行磋商并提出联合报告。（3）成立部际协调机构，联邦委员会审议的事项如需协调，可成立部际定期或不定期的协调机构，如协调会议、协调委员会、某种提案小组等。非联邦机构的专家也可参加协调机构。[①] 联邦委员会也可成立其他负责协调工作的单位。（4）建立经常性的协调制度，一个是由联邦办公厅主任主持召开的各部秘书长联席会议，另一个是联邦行政机构的新闻处长联席会议。它们的主要任务是交流情况，解决协调问题。

4. 瑞士联邦咨询机构

除政府机构外，瑞士还有为数众多的咨询机构，负责向领导机关提供情况，提出建议和分担任务。按职能划分，咨询机构主要包括四类：一是调研性咨询机构。这类机构主要辅助联邦委员会或联邦各部进行调查研究，提出政策性建议。二是战略决策性咨询机构。如联邦军事部附设的"防务委员会"即属于此类机构，它是军事问题的最高咨询机构，由军事部长直接主持，吸收军界首脑参加，除了就高级军官的任命向联邦委员会提出意见外，该委员会还负责研究军事战略与军事武装装备方面的问题，供联邦委员会决策时参考。三是磋商性机构。由于有些问题解决的条件尚不成熟，还要继续酝酿、探讨，因而联邦委员会委托某些专家先在公众中

---

① 周望：《OECD国家政府中的协调机构——实践概览与基本经验》，《中共南京市委党校学报》2010年第1期。

征询意见，进行磋商。四是专题咨询机构。此类机构较多，每逢联邦政府遇有难题，即请高级专家组成"智囊团"，提出可行性方案。①

根据瑞士有关法律，联邦委员会和各部均可成立常设的或临时的咨询机构，这些机构有的是直属联邦行政机构的"专门问题参谋部"，有的是"外聘顾问"，还有受部长直接领导的"顾问小组"。咨询机构的组成既注意选用有真才实学的专家，又要照顾到人选的代表性。在组建班子时，主要遵循的原则有：官方人士与社会人士结合；教授、学者与实业家结合；各利益集团的代表与持"中立"立场的学者结合；联邦官员与州、镇代表结合。临时性的咨询机构一旦任务结束，就要审议它有无继续存在的必要。如无必要，就不再重新任用；如有必要保留，就按照有关规定，对它的任务、组成、期限等做必要的修改。

咨询机构在政府部门和社会上享有较高威望。专家们进行调查研究，有关部门一般都向他们提供详尽材料，甚至向他们公开档案。咨询机构设常务秘书。秘书处或自行设置，或附设于有关的部局。担任顾问的人员可领取一定的报酬，外聘咨询机构的活动经费由联邦政府提供补贴。

我们从上述瑞士政府部门了解，发现瑞士没有像其他国家一样设置如民政部、少数民族委员会等专门机构来处理民族问题，这使我们百思不得其解。但我们用瑞士驻华使馆的政务官戴飞②的话来解释也许就能明白其中的道理：瑞士国内没有什么日耳曼民族、法兰西民族、意大利民族等，瑞士只有瑞士民族，但它有法语区、德语区、意大利语区等。既然瑞士不区分日耳曼民族、法兰西民族、意大利民族，那国家也就没有必要来设置处理民族问题的机构了。另外，瑞士的身份证上没有像其他国家一样，标明民族这一栏。

三 瑞士联邦立法与司法机构

1848年，西欧的中部出现了一个具有进步共和思想的瑞士联邦。同年，公众投票表决通过了新的宪法。这部宪法在1874年经过全面修订，此后又不断调整，以适应新的需要。彻底修订联邦宪法的筹备工作开始于1967年。1987年，联邦政府受命起草一份新的宪法，提交给议会两院审议。新的联邦宪法在得到了选民和各州的批准之后，于2000年1月1日

---

① 郭跃：《论瑞士的公共决策体制》，《现代商贸工业》2008年第1期。
② 戴飞（Aquillon），现任瑞士驻华使馆的政务官。

开始生效。过去的1个世纪里，瑞士一方面要协调城镇居民与农民的利益，另一方面要调解各个社会部门之间的分歧，瑞士联邦从19世纪的集权国家和秩序的保卫者，逐渐发展成为现代福利国家。

时至今日，1848年宪法的基本特点仍有意义，这部宪法以法律条文的形式记录了人们从瑞士历史中吸取的教训：只有尊重各州的民族个性，才能实现国家的统一。

今日的联邦国家由26个自治州和半州组成。各州在各自的政治决策和行政自治上都享有高度的自主权。各州和市镇在遵循联邦法律划定的框架之内，可以制定自己的宪法和法律，不仅缓解了各州与联邦的矛盾，也同时充分考虑到了各个州的特殊需要。

宪法对联邦政府的职责有着严格的规定和阐述：联邦政府应确保国内外的安全；支持各州的宪法，同外国保持外交关系。海关全面提供邮政与电报服务，金融调控和军队都在联邦政府的管辖之内。联邦政府还负责为军队提供武器装备，制定人人平等的法律（如破产法、民法、刑法），管理公路、铁路、森林、狩猎、渔业和水电站。联邦政府应推行必要的措施，确保瑞士经济（如保护农业）和大众福利（如社会保障等）能够持续发展。联邦政府通常只负责立法和监督，由州政府去实施法律。宪法规定联邦政府和州政府都应采用所谓的"半直接"的民主体制政体。人民、各州、联邦议会、联邦委员会（政府）和联邦法院共同构成了瑞士联邦。

瑞士联邦议会和法院

瑞士联邦议会 瑞士联邦议会拥有国家立法权力，由两院组成：国民院代表人民，联邦院代表各州。国民院有200个民选议席，每个州和半州至少有1名代表；选举采用比例代表制，如果某州在国民院中只有1名议员，则采取多数票当选的办法。20个州在联邦院里各有2个议席，另外6个半州各有1个议席。通常，两院同时在不同的房间里召集会议，每一项联邦法律和政令都要经过议会两院的批准。此外，议会两院还负责监督联邦的行政管理工作和执法工作。①

议会两院每年至少要召开一次联邦议会两院联席会议，选举联邦政府（联邦委员会）、联邦主席和副主席、联邦总理（政府首脑）、联邦法院（设在洛桑和卢塞恩）、军事上诉法庭，在危急时刻还要选出1名指挥军

---

① *Switzerland*, 2001 Kummerly+Frey, CH-3052 Zollikofen-Berne, 2001, p. 37.

队的将军。议会掌管军队,拥有赦免权。

议长议会立法提案权 联邦宪法规定,议会两院的每名议员都有权提出新的法律或政令。议员可以利用手中的立法提案权提出动议或申请。动议是指议员个人要求联邦委员会出台新的法律或政令,为即将执行的措施或计划制定有法律约束力的规定。由一院提出的动议需经另一院的批准,才能对联邦委员会具有法律约束力。申请是指议员个人要求联邦委员会审议某个具体问题,考虑是否应提出新的法律或政令,或是否应采取其他行动。除此之外,还有议会立法提案权。每名议员都有权就任何国务问题提出口头或书面质询,或直接要求得到有关的书面材料。此外,每届国民院会议期间还有两次所谓"提问时间"。

瑞士国民院(N)与联邦院(S)中的政党有:社会民主党(SPS)、激进民主党(FDP)、瑞士人民党(SVP)、基督教民主党(CVP)、环境保护主义者(GPS)、自由民主党(1PS)、福音党(EVP)、工人党(PDA)、泰辛联盟(Lega)、自由党(FPS)、瑞士民主党(SD)、独立LANDESRING(LDU)、民主联盟(EDU)、基督教社会党(CSP)、左翼联盟(ADG)、无党派人士。

联邦法院 联邦法院设在法语区的洛桑和德语区的卢塞恩,始于1874年,是最高司法仲裁机构。联邦法院现有38名联邦法官,均由联邦委员会提名,由议会选举产生。成年公民都可以当选,但是联邦议员、联邦委员和联邦官员均不能担任法官。法官也不得担任其他职务。凡是有血缘或者姻亲关系的亲属都不能在法院同时任职。法官的任期为6年,可连选连任。有些颇有名望的法官几乎终身供职。法院的正、副院长由联邦议会两院联席会议选举产生,每两年改选一次,可以连选连任。法院内设有民事法庭、刑事法庭、行政法庭和公共法庭等多个法庭,每个法庭有3—5名法官,每个法官可兼任不同法庭的成员。联邦法院设立"联邦陪审团"协助法官审理刑事案件。陪审员由公民直接选举产生。

根据宪法,联邦法院可以独立行使审判权,但是无权宣布联邦议会违反宪法,对联邦委员会也无权干预。联邦法院对案件具有独立审理判决权,但是受到联邦议会的监督,每年都要向议会汇报工作。联邦法院的判决应以联邦议会通过的法律为准绳。它是瑞士的最高上诉法庭,联邦宪法授权法院主要依据《民法》和《商法》维护司法公正。在债务清偿问题上,联邦法院是最高监督机构,在个别案件中,联邦法院有权深入调查州法院作出的裁决。联邦法院作为最高上诉法院,严格明确地阐释法律条文,为全国提供指导原则。在州与州之间,或州与联邦之间发生冲突时,联邦法院还要承担起国家法庭的责任。联邦法院的另一项重要职责是维护宪法赋予公民的权利,制止政府当局和行政机构独断专行,但如果是立法机构作出了错误决策,联邦法院也无法保护公民的利益。设在卢塞恩的联邦保险法院受理社会涉及保险的投诉和索赔要求。[1] 瑞士是个法制健全的社会,不但有规范的立法体系,而且有完善的司法体系。

总之,瑞士的民主政治是比较成熟的政治体制,它通过稳健而漫长的时间来完成其国家的政治转型,700多年来政府利用制定各项措施,采取的是渐进的改良过程,而非激烈的动荡与革命。这一点瑞士和其他欧洲国家完全不一样,欧洲主要国家在国家转型时期在政治上往往都采取激进性的、革命性的动荡方式来完成,而瑞士在转型时期则是采取和平、稳健、平稳过渡的方式来完成,这种过程对国家尤其对广大的人民来说是十分有利的,它保护了生产力,保护了人民的财产,同时也保护了传统文化和历史遗产。瑞士政治的特色:一是联邦制。州政府的权力非常大,它有自己的州旗、州徽、州歌、州的法律等,除了外交、货币和军事等,州几乎是"独立"的,有些州连称呼也叫共和国,如日内瓦州就称为"日内瓦共和国州",这种奇特的称谓反映了日内瓦的历史变化,同时也反映了日内瓦州与瑞士联邦政府之间的关系。二就是全民公决,瑞士政治民主最大的亮点之一是它体现了主权在民的基本民主思想。瑞士的民主也充分体现在人与国家的关系上。联邦法律保护个人利益,在人与国家权利关系中保护个人不受侵犯。这样使政府的任何决策都能反映民众的意志,符合大多数人民的利益,客观合理冷静科学地处理国内外大事。三是多地区、多种族、多宗教、多政党、多派系参政,权力共享、轮流坐庄的公正公平方式,成为瑞士政治生活的最大特色。瑞士联邦委员会实行集体领导,7个委员之间权力平等、互不从属。"集体领导的原则使之必须置政府的团结于党派利益之上。"另外瑞士仅有七个部,机构精简、节约开支,同时又提高了效率。

---

[1] Switzerland, 2001 Kummerly+Frey, CH-3052 Zollikofen-Berne, 2001, p.40.

第四章

瑞士多样性民族社会的诞生

从政体演变的视角，我们完成了对瑞士民族国家的诞生和建立的总结，可以发现：民族国家的形成是由历史的、现实的多种因素合力推动的成果。无论单一民族国家还是多民族国家，国内各民族要保持对国家的认同，拥护国家政权，接受政府管理，就必须确保国民对主权国家的文化上、政治上的普遍认同。如果有的仅仅是文化认同，如法国大革命之类的事件是无法避免的；如果有的仅仅是政治认同，如海尔维第共和国的覆灭之类的事件也是无法避免的。而现代瑞士作为民族国家的特殊性正来自这两者的融合。

根据对瑞士历史详细地了解，我们发现从民族上，瑞士立国的雏形可追溯至1291年三州"永久同盟"的时代，这个同盟是反抗外来统治的成果，在斗争中三州人民凝结了深厚的情谊。从1291年到16世纪的宗教改革，在长期反抗哈布斯堡家族统治和宗教战争中，越来越多的州加入瑞士邦联，同时大量的来自法兰西、德意志、意大利的移民也向往这片相对安宁的土地。然而，用这些在近现代已经有民族意谓的词语来表示当时移民的属性其实是不准确的。1337年开始的百年战争才使得法国和英格兰出现了民族意识的雏形，当时两国国王说法语，连英国士兵大多也是说法语的。要知道，直到1789年法国大革命时，全法也只有约半数的法国人说一些法语。而在意大利统一时，说意大利语的国民比重就更少。德意志就更不用说了。早期的德意志只是一个模糊的地理概念，直到1803年开始的拿破仑战争摧毁了神圣罗马帝国，才激发了德意志民族建立统一民族国家的愿望。由此可见，早在这三个民族国家诞生之前，三国移民就已经相继在瑞士生活了。他们来自法国、德意志、意大利的城邦地区，但此时这些国家更多的是地区概念，并未形成民族意识，更没有统一的民族国家，所以对故土后来发展起来的民族并没有强烈的归属感，而对前方瑞士这片土地却饱含生活的憧憬。他们不是带着民族属性来的，只不过是操着不同地区语言的移民，他们不会想着落叶归根，而是要落地生根。

政治方面，瑞士通过宗教改革、"三十年战争"后的威斯特伐利亚体系、宗教平等、法国大革命和海尔维第共和国等一系列事件，使自身建构起了符合本国特殊性的政治体系框架。而在这些历史事件中瑞士各族人民同仇敌忾凝聚成坚强的民族精神和爱国信念，更是融入了作为统一整体的瑞士民族之中。

一个更大的、包容民族和国家的概念就被提了出来，即社会。我们已经知道，民族是文化属性上的，国家是政治架构上的，它们都是纯抽象的东西，它们都只是在人的运动下由民族精神幻化而来的实体的某一方面而已（按黑格尔的说法），因此只有社会才能被理解为是形成它们、发展它们、包容它们的地方。那么，我们的对象就上升到了社会，是瑞士这个社会造就了作为民族的瑞士和作为国家的瑞士，确切地说是这个社会造就了作为民族国家的瑞士。社会超越了过去的那些概念，最重要的是社会产生的东西被整个社会所包容——只有将它自己产生的东西包裹在它自身之中的社会才是作为整一的。如当代公认的全球化、文化和宗教研究的重要人物，美国匹兹堡大学教授、英国苏格兰阿伯丁大学社会学教授、全球研究中心主任罗兰·罗伯森（Roland Robertson）就认为全球化包括民族社会（national societies）、个人（self）、民族社会间的关系和总体意义上的人类（mankind）这四种因素间的联系的形成，也正是这四个因素间的互动和整一使得文明得以逐渐发展。罗伯森指出：就民族社会这一范畴而论，发生了涉及对民族社会同质性这一论点提出质疑的种种变化。换言之，多元化性与多族群性的主题已被强烈地提出来。与此同时，大民族（meganationas）的主题，尤其是民族与更大区域性、超民族单元之间的关系主题已经产生。① 因此，瑞士人既不能仅仅被理解为文化的共同体，它多样；又不能仅仅被理解为利益的共同体，它联邦；而是要被理解为社会的共同体，正是这个共同体才能包容瑞士这个"多民族的国家"而又使它成为"非民族的国家"。

卡尔·布洛赫说："在一个文明中，所有的事情都是相互控制、相互

---

① ［美］罗兰·罗伯森：《全球化：社会理论和全球文化》，梁光严译，上海人民出版社2000年版，第263—264页。

联系的：政治和社会结构，经济，信仰，以及最微妙的思想表现。"① 瑞士在欧洲国家中独树一帜的民族国家的发展，也自然需要一个更为复杂的社会来养育它、适应它。在其漫长的发展过程中，无论是对瑞士多样性社会的诞生起着绝对作用的生产力，还是作为瑞士多样性社会政治基石的独特的政治体制，以及构成瑞士多样性社会的基础的复杂的民族成分本身，都联合表现了瑞士这个民族国家的"母亲"的某一方面。

第一节 在多样性民族社会中的政治作用
——雇佣军与"武装中立"

瑞士在多样性民族社会中的政治作用主要表现在雇佣军与"武装中立"两个方面，它们显示了瑞士多民族社会的生存根本所在——国家主权，并清醒地认识到多民族社会的国家在国际社会中的地位，以及如何维持与各国之间的平衡。它们很好地解决了多样性民族社会中的各个民族之间的民族纠纷、利益纠纷，使多样性民族社会能够长治久安、和谐稳定。

一 瑞士雇佣军的历史

今天的瑞士，在200多年前还是一个贫困的国家。平常年份粮食都不够吃，一遇饥馑更是生活难熬。1816—1817年内的一次灾害，使圣加仑州4%的居民死于饥饿。若再向前叙说，生活就更加艰苦了。从中世纪起就有不少瑞士人迫于生计，离开故土，东闯西荡，以求糊口。也有的人成批外迁，漂洋过海，到美洲等地谋求生路。今天人们都知道，瑞士重视出口贸易，而历史上的出口却主要是"人的出口"，其中最主要的便是雇佣兵的出口。

在古代瑞士各邦互相对立，明争暗斗，关卡林立，到处收税。这对商品的流通造成了极大的障碍。例如，一个瑞士巴塞尔商人在意大利的里雅斯特购进一批货物，最近又最合理的运输途径，应该是直接向北通过阿尔卑斯山口和瑞士本国，到达北边的巴塞尔。但是，这样就要在沿途多次付税，大大增加成本。所以，当时实际走的路线是装船绕过意大利半岛，到法国的马赛港卸下，再穿过法国领土运到巴塞尔。这样的路程要长一倍，

---

① ［英］丹尼斯·史密斯：《历史社会学的兴起》，周辉荣译，上海人民出版社2000年版，第60页。

但在经济上反而合算得多。另外，直到19世纪前半叶，瑞士并没有一个统一的币制。各州自行其是，非常混乱。1848年通过新宪法正式成立联邦之后，才于1850年通过决议采用瑞士法郎作为国家的法币。但在那以后各州仍保留发行纸币和辅币的权力。直到1907年才有了一个集中发行钞票的瑞士国家银行。凡此种种都是封建时代的残余，它们像沉重的桎梏，锁住这个小国的手脚，使它难以迈步，劳动人民的生产和生活的困难是显而易见的。

谈及人口，在瑞士这块面积不大的土地上，人口分布的不均与其地理状况分不开。在阿尔卑斯山区大片高寒不毛之地，自然灾害如山洪泛滥很严重，人畜难以存活，有些地方几乎渺无人迹。而中部高原在长年冰川冲蚀下，在峡谷中形成较平缓的谷地，宜于农耕劳作，逐步成为人口密集地，形成乡镇城市，规模不一，以中小型居多。一些大河道河谷，如莱茵河谷、罗纳河谷，人口也相对稠密。这种人口的分布不均也直接造成经济发展的不平衡。历史上贫穷地区的人口生存、就业和移民造成的问题也很严重。可见，瑞士这个国家实际上从各方面条件看都明显带有先天不足的痕迹，注定其经济发展道路不会一帆风顺。

自古以来，瑞士自然条件恶劣，人口分布不均。但是在人可居住的、可从事农牧业的地区，人口密度较大。资源不足，人口众多，势必导致贫困。乡村的贫困化带来双重后果：对外移民和农民骚乱。在瑞士，中世纪起山区的无法抵御的自然灾害，可耕地的不足使得大批山民不得不离乡背井、另谋出路。仅有1/4的草场耕地的较缓地带也人满为患，于是瑞士人流向周边国家挣钱养家，是历史上的自然现象。但是瑞士的对外移民现象中与众不同的一类特别重要，并因此而在欧洲声名远扬，那便是在国外军队服务的雇佣兵制。

瑞士多山地，气候寒冷，生活环境的艰辛锤炼了他们的坚韧意志，因为缺乏谋生出路，大量瑞士男性成为欧洲其他国家的雇佣兵。那时瑞士人即以骁勇善战、纪律严明而驰名欧洲。欧洲各国，从法兰西、威尼斯到德意志和荷兰的封建君主以及罗马的天主教皇，无不向瑞士招募雇佣军。他们把钱财按约付给瑞士各地负责招募的地方势力，利用瑞士青年为他们在战场上卖命。瑞士雇佣兵打起仗来奋不顾身，盲目地遵守纪律，为外国统治者舍身。这样"壮烈"的场面在历史上至少有两次。一次是为了保卫一个腐败的教皇，一次是在法国大革命中为了保卫一个不懂权术、奢靡无度的国王与王后,由瑞士雇佣兵组成的卫队,人人战死,无一生还。

尤为可悲的是,在别的国家交战时,双方雇佣的瑞士兵却在战场上相遇,互相厮杀。如在1709年以法国为一方、以英荷为另一方的马尔普拉开战役中,双方实际作战的多是瑞士人,其中战死沙场者足足有两团之众!

瑞士青年在国外做雇佣兵的事,直到19世纪中叶以后才逐渐停止。现在国家法律规定,禁止瑞士公民在外国军队中服役。但只有一个例外:梵蒂冈教廷的卫队,仍照例由瑞士人组成。

雇佣兵早已有之,他们以个人或团体为单位,受雇于某个国家或私人,以金钱为目的参与到各种武装冲突中。从军只是谋生的手段,不带有任何保家卫国的荣誉概念。1513年9月,瑞士一支3万人的大军,正通过贝藏松向勃艮第公国首府第戎挺进,第戎投降了,这个城市的司令官拉特雷木伊勒,接受了包含法国人完全撤出伦巴第和付给瑞士人40万克朗这两项条款。到了法国弗朗索瓦一世在1515年即位后,就有10多万瑞士雇佣军为其作战,每年给瑞士带来几百万克朗。1594年到1605年,仅仅在法国服役的瑞士雇佣军收入就高达1.36亿克朗。所以早在1393年当时已结盟的8个州与结盟区签署一项旨在严明军队纪律的《辛帕赫协议》,包括了限制个人到外国军中服役,但是仍然有许多人不顾禁令,翻越阿尔卑斯山山口到邻国战场上效力。瑞士人的声誉很快远传。无法阻止这股对外服役的浪潮,各州只好开始把雇佣兵的招募纳入官方有序的工作中。

最初,一些到外国服役的雇佣兵可能是些贪图钱财的冒险家,他们的行为是个人的。但是实际上,服务于外国的雇佣兵制的发展与经济状况分不开。十四五世纪瑞士在反抗奥地利哈布斯堡王朝的斗争及邦联扩张的过程中,连年的战争使得经济尤其是农村经济遭受较大的破坏,普遍的贫困化迫使人口外流谋生。为了重新获取在本土上他们所缺少的资源,瑞士人才大批地背井离乡。到外国服役便是移民最常见的形式。这是一种职业,而远非一种热情。这时的人口流动,即为个人行为,这些外出当兵的贫苦之人不受当地政权的保护。

从16世纪起,看到去国外当兵险中有利,出于经济考虑,各州政府正式把招募雇佣兵为外国军队服务纳入有组织的工作中。表面上,可以冠冕堂皇地说:"显贵政权制定军事协议是为了避免雇佣兵制度在政治上和道德上发生危险。"① 但实际上，招募国按照协议所付的军饷的一部分归地方政权所有，其余部分交付组织军团的军官，这些军官再将装备物资和佣金发放给每个士兵，分到底层士兵手上的薪水少得可怜。这种对外服役的雇佣兵协议，招募国既可与整个邦联签订，也可分别与各州签订。而瑞士各州与欧洲战场上哪一方签约却没有一定之规。因此，瑞士的雇佣兵分别在法国、奥地利、荷兰、米兰、威尼斯、那不勒斯、萨瓦、洛林，甚至匈牙利的军队中都服过役。到 18 世纪时，与旧邦联签过雇佣兵协议的欧洲国家多达 15 个。

历史上最著名的瑞士军团有：瑞士近卫军团、弗里堡迪埃巴赫军团、瓦莱的库尔登军团、格里松的萨里军团以及伯尔尼的埃尔斯特军团。由于他们经常为不同的国家君主服役，于是在大小战场上，常常出现瑞士人相互对阵厮杀的悲剧性场面。他们都高举瑞士红白十字大旗，却为不同雇主互相残杀，这种场面令人痛心疾首。但是瑞士人坚持认为："我们那些为欧洲各国君主作战的士兵，对外都是瑞士人……军队是在红白十字大旗下战斗；他们遵守各自所属州执行的军事条例。"② "在外国服役" 是很模糊的概念，"既可以说为外国服役，这便是雇佣；但也可以说在外国为其自己的国家服役，这便是军事协议"。所以当时对于瑞士人，"不论他们身在何方，那些协议军团都坚信，直到加拿大的森林里或到印度洋上，他们都是为自己的祖国体面而忠诚地效力"。③ 这不能不说是一种误解、无知。事实上，身在他乡用生命换回养家糊口的钱，对普通瑞士人来说是不幸的。尤其在战场上，收了不同君主的军饷，同胞之间各为其主、喋血疆场，除了为瑞士人博得尚武好斗的威名之外，瑞士的利益何在？无非在于为招募国效力而来的金钱。为此，有人把雇佣兵的招募看成是商业行为。在与各招募国签约之时，地方政权便可得到所付的定金、各级别的军饷。领导军团的军官们往往是当地显贵名流，由他们经手征募、装备普通士兵，付给士兵们微薄军饷，他们从中渔利，发家暴富。例如 17 世纪时，瓦莱的一个著名显贵施托卡尔帕，他本人从未上过战场，只是从他所在城市布里格遥控他在家乡组成的在外作战的雇佣兵军团，每年他从中获取

---

① Gonzaga de Renaud, *La Suisse et son histoire*, 1965 by Editions Payot Lausanne, p. 121.
② Gilliard, *Histoire de la Suisse*, Paris 1944; 7e éd. mise à jour par J. -J. Bouquet, 1978, p. 220.
③ Gonzaga de Renaud, *La Suisse et son histoire*, 1965 by Editions Payot Lausanne, p. 123.

9000古金币。虽然有时也会因为雇佣国不守信用，欠款不付。但是施托卡尔帕在30年间从雇佣兵制上得到的纯利润高达25万古金币。然而，一个普通士兵要想得到这个数目的金钱起码要服役1.5万年！① 当然，并非所有靠雇佣兵制发财的显贵都有如此大的收益，不过这已经很说明问题了。

但是不可否认，当时这种外出谋生的手段是必不可少的。如上所述，瑞士的资源匮乏、土地贫瘠，已是先天不足；更兼瑞士经历14世纪的大饥荒（1316—1317）、大瘟疫（1348—1349）以及15世纪上半叶几次内战人口大减之后，直到16世纪时人口才有所回升。而要养活这些人口，在当时，特别在山区乡村单靠农业生产是困难的。因此，"到外国服役对于那些人口过剩，而又缺少商贸工业的地区是必不可少的"。② 它向大批剩余劳动力提供养家糊口的机会，对于这些穷苦人民，雇佣兵的军饷几乎是唯一的财源。当然，向外国提供雇佣兵也给各州带来滚滚财源。"今天，从其工业中得到的收入，在过去几个世纪中，不得不从对外移民中获取。……而当时唯一的移民可能就是军事移民"③ 由此而说瑞士的原始积累从雇佣兵的血泪开始并不奇怪。

雇佣兵制度给瑞士带来什么呢？雇佣军带来了金钱。远处可追溯到1453年法王查理七世与瑞士人签订历史上第一个军事同盟协议，为那些生活在地少人多、封闭落后的山谷地的年轻人指出了获取金钱和荣誉的途径。当时多为零散的、半公开的外国招募活，各州尚警惕有冒险之人损害瑞士军事声望，对此无官方支持。直到1474—1477年勃艮第战争时期情况才有所改变。当时法国国王路易十一如果得不到瑞士人的帮助，是不可能打败强大的勃艮第公国鲁莽的查理。1474年10月26日，当时旧邦联与法国国王签订的军事同盟，常被称为向法国提供雇佣兵的第一个合同。瑞士人得到军饷并且在格朗松、莫拉（德语称"穆尔滕"）两地击败勃艮第人，获取前所未有的、大量丰厚的战利品。随后又于1478年12月战胜勃艮第另一个支持者米兰公爵，再获战利品。突如其来的大批财富使长期贫困的瑞士各州的社会经济发生很大变化。1515年法王弗朗索瓦一

---

① *La Suisse au quotidian depuis* 1300, Genève, Zoé, 1991, p. 156.

② Gilliard, *Histoire de la Suisse*, Paris 1944; 7e éd. mise à jour par J.‑J. Bouquet, 1978, p. 221.

③ W. Martin, *Histoire de la Suisse*, paris, 1926; 8e ed., avec une suite de Pierre Beguin, completee par Alexandre Bruggmann, Lausanne, 1980, p. 95.

世登基，为夺回被邦联占据的米兰，与瑞士人在马里尼昂决战。虽说瑞士人失败了，但是法王欣赏瑞士人的英勇顽强，战事一结束，弗朗索瓦一世即刻与瑞士签订和平协议。这位胜利者竟然向失败者付30万古金币，交换条件是瑞士各州在法王发动的战争中派兵助阵。据统计，弗朗索瓦一世曾指挥过16.3万名瑞士兵，一般说，当时，在法国军队中充当雇佣兵的瑞士人约2万，在其他欧洲国家的军队里约有6万人。"这样，每年国家由此进账以数百万计——从1594—1605年间其中仅仅为法国效力服役，收入达3600万古币。"[①] 这些士兵卖命的血泪钱积攒成为日后瑞士经济发展的基础。

雇佣军带来了实惠。由于与强国签了派雇佣兵的军事协议，在相应的互惠条件中也包括了一些商贸的优待条款。比如，瑞士人可以在法国自由购买他们所必需的盐和小麦；减少对加工产品的征税。此外，由于与周边不同邻国都分别缔结这类军事同盟，保障了相当长时期内瑞士国土不受侵犯。战争后，有时允许一定数量的年轻瑞士人留在所服役国的学校学习，使他们有更多机会走进欧洲其他文化氛围中。而从各国战场万幸不死回国者，不但给家人带回财富，而且可能把外界的消息（比如法国大革命的情况）、习俗、思想乃至生活方式带回家乡，有意无意地成为不同文化交流的使者。他们对瑞士社会演进的影响是不可忽略的。

雇佣军还带来荣誉。瑞士人的勇敢善战，良好的纪律品质使得瑞士雇佣兵在为各国君主效力中备受称赞，成为最受欢迎的雇佣兵。从1515年弗朗索瓦一世时代起，到1859年与那不勒斯王国的军事协议终止，约有200多万瑞士人曾当过雇佣兵。这过程产生过近800名将军。某些家庭甚至成为将军世袭之家。还有许多军事首领在大战役中威名远扬，获得最高荣誉和军衔。由于他们见多识广，富有对外交往的经验，所以这些军人常常被选派为驻外大使或肩负一些困难使命。他们中间还出现过作家、艺术家和教养很高的文化人。可以把这个特殊群体看成那个时代堪称"欧洲贵族"的阶层。

然而，无论是金钱，还是实惠、荣誉，都不能掩盖雇佣兵制度的残酷。早在1641年，瓦莱显贵施托卡尔帕为法国国王所招的雇佣兵就曾给他写信道："我们中许多人都怕得发抖。"到1644年，这支瓦莱军团

---

① Gilliard, *Histoire de la Suisse*, Paris 1944; 7e éd. mise à jour par J. -J. Bouquet, 1978, p. 95.

为法王在巴塞罗那西边 160 公里处与敌军决战，法军失利，法国人先逃，瑞士雇佣兵战至最后，200 人死亡，200 人被俘，只有百余人生还。① 1812 年当拿破仑大军兵败俄罗斯之时，雇佣兵军团仍忠实地追随这位法国皇帝。在白雪覆盖的俄罗斯原野上，来自格拉鲁斯州的一名中尉为鼓舞士气，带头唱起一首瑞士德语歌曲，几百名战士和声而唱，凄凉忧伤，仿佛在向远方的故乡永别："我们的生命在冬天、在黑夜游荡……痛苦如同重负，折伤我们弯曲的腰杆；多少人已经倒下，在这狂风呼啸的原野上！……"② 事实上，在 11 月的暴风雪里、在浴血拼杀中瑞士军人已经有 1200 名失踪，9000 名长眠在俄罗斯大地上。只余下 300 名左右的幸存者，勇敢出色地为大军撤退断后，随同法国皇帝走完侵俄的失败之路。

瑞士历史上雇佣兵制度的出现有其特殊的背景、作用，特别作为早期经济发展原始积累的重要组成部分，值得回顾。自 19 世纪中叶逐渐停止了这种残酷制度后，今天瑞士的法律已不允许在外国军队中服役，只有梵蒂冈教皇的卫队除外，至今仍遵守传统，由 100 名瑞士人担任。但是这已不再是 16 世纪本来意义上的、替外国人卖命的雇佣兵了，而只是保护教皇日常和出访安全的卫士以及教皇国的仪仗队伍而已。由于只由瑞士人担任梵蒂冈卫队，而且他们的服饰也保留中世纪传统样式，以长矛、佩剑为武器，不仅使这个卫队充满神秘色彩，也使得历史上、传说中瑞士雇佣兵的声威久久流传。

二 "武装中立"——现代瑞士军事

瑞士是世界公认的"永久中立"国，但它的永久中立是以武力保护为基础的"武装中立"，人们习惯将武装中立比喻为"刺猬战略"。刺猬不主动伤人，但在遇到危险和受到进攻时，它可以蜷曲身子，用坚硬的毛刺攻击敌人，保护自己不受伤害。用个形象的比喻，瑞士就像一只武装到牙齿的"装甲刺猬"。《联邦宪法》第 2 款规定，联邦的首要任务是对外保持国家独立和领土完整，对内维护稳定和社会秩序。《联邦宪法》规定，联邦议会是国家的最高权力机构，重大的防务和军事行动须经议会批

---

① La Suisse au quotidian depuis 1300, Genève, Zoé, 1991, p. 155.
② Gilliard, Histoire de la Suisse, Paris 1944; 7e éd. mise à jour par J. - J. Bouquet, 1978, p. 249.

准并立法方可实施。议会两院各设1个军事委员会，负责向议会提供军事方面的咨询服务。军队的最高指挥权属于联邦委员会，联邦轮值主席是全国武装力量的统帅。军事部长、司法警察部长以及财政部部长组成联邦军事委员会，处理日常军事问题。在战时或紧急状态下，由联邦政府提名、经过议会核准任命1名武装部队总司令，统领全军。由总司令提名、经联邦政府批准后任命总参谋长和首席军事执行官各1名，组成3人军事指挥小组，指挥作战。

联邦军事部是负责瑞士军事的部门。瑞士联邦委员会领导全国防务的执行机构。军事部长以联邦委员会名义统率全军。只有在战时，才由联邦委员会提名，经联邦议会批准，任命1名上将级的将军担任总司令，指挥全军作战。但联邦委员会仍系最高指挥机构，向总司令发布命令。军事部的决策机构是领导与协调参谋部，由军事部长主持，成员有总参谋长、训练部长、装备部长、军事办公厅主任。当涉及空军事务时，还吸收空军部队司令参加。该参谋部每周召开例会，处理日常事务。军事部下设的主要机构是：军事部办公厅，是军事部的秘书机关，负责军事部的组织工作与人事工作；处理涉及军队的各种问题；在司法、财务与不动产等方面起协调作用。此外，地形测量局、军人保险局、联邦体育学校等单位，也属办公厅领导。总参谋部，是最大的一个总部。该部负责军事动员、战略谋划、作战计划、情报收集、后勤供应、通信运输、要塞防御、防空救护等工作。除总参谋长之外，还按工作设5名副总参谋长，即：负责动员与作战的前方副总参谋长，负责情报、安全与对外联络的情报与安全副总参谋长；负责后勤供应与运输工作的后勤副总参谋长；负责军队编制、征集新兵和财政预算的计划副总参谋长；负责军官战役指挥训练的战役训练副总参谋长。训练部，由步兵局、机械化部队局、炮兵局、辅助训练局组成，由训练总监主持，主要负责制订训练计划，组织部队训练；领导新兵学校与军官学校的培训。训练部在安排训练课目时，要与民防训练部门进行协调，并与有关部门协商解决训练场地问题和减少射击噪声问题。装备部，主要负责研制武器，引进与购置军备。该部由3个局组成：武器生产局，经管军需厂、军械厂、战斗机制造厂和火药厂；武器购置局，主要是从国外购置新型战斗机和反坦克武器，并从国外引进武器制造的先进技术；武器技术局，负责研究与试验新式武器，改造与替换陈旧武器。军事部还设有军事防务委员会和领导参谋部，并且直接领导4个军和空军以及防空部队。

瑞士是个永久中立国,靠"全民皆兵"实行"武装中立"。第二次世界大战中纳粹德国并非不想入侵瑞士,也不是无力征服这个小国,只是因为考虑到瑞士早有准备,若要强占,必须付出不小的代价,所以瑞士才幸免于难。这一点老一代的瑞士人都还记忆犹新,引为自豪。

(一) 国防力量及战略思想

瑞士从过去的挫折中懂得了"武装中立"的道理,把全民皆兵制度发挥到极致。冷战结束后,瑞士军队发生了变化,重新焕发出勃勃生机,规模也缩小了。根据"军队95"计划,瑞士军队目前共有男女士兵35万人,其中3500人为专业人员(指导人员、保安和飞行员)。瑞士议会赋予军队三项职责:防止武装冲突,保卫祖国;在发生天灾和危机时刻提供援助;协助促进世界和平。例如,在经济保障方面,军队在1999年共投入25万个人工日,清理雪崩现场,修复洪水造成的损坏,处理难民,保卫外国使团。此外,民防部队也投入了10万人工日,在促进和平方面,有3架瑞士运输直升机参加了在阿尔巴尼亚进行的"ALBA"行动,有50名黄色贝雷帽军人部署在波斯尼亚,140名瑞士军人驻扎在科索沃。瑞士民兵每年用650万个人工日接受保卫祖国训练的训练班。瑞士军队的基石是全体男子一律入伍服役。妇女可以自愿参军,军队中的所有岗位都向女性开放,瑞士空军中有驾驶直升机和喷气式飞机的女飞行员。

每名男子在年满20岁时都要应征入伍,参加为期15周的新兵基础训练。此后,他每两年就要用3周时间接受复习性训练。兵役共计300天,公民应在42岁以前服完兵役。军官的服役时间要长得多,他们在52岁以前都有可能应征入伍。他们中有许多人是在位于卢塞恩的军事训练中心里接受训练的。

2000年瑞士军队包括4个军、13个师和16个旅,重型武器装备包括370辆豹式主战坦克,1475辆装甲坦克,558门坦克榴弹炮,303辆反坦克车辆,此外还有33架F/A 18喷气式战斗机,85架F-5远程战斗机,58架云雀式直升机和15架无敌美洲狮运输直升机。[①]

从2003年起,"军队21"计划将逐步取代"军队95"计划。考虑到

---

① Switzerland, 2001 Kummerly+Frey, CH-3052 Zollikofen- Berne, 2001, pp. 44-45.

军事威胁的变化、出生率的下降和军费预算的大幅度削减，进一步改革军队势在必行。改革的依据是联邦委员会于1999年制定的国防报告。在联邦委员会于2001年春季召开的磋商会议上，以这份报告为蓝本的新的"军队21"计划成为众人瞩目的焦点。

瑞士人称自己的战略思想为"刺猬战略"：刺猬无力犯人，一遇人犯便蜷成一团，浑身是刺。但瑞士最大的防御力量，还是在于"全民皆兵"的兵役制度。①

（二）"全民皆兵"的兵役制度

人们习惯将武装中立比喻为"刺猬战略"。对于"全民皆兵"的兵役制度，瑞士真正落到实处，所以瑞士人不管你是哪个民族一律需要按照法律办事，也就是说不会因为你是少数民族就可以受到照顾。

既然奉行"武装中立"的防务政策，瑞士的军工发展必然受到特殊的重视。瑞士拥有6家国营兵工厂和一批私人军工企业，产品绝大部分出口。瑞士的军工生产和瑞士的民用产品一样享有盛名，装甲车和军用电子产品在世界军火市场上占有重要地位。②

冷战期间某些年间，瑞士的军费开支居世界领先地位，排在美国、英国和法国之后，名列资本主义世界第四。1997年，瑞士的国防开支为53.95亿瑞士法郎，占财政支出的12.7%。

按照人口比例，瑞士军队的人数是相当可观的。在800万人口中，一直保持着总人数达60万的后备役军队。随着冷战结束后，欧洲一体化进程的加剧，并考虑到财政和人口等因素，瑞士实行精兵简政政策，从2000年开始，将后备役军队人数缩减到40万。

瑞士的士兵不是我们概念中的"士兵"，他们平时从事着各种各样的工作，只有到了规定的军训时间才换上戎装，集中进行为期不等的军事训练。

所以就男子而论，瑞士可说是真正做到了"全民皆兵"。有个外国幽默作家说，世界上名副其实的"军国主义"，只有瑞士能享有这一荣誉称号。另据1986年一项美国统计资料，世界上有16个国家人均军费负担超过1万美元，瑞士就是其中之一。

---

① 升平：《瑞士八怪》，《东方航空报》，2000年7月10日。
② 刘军：《瑞士军事训练基地见闻》，《光明日报》，2002年7月12日。

瑞士90%的住宅有地下室（有的是数家共用一个），战时可作民防掩体，平时用作储藏室。到2010年瑞士家家都有这种地下设施，并配有防震装置、空气净化器等，这在全世界是第一的。

此外，适龄男子家中都存放着枪支、弹药，这在别的国家堪称罕见。《联邦宪法》第18条明确规定，"每个瑞士男子都有服兵役的义务"，加入瑞士国籍的外国人也要服从这项条款。义务兵役制度构成了瑞士国防的基石。瑞士采取义务兵役制，没有职业军队和常备军，只有一支1500人的"教官部队"，包括高级军官、兵工厂和军械库的工程技术人员等。

这种"全民皆兵"的兵役制度体现了军民一家、多民族一家、军既民、民既军的民族社会连带关系，军队没有在瑞士国内政治中形成某种政治势力、民族派系。此外，义务兵役制度为国家节约了大量的军费开支，公民将自己的知识和专长以最佳的方式为国防服务，在军事训练中增强了国防意识。① 瑞士"全民皆兵"还落实到"家家有杆枪"，听上去很恐怖，认为瑞士肯定要天下大乱，但瑞士却是个安全的国家。对于瑞士这样一个几百年没有战争的国度，如此高的武器占有率，对老百姓的生活会产生怎样的影响，会不会对社会治安状况带来问题。瑞士人均的枪支拥有比例要高于美国，它是世界上武装到牙齿的最为军事化的国家之一。瑞士从过去的挫折中懂得了"武装中立"的道理，把全民皆兵制度发扬到极致。瑞士宪法规定，男孩子到了18岁，就必须到新兵学校报到，领到军服和步枪，从此开始了"持枪史"。20岁到40岁的男性公民必须按期义务服兵役，在此期间，枪一直伴随着他们。据瑞士国防部的统计数字，瑞士全国共42万人拥有90式冲锋步枪。瑞士人虽然达到了人人有枪的地步，但是瑞士人是有枪而没有子弹，子弹是政府发给不能随便动用，政府的子弹只是为国防所用，没有政府指令任何人无权自行打开，即使家中有盗贼。每桶子弹每年都要检查，一旦有人擅自打开就要面临军法处置。其他武器装备也要随时接受社区有关人员的检查。② 40余万"士兵"从受训第一天开始，便将领到的制服、武器弹药和防毒面具等全套装备自行保管，不训练期间，将装备存在家中。如果接到命令，他们在48小时之内，就可以通过高度发达的各种交通网络，迅捷地进入战斗岗位，开始履行穿军装

---

① 冷锋寒：《瑞士国防军特种部队》本报专稿，《世界报》，2005年12月28日。
② 董拓：《环球时报》，2003年5月21日。

的公民义务。① 在瑞士街头和公交车上，经常可以看到全副武装的受训士兵，他们构成了瑞士的街头一景。

长期以来，几十万人将整套的枪械存放在家中而"国泰民安"，这在许多国家都是难以想象的，而且拿枪杀人的事件是极罕见的。②

瑞士军队还根据山国特点，建立了山地师团、自行车团、边防要塞团等特种部队以适应战争需要。在瑞士的武装力量中有一支引人注目的部队——"自行车团"，其成立于1891年，由3000多人组成，是瑞士国防力量的组成部分。瑞士是个多山小国，自行车灵活方便，符合瑞士的地理特征。在战争中，它所承担的主要任务是护卫步兵易受到敌方攻击的侧翼和守卫要塞。目前装备的自行车是由瑞士肯德山地自行车公司专门为这支部队研制的，绿色车身，七种速度，车架上装有机枪架、铁锹、地雷，车后架上装有反坦克武器。各种武器备齐之后，整个车重90公斤。然而，很遗憾的是这支世界上唯一的自行车步兵团已经要光荣"退休"。在2003年瑞士政府宣布，解散这支历史悠久、装备独特的部队。瑞士实行寓兵于民的政策效果很好，它没有常备军，节省了大量的国防开支。进入21世纪以后，瑞士政府对武装力量的作用进行了重新评估，认为瑞士受到外来入侵的可能性几乎不存在，今后武装力量的主要使命将不再是守土，而是维和，因此准备对瑞士的武装力量进行改革，解散"自行车团"就是改革的一部分。

对政府的这项决定，不少瑞士人感到沮丧。因为在不少瑞士人心中，"自行车团"代表的不仅是一支武装力量，而且还是瑞士的一种传统、一种生活方式和一种精神。

（三）"鼹鼠"式的民防体系

说到瑞士的国防，就不能不提作为瑞士"总体防御"重要组成部分的民防。如遇外敌入侵，瑞士将会在几个犬牙交错的地区进行纵深防御战。瑞士多山，在阿尔卑斯山内早已建成许多秘密山洞工事，部队驻在掩体以及地下的粮食弹药储备所，可借以进行长期抗战。③

瑞士的民防体系是冷战期间核威胁的直接产物。核战争和现代常规战

---

① 冷锋寒：《瑞士国防军特种部队》本报专稿，《世界报》，2005年12月28日。
② 刘军：《感受瑞士民防》，《中国国防报》，2002年8月12日。
③ 《"刺猬"呵护着一个美丽的山国》，《中国国防报》考察团，《解放军报》，2002年12月11日。

争都可能带来毁灭性的后果,只要战争爆发,都可能殃及瑞士。这向国土狭小、人口相对集中而又不具备核反击能力的瑞士提出了严肃的问题:遇到核战争怎么办?瑞士人采取了切实的"深挖洞、广积粮"的防御战略。

从军事角度来看,瑞士的许多大山已被挖成内部空洞的"奶酪",成为名副其实的地下屯兵城市。瑞士沟壑纵横的山区构筑了多层次的立体防御体系,山洞里各种设施齐全,指挥所、营房、医院、商店应有尽有,还有可以起降飞机的"山洞高速公路",坦克和战车可以直接从山洞里开出来参加战斗。

从20世纪60年代起,瑞士一直有条不紊地实施着民防战略。1962年,瑞士通过了《民防法》。1963年,成立联邦民防局,负责全国民防系统的组织、训练和物资供给工作。1971年,瑞士开始实施"总体防御"战略,加速民防建设。民防掩蔽部有的建在住宅建筑物底下,而有的仓库和车库则是根据民防中心的意图设计建造的,和平时期服务于社会和家庭,战时用作掩体。按照民防建设规划,所有的掩体都必须能够抵抗压强为1—3个帕斯卡的冲击波,并配备预防化学武器和核放射尘埃的过滤器。掩蔽部按地区和城市划分,有的掩蔽部相互连通,有民防地下指挥所、地下医院、救护站和至少能维持两周以上的蓄水池和粮食储备。[1] 到2000年,全国已实现了"每个居民都有掩蔽处"的目标。根据《民防法》,退役军人和不能服兵役的公民必须为民防服务,要参加定期举行的民防演习,在掩蔽部、救护站、军需站和交通通信处服务。

瑞士人热衷于民防建设,并把民防提到相当高的地位,在这一点上,瑞士人是现实的。他们认为,当有人在瑞士领土或邻近地区使用核武器时,瑞士人凭借民防手段可以缓解核爆炸造成的直接后果和副作用,面对最新式常规武器的进攻,平民也有藏身之处。只有首先保存生命,才能后发制人。

冷战结束,核战争的威胁正在减少,爆发世界大战的可能性也越来越小,但瑞士人并没有放弃"防御"思想。比如,是否可以在和平时期将民防设施改为民用,开商店、旅馆、搞旅游。瑞士人这时经常会双手一摊,做出无可奈何的表情说:"谁知道明天会发生什么呢?"虽然瑞士一些地区的民防设施已经对公众开放,可以在导游引导下参观,有些地下防

---

[1] 刘军:《瑞士军事训练基地见闻》,《光明日报》,2002年7月12日。

护掩体搞成了青年旅馆，但绝大多数瑞士人反对将民防设施民用化，他们担心一旦战争打起来，就无密可保。① 对未来的担忧和防范意识是瑞士民防的根基。

有人这样总结瑞士的民防：面对其他军事集团军事竞赛的威胁，一个处于欧洲心脏险要地区而决心以武力捍卫国土的小国不得不做出的回答就是"民防"。

由于瑞士出色的民防建设，国际民防组织将总部设在日内瓦的小萨格耐区。

（四）平等中的不平等

瑞士没有常备军，但有一批专业军人，为数约1500人，其中有军官、士兵、军工厂及弹药库的技术人员。军官最高的是师长。这批人员的主要职责就是训练应召而来的各期民兵。

瑞士男子服兵役一律平等，但平等之中也有不平等。在服役受训期间，也要形成一个等级的"金字塔"。大部分人（77%）是小兵，一小部分（16%）做士官，再上层的（7%）则取得军官的职衔。② 军训一事对大学男生却有明显的影响。因为服役（包括第一次的17周）期间，正好是上大学的岁数，男学生又无免役一说，所以四五年的大学往往要五六年才能毕业。但大家都服兵役，一律平等，习以为常，也没有人抱怨损失了时间。

做军官除17周的训练外，还要延长受训期，而且服役年龄也要延长到55岁，但军官的职位仍为有条件的人所争取。一般说来，在社会生活中有地位又有才干的人，到了军中顺理成章、很容易被选为军官；有了军衔的人在社会上也容易找到较理想的职位。而且"惺惺相惜"，凡一起做过军官的人，不免形成一个关系网，互相提携、互相照顾。在政界最有影响的300人，其中有45%便拥有军官的职衔。军队也是社会的一部分，社会上也重视军衔。

第二节　各民族地区经济的平衡发展

瑞士多民族社会共同体的形成与其有着发达的经济作为强大的后盾和

---

① 刘军：《瑞士军事训练基地见闻》，《光明日报》，2002年7月12日。
② 《"刺猬"呵护着一个美丽的山国》，《中国国防报》考察团，《解放军报》，2002年12月11日。

纽带分不开，历史证明还需要有民族团结和民族融合才能巩固。瑞士充分认识到了这一点，在努力发展国民经济的同时，还因地制宜结合区域特色，大力发展民族地区经济。综观西欧的工业发展史，概括起来主要有以下几方面的特点：其一，一些西欧国家往往以铁和煤等自然资源的开发作为工业革命的开端。其二，这些西欧国家通常以掠夺亚、非、拉殖民地和半殖民地国家的财富作为原始积累的方式之一。从小国比利时、荷兰到大国英国、法国等无论哪个国家或多或少都在海外占有殖民地，都摆脱不了掠夺别国的干系。其三，主要靠武力来扩大其海外市场。但同样身处西欧的瑞士却是一个例外，它是"出污泥而不染"的国家。在自然资源方面除了水力资源以外，它几乎是"一无所有"。瑞士经济发展走的道路和大多数西欧国家的工业发展道路大不相同，它一不靠资源，二不靠掠夺，三不靠武力扩张市场，它走的是一条具有瑞士特色的经济发展道路，即循环经济，发展"高、尖、特、贵"的高附加值出口产品和高端的服务行业。瑞士利用自己多民族的特点发展经济，克服地区和民族间发展可能存在的不平衡和局限性，形成了瑞士特色的工业发展之路。同时，瑞士政府并没有搁置民族区域发展的局限和不平衡，而是始终坚持实行扶助山区和扶助少数民族的政策。例如在《联邦投资法》及有关贷款的规定中瑞士政府向山区人民提供多年偿还的低息或无息贷款。自20世纪初以来，联邦政府还向山区州发放补助（主要为农业类的），使包括意大利语和列托-罗曼什语在内的少数族裔成为直接受益者。[1] 在瑞士这样发达的经济水平下，制定出合理的经济政策，对瑞士各民族地区的均衡发展，以及和睦相处，显然具有重要意义。要知道，很多国家民族分裂势力高涨，一方面是由于民族文化不同，民族归属感不统一造成的民族或族群分裂。另一方面，经济基础差异，社会经济结构方面出现问题，也是导致民族分裂的重要原因。

魁北克是加拿大唯一的法语省，最早是法国人在北美的殖民地。1759年七年战争中英国占领魁北克，1763年法国被迫放弃新法兰西，该地落入英国人之手，才命名为魁北克。1776年后为应对美国独立的棘手局势，大量英国人涌入加拿大改变了这里的人口构成、语言习惯。改朝换代容易，但更易人心最难，魁北克人尽一切可能，来保留自己的语言、宗教和

---

[1] Luigi Lorenzetti, *Histoire & Sociétés Rurales* 2010 (vol. 49), pp. 131–157.

文化传统。历史因素的纠缠、语言文化的隔阂等多种因素，造成魁北克人对法国有很强的认同感，而脱离加拿大的意愿非常强烈。可见魁北克独立运动的最主要因素之一就是历史文化的隔阂，而使魁北克始终难以脱离加拿大的最重要因素恰恰就是经济联系。魁北克省经济在各省中位居下游，且受联邦财政补贴最多。

中国社会科学院王希恩先生认为：随着社会发展和生产力的提高，经济因素对国内民族一体性联系形成的作用越来越大，从当代世界民族问题的表现来看，在消弭国内民族差异方面，最有力的是经济因素；在国内民族分离不得不发生时，最不容易断裂的也是经济联系。他以魁北克独立至今未能实现为例，认为：主要原因就在于魁北克省与加拿大其他地区长期以来形成的密不可分的经济联系。他们中的许多人并不真正希望脱离加拿大，而只是想同加拿大联邦达成某种协议。因为他们知道，魁北克如果独立，它不可能在短时期内加入北美自由贸易区，将失去每年由联邦政府提供的150多亿加元的补贴，失去由联邦政府提供的退休金和众多的就业机会等许多经济利益。当然，这种"离了婚，还要同居"的打算自然要遭到联邦政府的反对，而魁北克独立真要割断这种深入到社会生活各个领域的经济联系也是十分困难的。加拿大联邦政府在2013—2014年度，支付给各省的"均衡支付"，魁北克省最多高达78.33亿加拿大元，远高于第二位安大略的31.69亿加拿大元。可见加拿大也在试图用"钞票能力"挽留住魁北克。

我们早已知道，国家的维系手段就是经济，而在现代社会中，经济更是作为维系国内各民族联系的最主要因素之一，只有建立在密不可分的经济联系基础上的民族关系才能是牢固的、健康的。

（一）瑞士经济概述

瑞士的经济是由联邦国民经济部负责，联邦委员会是主管公共经济的执行机构。它原系工农商务部，后经扩充，改为现名。其主要职责是促进国民经济的均衡发展；扩大对外经济关系，保障有关国计民生的物资供应。瑞士实行市场经济，但并不都放弃国家干预的手段。国民经济部推行国家干预的主要办法是：根据国内外经济形势的发展，提出防止和抑制通货膨胀措施，但这些建议只具有指导性，对各州和各部门均无约束力；通过信贷、税收政策，引导经济的发展方向，必要时可采取冻结物价和冻结工资的政策；扩大国家投资，增拨国家预算，兴建公用事业，资助经济落后的部门和落后的民族地区；推行经济外交，承担出口风险担保，开拓国际市场。国民经济部下设的主要机构是：秘书厅，负责起草经济立法；制定经济政策；根据卡特尔法协调同行之间的竞争；保护本国产品；对物价进行监督。它是经济部的参谋机构。联邦对外经济局，其前身是联邦贸易司，附设于外交部，1917年划归国民经济部。局长由国务秘书兼任，设4名大使级商约代表，分管国际经济组织、东西方经济关系、与发展中国家关系以及同亚洲和欧美的经济关系。他们的职责是：研究国际经济形势，参加经济贸易谈判，出席国际关税贸易会议，签订双边与多边贸易协定；与有关国家共同召开混合委员会，处理与共同市场、自由贸易区以及其他国际经济组织的关系。商约代表直属国务秘书领导，分别兼任欧洲、亚洲、北美、大洋洲、非洲等地区处的负责人。该局还设有处理专门问题的代表，负责调查研究、掌握行情、制定对策，进行国际合作，提供出口与投资风险担保。瑞士缺乏资源，本国市场狭小，70%—85%以上的原料、能源需要进口，85%—90%的产品需要出口。因此，瑞士对外贸的依赖性很强，该局也就具有特别重要的作用。工业、手工业与劳动局，主要任务是促进工业、手工业以及就业的发展。该局下设：劳动保护处，监督劳动保护法的实施；劳动市场处，掌握劳动力市场，解决就业问题；失业保险处，向失业工人提供失业保险；职业培训处，监督职业培训法的实施；促进民族地区经济发展处和手工业处，负责扶持和资助日益衰败的家庭副业，保护濒于失传的民族传统工艺。联邦农业局，负责推行保护农业政策，对农产品实行价格补贴；通过增拨款项提供设备和兴修水利等，资助落后地区，稳定农户，防止外流；根据不同的农牧地区和不同的经营项目，在全国设立若干个农业研究所和试验站。经济行情局，负责经济形势的调查研究，定期向联邦提供经济形势的报告。也可聘请或委托专家撰写系统报告，提出政策建议或有关经济规划的建议。联邦经济战备局，负责起草和实施有关经济防务和保障战略物资供给等法令，以及战略物资的储备。

  对外贸易是瑞士经济的重要支柱，悠久的商业传统、丰富的工业经验、一流的产品质量，使得小国瑞士成了世界上最主要的贸易强国之一。在这方面瑞士有很硬的王牌：人员培训、基础设施、服务和咨询等，从而与其贸易伙伴建立了牢固友好的互惠关系。瑞士与新加坡、中国香港、比利时并列为世界人均出口额最高的四大市场。如今，瑞士经济的一半收入来自外贸。瑞士贸易竞争力强源于以下因素：瑞士地处欧洲中心地带；瑞士人讲多种语言（德语、法语、意大利语等）；瑞士的职业培训在世界上首屈一指；瑞士产品质量一流，为世界公认；瑞士政局稳定，劳资关系和谐，很少有罢工现象；瑞士人工时长、效率高；瑞士拥有世界一流的基础设施（交通运输、通信等）；瑞士的服务业水准为 AAA 级（银行、保险业等）；瑞士善于合理利用国际分工；瑞士科研水平为世界一流；瑞士为中立国家，接纳了众多的国际机构等。2000 年瑞士商品出口达 1360 亿瑞士法郎，进口额达 1394 亿瑞士法郎。此外，瑞士还通过各类服务的进出口获利 243 亿瑞士法郎。[1] 瑞士年进口额为 1130 亿瑞士法郎，平均到每个居民为 1.6 万瑞士法郎，这表明与瑞士开展贸易对贸易伙伴所带来的好处。到 2017 年出口总额 1856 亿瑞士法郎。瑞士从其客户那里买入金额与其卖给客户的相等。这就是所谓的公平交易。瑞士经济的优势在于，其企业专门生产稀有又有很大市场需求的产品。就是在近年亚洲经济危机的形势下，瑞士外贸连续 7 年顺差，这在世界上实属罕见。总之，各国进出口商总是把瑞士视为一个可靠的贸易伙伴。它不仅能提供高品质的产品，而且本身也是一个重要的客户。瑞士的确是优质产品和国际贸易的象征。

　　自古以来，瑞士的贸易政策就以自由市场原则为基础。瑞士尽管国土有限，人口仅有 800 多万，却不仅是一个旅游胜地，更是一个令人惊奇的经济强国。大量的智力投资、和谐的劳资关系、稳定的政治结构、不凡的产业表现和完善的基础设施，使瑞士成为工业及贸易强国和外资的天堂。不过，也别为另一个并不矛盾的现象感到奇怪：瑞士是一个工作勤奋的国家。仔细观察瑞士人的时间表就能体会到这一点。瑞士人每周工作时间平均超过 40 个小时。这也说明工作时间长并不会造成失业率高。这种长的工时是瑞士公民自己选择的。表面上看，瑞士工资成本很高。但实际上，由于生产效率很高，国家提取比例较低，与欧洲社会化程度很高的国家相比，瑞士的劳动成本实际上反而不高。加上其他有利条件，外资企业，特别是美国公司对瑞士的投资仍呈增长趋势，而在世界其他地区则有所下降。更为重要的是，瑞士国民经济高度发达，众多的中小企业效率高，大型企业和集团多跻身于世界最强行列。一方面，瑞士出口高附加值产品，

---

[1] *Switzerland*, 2001 Kummerly+Frey, CH-3052 Zollikofen-Berne, 2001, p.51.

国际竞争力强；另一方面，居民购买力强，进口量大。如此一来，进出口量平衡，从而有助于社会整体的稳定。总之，瑞士因其良好和可靠的实业而受到包括中国在内的各国经贸界的关注绝非偶然：瑞士政局稳定明朗，社会和谐，秩序良好，税收优惠，产业可靠，优质产品举世闻名。众多的理由充分表明应当与这样一个生活优越、工作敬业的国家加强往来。

  瑞士是世界上拥有现代尖端技术的国家之一。19世纪起瑞士迅速实现了工业化，出口比率非常高，这一切很难让人理解。直到19世纪，瑞士还曾发生过饥荒现象。但是，现在瑞士每年向全世界出口的工业品和制成品总值约1360亿瑞士法郎，而且仍在增加。具体地说，机械设备、电子技术产品、金属加工产品合计超过300亿瑞士法郎；化工和医药产品约为300亿瑞士法郎；钟表计时产品达111亿瑞士法郎，[①]上述产品都受到世界各地客户的喜爱。除了拥有众所周知的精美手表、美味巧克力和高效率的银行外，瑞士在机床业、高级工具、传输机械、设备安装、精密仪器、测量仪表、塑料加工设备、印刷设备、通信传播设备、电子仪器、电子控制器材、能源分配器、化工和食品业专业设备及安装、包装机械、工业锅炉、环保设备、存储设施、运输装卸设备、医疗器械、微技术和微电子设备等众多领域中均处于世界领先地位。此外瑞士生产常规武器和军需产品在世界军火贸易中也有一席之地。瑞士能在尖端技术方面处于领先地位有以下三个原因：（1）自17世纪起，瑞士就具有良好的手工业传统，其工匠精神的特点是敬业认真、精益求精；（2）从19世纪中期起，成功进行了教育普及和智力开发，并加以利用；（3）与大多数工业化国家相比，瑞士工业的单位创造价值更高。除了上述历史因素外，还应考虑到工业部门对科研的投入非常高；极高的高等教育水平，极严格的专业培训（工程师、技师）；稳定和谐的社会环境；为客户出谋划策、提供专项服务以及强有力的技术服务。正是拥有这些王牌优势，瑞士才得以做到将其70%的制成品出口国外，从而使国民的生活水平远高于国际平均水平。以上优势说明了为何小国瑞士能向世界提供尖端产品，能以优质产品、良好信誉、完善的技术支持和售后服务在众多技术领域中保持领先地位。

[①] 中国《钟表》杂志，2005年3月刊，第80页。

瑞士对外贸易① （单位：百万瑞士法郎）

	进口		出口	
	1999年	2000年	1999年	2000年
原材料、半成品	31275	35830	30878	34490
能源供应、燃料	3514	6290	262	475
资本货物	34633	38972	40632	45789
消费品	43994	47523	42675	45795
总计	125085	139402	125507	136015

（二）工业经济

提到瑞士工业，不免要想到瑞士手表，欧美人士还会联想到干奶酪、巧克力以及绮丽的纺织与刺绣。从历史发展来说，最先兴起的瑞士工业是食品、钟表和纺织业。但从产值论，瑞士最重要的产品和出口货，却是后来居上的机械、化工、医药等产品。瑞士工业经济的布局，与其民族语区密切关联，一般来说瑞士主要工业经济大多数分布在德语区和法语区，如钟表、食品、印刷等工业主要分布在法语区；而机械、制药、纺织等主要分布在德语区，德语区工业集中，规模大；相比之下，意大利语区工业经济就相对不是很发达，仅仅以旅游业以及农产品为主。

1. 瑞士食品业

与许多瑞士造的产品一样，巧克力原来是舶来品。1819年，弗朗索瓦·路易·卡耶在莱蒙湖畔的沃韦创建了瑞士第一家巧克力厂。1826年，菲力普·苏沙尔利用水能为动力，大大提高了巧克力的产量。1830年，夏尔·科勒生产了果仁巧克力。1845年，林德在巧克力中加入可可油，使巧克力变得细腻滑爽，而后来彼德则从亨利·雀巢发明的炼乳中受到启发，发明了牛奶巧克力。1929年卡耶、科勒和彼德的工厂均成为雀巢（Nestle）麾下的巧克力品牌。瑞士巧克力由此世界闻名，2002年瑞士人均消费巧克力119公斤，列世界第一。除了巧克力以外，雀巢还生产咖啡、奶粉、奶酪、饮料等食品。在骨干企业的带动下，这个粮食及原料不足的小国，却有一个相当发达的食品加工业，在瑞士雇用人员4.1万，与此相比，瑞士整个农、林、牧部门的从业人员不过22万。以食品业中名

---

① *Switzerland*, 2001 Kummerly+Frey, CH-3052 Zollikofen-Berne, 2001, p.51.

气最大的雀巢公司为例,它在世界各地拥有上百处分支、几百家工厂,雇用了员工 10 多万人,年营业额高达 180 亿瑞士法郎,其中有 97% 是在外国进行的生产与购销业务。这家瑞士公司已发展成跨国公司中最大的食品企业。①

2. 机电制造业、能源电信业

瑞士工业的龙头产业应该是机械加工业。它是瑞士国民经济的主要支柱,按长期平均值计算,占瑞士出口总值的 43%。② 它们还是瑞士最大的工业就业部门,雇用人数占瑞士劳动力总数的近一半。早在宗教改革时期,有许多意大利的宗教难民的新教徒,因不堪忍受宗教的迫害,不少人移居到苏黎世,于是 16 世纪中叶在那里建立了丝织业。另外,从法国来的胡格诺派教徒,除了制表工艺之外,还带来了制造花边饰带的技术。这样就产生了瑞士的纺织工业。

英国工业革命后,瑞士的第一台机动纺纱机是从英国走私运进,于 1799 年在一所废弃的教堂中安装起来的。在其后的 1 个世纪中,纺织业中出现了一些大资本家,主要是在瑞士东部地区的温特图尔、苏黎世、阿尔高、阿彭策尔等地。瑞士纺织品以质高闻名,一时风靡全欧。

但纺织业是劳动密集型行业,在原材料、劳动力、交通运输、地理位置等方面瑞士均不是周边国家的竞争对手。到了 19 世纪末,瑞士的纺织企业纷纷转产或停产,瑞士发挥自己独有的特点:第一,专门生产高端的衣着及装饰用料,质量好、价格贵,专供西方国家中高层富有阶层使用。因此在欧美仍然占有一定的市场。纺织与服装业拥有大约 1.6 万人,但它的生产能力很强,以质量高、种类多和不断推出新特色产品而闻名遐迩。瑞士纺织业的顶级时装面料和刺绣仍在国际高级时装设计师中享有很高的声誉。现在瑞士纺织品有 50% 专供出口,每年出口市值 37 亿瑞士法郎,足见其仍有一定的活力。第二,转行生产纺织机械和其他精密机械。生产机械设备对技术和工艺以及人员的素质等都要求比较高。而瑞士在这方面比较内行,瑞士生产钟表的经验,使得瑞士的机械制造具备"高、精、尖、特"的特点。别人做不了的瑞士人来制造,敢为天下先。瑞士机械工业制造出了小到测量精度达到百万分之一克的世界上第一台天平(1952),大到瑞士 ABB 公司为我国长江三峡电厂制造的巨型水轮发电机。

---

① 李念倍:《瑞士》,当代世界出版社 1998 年版,第 55 页。
② *Switzerland*, 2001 Kummerly+Frey, CH-3052 Zollikofen- Berne, 2001, p. 59.

瑞士生产的机械产品从小到大应有尽有，产品出口也遍布世界各地。瑞士机械工业产品的技术和质量从总体来说是领先于各国的，目前瑞士机械和成套设备出口位居世界第七。产品有以下几大类：一是造纸机械。它是世界上第二大造纸机械制造生产国，它包括造纸、印刷和包装机等。二是纺织机械。占国际纺织机械市场份额的30%。1999年纺织机械出口额超过29亿瑞士法郎。三是机床仪表与电气设备制造。四是小型机械工具。瑞士军刀和瑞士钟表一样齐名，被认为是瑞士产品的象征。1884年成立瑞士维诺斯（Victorinox）刀具公司，是欧洲最大的刀具制造商，它生产的刀具90%出口到世界120多个国家和地区。五是军事用品。值得一提的是，瑞士生产的一些常规武器在世界上也小有名气，据美国《每日防务》报道，瑞士的狙击步枪装备了160个国家和地区。"瑞士工业公司"造枪历史已有140年。"二战"期间开始生产狙击步枪，1957年生产了M31/55狙击步枪，1960年推出SSG2000狙击步枪，1988年又研制出SG550狙击步枪，这些枪支被各国警方所采用。SG550问世后，被各国警方广为采用，日本还与"瑞士工业公司"签约，得到授权在其基础上生产专供自卫队使用的89式步枪，为中国台湾地区军方研制的XT-86式步枪，在枪身前段、钢管等方面也沿袭了SG550的设计。[①] 就连先进的军工技术的法德两国也纷纷采购这款武器，法国的国家宪兵队、德国的联邦警察均配备有SG550。[②] 瑞士钟表以精细、准确享誉全球，这与瑞士精密制造工业的发达是分不开的，这些理念运用到武器生产也是一样的原理。一般的狙击步枪在300米以内杀伤效果最理想，而SG550在700米内仍然表现优秀。瑞士生产的狙击步枪与同类枪支相比全都是贵族身价，如SG550的制造成本就是其他标准步枪的4倍。在伊拉克战争中，不少英军的狙击手使用SG550，由于天气炎热、风沙大对SG550的射击精度产生一定影响。目前，"瑞士工业公司"已针对这种情况，对SG550进行了多项改进。在未来的反恐战场上，人们将会看到更多瑞士产的狙击步枪的身影。瑞士的枪支除了用于军事外，世界各国使用的运动枪支以及猎枪等高端产品也几乎都出自瑞士。

瑞士充分利用本国的资金优势和技术优势，投入了大笔资金和技术力量发展和支持基础事业。在能源建设方面，瑞士本国除了水力资源外，其

---

① 吴惟:《环球时报》，2003年12月3日。
② Defense. gouv. fr., "Terre – SIG 551" (in French), 5 June 2013.

他能源几乎全要进口,对外依赖较大。针对这一情况,国家在能源方面进行了大量的投资,水电、火电和核电都比较发达,尤其为了减少环境污染和节约外汇,瑞士发展环保型电站。100多年来,瑞士一直依靠水力发电。2000年,瑞士国内总发电量的58%来自水力发电。瑞士有497个大型水力发电厂,发电总量高达1190万千瓦。① 早在20世纪60年代瑞士水电利用率高达95%。瑞士1969年在贝茨瑙建立了第一家核电厂,随后又陆续建了多家核电厂。天然气的消费量一直稳步增长,到1999年,这一数字上升到了整整9%。② 天然气已成为瑞士第三大能源。2017年,瑞士核电站发电量占电力总量的31.7%,水力发电占近3/5,为59.6%,可再生能源装置的份额达8.7%。目前瑞士电力充沛,不仅可满足本国的需要,而且还可以出口到邻国。

瑞士的能源政策是尽可能地减少对国外的依赖,提高能源的利用效益。1999年,瑞士宪法中加进了一项:提倡经济和环保能源、节约和合理利用能源和利用本地和可再生能源的条款。瑞士政府决定以"瑞士能源"的名义,同工业界联手开展合作。瑞士政府将一如继往地提倡用木材作为传统热能来源,鼓励使用热泵,及在沼气设施中使用生物物质,使用"国产"能源的垃圾焚化厂。2001年以来瑞士能源使用量比1999年总消费量增长了1%,而垃圾和工业废物所生产的"国产"能源却增长了3.5%。这样做的目的是到2010年将二氧化碳的排放量减少10%。此外,"瑞士能源"行动计划的宗旨是将矿物燃料的使用量降低10%,而将电的消费量最高提高5%。与此同时,用可再生能源进行发电的数量应提高1个百分点,用来供热的数量应提高3个百分点。③ 瑞士议会拟议法律规定,假如到2010年达不到减少排放量的指标,则要征收二氧化碳排放税。

瑞士通信业也十分发达,它的各项指标都走在世界前列。瑞士邮局每天大约有2000万件信函和包裹,每年处理与200万左右的邮政账户有关的6.2亿多宗交易。瑞士固定电话和移动电话很发达,固定电话早已普及,移动电话拥有量2000年已达到240万部。瑞士电信营业额为141亿瑞士法郎。④ 瑞士还准备引进最先进的电信网络设施来更新其旧的设备,

---

① *Switzerland*, 2001 Kummerly+Frey, CH-3052 Zollikofen-Berne, 2001, p. 63.
② *Switzerland*, 2001 Kummerly+Frey, CH-3052 Zollikofen-Berne, 2001, p. 64.
③ *Switzerland*, 2001 Kummerly+Frey, CH-3052 Zollikofen-Berne, 2001, p. 66.
④ *Switzerland*, 2001 Kummerly+Frey, CH-3052 Zollikofen-Berne, 2001, p. 73.

提高通信质量。

3. 化学和制药工业

瑞士的化学和制药业源于其丝绸和纺织业，因纺织品印染需要大量染料，这就促进了染料业的出现。而染料的生产又需要和化学工业联系在一起，这样就促进了化工产品和医疗药品的发展。同其他行业一样，瑞士化学、医药业高度依赖国际市场，85%的产品出口，每年从瑞士本地出口的产品的营业额达300多亿瑞士法郎，占瑞士年出口总额的28%，是仅次于机械行业的第二大出口行业。如加上国外的分公司营业额更高达700多亿瑞士法郎。化学和制药工业因大量需要用水，而水又要受到水资源以及污染等的限制，它和其他行业分散情况不同，出现地域的高度集中，这一行业主要集中在莱茵河上游的巴塞尔地区，因此巴塞尔成为名副其实的世界化工之都。高度集中从而又产生了生产的高度垄断，主要垄断公司是：诺华公司（Novartis），它是由瑞士两家化工企业的巨头汽巴-嘉基公司和山度士公司在1996年合并的，它成为瑞士第一、世界最大的制药公司之一。① 霍夫曼·罗氏公司是世界上最大的维生素和药疗诊断设备生产商。罗氏生产的各类维生素药物占西方市场的50%以上。罗氏公司的股票价值高达900亿瑞士法郎，跻身于世界十大公司行列。化工医药现在是瑞士第二大工业部门，但它又是最早在国外设立子公司的一个工业部门。化工巨头在巴塞尔的职工约有24700人，但在世界百余国家中设立的生产及销售机构不下500处，共雇用职工15.8万人。瑞士化工和医药业不仅规模巨大，而且产品种类丰富，已达3万多种。其产品主要分医药领域，包括药品和医疗诊断设备；农药领域；纺织、印染、塑料等领域；化妆品领域；食品添加剂领域。

(三) 农、林、牧业

1. 瑞士的农牧业

在瑞士这样一个高度发达、极为复杂的经济体系中，农业与包括商业和外贸在内的其他行业关系密切。除了职能管理部门和产品市场以及相关部门之间的传统联系外，农业和旅游、进修培训、基础研究、应用研究、咨询服务与信息等其他行业及机构也关系密切。从瑞士国内生产总值以及农业的就业人数上衡量，农业的重要性几十年来已急剧下降。这种格局将

---

① *Switzerland*, 2001 Kummerly+Frey, CH-3052 Zollikofen-Berne, 2001, p.60.

出现在几乎所有的现代经济体系中。尽管如此,瑞士政府仍然十分重视农业,认为不能从农业对经济的贡献上看待它的真正价值,因为除了为人民提供粮食外,这一部门还为整个社会发挥特殊的作用和职能。

瑞士拥有牧场,可耕地达9264平方公里,占国土面积的22.2%;果园、葡萄园、市场园艺为610平方公里,占1.5%;阿尔卑斯山牧场为5378平方公里,占13.0%;农业用地为15252平方公里,占36.9%;森林为11021平方公里,占26.7%;灌木、丛林为1690平方公里,占4.1%;植被为6156平方公里,占14.9%;无法耕作有植被为2631平方公里,占6.4%;湖泊与河流为1740平方公里,占4.2%;无法耕作10527平方公里,占25.5%;建筑用地1898平方公里,占4.6%;道路和铁路为893平方公里,占2.2%。从以上的数字可以知道瑞士整个国家农业生产用地总面积达到27963平方公里,占国土面积的67.7%,而无法耕作地区总面积为13318平方公里,占国土总面积的32.3%。① 从上述的统计数字可以了解到,农业用地占瑞士领土面积的一大半以上,这样对景观有相当大的影响。农业用地秩序井然,自然遗产得到了维护,分散式居住受到鼓励。农业对瑞士的经济已经意义不大,但农民仍是农村经济、社会和文化生活的主人。此外,保持着季节性牲畜移动传统的山区农业,对确保瑞士作为旅游者(尤其是徒步旅游)的天堂,发挥了重要的作用。

瑞士农业产量表②

(单位:1000公担,1公担=100公斤;酒类,10万升)

产品	1955年	1975年	1990年	1995年	1998年	1999年	2000年
小麦	321	341	550	618	605	499	538
黑麦	28	24	17	42	23	18	22
大麦	63	172	343	303	338	258	273
燕麦	59	44	54	51	41	28	28
玉米	111	216	233	225	197	198	209
土豆	934	907	712	576	601	560	484
甜菜	209	479	873	841	1142	1186	1410
油菜	87	32	43	45	50	38	38

---

① *Switzerland*, 2001 Kummerly+Frey, CH-3052 Zollikofen-Berne, 2001, p.55.
② *Switzerland*, 2001 Kummerly+Frey, CH-3052 Zollikofen-Berne, 2001, p.56.

续表

产品	1955 年	1975 年	1990 年	1995 年	1998 年	1999 年	2000 年
烟草	2.3	1.6	1.1	1.7	1	1.5	1.6
蔬菜	285	258	376	390	443	360	380
牛奶	2825	3396	3885	3930	3905	3852	3871
干酪	60.3	103.5	136.5	131.7	136.8	134.4	146.2
黄油	26.2	34.5	37.9	41.9	40.8	38	36.7
肉类	170.4	402.7	475.1	434.6	431.4	423.9	409.4
蛋类	535	720	635	650	691	650	670
苹果	280	435	398	199	495	350	420
梨	310	192	88	124	162	100	133
樱桃	61	49	25	25	25	23	34
李子	31	44	13	10	19	15	15
红酒	194	332	527	530	488	591	606
白酒	607	497	807	652	557	718	670

瑞士农业结构变化表[①]

农业结构的变化	1985 年	1998 年	
农场数量（不包括最小的农场）	100200	76400	23.80%
平均耕种规模（公顷）	10.8	14.1	18.10%
农业就业人数	300500	242542	19.30%
牲畜数量（单位：1000 头）			
菜牛	1933	1640	15.20%
猪	2191	1487	32.10%
羊	355	422	18.90%
农业机械设备			
拖拉机	105300	112000	6.40%
拥有挤奶设备的农场	55200	56300	2.00%

对与农业结构有关的数字进行分析后可看出，农业结构已发生相当程

---

① *Switzerland*, 2001 Kummerly+Frey, CH-3052 Zollikofen-Berne, 2001, p.56.

度的变化。目前,大多数农场仍由家庭经营。通常瑞士农民自己耕种土地,他们的劳动力来源是家庭,有的农场进行了合并,农民拥有所耕种的土地并生活在农场上。土地政策仍以这种结构为特点。

瑞士过去40年中,由于农业技术、化工产品和农业科学的广泛应用,农业产量有了相当大的提高。集约农业使瑞士每平方公里、每头牲畜和每个工人的生产力得到提高。这一时期的农业产量翻了一番。2000年,瑞士农业产值达到76亿瑞士法郎。由于有利的生产条件(气候、土壤、地形、海拔等),70%的产值来自家畜。80%的可耕地被用来种植饲料,用以喂养大约160万头牛(主要是乳牛)和约150万头猪,还有50万头绵羊和山羊。[①] 山区农业,特别是阿尔卑斯山区的农业,在夏季进行高海拔放牧,这儿空气新鲜、无污染,生产的是世界上质量最好的牛奶之一。瑞士过去几年中,自给自足程度得到了提高,一方面因为生产技术取得了发展,另一方面则是因为需求增长放缓。现在瑞士农业自己生产的粮食满足了总需求的60%以上,对瑞士这样一个自然环境的国家来讲,这是一个非常了不起的数字。

2. 瑞士的林业

瑞士的森林和灌木丛林大约占国土面积的30.8%,林业及相关贸易就业人数大约为9万人,主要在林业地区。瑞士政府早就认识到森林是许多动物和植物物种的生存环境,森林除了提供原材料和作为能源来源外,它还具有防雪崩、防洪、防止土壤流失、调节大气等价值。出于这些原因,瑞士政府在19世纪就制定了保护森林的规章。1902年,瑞士联邦森林法通过,这一法律禁止破坏林地区域。

瑞士森林政策的宗旨是维护和推动林地的健康和永久发展。实现这一宗旨,瑞士政府采取适当的经济利用办法与天然林管理办法。联邦和州当局支持重新造林计划,也支持森林管理和保护,采取结构措施及开辟林间小路,来解决山区居民的交通和发展问题。与此同时,联邦还支持开展森林工程师培训及研究工作。经过瑞士政府的努力,瑞士的森林总面积在1985年至1995年间增加了476平方公里,即4%。瑞士每年出产的新商业林木为700万立方米,但砍伐量远远低于增长量,所以森林不断增长使瑞士的环境质量名列世界前茅。

---

① *Switzerland*, 2001 Kummerly+Frey, CH-3052 Zollikofen- Berne, 2001, p.57.

瑞士政府十分重视森林保护。1999年出现罕见的飓风袭击损失惨重，共有1260万立方米林木遭到了破坏，损失达7.6亿瑞士法郎。这相当于每年商业砍伐的近3倍。到了2003年，瑞士联邦、州及地方政府将从财政中支出8.5亿瑞士法郎的资金用作清理和重新造林费用。

瑞士森林1999年按地区划分的森林所有者及产量①

地区	森林面积（单位：公顷）	地区森林面积占比（单位：百分之）	私人森林面积占比（单位：百分之）	共有林面积占比（单位：百分之）	木材产量（单位：百万立方米）
汝拉山区	217604	45.7	20.8	79.2	1
中央高原	235372	23.9	40.5	59.5	1.99
前阿尔卑斯山	212371	32.9	45.5	54.1	1
阿尔卑斯山脉	380549	22.9	15.3	84.7	0.66
阿尔卑斯南侧	171605	48.4	18.8	81.2	0.83
瑞士总和	1217501	29.4	27	73	4.74

3. 瑞士的农业政策

近现代以来，瑞士农业发生了巨大变化。1950年以前，农作物的价格固定，销路有保证。但从20世纪90年代末到21世纪初，农民面对市场竞争，感到自己的未来受到威胁。20世纪的后半期，瑞士农业政策主要受"二战"的影响，每一寸可以利用的土地，包括市中心的花园，都要种植农作物，以保证供应。1951年《农业法》的目的是：无论何时，即使在灾难突然降临时，也要保证供应。但是，这样的政策造成了过度生产。由于国家保证全部农产品的销路，不得不处理多余部分，造成浪费。20世纪90年代晚期，这种情况开始发生转变，瑞士面向自由的国际贸易开放经济，与欧共体达成一致。② 在新的系统里，价格由市场决定，补贴制度被直接付款所代替。这些改变使得农场不得不满足与生态和牲畜养殖有关的迫切要求。

瑞士20世纪90年代农业政策用四个字来概括就是——全面改革。从1992年联邦委员会发表了它的第七份农业报告，以此为开端，推行了一场全面的农业改革计划，使农业部门发生了很大的变化。第一，价格和收

---

① *Switzerland*, 2001 Kummerly+Frey, CH-3052 Zollikofen- Berne, 2001, p.57.
② 徐璞英：《国外农村建设的有关经验和做法》，《资料通讯》2006年第4期。

入政策分离开来。第二，农业提供的其他服务可得到酬劳。1999年经过彻底修订的农业法生效。

2000年，瑞士的农业政策以恢复市场经济为重点，它的宗旨是提高整个农业部门的竞争力，但主要是为了通过可持续开发，确保对土地和牲畜的更有效利用。生物生产在过去几年中在瑞士蓬勃兴起。9%以上的农业用地是按照严格的生物生产方针种植的。特别需要指出的是，山区的许多农民正逐步转向生物生产方法，格里松州近43%的农民都是如此。2000年，瑞士消费者用于生物产品的资金有近10亿瑞士法郎。2002年瑞士颁布了新的农业政策，即"农业政策2002"。政策的指导方针是瑞士农业既要在国内外市场上具有竞争力，又要保证供给与环保。政府相信新的政策将开放农业，但农民们并不相信这一点。尽管在1998年，瑞士与欧共体达成一致，会为一些最重要的农产品打开欧洲市场，如奶酪和蔬菜等，但是农民们怀疑欧共体的农业经济不能轻易进入瑞士市场，对前景感到忧虑。由于关税保护，瑞士生产的食品零售价通常比邻国要高。某些瑞士食品的价格超过法国的25%。很多瑞士人，特别是靠近边境的人们，会开车到邻国的超市购物。目前，个人入境可带的食品数量有限，但逐渐废除的关税障碍会对瑞士产品更加不利。瑞士农民感到特别不平：由于其他国家的农民不需要面对他们所必须面对的情况，因此生产成本比较低。产品成本并不是引起价格不同的唯一原因。瑞士农场主联盟调查表明：1瑞士法郎的粮食，农民只获得24生丁（100生丁为1瑞士法郎），其余部分被农场供应商、加工公司、批发商及零售商分得。农场收入比各行业的平均收入要低。农场主如果用季节工人，却负担不起瑞士或西欧工人的最低工资，不得不雇用非法的外国工人。非法工人主要来自东欧国家，愿意接受工作时间长、工资低的辛苦工作。如在美国加利福尼亚和西班牙南部雇用黑工十分广泛。这使得瑞士农民不得不使用同样的方法，以保证产品价格不会过高。

总之瑞士农业政策可大致分为四类：（1）提供研究、教育和咨询服务；（2）改进生产方法；（3）使价格和市场得到保障；（4）直接付款和社会措施。

（四）瑞士经济的发展特色

瑞士经济在西方是一个比较独特的现象，它既没有资源又没有市场，同时其又从无侵略掠夺他国财富，况且它的地理位置及交通不佳。按理说，它本应是个贫困闭塞落后的小国，但瑞士却穷则思变，通过几代人的努力，瑞士实际上却享有世界上少有的繁荣富足。瑞士经济的发展特点有：

第一，采取市场经济与政府干预的政策。瑞士经济的发展，采用最佳资源配置的方法即遵守市场经济的原则，取得了骄人的成就。瑞士获得的成果并不是偶然的，而是客观环境所决定的。作为国际之林中的内陆小国，瑞士的工业生产大都是为了外销。外销必须适应市场，市场需要什么瑞士就生产什么，而且市场情况瞬息万变，适者生存，所以，瑞士政府对工商企业采取的完全是放任自流的政策，任它们自行企划，在国际竞争的大海中自沉自浮。当然国家对经济也不是完全撒手不管，它只在两方面进行干预：一是对通货膨胀进行控制，使它不要超过正常的年率。二是出自战略的考虑对农户进行保护——限制国外某些农产品的进口。瑞士农业就它的产值来说在其国民经济中占有的比重是十分小的，瑞士认识到农业是一个特殊的行业，所以出于战略的考虑对农产品进行保护。如牛奶、粮食、甜菜等产品逐年规定收购价格，一方面保证农民一定水平的收入，另一方面也控制盲目增产，避免过剩，再者也是为了保护民族地区的农民利益，为了民族融合。

第二，发展外向型经济。瑞士的自然条件决定它的经济必须外向，必须与外部世界打成一片，从外面取得原料，再向外面推销产品。发展外向型经济，它的产品必须与众不同，它在工业方面必须保持领先。而"高、精、尖、特、贵"正是瑞士经济的特色，用最少的原材料、最省的劳动力加工成经济价值最大的产品，这一目标瑞士是通过几代人的不懈努力才达到的。瑞士的工业产品一般都是高级的、精密的、尖端的，或是按照特别要求制造的。如果以"高、精、尖、特、贵"来形容，当不为过。有些产品又是巨型的，还要加一个"大"字。因此所有的瑞士产品在国际市场上还有一个共同的特点，就是用昂贵来概括。当然，昂贵的产品并非是哄抬物价，而是物有所值。从客观分析瑞士产品物价昂贵的原因主要是劳动力价格贵，还有技术含量高。瑞士对外贸易采取全方位开放的自由贸易和反对贸易保护主义政策。商品的进出口基本上是自由流通，无配额限制。但是，为了保护其自身的利益，在自由化贸易中也有些规定和限制，例如，对农产品（肉类、牛奶及其制品、新鲜蔬菜、水果、花卉等）采取限制进口和生产补贴；在瑞士市场上出售的机电产品均需符合 SEV 规格；对中低档纺织品的进口采取限价措施，规定进口价不能低于本国同类产品的20%；等等。瑞士虽不是"巴统"成员国，但是"巴统"组织的联系国，因此要受"巴统"组织规定的约束。对涉及"巴统"组织规定的清单产品以及核武器、生物化学等产品技术的出口需要出口许可证才能放行。

瑞士基本上是一个不设关税壁垒的国家。对待不同国别执行没有区别的关税政策。为了鼓励进出口贸易的发展，瑞士采取低关税的税率政策。关税税率总水平很低，平均为5%左右。同欧盟国家全部互免工业产品的关税，征收关税的其他商品全部享受最优惠的低关税。对发展中国家给予关税普惠制的待遇（1979年同中国签订了《瑞士政府给予中国普惠制待遇协定》）。给予普惠制商品的范围不断扩大，税率不断降低。在关贸总协定乌拉圭回合谈判上，瑞士主张继续推行贸易自由化，降低关税和取消非关税壁垒。瑞士帮助发展中国家扩大成品和半成品的出口，市场准入条件比较宽松。

第三，重视教育科研的投入。150多年来，瑞士的经济一直繁荣兴旺，秘诀就在于它拥有一支训练有素的劳动力队伍，使高绩效工业公司和服务公司得以从中受益，而高素质的劳动大军是靠学校来培养的。瑞士有许多职业技术学校，他们为瑞士经济的各个行业培养和提供了大量高素质的人才。特别值得一提的是，瑞士仍保留着学徒工制——传统的师傅教徒弟的方法。这种方法虽然有许多弊端，但它独特的传艺方式可以保留许多独特技术的秘诀，同时瑞士有关部门又将学徒制与时俱进地加入很多内容和规章加以完善。此外，很多瑞士的高中毕业生并不把读大学作为唯一的选择，相反许多年轻人却选择念职高。另外瑞士工业企业十分注重科研的投入，许多大公司为了确保产品的领先，不惜拨出巨款，在公司内设立研发中心。早在20世纪80年代中期，瑞士科研费用大约40亿瑞士法郎，按人口平均每人600余瑞士法郎。1996年瑞士研究与开发的资金占国内生产总值的2.75%，其中瑞士私人企业承担投资总额中的67%，它的研发费用在主要工业化国家中力度是最大的之一。与其他国家相比，瑞士全国研发经费大部分来自私营企业，而不是由国家拨款。1996年，瑞士私人企业在用于研究和开发的费用70.6亿瑞士法郎中，有50.1亿投入了有集中研究计划的传统工业部门，即机械和金属行业，化学医药行业，以及电工行业。此外，瑞士公司用于海外研究和开发的投资在1996年达到

80.6亿瑞士法郎。① 瑞士私人企业在国外研发工作上投入的资金要大于它们在国内的研发投资。瑞士企业家能够在国内外研究和开发上投入如此多的资金，一方面表明瑞士企业家具有全球性的长远的战略眼光和气魄；另一方面说明瑞士企业主在产品的研发上尝到了甜头，敢为天下先。

第四，大量的资本输出。瑞士是世界主要资本输出国，瑞士国内有756家公司在国外设有分支机构，其中有372家是名副其实的跨国公司。也就是说，全世界有6.3%的跨国公司的总部设在瑞士。按人口平均，瑞士是世界上拥有跨国公司最多的国家。瑞士在国外拥有大量投资，与它的幅员及人口极不相符。早在20世纪80年代末，瑞士在国外的资产有4440亿瑞士法郎，等于同年瑞士国民生产总值的2.5倍。除去其中短期资产1860亿法郎，还有长期投资2580亿瑞士法郎。② 除了银行资本外，瑞士在国外投资的企业还有机械、食品、化工等行业。促使瑞士企业到国外去投资的原因，一是为了获取更高的超额利润；二是降低劳动力成本；三是避免外国的保护主义；四是减少污染。

第五，协调的劳资关系。在主要的资本主义国家中，劳资关系犹如水与火，时时抗议、处处罢工。而瑞士是主要资本主义国家中劳动时间最长的国家之一，每人每年达到满1800个小时。但与他国相比，瑞士却极少发生罢工。瑞士的劳资关系堪称西方世界中的楷模。为什么呢？早在1937年瑞士机器制造工会就与资方达成一项"和平协定"。双方约定遇有劳资争议，资方不关厂，劳方不罢工；通过协商仍不能解决时，便请第三方进行仲裁，双方保证遵从仲裁结果。后来其他行业也都先后签订了这样的"君子协定"。1941年瑞士又通过了一条法律，规定各工业部门必须签订集体协议来处理劳资关系。由于有这样的协议，所以瑞士多年来几乎没有发生过大的罢工。如今，和平协议已达大约1200份，涵盖私营部门雇佣工人的50%。③ 工业生产没有因为争议损失大量工时，这在资本主义世界乃至全世界都极为罕见。从瑞士劳资关系的融洽中，可以看出瑞士人在处理一些矛盾和问题上，他们不采取暴力的、激进的、迅速的、革命的、高调的、务虚的方式，而往往采用和平的、温和的、渐进的、妥协的、协商的、低调的、务实的方法来完成。瑞士并没有因劳资问题而构成社会问

---

① *Switzerland*, 2001 Kummerly+Frey, CH-3052 Zollikofen-Berne, 2001, p.78.
② 丁智勇：《促进瑞士经济发展的主要因素》，《国际观察》1997年第6期。
③ *Switzerland*, 2001 Kummerly+Frey, CH-3052 Zollikofen-Berne, 2001, p.54.

题，瑞士人这种高明的方法，有利于保护瑞士生产力的发展，有利于维护社会稳定，有利于人民生活的提高。

第六，大规模使用外籍工人，采用民族平等的方法来对待外来民族。在瑞士资本大量输出的同时，瑞士在劳动力和人才方面却有大规模的输入，这也是瑞士经济中另一大特色。早期的外国人到瑞士来，主要由于宗教和政治等问题。这些人还带来了新技术，兴办了新的产业。这些早期移民的后裔早已成了瑞士人。而20世纪以来外国人到瑞士则主要是来工作，为了谋生。外国劳工对瑞士的发展也做出了贡献，譬如圣哥大和辛普朗两大隧道就是主要靠外国劳工凿通的。外国工人及其家属在19世纪为数不多，20世纪后增加甚多，1910年达到55万人，将近当时全部人口的15%；1960年为49.5万人，占总人口的9.3%；1974年增至106万人，占总人口的16.8%，即每6个人中就有一个外国人；1975—1980年外国人为89.3万人，占总人口的14.1%；1980—1985年外国人增加了4.7万人；1985—1990年外国人增加了16.1万人；1990—1995年外国人增加了23万人；到2000年底在瑞士长住的外国人为136.9万人，外国人在瑞士总人口中已占19.3%。[①] 这是一个非常高的比例，它表明瑞士人非常明智和开放，尽管它人口稠密又不是一个移民国家，但其敞开胸怀接纳全世界有才华的人士，为瑞士的发展提供了大量劳力和智力。外国工人最初在纺织及服装业、农业、旅店餐厅业工作，后来逐渐进入建筑业、冶金、金属、钟表等行业。他们大都从事非技术性或技术要求不高的工作。同时，瑞士本国的工人则因为是本国人，又因为有较高的教育程度和技术素养，逐渐提高了地位，或者转向工资较高、有社会地位的工作。近几年来，除了外国劳工以外，瑞士还积极从世界各地引进一些高科技人才，用来促进瑞士高技术的发展。瑞士的外国人以意大利、西班牙、土耳其、葡萄牙、希腊、前南斯拉夫等国为主，瑞士对外来民族采取与国内的民族一样用民族间一律平等的方法来对待，因而在瑞士的外来民族没有像其他国家一样，受到歧视和不平等的待遇。

第七，高度分化基础上的高度垄断。瑞士企业有两个特点：一是中小企业和家庭作坊的比重相当大，中小企业更具有适应性，船小好掉头，可以随机应变，适应不断变化的国际需求。它们可以制作特殊规格的产品，

[①] *Switzerland*, 2001 Kummerly+Frey, CH-3052 Zollikofen-Berne, 2001, p.23.

甚至量体裁衣，根据客户的要求安排生产。这些都是大国、大厂办不到的。瑞士工业之所以能保持竞争性，这是重要原因之一。二是世界知名的大康采恩和跨国公司也非常庞大，控制和垄断了瑞士乃至世界的某些产品。大的公司都是一些超级巨无霸，像雀巢公司、ABB 公司、瑞士银行、诺华公司、罗氏公司，以及世界钟表业的龙头 SMH 集团等，它们均是跨国公司，在全球相关领域内都占有绝对统治地位。现在垄断资本控制了瑞士的整个经济，并渗透到各个部门。如雀巢公司是瑞士最大的工业垄断集团，在全世界各地有 300 多家工厂，700 多个销售分公司，经营饮料和食品。瑞士 80%—85% 的咖啡市场为其垄断。其奶制品控制了瑞士市场的 65%、法国的 75% 和德国的 40%。此外，诺华是瑞士最大的制药垄断组织，勃朗-包维利公司则是瑞士最大的电机制造业垄断集团，等等。瑞士垄断企业具有跨国性强，技术水准高，对国际市场依赖较大的特点。

当然瑞士经济在拥有许多优势以外，也面临着一些问题。如瑞士农场急剧萎缩，现行还有 6.7 万个农场，瑞士的农业在全球得到的经济扶植最多，受到的保护最好，每个农场每年从联邦获得的资助平均不少于 3.68 万欧元。由于充当着"阿尔卑斯山景色保护者"的角色，瑞士农民备受称赞。但随着瑞士与欧盟签署的双边协议，根据这些协议，瑞士的相关保护措施在 2007 年被全部消失。世贸组织的新条例也要求瑞士取消每年发给农民的 26 亿欧元补贴。不到 10 年的时间里，瑞士农场的数量减少了 1/4。这个速度还在加快，每天都有 8 个农民不得不离开农场。在此之前，舆论一直非常尊重农民，现在却越来越吹毛求疵。资方甚至还有工会都宣布停止发放补贴，这笔钱占瑞士联邦预算的 8%。[1] 除了农业以外，瑞士工业、服务业等均受到来自世界各国的严重挑战，但是瑞士一定会迎接和面对这些挑战的。

第三节　具有民族特色的教育与科技

瑞士在教育和科研上非常具有民族特色，它的教育与科研水准也名列世界的前茅。区区的 852 万人口，从 1901 年起至 2017 年共获得 26 项诺贝尔奖，成为全球按人口比例获得诺贝尔奖最高的国家，为万分之

---

[1] 《Le Point》, 5 décembre 2003.

零点零三，获奖总数排在世界第七位。目前世界上还没有任何一个国家像瑞士一样获得了如此之高的诺贝尔奖的比例。自 1901 年诺贝尔奖设立至今（2017）瑞士人共获得了 26 枚诺贝尔奖。这决不可能仅仅是巧合，而得益于瑞士具有民族特色的教育与科技培育。瑞士诺贝尔获奖名单中有许多人都是由瑞士各个民族组成的，像爱因斯坦为瑞士获得 1 枚诺贝尔物理奖，他就是瑞士籍的德裔犹太人。1992 年诺贝尔生理学或医学奖获得者埃德蒙德·亨利·费舍尔（Edmond Henri Fischer），他就出生于上海。诺贝尔化学奖得主理查德·恩斯特（Richard Ernst）认为瑞士的一大优势是不像其他国家那样受到人才流失的困扰，相反瑞士宜居的生活环境、优厚的薪资待遇能够吸引全球的高水平人才。先进的研发力量、高层次的科研人才、持续的创新动力，将保证瑞士在诺贝尔奖项上继续处于世界领先位置。但是这位诺贝尔奖获得者也强调，诺贝尔奖并不是对科研工作唯一的肯定。更多人的科研成果因各种原因跟诺贝尔奖失之交臂，但只要这些成果能为社会和人们带来便利，增强瑞士的科研水平，它就是最为宝贵的。

同时瑞士也是专利出口大国，长期以来也稳居世界前列。那么瑞士凭什么取得如此佳绩？笔者认为，瑞士民族教育的成功并不是偶然的，而是有它成功的必然因素。从宏观来说它采取民族平等、地区平衡的教育政策。另外，瑞士教育很有特色，政府、民间对教育科研投入巨资，政府对教育实行宽松管理。教育的社会化，社会的教育化，实行开放性教育和"学徒制"教育等富有瑞士特色的民族教育，使瑞士真正实现了教育大众化的目的。在瑞士，70%的青年不读高中，而通过徒工培训职业和继续教育的途径走上实际工作岗位，但其教育和科研水准名列世界的前茅。

一 瑞士教育发展概况

瑞士负责教育和科技的政府部门是联邦内政部，这和其他国家不同，有许多国家内政部是负责治安情报等方面的工作，而瑞士联邦内政部却是主管文化、教育、卫生、科技以及各种公益事业的行政机构。内政部是联邦委员会的七大部之一，受联邦委员会的领导。下设的主要机构有：联邦文化事务局，负责保存和管理艺术珍品和古迹，审查电影的出版和发行，对于由私人和地方经管的文化工作提供资助或其他方式的帮助，对于操办对外文化联络和对外文化宣传工作的半官方机构普罗海尔维第基金会进行拨款资助。联邦教育与科技局,负责领导苏黎世、洛桑两个联邦高等工业学院,对基本上由各州主管的教育事业提供补贴,保证义务教育的实施,协调各民族州参差不齐的学制,承办耗资巨大的科技理论研究,对于民办科技事业提供资助,设立以内政部长为主席的科研协调委员会,推动科研与教育、理论研究与应用研究的结合。瑞士的教育事业由各州自行管理,自筹教育经费、自编教材,没有统一学制,但全国实行9年义务教育制。瑞士重视科学研究。联邦议会两院均设有科学研究委员会。联邦委员会设有科学研究小组,由3名联邦委员组成,负责制定科学研究政策和处理需联邦政府干预的科学研究问题。联邦各部均设有主管科学研究工作的行政机构或专业研究所。各部之间设有部际科学研究协调委员会,协调各部的科学研究、教育工作和同外国的合作。另外还有瑞士全国科学研究基金会、全国科学研究委员会和瑞士自然科学协会等机构。内政部还直接领导国家博物馆,对各地博物馆的兴建和维修提供资助。此外,还设有档案局、气象局、国家图书馆、公路局、建筑局、卫生局等。

不断增加对教育的投入,促进教育事业的蓬勃发展和良性循环。瑞士很重视教育事业,教育经费在各级政府的预算中均占很大的比重,在联邦政府预算中占8%,在州和市镇预算中约占25%。全国早已实行9年义务教育制,目前已普及了12年的教育制,理论上消除了文盲。瑞士教育的特点是:初中教育普及;高中比重小、职业学校比重大;大学教学质量高。瑞士教育领导体制与我国完全不一样,联邦不设教育部,联邦一级的教育事务分别由内政部的科学与研究领导小组所辖联邦高工系统委员会和联邦教科司负责,同时辅以大学联席会议、大学校长联席会议、州教育局长联席会议、瑞士高教中心等全国性协调机构;全国的职业教育由国民经济部的联邦职业教育与技术部管理。

普通教育。瑞士中、小学都归各州管理,实行9年义务制教育,中、小学生均免费上学。家庭条件差的学生,国家或州政府会给学生生活补助,以防止其辍学。

小学:多数州6年制,少数州4年或5年制;初中:多数州3年制,少数州5年或4年制;高中:4年制;职业学校:2—4年制;师范学校:5年制。中学的教师均需大学毕业。小学教师进修3—4年后可取得初中教师资格。

高等教育。瑞士人口虽少,但却拥有密集的高教网,现有12所国家承认的大学,为了平衡民族地区的高等教育,专门在两大语区设立两所由联邦掌管的大学,即德语区的苏黎世联邦高等工程学院和法语区的洛桑联邦高等工程学院,它们都属于国立大学。从苏黎世联邦高工和洛桑联邦高工两所大学的设立,也表明瑞士政府煞费苦心极力寻求瑞士两大族群即德语区高等教育与法语区高等教育的平衡。苏黎世联邦高工位于德语区的中心,而洛桑联邦高工位于法语区的中心。另外还有10所州立大学。按大学所在语区分,德语区有6所:巴塞尔大学、伯尔尼大学、苏黎世大学、苏黎世联邦高工、圣加仑大学和卢采恩大学;法语区有5所:日内瓦大学、洛桑大学、洛桑联邦高工、纽沙泰尔大学、弗利堡大学;意大利语区有1所大学。因而瑞士真正做到各民族语区的高等教学基本平衡,从某种意义上来说,法语区的高等学校按人口比例来说要比德语区的比例还要高。瑞士的大学学制一般4—5年,医学专业为6年。

　　高等职业教育。瑞士于1993年开始对高等教育进行改革,决定将全国60多所高级职业技术学校按地区合并成7所高等职业学院,该项工作于1998年完成,7所学院共有学生1.8万人。这一改革将使瑞士人口中拥有高等教育毕业文凭者的比例由目前的22%提高到25%。

　　瑞士是个高度发达的资本主义国家,它的发展水平之高,主要在于制定了一套结合本国特点的发展政策,并有着与其经济相适应的稳定的政治制度,其核心内容即是永久中立、民族平等、法制健全。所有这一切,都为瑞士教育的发展,创造了一个有利的前提,成为教育发展的原动力。经济和社会的发展离不开一个坚实的教育和科研基础。教育事业在瑞士十分发达,这个仅有800万人口的国度每年都有120万人在各所学校求学。若再加上幼儿园的孩子和在继续教育学习的成年人,全国则有20%以上的人都在学习。①

　　瑞士如同其他欧洲国家,中世纪时人口中大部分是文盲,当时没有今天意义上的公立学校,教育由教会掌管,学校隶属于教堂或修道院。神甫、修士即为教师。教会办学传统悠久,正因为如此,时至今日,在瑞士尚保留一部分古老的教育传统。直到中世纪晚期,才有越来越多的世俗人家要求开办学校教育。12世纪时瑞士各处已出现一些小型学校。瑞士最早的学术中心是天主教堂。1460年在巴塞尔建立了瑞士第一所大学,这

---

① 李念培:《瑞士》,北京当代世界出版社1998年版,第95页。

是教皇支持和捐助的。那时的教育主要只限于教会内部，谈不上普及。瑞士教育的较大发展始于启蒙运动，使瑞士教育逐渐面向社会在全国迅速普及。说起瑞士的教育，不能不提卢梭、裴斯塔洛齐、吉拉德、菲伦伯格以及皮亚杰等几位教育理论家，在他们的启蒙和推动下瑞士创立了先进的教育理论体系，使瑞士的教育从那时起领先于其他国家。尤其是裴斯塔洛齐（1746—1827），他是瑞士新教育思想的奠基人和实践家，他的教育思想的基础和目的是彻底改善人民的大众的教育状况，培养时代所需要的新人。他提出教育要注重头脑、心灵和双手，即智育、德育和实践，他的教育思想和理论至今仍影响着瑞士的教育事业。除了上述教育家的思想外，瑞士在19世纪末20世纪初还深受德国的教育家洪堡（1767—1835）和凯申施泰内（1854—1932）等教育思想的影响。

但是瑞士现代教育体制的真正确立应是1848年联邦国家颁布宪法以后。联邦制在教育体系中的表现为教育立法权在联邦，行政管理权在各州，各州因不同的历史背景各有一套制度。所以瑞士有26个半州，便有26种不同的教育制度，这是一大特色。在瑞士办教育等同于开商店，一些特色学校无须审批，也没有主管部门，任何人有钱就能办，办不下去就倒闭。办学是纯粹的个人商业行为。

瑞士教育事业由各州管理，无统一学制，各州教育经费自筹，自编教材。全国早已普及了九年义务教育制，政府对幼儿园到中学实行学杂费全免，许多富裕的州还对每位学生进行补贴，每月300—500元瑞士法郎不等。另外，学校十分重视因材施教，选拔和培养优秀学生，使英才得到更好的发展。在瑞士从幼儿园到中小学以及大学，各级各类学校的设施都比较齐全和现代化，优秀的人才、好的房子、先进的仪器和图书资料等均在学校。苏黎世一位大学教师说："苏黎世大学在师资、设备、教学水平方面不亚于任何一家美国大学。"① 尊重知识、尊重人才，在瑞士的日常生活中，也能处处体验到。瑞士人他们不崇拜政治家，而是崇拜学者、科学家以及文体明星。像瑞士法郎六种不同面值的纸币上，不像其他国家千篇一律印有政治领袖的肖像，而是印有瑞士各个时期对科学有贡献的科学家与学者，这表明瑞士尊重知识和人才已成社会风气。

瑞士是一个教育为本的社会，一贯重视发展教育事业，政府一再强调

---

① 李念培：《瑞士》，北京当代世界出版社1998年版，第107页。

本国人多地少，自然资源奇缺，又是内陆国家，唯一可利用的是人力资源，而人力资源的开发完全取决于教育。因而瑞士始终把重视和发展教育看成是实现国家现代化的国策，舍得在教育上花本钱，其教育投资在联邦和州一级行政部门中，每年都是最大的开支项目。1982 年瑞士政府教育与科研开支为 16 亿瑞士法郎，占联邦预算支出的 8.3%。从 1984 年各级政府的结算来看，联邦政府在"教育与科研"项目支出 17.77 亿瑞士法郎，相当于联邦总支出的 8.2%。州及社区为"教育与科研"的支出比例更大，若将三级政府的开支加在一起，总数为 117 亿瑞士法郎，相当于总支出的 19.8%。[1] 社会上各界人士对各种学校的工作也很关心。教师的地位受到尊重，和其他行业相比瑞士教师工资是相当高的，教授工资每月一般都在 1 万—2 万瑞士法郎之间，而一般职工工资一个月只有 3000—4000 瑞士法郎，这使得教师能够安心于教育事业，乐此不厌。而社会上对教师职业都十分向往，尊师重教蔚然成风。当然为了培养高质量的人才，国家对教师的要求也十分严格，最优秀的人才才能当教师，甚至幼儿园教师也必须是专门的大学生才能任职。

英国《泰晤士报》2004 年 11 月 4 日公布全球最佳院校前 50 名排名，在前 20 名最佳院校中除英国的大学外，欧洲只有瑞士的苏黎世联邦高等工学院入选，位居第十。

瑞士重视教育，教育更多地适应经济发展的需要。按人均来说瑞士高等院校比例是比较高的，全国共有 10 所综合大学，规模以苏黎世大学 1.8 万人和日内瓦大学 1 万人最大。除了以上综合大学之外，瑞士还有 20 多所高级技术学院。这类学校要求学生至少学过 1 门专长，入学须经过考试，毕业合格可领得文凭。另外还有一些其他类型的高级专业学校，如商业及行政学校、高级师范、高级教育学院、神学院、社会工作者学院、翻译学院、艺术学院、音乐学院、旅游、饭店学院等，这些学院基本上是属民间机构或私人所有的。除了两所联邦高等工业大学以外，8 所综合大学的经费主要由各州负担，每年 16 亿瑞士法郎，占 60%；联邦政府资助 6 亿瑞士法郎，占 40%。瑞士大学生每个学期大约要交 400 瑞士法郎的学费，这在西方工业国中属于很低的收费标准。低学费使学生能减轻经济压力，集中精力学习和科研。而平均每个大学生要由联邦和州负担教育经费

---

[1] Eugen Egger, *Education in switzerland*, *Pro Helvetia*, 1984 Berne, p. 85.

约 3 万瑞士法郎。瑞士政府十分重视科学研究,联邦会两院均设科研委员会,负责制定科学研究政策和处理需联邦政府干预的科研问题。联邦各部均设有主管科研工作的行政机构或专业研究所。各部间设部际科研协调委员会,协调各部的科研教育工作和同外国的合作。另外,还有全国科研基金会,全国科研委员会和瑞士自然科学协会等机构。在教育组织结构方面,各大学并不分本科及研究生两部分,而是按条条垂直组织的。如苏黎世大学的各专业不称"系"而称"所",分为历史所、生化所、有机化学所等。每个所既有本科的学生,也有攻读硕士、博士的研究生,教学与科研合为一体。瑞士全国有 500 多个研究所,研究人员 5 万人左右,科技人员 30 多万人。在西方国家中,瑞士科研资金的增长是比较高的,如 1989 年比上一年度增长 3.1%。而且瑞士的科研资金有 74% 是来自民营企业财团的资助。传统的资助企业有化学、医药等,现在电力、材料等企业也加大资助,建立基金会,1989 年共有 67 亿瑞士法郎的企业资助。[①] 这些资金根据基金会的分配,分别资助各大学的科研机构,但主要是以应用工科为主,近几年也加大对基础科学的资助。基金会同时也向硕士研究生和博士研究生提供奖学金。瑞士奖学金一般由课题组导师控制安排,由基金会转学校统一发放,由于基金会资金雄厚,因而瑞士研究生奖学金金额属于全球最高之一,一般理工科博士生奖学金每月可拿 4000—8000 瑞士法郎不等。

瑞士高等院校和科研院所有个很大的特点,即学术空气十分浓厚和自由。基础理论研究主要集中在高等院校,应用研究主要集中在企业和政府资助的研究所进行的。科研人员和教授学者的主要精力用于科研,教学仅占少部分时间,教学内容力求反映最新的科研水平。另一个特点是许多高等学校教师既是老师同时又兼任企业的技术员或负责人,身兼数职,促使了理论为实践服务,实践又反过来促进了理论的提高。

瑞士高等院校和科研院所完全采用民主管理,各级管理人员由民主选举产生,不搞委任制和"黑箱操作",实行专家管理,真正做到公正、公平、公开的原则。瑞士的高校教育在很多方面与社会息息相关,如学校管理委员会有部分就是由当地公民中选出组成,他们参与学校的教学与管理。学校的教学与管理,有时成为当地的重大问题。学校与社

---

① *Switzerland*, 1993 Kummerly+Frey, CH-3052 Zollikofen- Berne, 1993, p. 58.

会的联系十分密切，尤其理工科大学最为明显。各种科学实验几乎无不与相关的企业挂钩。许多课题就是由企业委托研究的；有的则由师生自拟课题，再向有关基金会申请资助。由于瑞士的教育科研实行了民主化管理，再加上教育与社会紧密相连，形成了两大特色，一是教育的社会化和社会的教育化；教育与政治、经济已连成一体，教育与国家社会之间的关系日益密切，出现了整个教育活动的社会化，如瑞士的欧洲原子能粒子研究，组织了几千名科学家和近万名工作人员同时投入数十亿美元，进行原子能以及加速器中的粒子研究，取得了巨大成功，成为瑞士前所未有的巨大工程。社会教育科研化，瑞士普遍建立起国家研究所，与各大学和企业共同协作，有组织地进行研究工作。还开展国际合作，位于瑞士日内瓦和法国边境的欧洲原子能研究中心，那里的大学、实验、工厂、商店等都为教育科研服务，出现了整个社会教育科研化。二是高度分化基础上的高度综合，形成具有瑞士特色的教育科研方向。"二战"后，新兴技术已不是单个发展，而形成群体迅速崛起，通过相互渗透、相互促进推动着社会生产力的发展。自然科学在高度分化基础上的高度综合，产生了交叉学科、横断学科、综合学科，同时每个学科走向综合。科学技术的迅速发展，使基础科学、应用科学和研制发展之间的距离大大缩短，甚至完全打破了学科、专业的界限，使教育科研与技术连成一个整体。瑞士政府认识到它是个小国，又是中立之国。因此，瑞士的教育科研在高度分化和高度综合的基础上，全力发展研究适合本国的科研项目，加大化工、医药、精密机械、水电、能源、生化、食品等领域的科研，使这些领域的科研水平一直处于领先的地位。教育科研促进了经济的发展，瑞士经济的发展反过来又促进了瑞士教育科研的长足进步，教育科研和成人继续教育的体制，实行开放性。

二 瑞士职业技术教育和成人继续教育的特色

瑞士职业技术教育和成人继续教育在世界各国中很有特色。它的教育体系各自为政、十分独特；它的职业技术教育历史悠久、普及社会、成效显著；它的成人继续教育十分发达，实行全民终身教育。瑞士是一个教育为本的国家，在职业技术教育和成人继续教育方面有许多先进、成功的经验，值得我国借鉴。

本小节主要从瑞士的职业技术教育和成人继续教育的特色方面进行

阐述。

（1）瑞士大力发展职业技术教育，推行企业培训的体制，实行开放性教育。瑞士是职业教育发展较早、较好的国家，可以说从历史上看，就瑞士教育的一个重要特点，这与国家长期对这一点有较明确的认同有关。只是到了19世纪下半叶工业化全面推进中更突出这一点。众所周知，教育与工业化进程密不可分，即使在机器推动社会前进的时代，人的教育仍然是社会之本。瑞士从18世纪末，就出现了职业技术学校。但真正意义上的现代职业技术学校产生于1848年以后。

瑞士的职业技术教育在世界上都是少有的，其主要特色是历史悠久、普及社会、学徒工制、成效显著。由于先天条件不足，使瑞士很早就认识到科教的重要性，认识到规范行为质量的重要，而且在全社会达成共识。这种职业教育几乎是青少年进入社会所必须接受的技能、道德的基础教育，它的完成不一定是在正规的职业学校，而更普遍的是以一种学徒制形式完成。

对一个仅不到浙江省一半面积的国度，人口总数尚不及浙江1/7的小山国，在既缺资源又无出海口的情况下，如何走过漫长的道路而成为世界首富之一。除了瑞士执行长期的永久中立政策以外，瑞士在教育方面起着很大的作用。瑞士在这方面有长期、丰富的独特经验：重视教育，特别是职业技术教育和成人继续教育（即终身教育）。在瑞士，缺少足够的可耕地，山区农村有剩余劳动力。工业化兴起之时，并不缺劳动力，而且是廉价劳动力。但是推动工业化更需要训练有素的劳动力。这在瑞士比在其他欧洲国家更为重要。因为缺乏资源，瑞士没有重工业、大工业，而更多是进口原材料加工业，因此产品比其竞争对手的要昂贵。为了生存，参与竞争的实力要求比别国高，即产品的质量通过人力加工，达到比别的竞争产品更高的水平，由此决定了对劳动力的素质有更高的要求。从18世纪末开始，在一些城市出现了专门培养专业技术劳动者的学校，如1773年在苏黎世、1779年在伯尔尼。[①] 1820年之后这类学校在瑞士许多地方开办。学校不仅教授专门技术，而且根据当时新兴资产阶级的需要进行道德规范教育，如爱国、虔诚、效忠企业等职业道德的教育。在德、智两方面培养劳动者，这在那个时代已是相当先进的教育。而且培养出来的技术工人到

---

① *Switzerland*, 1993 Kummerly+Frey, CH-3052 Zollikofen-Berne, 1993, p. 110.

工作单位后，仍然要求他们不断进行技术培训，以保证他们的技术不会因在技术不断发展中落后。这种在竞争中保持超前的忧患意识的思想，在教育上下功夫，是瑞士经济成功的重要经验。

瑞士原先的教育并不发达，后通过卢梭、裴斯泰洛齐等教育家的努力，他们在瑞士创立了先进的教育理论体系，再加上政府的支持使瑞士的教育从那时起便领先于其他国家。瑞士早已实现了九年义务教育。瑞士学生完成九年义务教育以后，一般男生75%，女生55%—65%选择职业技术教育，瑞士职业技术教育很有特色，它与"学徒制"紧密相连。所以说，"学徒制"是瑞士培训青少年就业的主要方式，也是瑞士教育体系中的明显特色。瑞士在国家监督下通过"学徒制"培训各行各业的基本工人。学徒制缘起于中古时代的行会，这些行会代表封建的生产关系，势力很大，曾经限制过资本主义的初期发展。虽然如此，学徒制对本行业徒工的培训要求极严，从不马虎。这种严谨的作风一直延续到今天的各行各业。瑞士是世界上较早建立起发达的职业技术教育体系的国家。三百六十行行行有职业技术培训，先培训后就业，未经培训不得就业，已成为一种制度。学生想做学徒，要首先找一个接受他的企业或单位。做学徒不需要考试，但接受单位必须有持有合格证件的师傅。只要双方同意便可签订合同，再到有关教育部门备案，学徒期2—4年不等。根据政府规定，企业主或师傅每周要放学徒两天假，使学生能到职业学校上课。在职业技术学校每周学习一两天，可以开阔眼界，多方吸取营养。职业技术学校按工种行业分班教授：一般上本行业的理论知识，文化及商业知识，如银行、经济、民族、语言、外语、公民学等。本工种的各种专业课由不同的实际操作技能组成。另外，还可以进一步学习理化、绘画、设计等课程。

学徒期满，要经过本地区考试委员会的考试，考试合格后领取证书，便可以做正式工人了。瑞士各行各业都有为考试学徒而设立的委员会。考试内容一般有：实际操作技能，本行业的理论知识、文化知识等，不及格的学徒往往是因为实际操作技能不过关。一般来说，在学徒期间有5%—6%的人中途辍学，最后考试时也往往有10%—20%的人不能过关。这说明瑞士的学徒制并非一纸虚文，要得到合格证书，非要有点真本领才行。而企业界一般都愿意雇用有学徒证书的合格人员，因为一方面可以取得较高的效率，另一方面也为本企业脸上增光。毕竟进入高中、直接进入大学的，而且能经住"宽进严出"的大学考验的人不多。据1998年的统计，具有高等文凭的瑞士人（从 25—64 岁）仅占这个年龄段人口的 22.9%；拥有中等职业技术文凭的占 57.8%；只上完义务阶段教育的占 19.3%。加强职业教育是提高全民文化专业水平的切实可行的办法，也是现代化新时代发展经济的保障。同时也是社会结构稳定、各阶层平衡发展的基本条件。

瑞士职业培训对 400 种非学术性职业中的大多数职位来说，实用技术的培训通常由私营公司、行政管理机构、同业公会及服务业承担，参加培训的人一般每周利用业余时间到学校听课一至二天。一般需要 2 年、3 年或 4 年的时间，期满发给《联邦资格证书》。就大多数职业而言，职业培训也可以通过全日制的学院学习或在实际工作中获得。

因此，这也可以说是瑞士经济成就较突出的秘诀之一。总之，瑞士的职业教育是很独特的，而且很有成效。

瑞士的职业培训是由联邦政府管理的，联邦政府制定有关培训与考试的各项法规。联邦职业培训与技术办公室负责监督有关法规的执行情况。各州根据当地的需要，组织各类职业培训，对见习情况进行监管并视需要建立有关的职业培训学校。和联邦政府一样，一些专业的经济组织也在这类培训中发挥着重要的作用。高等职业教育中学二年级以后的几年教育时间就是高等职业教育阶段。这类培训通常是由培养工程师的高等技术学院、高等经济商务管理学院以及社会科学学院提供。

然而，这一阶段也包括一些与从事某项职业相同的培训课程，以及为使受训者通过高等职业测试（如大师级考试）的课程。如商科学校毕业证书以及实行专门技术学院与工艺专科学校的证书互相转换，使职业培训的价值内涵更加丰富，也使高等教育领域得到扩展。

尽管瑞士职业技术教育起步较早，发展得比较成熟，但瑞士职业技术教育过于偏重实际。瑞士各级职业技术学校把主要精力放在知识的灌输和技能的教授上，目的是使学生们日后能找到称心如意的职业，得到事业上的成功。但有人认为，学校很少教导学生们独立思考、提出问题、解决问题的能力。这一点在观察社会及为人处世方面尤为明显。教育工作者则辩解说，这主要是由于来自学生家长和有关当局的压力，他们总是要求多教给学生们一些"实实在在"的东西。对高等教育的理工领域，也有类似的评论。有人认为：在"科"与"技"之间，高校过于偏重生产与实际应用的技术而忽视基础理论的研究。这虽然有助于第二产业当前的需要，但对远景发展与规划则不无影响。如手表业没有及时发展石英电子表而受到挫折，就和忽视基础理论颇有关系。

（2）瑞士成人继续教育体系跟我国完全不一样，由于瑞士是西方发达国家，教育体系比较健全，实行开放式教育。该国执行的是九年制义务教育，教育早已普及，因此，瑞士没有初等成人教育，瑞士的中等、高等成人教育比较发达。瑞士的继续教育比较完善，全国有各种形式的继续教育学校，有外语、财会、法律、电脑、建筑、土建、电气安装、绘画、旅游、饭店管理等各类适合社会需要的学科，业余的、全日制的均有。职业学校教文化、教理论，又教实际技能。学生大部分是全日制上学，也有不少人是业余学习。如苏黎世职业学校，白天同时轮流培训 3500 名徒工；晚上还有 1000 名成人参加夜校学习高级技术。[①] 另外还有许多教会和教育慈善机构办的外语培训班是向社会开放的，也是完全免费的，吸引不少外国留瑞人员学习瑞士的语言。

在一个不断竞争、不断前进的时代，发展人的终身教育是教育制度上的新突破。瑞士自法国大革命、工业革命以来，社会的进步令一代代人必须不断更新知识和观念，穷追猛赶才能安身立命。于是终身教育的提出，直接与个人的就业、成就、持续发展相关联，是科学技术飞速演进的必然结果。瑞士对终身教育有以下几点特色：第一，瑞士成人继续教育往往与自己的切身经济利益密切相关。尤其与就业有关的新知识、新技术的培训十分紧密。第二，许多瑞士人通过成人继续教育，可以不断寻求自身全面平衡、协调和技能发展。第三，瑞士成人继续教育已超越了现成的教育体制，突破了年龄界限，从而实现了教育面前人人平等，教育不再是年轻人的专利。第四，瑞士的成人继续教育不同于其他国家的成人教育，它不仅是技能职业的补救、加强，而且涵盖了人的一生；学前教育、义务教育、后义务教育，内容和范围更加广泛。因此，使教育不再受社会地位、条件、年龄限制，学校开设适合不同群体的不同学科门类，真正使教育为人与社会持续发展发挥作用。

瑞士实行全民终身教育，不同于中国严格区分成人教育和全日制教育。由于瑞士教育管理比较宽松，因此各类成人学校非常多。如瑞士的酒店管理学校闻名于世，培养出来的管理人员被世界各大饭店、宾馆招聘为

---

① 李念培：《瑞士》，北京当代世界出版社 1998 年版，第 105 页。

高级管理人员。在这种背景下,小小的瑞士出现了 30 多家酒店管理学校,鱼龙混杂,但是真正符合标准的酒店学校仅有 13 家,它们包括洛桑酒店管理学院、卢塞恩酒店管理学院、格利昂酒店管理学院、日内瓦酒店管理学院、IMI 国际酒店管理学院和 SHMS 瑞士酒店管理学院等。

瑞士大学毕业或学徒出身的人有了证书和工作,并不意味着到了事业的终点,有进取心的人至少可以通过考试获得师傅证书。要做师傅至少要有 5 年实际工作的经验,还要提高自己的文化及专业知识。为此,一个人要继续就读职业学校,这大概也需要 5 年的时间。所以一个工人如果想取得师傅的称号,大概总要到 25 岁左右才能参加考试。及格后便可取得较高的待遇,并取得带徒弟的资格。更有雄心的人,还可以经过业余学习进入高等技术院校,取得工程师的资格。位于苏黎世的 ABB 培训中心就是一个典型代表。ABB 公司是世界上最大的技术公司之一,在全球 100 多个国家共有 16 万雇员,在瑞士有 8000 名员工,其中一半以上拥有的是培训文凭。ABB 培训中心采取双重系统,即一方面对初中刚毕业的学生进行职业培训,另一方面对在职员工进行培训。在培训过程中,中心基本没有真正意义上的考试,学徒主要靠自己管理自己。学徒毕业后,一部分继续到大学深造,另一部分就到 ABB 公司工作(如果去别的公司,则要给 ABB 赔偿部分培养费)。瑞士的成人继续教育以及大学和科研机构几乎全向社会开放,实现了教育资源的社会化与社会资源的教育化。社会资源的教育化是基于这样的一种观念:学校直接拥有的办学资源总是有限的,根据学校的教育计划设计需要,使社会资源间接地兼业化地为学校培养人才所服务,这就是社会资源的教育化问题。反之,瑞士教育资源也实现了社会化。瑞士在教育资源的社会化与社会资源的教育化方面,走在世界的前列。

成人继续教育主要是对走上生产或工作岗位的从业人员进行的教育。在瑞士成人继续教育也称为大众教育,对任何人进行开放式的教育。目前瑞士在教育上,它进一步完善成人教育事业,并努力促进普通教育、职业教育、继续教育的一体化,以营造一个终身学习的社会,并把终身接受教育作为国民的基本福利权。

瑞士虽然说教育早已普及,但男女之间接受高等教育机会不均等。30%—40% 的高中生接受了高等教育,在高等教育这个阶段,男女出现极端不平等。随着年级递增女性青少年继续求学的比例是递减。女生在强迫教育阶段占半数,到了高中便降为 44% 左右,到了大专院校则进一步降低为 32%。也就是说,受高等教育的男生要比女生多出 1 倍还多。①

瑞士的职业教育、继续教育以及大学和科研机构几乎全向社会开放,实现了教育资源的社会化与社会资源的教育化。所谓教育资源配置的社会化,就是瑞士政府根据当地社会与经济发展的实际需要来配置学校全部教育资源,并直接面向社会服务。这里体现了两层含义:一是教育的直接目的是为社会经济发展需要培养人才,积累人力资本,体现在学校的专业设置上;二是教育资源取之于社会也必须用之于社会。同时又为社会与企业培养了实战能力强的人才,保证了人才的质量同时也使学校的教育资源得到了最大限度的利用,真正体现了学校教育服务于企业的教育产业化思想。瑞士政府由于大力发展职业技术教育,推行企业培训和成人继续教育的体制,实现了教育资源的社会化,如苏世黎大学、日内瓦大学等所有高校的教育资源均向社会开放和服务。

瑞士是以发达国家的实力出现在世界舞台上的,它的职业技术教育与成人继续教育也反映了其高度发达国家的社会经济的国情。瑞士高等教育已处于大众发展阶段,已经没有扫盲任务,职业技术中专和成人中等教育在进一步完善,高等职业技术教育与成人高等继续教育在向高学历发展,并逐渐建立了灵活多样的高等职业技术教育和成人高等继续教育体系。整个职业技术教育和成人继续教育体系为实现与其他教育体系一体化,把家庭、学校、社会和工作结合起来,以建立一个终身学习的社会教育体系,适应 21 世纪国际化、信息化社会的需要。

当然瑞士教育也有它的不足之处,高校过于偏重生产与实际应用的技术,而忽视基础理论的研究。这虽然有助于第二产业当前的需要,但对远景发展与规划则不无影响。另外还有高教男女之间机会不平等。这些诸如此类的现象,不仅限于瑞士社会,对世界其他国家来说也都是一个长期的历史任务。

三 瑞士科技

瑞士科技在世界小有名气。20 世纪伟大的科学家爱因斯坦在瑞士苏黎世联邦高等工学院毕业后,曾在首都伯尔尼专利局工作。爱因斯坦在伯

---

① 李念培:《瑞士》,北京当代世界出版社 1998 年版,第 109 页。

尔尼期间和几个志同道合的学者一起，组成了研究社团，对当时物理学界的一些前瞻性的课题进行了潜心研究。瑞士良好的环境和浓厚的学术氛围使爱因斯坦产生了灵感，1904年底，爱因斯坦在《物理学年刊》（德国最重要的物理学杂志）上发表了文章。1905年，他在伯尔尼又发表了5篇划时代的物理学论文，提出了震惊世界的"相对论"理论。不仅充实完善了经典物理学，而且奠定了20世纪新物理的基础。[①] 1921年他代表瑞士获得诺贝尔物理学奖。"相对论"理论改变了人类20世纪的生活，极大地提高整个人类的生产力和人们对宇宙观的看法。瑞士的科技在政府、民间的重视下，以及在爱因斯坦等大科学家的带领下，20世纪以来出现了突飞猛进的进步和发展。直到21世纪，瑞士的科技水平和科研力量仍处于世界先进水平。在世界顶级期刊 Cell、Nature 和 Science 上发文和被引用数量上，瑞士始终居于前列。2015年瑞士 CNS 发文量排名第7位，高于澳大利亚和日本等发达国家，并保持了一定的增长速度。由此可见瑞士对科技发展的投入，其科学研究水平居世界领先地位。另外，据普赖斯·沃特豪斯会计事务所发表的全球投资报告显示，2003年全球390亿美元的高科技投资中，美国以257亿美元占投资总额60%的比例，成为全球投资高科技最多的国家；英国居第二位，投资24亿美元；日本则是亚洲投资高科技最多的国家，排名第5位，投资10亿美元；而小国瑞士则以投资8亿美元，排名世界第8位。[②] 1986年，瑞士仅出口专利就高达27787项，居世界第6位，诺贝尔奖设立以来到2017年，瑞士共有26人获奖。如此小的国家，如此少的人口，却有如此多的人获得诺贝尔奖，这不能不算是一个世界奇迹，它表明瑞士教育科研的成功，具有特色的瑞士科技的成功。瑞士科技促进了瑞士的工农业和第三产业的发展，从而带动了瑞士经济的繁荣以及民族社会文化的发展。当今21世纪的国与国之间的竞争，实际上就是人才的竞争，而教育是培养人才的母机，拥有一个良好教育科研体制，才会在竞争中立于不败之地。

瑞士在不太长的时期内，一跃而成为今天世界上富裕的工业高度发达的国家，在一定程度上得益于政府、企业和学校各方面对科研工作的高度重视。从联邦议会到联邦各部都设有主管科研的机构，各大学均有自己的

---

① 《évolution de l'europe》，《Figaro》，20 juillet 2004.
② Einstein A. [J]. Über Einen die Erzeugung und Verwandlung des Lichtes Betreffenden heuristischen Gesichtspunkt, Ann. Phys., 1905, 17, pp. 132-148.

科研委员会和为数众多的研究所，许多企业特别是大企业也都建立了独立的科研部门。其中化学和医药部门职工的 40% 在从事科研与实验工作，电子技术与工程技术方面的科技人员则占该行业整个企业人数的一半左右。由于资源贫乏，瑞士工业向"高、精、尖、特、贵"方面发展，其产品主要是外销。为了不断改进产品质量，保持市场的竞争地位，许多企业将很大一部分资金用于科学实验和研制新产品。因此，它们不仅有自己的实验室和科研项目，还十分注意与高等院校在科研方面合作。全国科学研究基金会每年也提供大量经费资助各大学选择的科研项目。

瑞士还非常重视提高工人的技术水平。政府在 1930 年和 1964 年先后颁布了《职业培训法》和《职业进修法》，要求技术工人必须经过专门训练，在职工人要进行业余深造，外籍工人入境前要进行技术考核，择优雇用。许多企业也采取种种措施保持职工的稳定性，使熟练技术得以沿袭相传，并对职工的发明创造实行奖励。

瑞士的研究力量在国际上占有领先地位。1992 年瑞士有 48310 名科研工作者，即私营企业有 33900 名、高等院校中有 12650 名、联邦政府机构中有 1760 名科研人员。如果加上各类技术人员，科技人员总数近 40 万，对于只有 800 多万人口的瑞士而言，这是一支非常可观的力量。

第二次世界大战初期，瑞士就开始了原子物理、高能物理和分子生物等尖端科学的研究。瑞士的精密仪器仪表、钟表、纺织机械、发电和输配电设备、低速大功率柴油机、医药和化工产品都在世界上名列前茅，近年来，瑞士在物理学、分子生物学、生物化学和医学等科研领域都取得了显著成绩。

瑞士科研经费来源于私人经济、联邦和州三方面，总额每年都超过国民生产总值的 2% 以上，其中 75% 由私营企业提供。按人口平均计算，瑞士用于科研的支出在国际上居于前列。[①]

瑞士在历史和现实中都面对发展经济的天然不利条件，虽然只是一隅小国，但是它进入工业化社会不仅与一些大国同步，而且带有很大的独创性；瑞士人能够尊重本国实际，根据本国条件，善于化不利为有利，以教育为本，以科学技术领先，归根到底，以人的智慧和能力创出富有瑞士独特形象的国家项目、成果，成为世界现代化潮流的弄潮儿。

---

① 张晓理：《瑞士环境生活品质的启示》，《中共杭州市委党校学报》2007 年第 3 期。

这应是瑞士这样一个贫困山国今天成为世界富国之一的最起码的秘诀。谈到瑞士的教育科技，瑞士教育科技部门总不忘提醒人们，瑞士拥有26名诺贝尔奖获得者。1901年，让·亨利·杜南：和平奖；1902年，Elie Ducommun和Charles Albert Gobat：和平奖；1909年，Emil Theodor Kocher：医学奖；1913年，Alfred Werner（在法国Mülhausen出生，从1894年成为苏黎世市民）：化学奖；1919年，Carl Friedrich Georg Spitteler：文学奖；1920年，Charles-Edouard Guillaume（自1883年生活在法国）：物理奖；1921年，爱因斯坦（Albert Einstein，在德国Ulm出生，1901—1955年为苏黎世市民）：物理奖；1937年，Paul Karrer：化学奖；1939年，Leopold Ruzicka（出生在前奥地利-匈牙利的Vukovar，自1917年成为苏黎世市民）：化学奖；1946年，Hermann Hesse（出生在德国Calw，1883年在巴塞尔入籍，从1923年成为伯尔尼市民）：文学奖；1948年，Paul Hermann Müller：医学奖；1949年，Walter Rudolf Hess：医学奖；1950年，Tadeus Reichstein（出生在波兰的Wloclawek，1916年成为苏黎世市民）：医学奖；1951年，Max Theiler（自1922年移居美国）：医学奖；1952年，Felix Bloch（自1934年移居美国）：物理奖；1957年，Daniel Bovet（自1947年移居意大利）：医学奖；1975年，Vladimir Prelog（出生在萨拉热窝，自1959年成为苏黎世市民）：化学奖；1978年，Werner Arber：医学奖；1986年，Heinrich Rohrer：物理奖；1987年，Karl Alexander Müller：物理奖；1991年，Richard Robert Ernst：化学奖；1992年，Edmond Henri Fischer（出生于上海，自1947年成为日内瓦市民）：医学奖；1996年，Rolf Zinkernagel：医学奖；2002年，Kurt Wüthrich：化学奖；[①] 2017年，Jacques Dubochet：化学奖。当然，这些瑞士诺贝尔奖得主除了瑞士三大语区的科学家以外，还有大量加入瑞士籍的各国各民族的科学家，这也说明瑞士科教政策的成功。

瑞士的高等院校为瑞士和世界各地培养了为数众多的高科技人才。大学除了传统的教学任务，即培养新的学术和研究人员外，它的服务性功能正日益受到重视。瑞士的大学科研理论转化为实际运用较为普遍，而且起到了比较好的社会效应和经济效果。瑞士科研理论与实际相结合，这主要与政府和民间的大力支持有密切的关系。

据1996年的最新调查显示，瑞士用于研究与开发的资金占国内生产

[①] *Switzerland*, 2002 Kummerly+Frey, CH-3052 Zollikofen-Berne, 2002, p. 81.

总值的 2.75%，它的研究计划在主要工业化国家中力度是最大的。与其他国家相比，这一投资高于平均值的部分由私人企业承担，占研究和开发资金的 67%。但是，这一差距显然正越来越小。1996 年，瑞士私人企业用于研究和开发的 70.6 亿瑞士法郎中，有 50.1 亿投入了有集中研究计划的传统工业部门，即化学行业，机械和金属行业以及电工行业。此外，瑞士各公司用于海外研究和开发的投资在 1996 年达到 80.6 亿瑞士法郎。瑞士私人企业在国外研究和开发工作上投入的资金要大于它们在国内的研发投资。1996 年进行的大学教师工作状况调查表明，51% 的人力资源投入了研究和开发工作，但必须指出的是，各个学院和大学在这方面存在很大差异。实用科学和自然科学学院将大部分时间用于研究，此类院校的许多职员的报酬都是由第三方支付的。紧随其后的是工程、医学和药学院，其次是人文和社会学院。从财政观点来看，瑞士各大学包括联邦技术研究所下属的各研究机构，1996 年用于研究和开发的资金总额达到 24.3 亿瑞士法郎。1996 年，由瑞士联邦提供的研究和开发基金为 21.3 亿瑞士法郎。[1] 这笔资金包括联邦为自己的研究工作划拨的经费，为瑞士国内和国外的研究工作提供的基金，以及联邦依照大学促进法间接提供给大学研究和开发部门的基金。

几个世纪以来，瑞士各大学和科研院所在瑞士的知识和科技生活中一直发挥着重要的作用。早期的伊拉斯谟和帕拉切尔苏斯，20 世纪的著名科学家爱因斯坦，神学家卡尔·巴尔特和哲学家卡尔·贾斯珀等人，在心理学方面，C. G. 荣格率先提出原始意象和集体无意识概念，开创了心理学研究的新方法；让·皮亚杰对儿童心理学的研究让我们对智力的概念有了更明确的理解。他们都和大学科研院所有着密切的联系。

在世界范围内，瑞士在开发智力，申报专利，研究与发展领域均名列前茅。也就是说，瑞士国家虽小，但科技发明，大学与企业的科研水平都处于世界领先地位，从而为它参与 21 世纪的全面竞争奠定了牢固的基础。瑞士属于为数不多能够充分认识智力投资重要性并付诸实施的国家之一。长期努力的结果是：按人口比例（单位：每 100 万人口中），瑞士每年申报的专利最多。瑞士每年申报的专利数目超过法国、日本和英国；按

---

[1] *Switzerland*, 2001 Kummerly+Frey, CH-3052 Zollikofen-Berne, 2001, pp. 78-79.

绝对数排名也仅在美国和德国之后。①

科学研究经费按人均计算，瑞士是世界上科研费用最高的国家。每年瑞士投入的科研费用高达百亿元瑞士法郎以上。而政府的投入仅占总额的1/4，其他投资来自企业界。化工医药行业、电子技术部门和机械行业都自行投资从事科研活动。另外，瑞士企业界每年投入国外公司和研究机构的科研经费也高达80亿瑞士法郎。

正因为瑞士科研基础好，诸如国际著名的Batelle研究所和美国IBM等国际著名企业和研究机构纷纷在瑞士设立各种研究中心。仅IBM在瑞士的中心就汇集了众多的诺贝尔物理学奖获得者。由于瑞士良好的条件和基础，其他著名的国际企业也在瑞士设立高水平的尖端技术研究中心，涉及医药业、精密仪器、微电子技术。国际上知名的Medtronic公司（从事电子医疗设备）从1996年起将其欧洲总部设在瑞士，最近又投入数百万瑞士法郎在洛桑设立首席研究员基金，从事心血管研究。

重视智力投资和科研的结果是瑞士在世界众多研究领域中处于领先地位。根据用尖端技术领域增长率表示的创新能力统计，在10项尖端技术领域，瑞士在其中的7个领域保持着最高的增长率。在蛋白质合成方面，瑞士名列第一，机器人方面居第二。可以说在欧洲国家中，瑞士最具有长远眼光，最富有创造性。凭借着如此发达的科技知识和手段，瑞士已为其参与21世纪全球科技和工业大竞争奠定了牢固的基础，拥有最佳的机遇。②

总之，科研的发展提高，必然带动生产，创造财富。重视向科学技术和研究投资，其回报是不可估量的。这也正是瑞士现代化成果出色的秘密。

第四节　特殊的国际地位与多民族社会稳定的基础

一　特殊的国际地位

从地理角度来讲，瑞士国土面积、人口数量都算是一个小国；但从经

---

① 数据来源于瑞士联邦统计局官网，技术资产明细，https：//www.bfs.admin.ch/bfs/fr/home/statistiques/education-science/technologie.assetdetail.8086329.html。
② 舟野：《来自瑞士的魅力》，《苏南科技开发》2005年第2期。

济政治以及国际地位来说，瑞士却是一个名副其实的"大国"。2002年世界各国（地区）GDP总值排名瑞士位于第18位，总值为2738亿美元，而人均收入38140美元。① 一个人口仅仅只有700万的小国，它的GDP却要远远高于有2亿多人口的大国印度尼西亚（2002年总值为1198亿美元），② 和人口1.4亿的巴基斯坦（2002年总值为610亿美元），③ 这不能不算是一个奇迹。到了2017年，瑞士GDP总量为6806.45亿美元，人均GDP为80836.66美元，排名世界第二。但和瑞士的政治与国际形象相比这还不算什么，瑞士在世界政治上的特殊地位和重要作用，是没有任何一个国家可以媲美的。"世界分为五大洲：欧洲、亚洲、美洲、非洲和日内瓦。"这是法国外交大臣塔列兰1815年在著名的维也纳会议上的一句名言，它表明日内瓦在世界上的特殊地位和重要作用。瑞士在国际政治上的主要表现并不在于它的参与性，而主要表现为瑞士已成为世界机构总部的所在国和国际会展中心，它直接和间接地影响了国际政治和经济。在世界人们的心目中，瑞士与其说是一个主权国家，倒不如说它是一个"国际化的国家"。目前多达几百个的世界性和地区性机构总部均设在瑞士，除联合国大会以外联合国几乎最重要的机构都设在瑞士，瑞士成为世界上国际机构总部设立最多的国家之一。另外每年数万场会议在瑞士举行，国际社会所面临的许多重大政治、经济、社会、裁军、人权、体育等问题，都要到瑞士协商寻求解决的办法。同时国际经济界的一些最重要会展也在瑞士举行，如日内瓦发明展、日内瓦汽车展、日内瓦高级钟表展、巴塞尔世界钟表珠宝展览会等。

（一）国际机构在瑞士设立总部的历史

国际性的组织机构和国际性的会展产生于世界近现代，19世纪随着欧洲工业革命的发展，欧洲逐渐成为世界近现代文明的发祥地，世界上的一些重大的发明发现和重要的会议规则几乎均出自欧洲，欧洲也逐渐成为国际性组织机构和国际性会展的中心。瑞士地处西欧的中心，周边国家都是大国，西南部有法国、东南部有意大利、东北部有奥匈帝国、西北部有普鲁士。长期以来这些邻国对瑞士均虎视眈眈、不怀好意，随时想吞并它。但有两个主要因素使瑞士获得了长期和平：一是瑞士周边的邻国，它

---

① 世界银行《2002年世界发展数据手册》，中国财政经济出版社2003年版，第204页。
② 世界银行《2002年世界发展数据手册》，中国财政经济出版社2003年版，第110页。
③ 世界银行《2002年世界发展数据手册》，中国财政经济出版社2003年版，第168页。

们当时实力相当，因而各列强都不敢对瑞士轻举妄动；二是瑞士从1291年起就开始执行永久中立政策，这就封堵了周边国家干预瑞士的借口。因为瑞士恪守中立，避免了邻国的干预，处在欧洲各国纠纷之外，从而使得本国的民族与宗教问题免受外部因素的影响，不至于发展到激化的地步。所以瑞士尽管是个多民族、多语言、多宗教信仰、多元文化的国家，但瑞士各州仍然能够凝聚在一起，结成一个比较紧密的共同体，从而保持了国内的长期稳定。

但要成为国际机构总部和国际会展中心，并不是哪个国家想做就能成功的，它的难度极大。首先该国要具有非常良好的国际形象；其次要有很稳定的政治体制；最后要具有相当强的经济实力。除了上述三点以外所在国还必须具备：

第一，在机构和会务上：（1）发达的交通运输，无论是空中交通还是国内市内交通都必须是一流的；（2）英语、法语等国际通用语言普及率高；（3）良好的饭店和住宿条件；（4）拥有丰富的旅游资源；（5）签证手续简便等。第二，在商务会展方面：由于商务会展除了会展以外，还要对投资环境和商业市场进行考察，还必须具备：A 当地政府的办事效率和市场潜力；B 目的地的政策配套；C 商务活动设施；D 劳动力素质、价格；E 生产原料、能源；F 交通区位条件等。

从上述条件来看，要想成为国际机构总部和国际会展中心条件是非常苛刻的。在19世纪下半叶和20世纪初时，全世界以欧洲的条件最好，而欧洲又以瑞士的条件最好。瑞士是中立国，几百年来一直保持着和平，它与世界几乎所有各国都保持外交关系。客观地说，它与各国都保持君子之交，不即不离。虽然瑞士属于世界经济体系的核心地区（工业化国家）的成员之一，但在政治上它和其他西欧核心地区的国家截然不同，在西欧无论是大国还是小国，它们在近现代历史上均有侵占和掠夺广大第三世界的劣迹和污点；而瑞士虽身处在西欧却出淤泥而不染，从未侵占过任何一个国家的一寸领土，更不要说掠夺了，它在世界人民心目中有非常好的形象。从政治体制来说，瑞士是实行西方的"民主体制"，瑞士的"民主体制"在世界范围来说也许又是最"独特"的：第一，瑞士在政治上官员是集体领导、轮流"坐庄"；第二，国内重大事件由全体人民来"公决"决定。在这种民主政体下，瑞士国内的政局十分稳定，已有几百年没有发生大规模的战争了。在经济上瑞士几乎是与英、法同步从原工业化进入到工业化的，从工业革命以后就成为欧洲最富裕的国家之一，进入20世纪以后，其人均收入一直名列世界前茅，瑞士的钟表精密工业、化学制药工业、食品加工业、金融保险业、旅游服务业等在全球都具有领先的地位，强大的经济为世界机构总部和会务会展落户瑞士做了实力上的保证。

另外，瑞士还具备了国际机构总部和国际会展所要求的一切条件，因而无论从地理角度还是从文化角度选择它都非常适合。尤其在语言文化和民族血缘上，瑞士与周边的邻国法国、德国、奥地利、列支敦士登、意大利等有着共同的语言文化和民族血缘关系，所以从语言文化、血缘关系看，它与这些邻国是血浓于水、源远流长。反过来看瑞士的周边邻国，它们既然无法独占瑞士，也不愿意看到其他国家来侵占它；邻国们愿意瑞士既是中立国，作为大国之间的缓冲区，又是国际机构总部和国际会展中心，这样与人方便、与己方便。以上一切为瑞士成为国际机构总部和国际会展中心扫清障碍。

中立性、稳定性、和谐性、独立性、经济发达、科技先进已成为当时瑞士的商标。但有了良好的条件如果没有人进行宣传介绍和争取，这些国际总部和国际会展——"财神爷"，它们是不会自愿到瑞士来的，因为瑞士在当时来说既是一个小国，同时又是一个山国，许多人对其不屑一顾。

瑞士何时真正成为国际组织机构总部和国际会展中心现难以考证，但一般认为瑞士作为国际会议中心是在1871年，当年日内瓦市政大厅曾组织过一次国际仲裁法庭，就美国内战中的阿拉巴马号巡洋舰沉没事件进行裁决。由此名声大噪，从此成为国际机构总部和国际会展中心。然而部分学者认为瑞士日内瓦的国际使团最早可以追溯到加尔文和他的"新教罗马天主教会"时期。[①]

但瑞士真正成为国际机构总部和国际会展中心不是一朝一夕建成的，正如罗马城不是一天建成的一样，它是一个循序渐进的累积过程。而红十字国际委员会、国际联盟（战后联合国欧洲总部）、达沃斯世界经济论坛这三个著名机构的设立，标志着瑞士国际机构总部和国际会展中心的地位正式确立。红十字国际委员会是由瑞士人设立的最早的影响最大的国际机构。红十字国际委员会是瑞士的一个民间机构，总部设在日内瓦，目前共

---

① [法] Hennessy：《瑞士》，于丽娟译，中国水利水电出版社2004年版，第162页。

有工作人员600余人，其委员会的成员全部由瑞士人担任。但红十字国际委员会的活动却具有极其广泛的国际性质，因此，在目前世界上所有非政府机构中，它是最独特的一个。红十字国际委员会的地位很特殊，它既是一个独立的非政府组织，又在国际上享有政府般的国际机构待遇；它不是联合国的组织，又在联合国里拥有观察员的地位。它是个独立的、中立的民间机构。红十字国际委员会在瑞士的设立大大提高了瑞士国家以及日内瓦城市的国际形象，进一步提高和加强了瑞士的中立国地位，为瑞士成为国际机构总部和国际会展中心地位开了先河，打下了坚实的基础。1919年4月10日经过表决，19名代表中有12名赞成日内瓦为国际联盟所在地。4月28日巴黎和会正式通过，"以日内瓦为联盟的所在地"。[①] 国际联盟的设立进一步确立了瑞士的国际机构总部和国际会展中心地位，为"二战"后日内瓦成为联合国欧洲总部和国际机构大规模进驻瑞士，起到了一个承上启下的作用。世界经济论坛是由日内瓦大学商学院工商政策教授施瓦布先生于1971年倡议创建的一个非官方组织，其总部设在日内瓦，但它的主要活动，却在风光旖旎的瑞士东部山镇达沃斯举行。世界经济论坛主张自由经济和经济全球化，近年来越来越遭到反全球化组织和人士的批评。但尽管如此，世界经济论坛年会已成为世界政治、经济界决策人研讨世界经济问题最重要的非官方聚会和进行私人交往、商务谈判的场所。西方舆论由此称它为"非官方的国际经济最高级会议"。[②]

瑞士自从红十字国际委员会、国际联盟、达沃斯世界经济论坛这三个世界级的机构设立以来，逐渐成为国际机构的总部和国际会展的中心。因此红十字国际委员会、国际联盟、达沃斯世界经济论坛这三个机构是瑞士变为国际机构总部和会展中心的三个里程碑，如果说19世纪红十字国际委员会的成立为瑞士成为国际机构总部和国际会展中心开了先河，那么20世纪初国际联盟的成立却为瑞士成为国际机构总部和国际会展中心确立奠定了基础并起到了承上启下的作用，而20世纪70年代的达沃斯世界经济论坛的成立起到了继往开来的作用，将瑞士的国际机构总部和国际会展中心的地位推向了顶峰。

---

① Jean-Claude Favez, *Nouvelle Histoire De La Suisse Et Des Suisses*, vol. 3, 1982 by Editions Payot Lausanne, p. 122.

② 三人：《广集民意民智 为国献计献策——访今日中国论坛组委会秘书长陈炎兵》，《今日中国论坛》2004年第1期。

（二）国际机构和国际会展

目前瑞士成为世界上召开国际会议次数最多的国家之一。尤其是日内瓦，它不仅是旧国联和现在的联合国欧洲总部，而且也是世界会议之都。联合国成立以后，日内瓦随即被联合国定为其在欧洲的总部。联合国除了在纽约召开安理会和成员国代表大会（联大）外，其他几乎所有的大会均在日内瓦举行。每年在日内瓦召开8000多场国际会议，处理有关裁军、人权、国际贸易、环境、难民、灾害、电讯、气象、知识产权、劳资纠纷、核扩散、体育等几乎世界无所不包的问题。

1. 国际机构

瑞士不但拥有众多的国际机构，而且最关键的是这些机构在国际事务中的影响非常巨大，举足轻重，瑞士这种独一无二的"资源"是世界上任何一个国家都不具备的。据不完全统计，瑞士目前拥有国际机构几百个，驻瑞士的国际机构大致可分为以下几类：

（1）由瑞士人发起组建的具有巨大影响力的国际级机构和会务组织：①红十字国际委员会（ICRC）；②达沃斯（Davos）世界经济论坛（World Economic Forum）。

（2）联合国驻瑞士的有关机构。世界贸易组织（WTO）、世界卫生组织、国际劳工组织、世界知识产权组织、联合国贸易和发展委员会议、联合国难民高级专员公署、联合国欧洲经济委员会、联合国开发计划署、联合国裁军谈判委员会、世界气象组织、国际电讯联盟、国际劳工组织、联合国救灾署、联合国社会发展研究所。

（3）综合性民间国际机构。各国议会联盟、国际民防系统组织、国际妇女联合会、国际警察协会、社会发展国际协会、现代建筑国际会议、收入与财产研究世界协会、世界工会联合会、文学与艺术国际协会、保卫儿童国际委员会、报刊国际发行促进协会、标准化信息和通信系统、道德重塑组织、国际反对噪音协会、国际公务员协会联合会、国际和平署、国际红十字和红新月协会、国际红十字会、国际护士理事会、国际抗癌联合会、国际空运协会、国际蓝十字联盟、国际劳动法与社会安全协会、国际社会安全协会、国际社会服务组织、国际酗酒与毒瘾问题理事会、国际移民与健康中心、国际志愿代理机构理事会、南部中心、世界自然基金会。

（4）国际性经济机构。国际宾馆旅店咖啡馆业主协会联合会、国际店铺装修组织、国际储蓄银行学会、国际出版商协会、国际纺织品制造商联盟、国际钢铁工人联合会、国际工业产权保护协会、国际工业关系协会、国际公路联合会、国际公路运输联盟、国际雇主组织、国际海运保险协会、国际合作联盟、国际互利基金管理协会、收入与财产研究根据协会、国际货物转运公司协会联盟、国际机场理事、国际集邮联合会、国际剪报机构联合会、国际建筑工人与木工联合会、国际结算银行、国际劳动法与社会安全协会、国际旅游联盟、国际贸易中心、国际食品商协会联盟、国际食品农业宾馆餐饮烟草业及相关产业工人联合会、国际手工业及中小型企业协会、国际调味品业组织、国际铁路运输委员会、国际铁路运输政府间组织、国际药品制造商协会联盟、国际邮政、电报与电话工人联合会、国际证券市场协会、世界黄金理事会、世界旅行社联合会。

（5）国际性科教和学术机构。国际教育局、国际大学妇女联合会、社会科学术语国际中心、国际法理学家委员会、国际法研究所、国际高纬度研究所基金会、国际古典研究团体联合会、国际关系研究生院、国际会议翻译人员协会、国际会议口译人员协会、国际教育团体联合会、国际联合国青年和学生运动、国际青少年书籍理事会、国际外科院校联合会、国际现代语言教师联合会、国际学士学位组织、国际学校协会、国际言语矫正学和语音矫正学协会、国际音乐学会、国际远离毒品教育协会、世界国际音乐比赛联盟、国际沉积学家协会、标准化信息和通信系统、国际标准化组织、国际电工技术委员会、国际纺织药剂师和配色师协会联盟、国际顾问工程师联合会、国际旅游业专家协会、国际内科医学会、国际桥梁与结构工程学协会、国际商业文员专业与技术雇员联合会、国际内科医学会、国际生物标准化协会、国际外科协会、国际温度与气候联合会、国际香料协会、国际心理疗法联合会、国际心脏病学联合会学会、国际医学科学组织理事会、国际种子试验协会、国际铸造技术协会委员会、现代建筑国际会议。

（6）国际性体育机构。国际奥林匹克委员会、国际滑冰联合会、国际滑雪联合会、国际划艇联合会、国际排球联合会、国际骑手联合会、国际射箭联合会、国际摔跤联合会、国际体操联合会、国际业余游泳协会、世界滑水联合会、国际足球联合会、国际自行车运动联合会、世界象棋联合会、世界桥牌联合会、登山协会国际联合会、世界童子军运动组织。

（7）国际性宗教机构。国际天主教新闻联合会、国际天主教移民委员会、国际天主教知识与文化事务运动及国际天主教学生运动、世界宗教理事会、国际天主教组织联合会、路德教世界联合会、欧洲教会大会、青年基督教协会世界联盟、世界革新教会联盟、世界基督教女青年会、世界基督教学生联合会、世界教会理事会、世界西班牙及葡萄牙籍犹太人及其后裔联合会、国际反种族主义和反犹主义联盟、国际基督教预防酗酒与吸毒联盟、国际犹太人社会福利服务理事会。

（8）欧洲地区性的国际机构。欧洲自由贸易组织、欧洲原子能中心、欧洲移民国际委员会、欧洲防风湿病联盟、欧洲广播联合会、欧洲客运列车时刻表会议、欧洲质量组织、欧洲装卸工业联盟、欧洲自由贸易联盟、欧洲足球协会联盟、欧洲大学协会、欧洲文化中心、欧洲艺术节协会、欧洲瓷砖制造商联盟。

2. 国际会展

瑞士除了是国际组织和机构的总部以外，它还是世界会展中心之一。尽管瑞士的会展没有像其他会展大国那样多，但是它所举办的某些会展在世界上是有巨大的影响力和举足轻重的地位。瑞士主要的会展有：

（1）瑞士巴塞尔国际钟表展。每年举行一次，一般时间都放在4月份。作为世界最高水准的钟表专业展，同时也是全球最大钟表行业展览，成为世界各国钟表业一展风采的大舞台。无论国际钟表业是景气还是低迷，瑞士巴塞尔国际钟表展始终都是世界钟表业最受瞩目的会展。它不仅是世界钟表业的大聚会、国际品牌的大展示，更是全球钟表未来潮流的大预演。虽然巴塞尔国际钟表展所代表的潮流往往都是一种欧洲潮流，但这并不影响它成为世界钟表业的潮流。因为世界潮流源于国际品牌，而国际品牌多植根于欧洲。[①]

（2）日内瓦高档钟表展。也同时在春天举行，虽不广为人知，但却更被业内人士重视，日内瓦高档钟表展集中展示了世界上几乎所有的奢侈品牌，欧米茄、劳力士、浪琴、卡地亚、朗格、积家、梵克雅宝等交相辉映，这些品牌使这个展览成为钟表美学、工艺和创意的盛宴。创办至今吸引了全世界钟表业钦羡的目光。

（3）日内瓦国际发明展。每年举行一次，它是世界同类中知名度最大、影响最广的会展之一。一般举行时间都放在4月份，如2005年瑞士日内瓦国际发明展日期是2005年4月6—10日。1987年4月9日，在第

---

① 中国《钟表》杂志2004年第2期，第22页。

15届日内瓦国际发明展览会发奖仪式上，中国展团曾获奖47个，引起了轰动，其中专门奖2个、金奖13个、镀金奖13个、银奖12个、铜奖7个。日内瓦国际发明展是各国发明家展示才华的舞台，也是各国发明家切磋技艺的平台，各种发明展品琳琅满目、目不暇接、千姿百态、巧夺天工。日内瓦国际发明展同时也是各国商业"间谍"刺探情报的天堂，各国商业"间谍"云集日内瓦，为争夺有价值的发明情报，不惜采取一切手段。

（4）日内瓦国际汽车展。日内瓦国际汽车展创建于1905年。目前与法兰克福、巴黎、底特律和东京车展并称为国际五大车展。瑞士由于特殊的中立国地位，再加上其国家又是世界富裕之一，有强大的购买力；同时在世界五大车展举办国中，唯有瑞士目前没有汽车工业，因而日内瓦国际汽车展以其"中立"身份赢得最为"公平"的形象；在这样一种特殊而又十分重要的车展中，各大汽车厂商在日内瓦国际车展中，使出浑身解数，向日内瓦观众和瑞士百姓来展示其实力，提高其品牌的知名度。日内瓦车展历来推崇技术革新和偏重概念车，被誉为"国际汽车潮流风向标"。如2005年日内瓦国际汽车展新车数量创下历史最高纪录，其中53种车型为世界首发，18种车型为欧洲首发。车展展厅总面积达到7.7万平方米，共有来自30个国家和地区的261家厂商参展。

（三）国际机构总部和会展中心对瑞士的意义和作用

第一，进一步巩固了瑞士的中立国地位。"一战""二战"期间由于瑞士是中立国，而日内瓦又是"一战"后国际联盟的所在地和会展中心，因而即使在"一战"尤其是"二战"期间，希特勒法西斯最嚣张的时候，法西斯德国也不敢冒天下之大不韪攻占中立国瑞士。同时在"二战"后也为联合国驻欧洲总部和其他国际机构的设立奠定了基础，"二战"后联合国欧洲总部在瑞士设立以后，其他国际机构也纷纷如雨后春笋般地在瑞士设立总部；瑞士作为永久中立国，其作用有时也是其他国家所不能代替的。今天，在经济全球一体化的历史时期，瑞士强大的经济实力有助于它在更广泛的国际合作中发挥作用。虽然当时瑞士不是联合国成员，但是瑞士政府仍能积极参与大部分多边合作的国际组织的活动。因此，它是联合国粮农组织、国际劳工组织、世界卫生组织、联合国教科文组织、万国邮联、工业发展组织等重要机构成员。1992年以来瑞士又成为国际货币基金会、世界银行的成员，1995年也正式成为世界贸易组织成员，2001年正式加入联合国等。还有在高级难民署、联合国儿童基金组织等特别机构中瑞士也参与活动。即使不是联合国成员，瑞士在国际的维和行动中也投入人员、资金等。自从瑞士加入联合国后，目前比以往更投入，积极协助联合国的各项工作，利用国际机构总部和会展业中心的地位，作为永久中立国，其作用是其他国家所不能代替的。

第二，国际机构总部和会展机构极大地提高了瑞士的国际形象和声望，同时也极大地提高了日内瓦、苏黎世、洛桑、巴塞尔等城市的知名度，它推动了日内瓦、苏黎世、洛桑、巴塞尔等城市的市政建设，给这些城市人们的生活带来了深刻的变化，尤其是日内瓦从一个州的首府一跃而成为一个国际名城。城市的形象宣传正是对城市发展的精准定位、城市理念的浓缩和对城市文化的推广。而世界性会议与展览的举办，对一个城市的品牌形象的提升大有裨益。达沃斯就是例证，世界经济论坛举办地的达沃斯，本是瑞士一个阿尔卑斯山系海拔最高的偏僻小镇，而现在每年都会成为探讨世界经济议题的中心。凭借世界经济论坛的影响力，全球性热点问题或趋势性问题在这个小镇酝酿出解决方案，全世界的目光都聚焦到这里。日益增多的会展活动，也成全了小镇的旅游胜地的机遇，不仅是欧洲最大的高山滑雪场，承办大量体育赛事，还成为休闲疗养的度假胜地。

第三，在经济上给瑞士带来了巨大的利益。瑞士既为世界和平做出了巨大的贡献，同时又给本国带来了巨额财富。联合国驻日内瓦办事处、其他国际组织在瑞士的机构以及会展业每年给瑞士和日内瓦等城市带来直接收入高达近百亿美元，间接收入更高，这为小国瑞士带来了非常好的经济效益。据 21 世纪初统计，仅日内瓦一地，各国际组织和外交使团每年光是向该市支付各种费用和社会保险费高达 36.5 亿瑞士法郎。[①]

瑞士仅日内瓦每年就有 8000 场会议在此举行，其经济效益是可想而知了。国际机构总部和会展业与其他行业相比，其特征是：在最短的时间，在最小的空间里，用最低的成本做出最大的生意。"会展经济"已成为瑞士一些城市的发展动力。会展业不仅能够带来直接经济效益（利润率在 20%—30%，远远高于旅游产业），如门票收入、场地租金等，具有高收入、高赢利的特点，而且能够带动交通运输、旅游、餐饮服务、住宿、贸易、通信、公关、广告、劳务、保险业等相关产业的迅猛发展。据

---

① *Switzerland*, 2001 Kummerly+Frey, CH-3052 Zollikofen- Berne, 2001, p.25.

国际权威机构测算，国际上会展业的产业带动系数为1∶9，已成为带动交通、旅游、住宿、餐饮、购物的"第三产业消费链"。国际会展业利润率大都在25%以上，是高收入、高赢利而且对相关产业带动能力极强的产业。专家估算，会展业具有1∶10的带动效应。它还具有商务洽谈功能，作为国际商贸活动的一种重要形式，企业参加国内外举办的会展无疑有着许多好处：一是扩大商务接触面，开阔视野启发思路；二是可以货比三家，寻求最佳的供货厂商与合作对象；三是直接面对客户，便于寻求客户和商贸机会，开拓国际市场；四是可以直接订货，免去寻求海外客户与市场的中间环节，花费最少、时效最高。因而会展业成为时下备受推崇的重要的商务活动之一。如每年的巴塞尔国际钟表展都为中国和香港地区接到大量的订单，在2004年瑞士巴塞尔国际钟表展上，中国科发公司生产的"霸王"钟赢得了大订单。① 反过来说不出席一些会展会给某些企业带来重大的损失，2003年因"非典"原因中国和香港地区的钟表业代表团被瑞士政府拒绝入境，使中国和香港地区的钟表业蒙受几千万元的经济损失，目前中国有关企业仍然和瑞士有关部门在打这一官司；又如达沃斯世界经济论坛，工商界人士的出场费就高达3万—4万美元，这些全球经济界的精英掌管着近数万亿美元的财产，通过达沃斯世界经济论坛，他们会给瑞士带来巨额的消费和无数的投资。

第四，会展的展示功能。会展业具有展示功能，作为一种现代化的传媒方式，不断融入高新科技的成果，借助这一方式，可以树立企业形象、推广企业产品，更可以树立瑞士国家和城市形象、展示发展成果、弘扬文化艺术、促进经济建设、推动社会进步。参加展览会是企业最重要的营销方式之一，也是企业开辟新市场的首选方式。在同一时间、同一地点使某一行业中最重要的生产厂家和购买者集中到一起，这种机会在其他场合是找不到的。通过参加展览会，人们可以迅速全面地了解市场行情。许多工商企业正是借助展览会这个渠道，向国内外客户试销新产品，推出新品牌，同时通过与世界各地买家的接触，了解谁是真正的客户，行业的发展趋势如何，最终达到推销产品、占领市场的目的。

有关机构近期做出的一份调查显示：制造业、通信业和批发业中，2/3以上的企业经常参加展览会；金融、旅游、保险等服务性行业虽然只能

---

① 中国《钟表》杂志2004年第2期，第12页。

展示资料和图片而无法展示有形产品，但依然有 1/3 以上的公司将展览会视作主要的营销手段。①

第五，推动旅游业的发展。旅游业是促进社会经济发展的重要产业群，能够带动当地整条相关产业链的发展，如景点经营、餐饮住宿、交通、娱乐、文化等经营行业。会展业吸引来的游客具有五个特点：消费水平高、停留时间长、团队规模大、营利性好、行业带动性强。日内瓦、洛桑、苏黎世、巴塞尔、伯尔尼等城市不仅是世界著名的旅游城市，同时也是著名的会议、会展城市。达沃斯小镇，位于瑞士东南部格里松斯地区，隶属格劳宾登州，坐落在一条 17 公里长的山谷里，靠近奥地利边境，它是阿尔卑斯山系最高的小镇。在兰德瓦瑟河的达伏斯谷地，海拔 1529 米。原来这个讲德语的山区小镇，因交通不便非常贫困，但后来达沃斯在世界经济论坛的打造下，成为世界知名的滑雪旅游度假区与国际高级会议场所，使小镇一下子成为一个富裕的山镇。而瑞士由于具有国际机构总部和会展中心使其旅游业更上一层楼，成为精品旅游的典范。瑞士已成为名副其实的"世界花园""旅游业摇篮"。据统计，2000 年瑞士的旅游收入为 226 亿瑞士法郎，这一部门的产值在瑞士国内生产总值中占 5.5%，在出口行业中位列第三。② 2017 年全球旅游业竞争力报告中，瑞士名列第 10 位。以上数据表明，举办会展不仅为主办国带来巨额收入，其充足的客源还会拉动本国、本地区旅游业的迅猛发展。发展会展经济，不仅为瑞士旅游业提供巨大的客源市场，更会形成一种良性循环。一个旅游资源丰富、服务设施齐全的旅游胜地必定会吸引众多的大型会展，而众多的大型会展又必将带来更多的旅游客源。

第六，促进城市建设的发展。会展经济的发展水平能直接促进城市基础设施的建设，带动地区经济的发展。如 1919 年国际联盟设立在日内瓦，它就大大推进了日内瓦的城市建设的速度，使日内瓦市的城市建设、经济水平都上了一个新的台阶，向世界展示了日内瓦拥有国际化一流的会展载体，展示了日内瓦经济、文化、科技等各项水平，展示了日内瓦的国际化的水平，提升了日内瓦的国际知名度。

---

① 《国际会展业发展带来的启示》，《中国旅游报》，2002 年 8 月 30 日。
② *Switzerland*, 2001 Kummerly+Frey, CH-3052 Zollikofen-Berne, p. 74.

二 多民族社会稳定的基础

在发展经济的同时，努力使经济增长和社会发展相同步。经济发展是社会发展和进步的一个重要因素，但经济发展并不能自然转化为社会稳定发展和进步的因素。只有在经济发展的同时，由国家正确加以强有力的干预和宏观政策的指导，才能够使经济和社会同步发展，从而形成一种和谐循环，使经济增长与社会的发展互相促进、互为动力。对此，瑞士自有它成功的经验。

第一，建立完整的高福利的社会保障体制。瑞士在经济发展的同时，十分注意改善劳动人民的生活，对此，他们采取以下几个措施：（1）建立全面的保险制度，制定出一系列法律，使老、弱、病、残者和失业者有所依托，能维持生计。瑞士在现代化进程开始不久，便着手建立有效的社会立法，联邦政府认识到一个稳固的社会保障的体系是长治久安的和谐社会的基础。早在1877年已获通过的《联邦工厂法》的各项规定包括禁止使用童工。自1890年起，开始实行关于健康和事故保险的联邦法律。应该提及的还有1981年6月的宪法条款，该条款从根本上保障男女同工同酬。1948年瑞士在社会立法方面取得了一项重大突破即建立了国家养老基金。1972年6月，所谓的三支柱养老金计划被写进联邦宪法：第一个支柱是，旨在满足基本需要的义务性国家老年人和活着的受赡养人养老金计划以及残疾人计划；第二个支柱由雇用单位工作人员养老金计划组成，从1985年起改为义务性计划，该计划同联邦养老金计划一起，旨在确保养老金领取人享有同退休前一样的生活水平；第三个支柱旨在确保老年人的资金保障，实际上是一种受益于减税（账户、股票、寿险）的储蓄形式。① 由于实行了这三大支柱体制，在瑞士老年人贫困现象已很罕见。瑞士人在世界上属于得到最佳保险者之列。瑞士政府大约有1/4的预算用于社会保障和其他保险计划。瑞士保险和再保险业位居世界前列。瑞士建立了医疗保险、失业保险、养老保险、意外事故保险、社会救济、红十字会（瑞士人创办，总部在日内瓦）等保险和救济组织。据世界银行不完全统计，瑞士各种费用在家庭开支的比重，保险14%、税收12.3%、房租11.5%、食品12.6%、交通10.7%、教育和娱乐12.7%，银行储蓄人均2

---

① *Switzerland*, 2001 Kummerly+Frey, CH-3052 Zollikofen-Berne, 2001, p.54.

万多美元，居世界首位。上述统计数字表明，瑞士人生活开支中，以保险开支最大，说明整个社会已进入高福利社会，各项社会保险都非常完善。
(2) 通过各种调节手段，缓和贫富两极分化的矛盾。瑞士是个贫富差距相当大的国家，为了克服这一历史遗留下来的问题，瑞士实行累进个人所得税制，这是一种低收入者少交税，多收入者多交税的抑富济贫制度。高收入阶层是瑞士政府收入的主要负担者，同时对低收入的人则少征或免征税，并对他们在医疗、住房、教育等方面采取补贴手段进行救济。
(3) 控制失业人口和通货膨胀问题。瑞士政府非常注意解决失业问题和通货膨胀问题，从严格意义上来讲瑞士并没有失业问题，现有的失业现象仅仅是假性失业，也就是说许多人不愿意干粗、脏、累的活。瑞士劳力中有1/6是外籍工人，他们大多来自意大利、葡萄牙、西班牙、法国、奥地利、南斯拉夫等国，从事着瑞士人不愿意干的职业。瑞士是资本主义国家中失业率最低的，通货膨胀率也属最低之列。

第二，和谐的劳资关系。瑞士社会的长治久安同其和谐的劳资关系有密切的联系。在资本主义国家中瑞士是工作时间最长的国家之一，每人每年达到满1800个小时。但与欧美国家相比，瑞士是资本主义世界中极少发生罢工的国度。早在20世纪30年代，瑞士南北两个法西斯邻国在其国内迫害共产党及左翼进步人士，而又对瑞士进行威胁。鉴于这一特殊情况，瑞士的左翼工会人士放弃了用罢工、游行等手段同资产阶级进行斗争，认为劳资双方可以采取除罢工以外的方式加以处理。这样可以一致对外，共同对付南北两个法西斯国家。1937年，机器制造业的工会组织和资方雇主签订了第一个引人注目的"和平协定"。根据该协定，签字者承诺在劳资双方发生冲突的情况下不使用罢工或关厂的方式，而要采取协商的手段，如不能达成协议，则要求仲裁委员会出面解决。目前几乎每个行业都已达成类似的协议。集体协议已达1200份，涵盖私营部门雇用工人的50%。[①] 瑞士人雇用员工比较规范，劳资双方往往都要签订协议，协议一式三份，劳资双方各执一份。另一份则放到主管部门，如是本国人将这份合同放到税务部门，要是外国人则将这份合同放至移民局。这样的做法非常有效，第一，劳资双方一旦发生纠纷，主管部门则按照合同规定的内容来裁定；第二，主管部门通过合同来征收赋税；第三，从源头上有效控

---

① *Switzerland*, 2001 Kummerly+Frey, CH-3052 Zollikofen- Berne, 2001, p. 54.

制和监督了外来人口；第四，维护了社会稳定和谐。虽然瑞士的工会被许多外国媒体嘲笑，抨击它为"黄色工会""橡皮工会"等，但实践是检验真理的唯一标准，近70年来和谐的瑞士劳资关系是最好的证明。此外瑞士相当多的大企业把个人或者小型企业联合起来，将企业建立成微型社会，利益共享，融合了劳资关系，增加了社会稳定。米格罗斯超市连锁公司为此提供了范例，该公司是戈特利布·杜特韦勒于1925年建立的股份公司。16年后，杜特韦勒使该公司转变为合作社，并把公司股份赠送给顾客。这样一来，社会和道德价值就被纳入迄今为止还生效的公司章程。米格罗斯超市既不卖酒也不卖烟，并将其批发贸易销售额的1%贡献给当地文化和社会项目——这项支出每年达1亿瑞士法郎（相当于近7亿元人民币）。米格罗斯超市连锁公司的章程中写道："我们必须用自己不断增长的物质力量为社会和文化作出更大的成绩。"

第三，人与自然的和谐。瑞士政府十分重视环境保护，并制定环保法律与经济发展相配套。瑞士的环境保护由联邦环境保护局主管，环境保护工作从法律法规到实践，从环保理念到行动都是这个"世界花园"的基本保障。整个国家犹如一座大花园，所有的空地不是被茂密的森林所覆盖，就是被花卉或草坪所包围，空气新鲜洁净，水流清澈见底，成为一片净土，并形成了美丽的草坪文化。无论春、夏、秋、冬，瑞士到处可看到翠绿般的草坪。人们在草坪上散步、玩耍、游憩、学习。

在瑞士无论乡间城市，都十分干净，这有几方面的原因：

一是瑞士人素质比较高，一般不随便扔垃圾，有时还会主动清理脏物，将垃圾回收、污水处理作为一项新兴产业来发展。

二是在保护环境的进程中，瑞士联邦政府依法治国。从19世纪70年代到20世纪20年代一系列与生态保护有关的法律相继出台，以"保护国家安全及其经济利益"。[①] 从19世纪70年代起密切关注工业化及随之而来的大规模的土地开发、城市化推进在瑞士领土环境中引发的变化，并为此在1874年宪法和以后有关重大法令中对永远的世界花园全国性森林、水土、卫生环境等问题做过规范明令，这些法令后来成为国家和地区环境保护政策的依据。

三是由于政府的大力宣传，民间环保意识强，对儿童从小培养教育，

---

① François Walter, *Les Suisses et l'environnement*: une histoire du rapport à la nature du XVIIe siècle à nos jours, Genève: Éditions Zoé, 1990, p.148.

对成人大力宣传教育，提高和加强人们对环保的道德观念和行为准则。政府每年在市政、环保以及宣传上花了大量的人力物力，如出版了世界上独一无二的处理垃圾的法律手册，规定所有的垃圾必须使用统一的黑色塑料口袋装，垃圾分门别类投放等。

四是瑞士对环保重视还表现在清洁环保人员的工资要略高于瑞士的平均工资，清洁环保人员对工作也特别认真，对一些环保问题的处理完全按法规条例进行，不走过场。

五是各级民间组织（如绿色和平组织）和宗教团体也出面宣传保护环境的重要性和迫切性。在政府和民间的共同努力下，瑞士环保工作走在世界的前列。

瑞士于1914年设立了第一个国家公园。① 随后瑞士的国家公园面积不断增加，整个瑞士被世界各国公认为"世界公园"。

在保护传统的农村民居中，瑞士因民族习俗、气候条件、农业类型、地区分布等情况不同，使它在民居建筑方面有许多特色，像紧靠汝拉地区的宽大的石质农舍；埃门特尔有斜截头屋顶的大木头建筑；东北方山角墙两端陡直的牛木质房子；还有传统的瓦莱地区的木结构农舍（只有厨房有一堵石墙）以及在内地农村周围地区兴建的优美的提契诺人的农庄。当然瑞士最具有民族特色的民居是榭莱（CHALE），榭莱原先是阿尔卑斯山区供牧民在山上放牧时搭建的一种小木屋，房顶呈"人"字形。为了保留这些原住民的风貌，1978年瑞士在布里恩茨附近巴伦贝格的伯尔尼山地创建了一座露天博物馆。博物馆将全国各地的具有典型的传统农舍，都原封不动地从原址移到博物馆的地基上进行重建。所以，这种作为民族传统研究中心的活的博物馆也有助于人们更好地了解瑞士的农村遗产。勇敢地面对发展的压力，一个国家的遗产并不仅是砖和灰浆组成的。它囊括了人类生活的方方面面：人们吃饭、穿衣和娱乐的方式方法；习俗和节庆；宗教传统；流行音乐、民间舞蹈和戏剧。

在城市化进程中因要建造房屋、道路、工业区等，在开发过程中首先会遇到土地开发中的问题。瑞士政府十分珍惜每一寸土地，它先从法律方面入手，1851年土地征用法在瑞士全国十几个州出台。而联邦的土地征用法于1930年6月颁布，成为瑞士国家干预的基本依据。从19世纪下半

---

① 张凌云：《旅游景区景点管理》，旅游教育出版社2004年版，第16页。

叶至 20 世纪上半叶，土地征用开发多与工业设施的基本建设有关，政府从长远考虑，颁布法令要求那些受益的土地拥有者参加开发后的环境集体整治。政府规定开发工程的企业所获得的增值部分的 50% 用于综合整治费用。政府的宏观干预应该说是很有必要的，它可以遏制炒地皮者获取的暴利，同时也可以协调和安置因失去土地而带来的各种问题和矛盾。

在工业化进程中无疑给人文景观和自然景观带来了极大的变化。它使人与其所处的环境之间出现了无可挽回的分离，时时刻刻地影响着人们的文化与精神传统。在现代化进程中瑞士对自然遗产、文化遗产和环境保护等都走在世界的前列。瑞士拥有丰富的历史文化遗产：教堂、城堡、市政建筑、贵族豪宅、乡间民居。瑞士政府认为"一个国家的建筑及其景观是这个国家历史的缩影，必须受到精心保护"。[①] 从 1886 年以来，国家一直参与了重要的历史遗迹的保护工作，主要途径是提供资金。多年来，瑞士当局一直在编制全国文化财产的清单。一旦全国文化财产的清单编制完成，对瑞士历史文化遗产的保护更加有利。联邦政府多年来还不断给各州和市政当局增发财政拨款。1999 年，约有 5700 万瑞士法郎被用来保护国家遗产和国家历史性遗址，其中约有 3300 万瑞士法郎拨给各州，而其中的一部分又依次拨给市政当局和私人组织。[②] 许多组织也积极从事这一领域的工作。例如，在 1905 年就有一些有识之士成立了"保护瑞士风光联盟"，得到许多州、城市和人民的积极响应，在各地纷纷制定合乎各自情况的保护自然和历史遗迹的措施。另外"瑞士艺术史学会"就用大量时间对有历史意义的建筑进行科学研究并出版文献资料。在政府和民间双方共同参与下，瑞士历史文化遗产保护得相当不错，整个城乡建筑沉浸在一派古色古香之中，人们仿佛置身于古代的童话世界中，瑞士这种既保护了文化遗产，又尊重历史传统的做法，很值得我们学习。

---

① *Switzerland*, 2001 Kummerly+Frey, CH-3052 Zollikofen- Berne, 2001, p. 16.
② *Switzerland*, 2001 Kummerly+Frey, CH-3052 Zollikofen- Berne, 2001, p. 17.

第五章

瑞士的民族政策和经验教训

在阐述完瑞士特殊性民族国家和瑞士多样性民族社会的形成原因以及具体性质之后，对瑞士社会整体的情况我们就有了一定的了解。那么作为对瑞士多民族社会产生最主要影响的主观因素，我们也就有必要来看一看瑞士政府在这样的社会环境下对民族问题所制定的民族政策了。政策往往被认为是完全主观的、能动的，它有理由被想象为推动性的原则：一个好的制度可以使得一个弱国、穷国走上发达兴盛的道路；反之亦然。可在一个现代的民主社会，特别是瑞士，强调政策的绝对作用是不切实际的，政策作为一个民主政府制定的原则并不是某一个拥有大权的疯子或者天才在摇椅上的突发奇想——这些仅仅是抽象而脱离实际的东西，而是根据具体的社会事实来制定调整的。虽然作为国家永恒利益的体现，这些政策的根本原则不会改变，但具体的方式必然被不断地修正。当然，我们也不是否认政策的作用——因为社会的改变又反过来是由政策所参与的，而只是换以过程（历史）的眼光理解，瑞士的民族政策就可以如是地被解释：它作为国家的强制原则是抽象的，而它又将具象化，因为它符合将被具象化的那个社会。一个反社会的政策就算有强力去推行，失败也是必然的，因为那个社会并不能使得那个政策生根发芽。我们不可能认为一个现代的政治思想在古代会有什么实际作用，那是没有基础的，历史上的这些例子也不少，苏俄的集体农场就是其中之一。瑞士国家的生存、建立与发展过程在整个欧洲大陆都具有一定的特殊性。瑞士地处西欧的中部，由于四周环临强国，其国内三大民族又与周边国家的民族相同，因而其国内的民族问题、宗教问题常常与邻国的民族矛盾、宗教矛盾等纠结在一起。但是，在复杂的地缘政治环境的威胁下，在欧洲狂热的民族主义情绪影响下，在无数战争阴云和宗教纠纷中，瑞士人求同存异、胼手胝足凝结成强大的民族凝聚力，融合成了一个稳定、休戚相关、荣辱与共的民族共同体，使瑞士完成了民族融合的进程，建立起具有现代性的民族国家，值得我们关注，也值得我们借鉴。

第一节　近现代瑞士民族政策的嬗迭

民族政策绝非一蹴而就的事情，它是根据民族社会的变化而变化的、调整民族间关系的方法。那么我们不禁要问，瑞士独特的民族融合之路是如何形成的？瑞士又是怎样将多民族的人们在如此风起云涌的近现代中凝聚在一起的？其国家认同的依据是什么？瑞士民族融合的内外条件是什么？其多民族国家又是如何巩固的？我们拟对这些问题进行探讨。

一　瑞士国家的民族融合进程

（一）现代瑞士国家形成以前的民族融合进程

瑞士与欧洲其他国家在近现代民族国家出现以前均由王朝国家统治的情况不同。瑞士在很早以前就由一批渴求自由和平等原则的不同族裔的人奠定了一种共识基础，那就是他们聚集在一起是为了保卫自己的权利不被周围的强权侵犯。因此，在欧洲近代民族国家出现之前，瑞士就已经存在着一个多民族共同体的雏形。

公元前58年，居住在现瑞士国土上的原住民海尔维希亚人被古罗马人征服。公元5世纪阿勒曼尼人和勃艮第人入侵，7—8世纪勃艮第和阿勒曼尼居住区先后成为法兰克王国的一部分，1033年开始受神圣罗马帝国的统治。12世纪初，瑞士圣哥大山口开通之后，在德国和意大利之间出现了一条新的通道。这条新通道的开辟，不仅使瑞士中部一些原来与世隔绝的地区卷入了欧洲事务的洪流，也使后来流行于意大利北部的先进的文艺复兴和地方自治思想得以越过阿尔卑斯山传到瑞士。于是，在瑞士中部地区尤其是讲德语的卢塞恩湖周围的乌里、施维茨和翁特瓦尔登三州等地的自由农民联合起来，形成了山谷地区的共同体，要求自治。[①] 在这种理念下，瑞士各族人民开始形成一种联合体。从1231年到1240年，三州

---

① François Walter, *Histoire De La Suisse*, Tome 1, Editions Alphil universitaires suisse, p. 3 éditions 2011. Case postale 5, 2002 Neuchatel 2 Suisse, p. 27.

先后从神圣罗马帝国那里取得了一定的自由权利，但哈布斯堡家族否认其权利，并试图侵占施维茨。为摆脱哈布斯堡的统治，乌里、施维茨和翁特瓦尔登三州的人民在民族英雄威廉·退尔的带领下反抗奥地利统治者。① 后来三州在吕特利签订共同防御条约，缔结"永久同盟"。② "永久同盟"的盟约规定，结盟的三州中当任何一州遭到侵犯时，要互相援助，反对一切敌人；同盟之间的分歧，将以仲裁方式和平解决；将制定法规，以防止和惩罚强暴的罪行。③ 这是瑞士第一个同盟文件，是瑞士首次出现自治国家联盟的概念，也是瑞士早期邦联的雏形。这三个州均是德语州，这些德意志人多半是熟悉共和事务和商务的人，是州里的自由民。"永久同盟"的建立使三州人民反抗奥地利哈布斯堡王朝专制统治的斗争进入了一个新的阶段。1291年也被认为是瑞士漫长民族融合进程的开端，瑞士人将国庆日定在了8月1日。为了镇压三州人民的反抗，1315年11月15日，奥皇令其兄弟利奥波特的骑兵占领施维茨，但在莫尔加尔腾山旁一处不利于骑兵用武之地遭受攻击，伤亡惨重。④ 这是瑞士人民发起的第一次反对奥地利暴君的重大战役，并取得了决定性的胜利——莫尔加尔腾战役的胜利。随着军事的胜利，三个德语州的同盟关系进一步加强。1315年12月9日，三州签订了第二个同盟文件，进一步规定：没有其他成员的同意，任何成员不得对外议和或结盟。⑤ 这一强硬的条约散发出自由独立的气息，使三个州更加紧密地团结在一起。自此以后，各州开始步入民族融合的潮流，吹响了瑞士民族融合的阿尔卑斯号角，更多的州开始加入同盟。卢塞恩于1332年加入同盟；苏黎世于1351年加入同盟；格拉鲁斯和楚格于1352年加入同盟；伯尔尼于1353年加入同盟，⑥ 这5个州均是德语州。而当1351年苏黎世加入同盟后，奥地利统治者耿耿于怀，再次

---

① ［瑞士］埃·邦儒尔：《瑞士简史》上册，南京大学历史系编译组译，江苏人民出版社1974年版，第141页。关于威廉·退尔的事迹，有些瑞士学者如奥伊提希·柯普等认为这是一个传说，没有历史价值。

② Jean-Jacques Bouquet, *Histoire De La Suisse*, Presses Universitaires de France, 1995, pp. 13-14.

③ Jean-Claude Favez, *Nouvelle Histoire De La Suisse Et Des Suisses*, vol. 1, 1982 by Editions Payot Lausanne, p. 158.

④ ［奥］埃里希·策尔纳：《奥地利史》，李澍泖等译，商务印书馆1981年版，第157页。

⑤ ［瑞士］埃·邦儒尔：《瑞士简史》上册，南京大学历史系编译组译，江苏人民出版社1974年版，第153页。

⑥ Jean-Claude Favez, *Nouvelle Histoire De La Suisse Et Des Suisses*, vol. 1, 1982 by Editions Payot Lausanne, p. 342.

发动进攻,于是爆发了瑞士人民反抗外国统治的曾帕赫战役(Schlacht bei Sempach),瑞士人民大胜奥军。战争的胜利使瑞士中部各民族的向心力更加强烈,出现了要求享有更大自由和自治权力的强大力量,为瑞士邦联的建立打下了基础。1370年,老三州和卢塞恩、苏黎世、伯尔尼、楚格、格拉鲁斯订立了第三个同盟文件,即《八州牧师宪章》,进一步巩固和加强了各成员州之间的睦邻关系,这是促成瑞士统一的重要条约之一。8个州的联合促使瑞士统一起来,并形成了一个邦联政府。不过,当时"邦联……没有宪法,没有例行的代表大会,没有行政机关,没有首都,没有国库,没有高等法院,没有档案馆,甚至没有自己的大印"。① 很显然,8州联合当初是为了争取盟友以保卫自身利益的权宜之计,并非要建立一个国家。后来"老三州"紧密的联盟关系超越了通常同盟的范畴,为后来较松弛的集团提供了坚实的核心,也为最终国家的形成打下了坚实的基础。另外,在瑞士民族共同体形成中还有几个重要的同盟条约:1393年瑞士各州签订了《曾帕赫盟约》(Sempacher-brief),此条约涉及军事领域,使同盟在共同理念方面又前进了一步;② 1466年6月与伯尔尼和索洛图恩订立为期25年的防卫同盟;③ 1468年与奥地利签订《瓦二茨胡特和约》;1469年5月与勃艮第公爵大胆查理签订了《圣奥梅尔条约》。④ 不仅如此,1476年瑞士同盟与当时欧洲最强大的军事力量之一勃艮第军队交战,瑞士打败了勃艮第军队,取得了"莫腊之役"的胜利。⑤ 在这些邦联同盟建立的初期阶段,一些领袖人物起了重要的作用。主要代表人物有:伯尔尼的尼科拉斯、卢塞恩的约斯特、苏黎世的汉斯·瓦尔德等,⑥ 在这些首领的带领下瑞士同盟取得了阶段性的成功。到1499年瑞士人摆脱了德意志神圣罗马帝国的统治,又有4个城市加入了该同盟,它

---

① Albert, *Les origines de la confédération Suisse*, Presses Genève de Suisse, 1868, p. 181.
② [瑞士]埃·邦儒尔:《瑞士简史》上册,南京大学历史系编译组译,江苏人民出版社1974年版,第182页。
③ Jean-Claude Favez, *Nouvelle Histoire De La Suisse Et Des Suisses*, vol. 1, 1982 by Editions Payot Lausanne, p. 344.
④ Jean-Claude Favez, *Nouvelle Histoire De La Suisse Et Des Suisses*, vol. 1, 1982 by Editions Payot Lausanne, p. 344.
⑤ [瑞士]埃·邦儒尔:《瑞士简史》上册,南京大学历史系编译组译,江苏人民出版社1974年版,第231页。
⑥ [瑞士]埃·邦儒尔:《瑞士简史》上册,南京大学历史系编译组译,江苏人民出版社1974年版,第239页。

们分别是：1481年加入的德、法双语州弗雷堡和德语州的索洛图恩；1501年的巴塞尔和沙夫豪森；德语的阿彭策尔于1513年加入该同盟。此时，同盟已扩大到13个州，且从清一色的德语州扩展到了德、法双语州，瑞士境内的德意志民族与法兰西民族开始携手。到1803年，圣加尔、阿尔格维、提契诺、图尔格维和格里松州也加入同盟，提契诺州是讲意大利语的州，而格里松州是讲罗曼什语的瑞士人主要聚居地。随后，又有讲法语的洛桑州紧随其后加入同盟；1815年，讲法语的日内瓦州和纳沙特尔州以及讲德、法双语的瓦莱州也加入进来，[①] 由此，近代瑞士的版图基本确定。

"永久同盟"不仅是瑞士邦联的雏形，而且吸引了周边各民族的加盟。由于加入联邦在政治上、经济上等有许多诱人之处，因而周边的各民族纷纷入盟，国家像滚雪球一样不断变大，由此也导致了民族融合的进一步发展。民族融合是指两个或两个以上对等的民族在长期共同生活的过程中逐渐融为一体，民族差别最终消失，相互融合成新的民族。从上述瑞士民族融合的进程中，我们可以发现以下一些特色：首先，瑞士民族同盟的形成最早是在讲德语的德意志民族中开始的，从1291年至16世纪初，形成了以德语区为核心的主体，在这个核心主体的带领下，尤其到了19世纪初一些法语州和意大利语州的加入，这样一个由4种语言组成的瑞士民族基本形成。其次，瑞士民族的核心主体是德意志人，但在政治和文化体制上却受到了法兰西的影响。由于法国拿破仑帝国在18—19世纪非常强盛，因此这一时期联邦受到法国的影响颇大。

（二）现代瑞士国家形成以来的民族融合进程

瑞士对外来移民是由联邦警察局下属的移民局来统一管理的，移民局制定了居留瑞士的一些法规，每个州可以根据自己州的实际状况进行调整。移民局会定期检查移民的居留状况，包括工作、学习、婚姻等情况，凡是移民申请人只要符合瑞士移民局的政策法规就可以长期居留瑞士。如居留期间申请者出现一些违法问题等，不符合居留条件的移民，会被当局遣返回国。瑞士政府对外来移民持积极开放欢迎的政策，并有着悠久的历史与传统，从宗教改革时期的宗教难民到当今的叙利亚难民，尤其对一些

---

① Jean-Claude Favez, *Nouvelle Histoire De La Suisse Et Des Suisses*, vol. 2, 1982 by Editions Payot Lausanne, p. 231.

科学家、艺术家、政治家等敞开绿灯。

1848 年瑞士新宪法颁布后，现代瑞士国家已经形成，国家已经基本完成了国内民族融合的进程，民族融合更加巩固。这个阶段分为两个部分，第一个部分瑞士的民族融合经过"一战"与"二战"，从国内走向国际，具体表现为成立、加入参与国际组织，与世界各国融合；第二部分在"二战"后，由于瑞士经济积极发展引进和接受了大量的各国移民，具体表现为如何与各国移民融合。

（1）瑞士由国内的民族融合转向世界民族融合

瑞士的民族到了 20 世纪以后，尤其在第一次世界大战和第二次世界大战期间，瑞士按照"武装中立"原则，同所有的国家都保持了中立。如"一战"中，瑞士联邦委员会向 1815 年中立协定书的签字国以及其他国家宣布了瑞士坚定不移的决心：忠实于几百年来的传统，在任何情况下决不背离中立原则。瑞士的战略地位，使这个国家在大战爆发时面临敌军"假道"的严重危机。在此期间瑞士全民皆兵，并动员了 25 万人的军队驻扎在边境有效地阻止了邻国尤其是法国和德国的入侵。但在另一方面瑞士国内因民族等因素，在族群之间也产生过摩擦，如 1914 年，第一次世界大战爆发时，联邦政府任命德语区的维勒统率瑞士全军。但法语区人民认为他是亲德分子。在瑞士由于德语区的面积和说德语的人口以及其经济在瑞士都占绝对优势，再加上历史文化等因素，整个瑞士德语区和德国有着千丝万缕的联系。而垄断资本在整个战争期间都与德国垄断财团保持着紧密的联系，使瑞士成为德国资本的庇护所。第一次世界大战期间，瑞士与德、意签订协定，同意德国和意大利军队通过圣哥大隧道，并为德、意货物过境提供方便。对此，对德作战的各盟国因此对瑞士实行经济封锁，使瑞士经济和人民生活遭到巨大困难，社会矛盾日趋尖锐，从而导致 1918 年 4 月的工人总罢工。但不管怎么讲瑞士与德国等国的关系仅仅是关于经济上的一些问题，它不涉及军事和政治，瑞士总体上还是恪守中立的原则。

"一战"结束后，建立了凡尔赛-华盛顿体系。1918 年 1 月 8 日美国总统威尔逊提出的"十四点和平纲领"，其中最后一点提出："必须根据旨在保证不论国家大小的政治独立和领土完整的特殊盟约，组织一个普遍的国家联合体"，从而提出了建立国际联盟的倡议和最初构想。1919 年 4 月 10 日经过表决，19 名代表中有 12 名赞成日内瓦为国际联盟所在地。4

月 28 日巴黎和会正式通过，并在《国际联盟盟约》第七条第一款中载明："以日内瓦为联盟的所在地。"①

国际联盟设在日内瓦除了瑞士中立以外还包括其他复杂的综合因素，在酝酿"国联"的所在地的问题上，西方列强之间产生了严重的分歧，以比利时、法国为代表的国家，他们认为比利时首都布鲁塞尔交通便利，方位适合，而且布鲁塞尔——Bruxelles 是法文与佛兰芒文的结合，字名本身就是公理对强权之战的一种象征。但以美国、英国为代表的西方国家选择日内瓦，除了美国总统威尔逊是清教徒（新教）外，从小受到加尔文教的思想影响，而加尔文教的"罗马"却是瑞士的日内瓦，所以威尔逊建议把怀有好感的日内瓦作为国际联盟的所在地不是偶然的。而英国"一战"后实力有所削弱，经济上早已被美国赶上，它为了防止国际联盟被法国等国所控制，因而英国在国际联盟问题上是迁就美国的，同意美国的方案。当然在争取"国联"所在地的问题上，瑞士政府也花了大力气积极公关。当得知国际联盟委员会在国际联盟会址问题上两种观点不分上下时，瑞士政府马上派外交部部长费里克斯·卡龙德尔前往巴黎"公关"，瑞士代表团施展全部外交才能，频繁地穿梭于各国代表团之间，想方设法为日内瓦拉选票；他们还特别注意争取那些倾向于比利时布鲁塞尔的其他代表团，投之以利诱，告之以利害，纵横捭阖，促使他们改变其观点。在瑞士代表团的努力下，瑞士终于取得了成功。

然而，国际联盟从它成立的第一天起，正如无产阶级伟大的革命导师列宁所指出的那样，（国际联盟）实际上是一群你抢我夺的强盗的联盟。"二战"前夕，国际组织屡遭失败。从日本侵略中国的九一八事件到德国问题，再到意大利入侵埃塞俄比亚等事件②，都印证了圣奥莱尔伯爵于 1936 年关于国际联盟的批评："这些（指国际联盟的失败）只是类似普通人会犯下的小错误是可以被原谅的，特别是它（国际联盟）也是由有缺陷的人所组成的，不过这些仅仅是对那些信奉它的人来说的自我安慰罢了。这个在实际上是'保证集体不安全的组织'，通过运用它唯一坚持的原则，即事物的反面就是它的正面的这种歪理，将自身称为'集体安全'的保证。这不仅是当前灾难的源头，而且如果不及时改变，它还将会是未

---

① 张志凯：《国际城市日内瓦》，上海人民出版社 1983 年版，第 191 页。
② Georges Lorand, *La Société des Nations, sa réalisation immédiate*, Discours prononcé le 1er novembre 1917, Hachette Livre BNF（1 septembre 2014），p. 5.

来灾难的源头。"① 它不能有效制止战争，反而在某种程度上被法西斯所利用，因而它遭到了全世界人民的唾弃。随着第二次世界大战的爆发，国际联盟在1939年底实际上已名存实亡、寿终正寝了。

　　国际联盟虽然以不光彩的历史而告终，但瑞士政府和日内瓦却不以为然，反而因祸得福。首先，进一步巩固了瑞士的中立国地位。由于瑞士日内瓦是国际联盟的所在地，因而即使在第二次世界大战法西斯最嚣张的时候，希特勒也不敢冒天下之大不韪攻占中立国瑞士。其次极大地提高了瑞士的国际地位和声望，同时也极大地提高了日内瓦城市的知名度，它推动了日内瓦的市政建设，给日内瓦人的生活带来了深刻的变化，日内瓦从一个州的首府一跃而成为一个国际名城。同时还为"二战"后联合国驻日内瓦办事处和其他国际机构的设立奠定了基础。再次，在经济上给瑞士带来了巨大的利益。联合国驻日内瓦办事处以及其他国际组织，每年在日内瓦和瑞士其他城市的开支高达几十亿美元，为小国瑞士带来了非常好的效益。最后，国际联盟在日内瓦，使一些国际机构与组织纷纷在瑞士设立，这些机构与组织极大地促进了瑞士各民族与世界各民族人民的团结友谊与和平和谐。如1919年日内瓦成立国际红十字和红新月协会（International Federation of Red Cross and Red Crescent Societies）；1921年日内瓦成立国际社会服务组织（International Social Service）；1927年日内瓦成立国际反种族主义和反反犹主义联盟（International League against Racism and Antisemitism）；1951年日内瓦成立国际天主教移民委员会（International Catholic Migration Commission）；1995年瑞士韦尔涅成立国际移民与健康中心（International Centre for Migration and Health）。

　　1929—1933年资本主义世界的第一次经济危机深深地影响着瑞士。德国、意大利等瑞士邻国为摆脱和转嫁危机纷纷在国内建立起公开的法西斯专政，扩军备战。在这种情况下，瑞士各阶层、各民族抛弃前嫌，团结一致，以中立为原则，摒弃法西斯主义。"二战"期间，为防止外敌入侵，瑞士政府实行了三次全国大动员，服役人数达40万。随着"二战"时间的推移，军队人数增加到85万人。② 对当时人口只有400

---

　　① Carl Bouchard, *Des citoyens français à la recherche d'une paix durable* (1914-1919), Editions A. Pedone (1 mai 2008), p. 67.
　　② ［瑞士］埃·邦儒尔：《瑞士简史》下册，南京大学历史系编译组译，江苏人民出版社1974年版，第639页。

多万的小国来说，这是一个惊人的数字。1941年5月14日，瑞士军队领袖吉桑下达第13号作战令，指出瑞士应该成为阿尔卑斯山上的堡垒。吉桑呼吁打一场修建暗堡的战斗。他们在岩石、山地和牧场上建造了2.6万个混凝土暗堡。瑞士在吉桑将军的领导下实行内堡战略思想，即一个堡垒建于另一个堡垒里面，以便主堡的防守能持久到足以把敌人驱逐出去。也就是在与优势兵力的敌人斗争时，为挽救整个国家，必须暂时牺牲局部地区，从而赢得最终胜利。加强边境守卫，并组织开荒，扩大谷物种植面积，成功地克服了战争造成的粮食困难。瑞士人民怀着必胜的信心和坚强的决心，终于使瑞士幸免陷入第二次世界大战，保全了领土完整与国家的独立。当然瑞士在"二战"期间没有被法西斯占领，除了中立以外还和它的武装中立有关，武装中立使瑞士成为一块难啃的骨头和一只刺猬；如果没有武装中立，富裕的瑞士也许早就成为法西斯德国的囊中物。瑞士就是这样平安地度过了第二次世界大战。

正是因为免遭第二次世界大战的破坏，战后瑞士是世界上仅有几个没有参加战争而获得了巨大利益的国家。战争结束之后，一方面饱受战争创伤的欧洲各国急需商品供应，而瑞士的生产设备丝毫未受损失，它可以开足马力提供商品给欧洲各国；另一方面战后千疮百孔的欧洲百废俱兴急需资金，而瑞士银行通过第二次世界大战大发横财，已成为世界银行业的巨无霸，它资金充裕完全能满足西欧各国的资金需求。在上述因素的刺激下，战后瑞士工业和第三产业等都蒸蒸日上，瑞士社会稳定、法制健全，和解与妥协在社会生活领域中占据主导地位，人均收入长期以来居世界前列。国家还实行了社会的高福利，改进了退休养老和医疗保险制度，增拨了教育经费，瑞士成为综合国力强大的发达资本主义国家。

"二战"后由于担心损害国家的中立原则，1945年，瑞士没有加入联合国组织；基于同样的原因，1959年瑞士也拒绝参加欧洲经济共同体（EEC），后来在1992年、1997年瑞士人民多次全民公决拒绝参加欧盟，至今瑞士仍然不是欧盟成员国。至于加入联合国问题，到了20世纪70年代，瑞士联邦当局对联合国的态度开始有所变化。随着第三世界国家的重要性不断增强，与世界各国保持直接联系的必要性日益明显以及多边谈判的重要作用使得越来越多的瑞士人赞成加入联合国。但是，1986年瑞士全民公决否决了瑞士加入联合国的议案。瑞士2002年才成为联合国成员。瑞士1950年9月14日与新中国建立了外交关系，它是最早同中国建立外交关系的西方国家之一，这表明瑞士外交政策的中立性、民族性与独立性。

当代国家之间的相互依赖日益加强，各个领域国际合作的意义更加重大，世界政治经济的区域性一体化趋势等都对瑞士的中立外交政策提出了挑战。因此，瑞士逐渐认识到，在一体化和重新组合时期，"靠边站"已不再是明智的政策，瑞士人开始摆脱传统的谨慎态度，把中立当成教条，而从更广泛的角度来解释中立原则，瑞士政府也明确地选择了向世界开放的政策。最突出的表现就是，瑞士积极参加国际发展合作。一方面，瑞士是许多国际组织如联合国粮农组织、国际劳工组织、联合国教科文组织、世界卫生组织、世界邮政联盟、联合国工业发展组织、欧洲自由贸易联盟等的成员。1992年，瑞士又加入了国际货币基金组织和世界银行，并准备加入世界贸易组织。另一方面，瑞士还积极参与联合国特殊机构，如联合国难民署、联合国儿童援助机构、联合国发展项目、联合国环境项目、联合国贸易与发展会议等的活动。作为非成员国，瑞士不仅通过提供人员（如军事观察员、选举监督员）、后勤服务和财政援助，在联合国范围内为世界和平与安全作出贡献，而且大力支持中东欧国家的改革进程，对广大发展中国家进行人道主义援助和灾害救助。

（2）妥善处理国内的移民问题

瑞士在"二战"后由于其经济的迅速发展，需要大量的劳动力，瑞士政府积极稳妥地引进各国劳动力，这些外来移民逐步增加成为瑞士民族的一个重要的组成部分。瑞士正确地处理了移民问题，为移民融入到瑞士社会提供了许多方面的优惠。

19世纪的工业化革命为人们提供了大量就业机会，造成了瑞士第一次人口的高增长。"二战"后，尤其是1950年至1970年间，瑞士的人口又出现过一次激增，使总的人口数量增加了1/3。1990年的人口普查结果显示，在经历了20世纪70年代一段人口缓慢增长的过程（1.5%）之后，瑞士的人口从1980年到1990年增长了8.0%。这一增长率明显高于前10年的增长率。所增长的人口数量差不多相当于阿尔高州的人口数或是苏黎世与伯尔尼两市人口的总数。

瑞士人口变化表和各州总面积和永久居民统计表①

出生年份	人口变化（‰）	出生率	死亡率	增加人数（万）
1970		16.1	9.2	6.9
1980		11.7	9.4	2.3
1990		12.5	9.5	3.0
1994		11.9	8.9	3.0
1995		11.7	9.0	2.7
1996		11.7	8.9	2.8
1997		11.4	8.9	2.5
1998		11.0	8.8	2.2
1999		11.0	8.7	2.3

2000年初各州总面积和永久居民

州	总面积	居住人口	每平方公里居民人数	州府	居民（人）
苏黎世	1728.9	1198600	693.3	苏黎世	336800
伯尔尼	5959.2	943400	158.3	伯尔尼	122700
卢塞恩	1493.5	345400	231.2	卢塞恩	57000
乌里	1076.8	35500	33.0	阿尔特多夫	8600
施维茨	908.2	128200	141.2	施维茨	13800
上瓦尔登	490.6	32200	65.7	萨尔嫩	9200
下瓦尔登	275.6	37700	136.5	施坦斯	6700
格拉鲁斯	685.0	38700	56.5	格拉鲁斯	5800
楚格	238.7	97800	409.5	楚格	22500
弗里堡	1670.6	234300	140.3	弗里堡	31900
索洛图恩	790.6	243900	308.5	索洛图恩	15200
巴塞尔镇	37.0	188500	5093.5	巴塞尔	168700
巴塞尔乡	517.6	258600	499.7	利斯塔尔	12600
沙夫豪森	298.5	73600	246.4	沙夫豪森	33500
阿彭策尔	数据暂无	数据暂无	数据暂无	数据暂无	数据暂无
外罗得斯	242.8	53700	221.3	黑里绍	15800

---

① *Switzerland*, 2001 Kummerly+Frey, CH-3052 Zollikofen-Berne, 2001, p.21.

续表

州	总面积	居住人口	每平方公里居民人数	州府	居民（人）
内罗得斯	172.5	14900	86.6	阿彭策尔	5500
圣加尔	2025.7	447600	221.0	圣加尔	69800
格里松	7105.3	186000	26.2	库尔	31200
阿尔高	1403.6	540600	385.2	阿劳	15300
图尔格维	991.0	227300	229.3	弗劳恩费尔德	21400
提契诺	2812.3	308500	109.7	贝林佐纳	16700
沃州	3211.7	616300	191.9	洛桑	114500
瓦莱	5224.5	275600	52.8	锡永	27000
纳沙泰尔	802.9	165600	206.3	诺因堡州	31600
日内瓦	282.3	403100	1427.6	日内瓦	173500
汝拉	838.5	68800	82.1	德莱蒙	11400
全瑞士	41284.2	7164400	173.5		

1980年至1990年间的人口增长较之此前10年的人口增长而言，其主要区别是外来移民人口占据了主要位置。

尽管此前的人口增长主要是出生率超过死亡率所致，但由此产生的人口增长只占1980—1990年间人口增长的1/3。其他2/3的人口增长主要来自移民。这一趋势的出现主要是受强劲的经济增长的影响，特别是在20世纪80年代后期。但从1990年起，由于移民数量的减少，这一增长率已持续下降。虽然1991年瑞士的人口增长了1.3%，但1997年这一比率降至0.2%，1999年又上升到0.6%。瑞士整个国家的人口在1991—1999年近10年间增长了6.0%。1970—1980年间，瑞士有10个州的人口呈下降趋势。而今，这种现象仅存在于巴塞尔城市州。

人口分布。以每平方公里平均居住173.5人的密度看，瑞士的人口密度是比较高的。然而，由于土壤地形不同，人口的居住模式呈不规则状态，其中大部分人口居住在汝拉山与阿尔卑斯山之间的低地区。向城市外围发展城市聚集区（或称城区），即市中心及其近郊，也已有了很大的发展。现在，总人口的2/3居住在城区（1998年底的统计为67.5%）；而在1970年，相应的数字仅为57.6%。由于很多服务行业（如银行、保险公司及其他办公场所）占据了市中心的房子，抬高了房价，因此很多人不断地向城市外面搬迁。

瑞士境内长住的外国人统计表①

时间	瑞士境内长住外国人数	占人口的百分比
1910.12.1	552000	14.7%
1950.12.1	285000	6.1%
1960.12.1	506000	9.5%
1970.12.31	893000	15.9%
1975.12.31	1013000	16.1%
1980.12.31	893000	14.1%
1990.12.31	1100000	16.4%
1994.12.31	1300000	18.6%
1995.12.31	1331000	18.9%
1996.12.31	1338000	19.0%
1997.12.31	1341000	19.0%
1998.12.31	1348000	19.0%
1999.12.31	1368670	19.2%
2000.12.31	1384000	19.3%

居住在瑞士的外国人比例在以前一直很低；1860年，这一比例不到6%。但到了"二战"后移民人数就发生了变化。永久居民包括所有持居留许可证的外国人及所有的移民。外来长住居民人数的变化主要是移民、婚姻、出生、死亡、季节性和居民身份的变化，以及接受难民及移民的入籍所致。由于外来移民增长过快，瑞士1965年通过对移民的限制性措施，20世纪60年代初移民人口的高增长率得到了遏制。

在1960年末，瑞士境内的外来常住人口已达495000人，占整个人口的9.3%。居住在这个国家的外国人总数在1974年8月还曾达到创纪录的1066000人（占总人口的16.8%）。

在以后的几年里，外来人口的下降趋势替代了原有的上升趋势，1975年至1980年间外国人在瑞士的人口数减少了120000人，达到893000人（占总人口的14.1%）。但没隔多久，这种情况又发生了变化。尽管1980年至1985年之间，外来人口只增长了47000人，但这一数字在1985年至1990年间达到了161000人，而到了1990年至1995年间，则达到了

---
① *Switzerland*, 2001 Kummerly+Frey, CH-3052 Zollikofen-Berne, 2001, p.23.

230000人。这是因为在瑞士，特别是自前南斯拉夫解体以来，类似的移民大量增长。这点在瑞士的语言使用比例的变化上就体现得特别明显：瑞士使用非本国语言（即4种官方语言之外的）的人数从1990年的1%上升到2000年的9%。[①] 到2000年12月底，在瑞士长住的外国人数量已达1384000人，而前一年则为1369000人。这一增长，一方面是由于移民，同时也是由于出生率的增长，外国人在总人口中已占19.3%。

居住在瑞士的外国移民，因其居住的地区不同，所占人口的比例也有很大不同，这与整个欧洲的情况是一样的。2000年，外国移民在城市与乡村中的分布比例相差很大，这主要取决于经济发展的机会以及离边境的远近。比如，外国移民只有3%的人口在农村；而外国移民有35%的人在日内瓦。从地区经济的角度看，外国人比例在一些城市及与邻国相连的边境地区尤为高。外国人比例最低的地区是在伯尔尼中央高原、阿尔卑斯山区，以及前阿尔卑斯山脉和瑞士中部地区。

近年来，瑞士移民来源国与以前传统的劳动力来源国家有所不同，这已形成了一种趋势。以前传统的外来移民主要是来自西班牙、葡萄牙、意大利、东欧、东南亚等国家，而现在随着国际形势的变化，来自前南斯拉夫的克罗地亚、斯洛文尼亚、波斯尼亚和黑塞哥维那、马其顿和塞尔维亚的移民增加了1倍多。还有来自叙利亚、利比亚、阿富汗等中东、西亚、北非等移民大量增加。

目前在世界各地也有许多瑞侨，长期以来经济条件不佳曾是瑞士人长期或短期移居国外的主要原因。但是，宗教迫害、冒险精神以及实现自我的愿望也是人们决定移居和定居国外的重要因素。19世纪时，瑞士各城镇及各州对想移居国外的人都给予财力上的支持，其目的是避免养活这些贫困的人口。

选择当雇佣兵作为职业也是经济贫困的根本原因。从14世纪末起，一直到1859年规定禁止在国外军队中当雇佣兵时为止，曾在整个欧洲战场上参战的瑞士雇佣兵有100多万。今天，由于经济原因大量移居国外的情况已被少数个人及临时移居国外所取代。如今出国的主要是一些专业技术人员，他们通常在国外（根据合同）待上有限的一段时间，有时他们是利用自己的专业技术知识促进瑞士的出口或进行经济、文化和科研方面

---

① Windish, *Multiculturalisme et plurilinguisme: le cas Suisse*, Paris, Éditions Karthala, 2002, pp. 227-259.

的合作。

"第五瑞士国"是指居住在国外的瑞士人团体。如今，这类瑞士人的数量已达 580000 人之多，几乎遍布世界各国，其中 2/3 的人拥有双重国籍。1966 年，瑞士的宪法增加了一项条款，该条款作为一项基本的法律依据专门适用于海外瑞士人。

他们在瑞士境内的利益是由位于伯尔尼的"瑞侨事务委员会"以及隶属于联邦外交部的"瑞侨服务局"负责。这些机构同时也为海外的瑞士人提供各类咨询及其他服务。另外，该委员会还定期出版《瑞士评论》杂志，其发行量达 30 万份。该杂志用 5 种语言出版，并向居住在国外的瑞士人免费提供。

从 1992 年 7 月 1 日起，居住在国外的瑞士人可以通过邮件，对瑞士一些有争议的问题，亦即联邦的一些问题以及国民议会的选举，进行投票表决。

居住在国外各大陆和国家的瑞士人的数据①

各大洲人数，按名次排列	各国家人数，按名次排列
欧洲——358822	法国——151037
北美和南美——154872	德国——67728
澳大利亚及大洋洲——24924	美国——67929
亚洲——24311	意大利——41140
非洲——17467	加拿大——34192

瑞士多民族、多语言在地理上不同语言人口分布②

年份	德语	法语	意大利语	罗曼什语	其他语种
1950	72.1%	20.3%	5.9%	1.0%	0.7%
1970	64.9%	18.1%	11.9%	0.8%	4.3%
1980	65.0%	18.4%	9.8%	0.8%	6.0%
1990	63.6%	19.2%	7.6%	0.6%	8.9%

瑞士联邦统计局公布数据显示，截至 2018 年底，瑞士全国人口总计

---

① *Switzerland*, 2001 Kummerly+Frey, CH-3052 Zollikofen-Berne, 2001, p.25.
② *Switzerland*, 2001 Kummerly+Frey, CH-3052 Zollikofen-Berne, 2001, p.5.

854.2万人，比2017年增加5.8万人，人口增长率为0.7%，增长率仍低于1%。其中瑞士本国居民639.5万人，占74.9%；外国移民（永久居民）214.7万人，占25.1%。① 20世纪特别是"二战"后迁入瑞士的外来移民及其同化政策。到21世纪初期，外国归化公民占瑞士国民人口的近20%，在欧洲国家中仅次于比利时，是第二个移民比例最高的国家。

  由于民族和谐精神与人道主义在瑞士处处得到体现，世界上有许多著名人士都曾在瑞士逗留与避难，因此瑞士也成为各国著名人士的避难之国。历史上的加尔文、伏尔泰、列宁、普利汉诺夫、爱因斯坦、卓别林、韩素琴等一些重要的人物都曾经逗留与避难过瑞士。瑞士最著名的外来移民应该是无产阶级的革命导师列宁。列宁在1895—1917年曾三度出国，逗留时间最长的国家就是瑞士，列宁在国外2/3以上的时间是在瑞士度过的，逗留了19年。② 列宁旅瑞期间积极从事革命活动，如1916年10月，在瑞士社会民主党苏黎世代表大会上，列宁代表俄国社会民主工党中央委员会致了贺词，是用德语读的稿子。在这次讲话中，列宁对弗·阿德勒刺杀奥地利首相卡·斯图尔克的恐怖行为，从政治上对他作了评价。列宁强调说，把个人恐怖行动作为革命的策略是不适当的和有害的，"只有群众运动才是真正的政治斗争"③。

  列宁之所以在瑞士逗留这么长的时间，这和瑞士国内的民族融合、和平稳定、中立以及人道主义有关。在"一战"前夕和期间，欧洲绝大多数国家都拒绝或限制列宁的逗留和旅行，但唯独瑞士却张开双臂欢迎列宁。④ 同时瑞士高度发达的经济和良好环境给列宁留下了深刻的印象，如果俄国没有发生革命，那么列宁和夫人克鲁普斯卡娅准备在瑞士苏黎世作长期定居的打算。⑤ 瑞士发达的信息、丰富的图书资料和十分稳定的政治环境，为列宁的革命理论创作提供了一个良好的条件，为此列宁在瑞士潜心研究革命理论，产生了许多灵感，写下了大量的具有划时代的文章，如《唯物主义和经验批判主义》《帝国主义是资本主义最高阶段》《论欧洲联

---

  ① 数据来源于瑞士联邦统计局官网，https：//www.bfs.admin.ch/bfs/fr/home.html。
  ② Maurice Pianzo, *Lenine en Suisse*, Editions Librairie Rousseau Geneve, 1965, pp. 117-144.
  ③ 苏共中央马克思列宁主义研究院编：《列宁年谱》第三卷，刘魁立译，生活·读书·新知三联书店1984年版，第750页。
  ④ Christa Hopfner, Irmtraud Schubert, *Lenin in Deutschland*, Dietz Verlag Berlin 1980, pp. 11-28.
  ⑤ 陶文昭：《列宁传》，当代世界出版社1998年版，第209页。

邦口号》《马克思主义论国家》的笔记即《国家与革命》等,① 这些在瑞士写的文章许多是列宁主义思想的核心和精髓,它为俄国十月革命和今后苏维埃政权的建设描绘了蓝图,也为世界无产阶级革命和建设指明了方向。而列宁这些蓝图在许多方面都是借鉴瑞士的经验而制定的。

总之,近现代以来瑞士的各民族之间互相融合、相互影响、取长补短。尤其是"二战"后的一些外来移民,他们为瑞士战后经济起飞作出了重要贡献。外来移民尤其是一些伟大的人物他们不仅给瑞士带来无与伦比的荣耀,也给世界带来了希望与光明。他们与瑞士原有的民族一起,孕育出当代的瑞士民族。

二 瑞士民族融合的内外因素

(一) 促进民族融合的内在动力

作为促进瑞士民族融合的内在关键动力之一是中立政策,它是瑞士的立国之本,也是瑞士多民族共同体能够在强国林立之中生存的因素和条件。"中立"一词首次面世于1563年,这个词源于拉丁语。关于中立的观念,在海尔维第国家最古老的文献中是用"静坐不动"来描述的。瑞士自"永久同盟"建立以来国家不断发展壮大,到16世纪初期时已经拥有13个州,其军队几百年来奋勇反抗,最终打败哈布斯堡王朝,英勇无比、威震四方,这也使得当权者利令智昏贸然进行扩张。瑞士邦联是在这个国家内部各种联盟的基础上结成的,而在中世纪晚期,作为整体的邦联和作为邦联成员的各州都因为不同局势的制约而与外国签署过各式各样的盟约或者协定,久而久之就形成了一个错综复杂的,甚至是相互抵触的结盟关系网,所以邦联当局在国际政治中不得不谨慎行事。② 1618年欧洲爆发"三十年战争",瑞士此时已经奉行了中立外交政策,虽然仍有大批的瑞士人充当雇佣兵,但他们都是为了个人的利益,即为了赚钱而去打仗。但从另一方面来说,雇佣兵制也成为瑞士资本主义原始积累的一个重要来源。"三十年战争"的结果是签订了《威斯特伐利亚和约》,依据条约,法国和瑞典成为德意志大地新秩序的保护者。③ 从此,瑞士脱离了神圣罗

---

① Maurice Pianzo, *Lenine en Suiss*, Editions Librairie Rousseau Geneve, 1965, pp. 97–111.
② 任丁秋、杨解朴编著:《瑞士》,社会科学文献出版社2016年版,第358页。
③ [加拿大] 马丁·基钦:《剑桥插图德国史》,赵辉等译,世界知识出版社2005年版,第113页。

马帝国的统治，取得了独立，并宣布执行"永久中立政策"。① 通过欧洲的"三十年战争"，首先，它使瑞士各民族明白：尽管它们各具特点，但为了共同的利益各民族必须团结，这是可避免卷入欧洲冲突的唯一途径。其次，在战争中为防止外国军队入侵边境，瑞士逐渐认识到只有中立政策是远远不够的，还必须建立武装中立的原则。再次，《威斯特伐利亚和约》的签订确认了瑞士的真正独立地位。另外，"三十年战争"的浩劫过后，瑞士天主教州和新教州痛定思痛，由此做出决定：今后不再允许任何外国的军队穿越邦联领土。由此，改善了瑞士由于之前结盟关系招致的混乱状况。② 1815 年 11 月 20 日，欧洲列强在巴黎签订了《承认和保障瑞士中立和领土不受侵犯条约》(Traite de Paris：Neutralite perpetuelle de la Suisse)。至此，无论在欧洲还是在世界其他地方，瑞士的永久中立逐渐得到国际社会的承认。③ 瑞士永久中立政策的出现，有其复杂的国内外环境因素。第一，国内因素。从传统历史背景看，瑞士山区的各民族居民自古以来都比较强悍、骁勇，他们为了同自然界和敌人作斗争，长期以来团结一心、奋勇抗敌。早期的瑞士山区各民族为了共同的利益而反对侵略，为了捍卫自己的主权独立和自由而互相联合、互相支持，共渡难关是生活在自然条件恶劣、交通不便的贫困地区的瑞士各民族相互生存的基础。正是这样的传统孕育出采用相互协调、仲裁乃至中立等手段以维护相互之间关系的思想。第二，国际因素。瑞士自身位于德、法、意、奥四大国的包围之中，这样的地理位置使其成为一个兵家必争之地。每当周边国家战火蔓延之时，瑞士势必会首当其冲受到战火的蹂躏。第三，瑞士本国的民族又是由德、法、意等民族构成，周边这些国家的民族与瑞士各民族都有这样那样的血缘关系，可以说它们都是"血浓于水的亲戚国家"。这些国家一旦发生战争和纠纷，瑞士国内的民族很容易卷入其中。而民族国家本身就是一个复杂的课题，长期以来"阶级与民族国家互相纠缠而出现"。④ 从历史上看，中世纪以来，周边大国都觊觎瑞士，力图控制这块意义十分重大的战略要地。因此，为了国家的生存，中立地位对这个在夹缝中求生存

---

① 《世界历史词典》，上海辞书出版社 1985 年版，第 483 页。
② 刘文立：《瑞士立国及中立溯源》，《中山大学学报》（社会科学版）1994 年第 3 期。
③ Jean-Claude Favez, *Nouvelle Histoire De La Suisse Et Des Suisses*, v, vol. 2, 1982 by Editions Payot Lausanne, p. 280.
④ Michael Mann, *The Sources of Social Power*, V, vol. 2：The Rise of Class & Nation-States, 1760-1914, Cambridge University, 1993, p. 3.

的小国来说至关重要。恪守中立可以避免邻国的干预,处在欧洲各国纠纷之外,从而使得本国的民族与宗教矛盾免受外部因素的影响。同时瑞士的周边大国强国也需要一块区域来缓冲它们之间的关系,而瑞士的中立也符合这些列强的意愿。所以说,瑞士的中立政策是符合本国各民族利益的,其永久中立外交政策最直接地反映了瑞士国家的政治和经济利益,同时在国际关系的发展上也起着重要作用。瑞士各民族为了生存、为了自由、为了权益,他们打破了语言的界限,冲破了交通的阻隔,奠定了共同的心理素质和文化基调,共同塑造了瑞士的对外形象。中立政策看上去是一个对外政策,实际上是一个国内政策。对国内来说,它为国内各民族和解以及社会政治经济的稳定发展做出了重要贡献。换言之,在瑞士的发展历史上,建立一个同盟是能够促使瑞士人民抵御外来入侵、维护固有生活方式的一种手段。在这个过程中顺理成章地形成的中立原则、地方自治、各地区保有本地文化等形态,是瑞士人民能够实现凝聚力的一个重要内动力。因此可以说,永久中立是促成瑞士民族融合的催化剂之一。瑞士的一位政治家这样评价瑞士的中立政策,他说:"中立是正确的,我们没有理由拒绝它,这是经过许多世纪的实践所证明了的,这表明它是维护我们国家自由和独立的最好手段,奉行中立达到了自己的目的,使我们置身于小国不幸的政治纠纷之外。"[1]

宗教改革是促进瑞士民族融合的内在主要动力之一。西欧的宗教改革运动对罗马天主教进行了猛烈的进攻,摧毁了它作为普世一统的最高权威。这样,对宗教权威的攻击,把人从对教会的迷信和服从下解放了出来,促进了个人主义与世俗主义的发展,一元的普世主义为新的多元主义所取代,从而促进了民族意识的成长。[2] 而瑞士的宗教改革,其影响除了促进民族意识的成长之外,同时也是瑞士国家建立的一个里程碑。如果说中立政策是瑞士多民族共同体初步形成的基础之一,那么在宗教文化方面的改革则是瑞士生存、发展的凝聚力。瑞士特殊的经济条件和政治条件为宗教改革的进行提供了基础,而独特的地理环境也为宗教改革的顺利发展创造了条件。瑞士的宗教改革与国家和民族有着密不可分的关系,宗教问题亦是不同民族间产生矛盾的根源之一。历史上宗教问题也曾困扰着瑞士,造成了不同州之间的民族矛盾甚至战争,残酷的、血腥的宗教战争曾

---

[1] 续建宜:《瑞士中立政策的历史与现状》,《世界历史》1995年第7期。
[2] 李宏图:《论近代西欧民族主义和民族国家》,《世界历史》1996年第6期。

经给瑞士各民族造成巨大损失。例如，1529 年的第一次宗教战争；1531年的第二次宗教战争，① 一直到 1830 年信奉天主教的 7 个州为了州自治权单独缔结了同盟（Sonderbund）同新教各州进行内战，瑞士的宗教战争直到 1847 年才真正结束，取而代之的是瑞士的 1848 年宪法。② 瑞士历史上的这些宗教战争十分纠结，宗教战争爆发的原因既有宗教问题又有民族问题，又有国与国之间的矛盾，所有这一切使瑞士国家主权受到了严重的损害，民族融合的进程也出现倒退。瑞士的宗教改革在两大民族语区分别进行，产生了两个世界一流的宗教改革家：一位是德裔的乌尔里克·慈温利（Ulrich Zwingli），另一位是法裔的让·加尔文（Jean Calvin）；同时也使瑞士出现了影响巨大的两个宗教改革中心，即苏黎世和日内瓦，最终形成了两大教派，即新教和天主教。但宗教改革并不是一帆风顺的，不满首先出现在信仰天主教的德语区卢塞恩州的恩特勒布赫谷地，富农埃门内格尔掀起了一场骚乱。③ 宗教改革家慈温利在德语区进行改革，使得天主教分裂为两派，而慈温利本人在 1531 年死于教派冲突中。④ 尽管德语区的新教教派失败了，但是宗教改革却在瑞士法语区的日内瓦州获得成功，加尔文在日内瓦建立了一个政教合一的新教"国家"。1545 年他在日内瓦定居，并把这里建设成为新教的"罗马"。⑤ 加尔文本是法国人，因宗教因素先到了巴塞尔，后来到了日内瓦，在日内瓦开始了他的宗教改革。他的"辛勤工作"的教义，以及"财富是上帝的奖赏"的思想对瑞士各族人民影响巨大。他鼓励学习艺术与科学，并提倡发展手工业和经商，从而促进了日内瓦的繁荣。⑥ 加尔文的宗教改革思想使得瑞士多民族的宗教文化在一些区域既得到统一，又满足了当时瑞士新兴资产阶级追逐财富的要求。可以这么说，瑞士宗教改革在社会上引起了全面深刻的变化，其影响涉及政治、经济、文化、民族等各方面。

多种语言的使用是瑞士人赖以生存的根源，也是促进瑞士民族融合的

---

① ［瑞士］埃·邦儒尔：《瑞士简史》上册，南京大学历史系编译组译，江苏人民出版社 1974 年版，第 289 页。
② Switzerland, 2001 Kummerly+Frey, CH-3052 Zollikofen-Berne, 2001, p. 32.
③ François Walter, *Histoire De La Suisse*, Tome 2, Editions Alphil universitaires suisse, 3 éditions 2011. Case postale 5, 2002 Neuchatel 2 Suisse, p. 92.
④ Jean-Jacques Bouquet, *Histoire De La Suisse*, Presses Universitaires de France, 1995, p. 39.
⑤ ［英］科林·琼斯：《剑桥插图法国史》，杨保筠、刘雪红译，世界知识出版社 2004 年版，第 135 页。
⑥ Jean-Jacques Bouquet, *Histoire De La Suisse*, Presses Universitaires de France, 1995, p. 42.

内在动力之一。语言是人们日常生活中最重要的交流工具,也是一个民族精神文明和内心归属感的结晶。为了让四个民族融洽相处,消弭所有造成民族矛盾和分裂的不安定因素,瑞士成为当今世界上唯一以国内所有民族语言为国语的国家。① 尽管这四种语言的居民比例有很大的差别,特别是讲罗曼什语的居民,总共只有 5 万人,在全国人口中不足 1%,然而瑞士政府毫无以多欺少之意。对于这四种国语,联邦政府又把其中的三种,即德语、法语、意大利语定为官方语言。虽然罗曼什语没有被当作官方语言,但瑞士政府一直致力于保护罗曼什语,将其看作文化瑰宝。由于格劳宾登州是个三语州,罗曼什语在此州数量本身就不占优势,有被德语同化的风险,但瑞士政府仍然在电视台开设罗曼什语节目,在学校开设罗曼什语课程。保证各民族语言的平等地位,促进民族关系的和谐稳定,联邦政府的用心由此可见一斑。因此,语言在瑞士已经不是不同民族之间的主要区别了,语言已不构成不同民族之间的障碍了。所以,讲不同语言的瑞士人都认同自己属于同一个民族,不同的语言只是代表了瑞士的不同文化而已。瑞士多语制政策是平等、自由思想的体现,为协调多语言的瑞士人之间的和睦关系,为巩固和加强瑞士各民族的凝聚力,发挥了巨大的作用。由此可见,在瑞士语言的不同并没有造成民族之间的隔阂,反而形成了瑞士民族共同体的特色,瑞士人更是将语言作为一种非常重要的社会价值、文化价值和个人价值加以保护。

(二) 推动民族融合的外部压力

瑞士被德、法、意、奥四强所环伺,其民族融合进程必然受地缘政治的影响。1618 年的"三十年战争"几乎使整个欧洲都卷入战火。面对已斗争多年的哈布斯堡王朝,瑞士各州都清醒地保持中立,没有直接介入冲突,在 1648 年签订的《威斯特伐利亚和约》中,瑞士的主权独立进一步得到确认,瑞士作为主权国家得到真正的独立地位,最终脱离神圣罗马帝国。通过欧洲的"三十年战争",瑞士各民族明白:尽管它们各具特点,但为了共同的利益各民族必须团结,这是可避免卷入欧洲冲突的唯一途径。

1789 年法国大革命爆发,这次震惊世界的资产阶级革命自然也波及了瑞士。拿破仑督政府于 1798 年出兵进攻瑞士,由于双方力量悬殊,瑞

---

① 曹枫:《试析瑞士民族凝聚力的形成因素》,《欧洲研究》1994 年第 3 期。

士很快便沦陷于法国的统治之下。1798年4月12日，拿破仑在瑞士宣布成立"海尔维第共和国"，并且颁布了瑞士国家的第一部宪法——《海尔维第共和国宪法》。在其后的15年中，瑞士沦为法国的附庸国。① 虽然这部宪法是强加给瑞士的产物，但不可否认的是，拿破仑所颁布的《海尔维第共和国宪法》是以法国宪法为蓝本的，是现代资产阶级追求自由、民主的产物，它在客观上为瑞士各民族追求民主、自由和在法律面前人人平等的权利创造了条件。在与侵略者的斗争过程中，瑞士人民逐渐形成了共同的现代民族意识，开始孕育现代民族国家意义上的统一。海尔维第共和国推翻了500多年带有封建割据性质的旧联邦体系，实行三权分立，共和国废除一切特权，实行民族平等、宗教自由和言论自由，为瑞士的多民族的统一奠定了基础。尽管后来共和国失败了，政权出现了复辟和更替，但瑞士并没有废除海尔维第共和国建立起来的一套资产阶级政治体系，这为瑞士的民族国家与民族融合的形成奠定了基础和打开了大门。

瑞士从国家联盟到联邦国家的关键一步在于1848年。1848年欧洲发生革命，瑞士法语区纳沙泰尔州的共和党奋起用武力推翻保皇党政府，建立了共和国，割断了纳沙泰尔和普鲁士国王之间的联系。当时欧洲列强都忙于国内事务而无暇顾及瑞士，从而使瑞士在欧洲中间建立起一个牢固的联邦国家。瑞士宪法修改委员会在不到两个月的时间内完成初稿，并在同年9月在各州获得了通过。新宪法把联邦改变为介于联邦国家和统一国家之间的国家。这是"要求"和"存在"之间的一种调和，即从海尔维第共和国时代以来就一直坚持的对于中央集权国家的要求和拥有主权的许多州的存在之间的调和。② 1848年宪法的基本特点是：首先，联邦宪法的制定尊重并维护了各民族州的公民自治和独立，使他们的权利和利益有了保障，这也就意味着反映各语区即各族人民的意愿。无论是占绝大多数的德语居民，还是处于少数地位的列托-罗曼语居民，所有的瑞士人在这个联邦体制中都是以"公民"的身份平等相处。由于联邦给予州以极大的自治权，使联邦能够对各地区发挥积极平衡与协调作用，从而也使许多矛盾在州一级就得到解决，避免了蔓延和发展的可能。③ 其次，联邦宪法也赋

---

① Jean-Claude Favez, *Nouvelle Histoire De La Suisse Et Des Suisses*, vol. 2, 1982 by Editions Payot Lausanne, pp. 246-247.
② ［瑞士］埃·邦儒尔：《瑞士简史》下册，南京大学历史系编译组译，江苏人民出版社1974年版，第478页。
③ 曹枫：《试析瑞士民族凝聚力的形成因素》，《欧洲研究》1994年第3期。

予瑞士民族的构成不是根据语言、种族或文化，而是根据共同的历史经验和对"民主共和"制度的普遍同意。① 这部宪法以法律条文的形式记录了人们从瑞士历史中吸取的教训：只有尊重各州的民族个性，才能实现国家的统一。拿破仑一世（1769—1821）1802 年写给瑞士各州代表团的信中说："瑞士与其他国家不同：如它的历史、地理位置及不同地区多样的风俗等。瑞士联邦的形式来自她的自然特质，任何明智的人都不会藐视这一点。"②

海尔维第共和国的成立与 1848 年宪法的制定是瑞士国家生存、建立与发展的关键所在，也是瑞士民族国家形成的核心。这段历史被瑞士学者奥利维尔·穆怀利（Olivier Meuwly）称之为"瑞士的再生"③。

三 多民族国家的巩固及其措施

瑞士国家的生存、建立与发展是伴随着民族国家的建立而发展与巩固的。民族借助于国家的力量成为政治的主题。但随着瑞士在民族融合进程方面的深入，以及瑞士民族国家意识的逐渐清晰，联邦制成为一种积极的推动因素，它的发展促进了瑞士民族的融合及其民族国家的形成和巩固。民族认同、民族意识、民族宗教、民族文化和民族语言等是民族国家形成的重要因素。各民族都认识到由于四周皆为强邻，国家必须具有极强的凝聚力才能生存，也就使一切不利于国家团结的因素必须消解，这是其解决民族问题的一个基本出发点。所以，瑞士国家建立的过程就是瑞士各民族不断融合形成统一民族共同体的过程。

第一，完善的民主政治。瑞士人引以为傲的民主制度是瑞士政治制度的重要组成部分。瑞士的民主思想和政治制度对瑞士民族的融合产生了重要的作用。民主政治为各族群的平等和自治权利提供了根本保障，瑞士的民主政治主要体现在地方自治、直接民主、全民公决等形式中。这些制度不但维系着瑞士国家的正常运行，而且保障使本民族管理本民族事务的权

---

① ［瑞士］埃·邦儒尔：《瑞士简史》下册，南京大学历史系编译组译，江苏人民出版社 1974 年版，第 485 页。

② Jean-Claude Favez, *Nouvelle Histoire De La Suisse Et Des Suisses*, vol. 1, 1982 by Editions Payot Lausanne, p. 165.

③ Olivier Meuwly, *Les Penseurs politiques du 19 siècle* (*Les combats d'idées à L'origine de la suisse moderne*), Première édition, 2007. Presses polytechniques et universitaires romandes, Lausanne, p. 61.

利，增强民族凝聚力。瑞士是一个联邦制的多民族国家，瑞士全境分为 26 个州和半州，州或半州各自设立政府和议会，拥有极高的行政与政治权利。这意味着国家的政治生活分散在各个地区展开，使各州人民有充分表达自己意见、行使自己权利的机会。例如，汝拉州问题的圆满解决便是瑞士地方自治的典范，不但扑灭了影响民族和谐的火苗，并且使瑞士各民族更为融洽。汝拉地区原先位于瑞士西北部，是伯尔尼州的一部分。汝拉北部以法语和天主教为主，南部则以德语和新教为主。语言和宗教信仰上的差异加上历史上的积怨，使得北部地区一直试图寻求更大程度的自治。汝拉问题的历史根源首先发生在宗教领域。① 宗教改革开始后，伯尔尼地区的新教势力逐渐向汝拉南部扩张，而保守的天主教则转移至北部地区。法国大革命期间，汝拉地区被法国军队占领，成为法国的一部分。1815 年，在欧洲和会上，汝拉地区合并到伯尔尼州，原属伯尔尼州的居民逐渐向与他们宗教信仰相同的汝拉南部迁徙。② 在这样的历史背景下成立了"汝拉人团结大会"，谋求汝拉地区脱离伯尔尼，成立自己的政府。这是自联邦成立以来瑞士首次面临的国家分裂危机。1974 年，汝拉地区通过公民投票，以微弱优势通过了脱离伯尔尼州，单独组建汝拉州的议案。1975 年，汝拉北方 3 区通过公民投票决定成立汝拉州，而南方的新教区则选择留在伯尔尼州。1978 年，瑞士举行全国公民投票，同意汝拉州独立。③ 1979 年 1 月 1 日，新成立的汝拉州作为瑞士的第 26 个州加入联邦。尽管留在伯尔尼州的汝拉新教地区与伯尔尼之间仍存在矛盾，但是困扰瑞士上百年的汝拉问题得到了解决。④

第二，保持民族多元文化共存。也可以说，瑞士实行多元文化模式。瑞士承认民族差异性的存在，不同民族与不同文化可以并存，并且这种差异性并不被当作交流的障碍，而认为是一种特色；在瑞士的多元文化社会里，各民族、各文化相互尊重；瑞士政府对多元文化社会采取相应的政策。语言上的多样化、资源的相互流通、性格上的彼此融合，使瑞士整个国家呈现出一种非常和谐的氛围。多元文化政策是多民族社会用以管理文

---

① 于福坚：《瑞士人是如何破除国家整合障碍的》，《中国民族报》，2010 年 3 月 5 日。
② Jean-Claude Favez, *Nouvelle Histoire De La Suisse Et Des Suisses*, vol. 2, 1982 by Editions Payot Lausanne, p. 280.
③ Jean-Claude Favez, *Nouvelle Histoire De La Suisse Et Des Suisses*, vol. 2, 1982 by Editions Payot Lausanne, p. 308.
④ 于福坚：《瑞士人是如何破除国家整合障碍的》，《中国民族报》，2010 年 3 月 5 日。

化多元性的公共政策，它采取官方手段，在一个国家内部强制推行不同文化之间的相互尊重和宽容。多元文化政策强调不同的文化各有其独特性，事关接纳其他民族时尤其重要。长期以来，瑞士一直是解决民族问题的典范，在这个文化与种族差异性相当显著的国度，从未出现过严重的民族冲突。① 多元文化平等共存的传统是在瑞士历史进程中自然形成的，联邦政府的文化政策对之给予了充分的保证，此政策在各族文化平等共存和自由发展的前提下，把瑞士的所有民族凝聚为一个整体。这种凝聚力给瑞士人民造成一个特有的文化心态，即瑞士人只有"地区"观念，而没有"民族"这个概念。② 瑞士的多元文化主义政策体现在各个方面，尤其表现在民族语言上。瑞士文化受到其地理位置和多语言性的影响，在文学、艺术、建筑、音乐及习俗等各个方面表现出多样性。在19世纪以前旧联邦时期瑞士的官方语言仅限于德语，到了海尔维第共和国时期，宪法规定瑞士是由在法律面前一律平等的操德、法、意、列托－罗曼什语4种民族语言的人组成的，他们认为民族不能以共同语言或同一种族为依据。③ 瑞士海尔维第共和国法兰西裔督政官拉阿尔普（Frédéric-César de La Harpe，1754—1838）曾说："必须学习德语、法语和意大利语，这将加强各族之间多方面的联系，它能使我国发展教育和文化；循此以往，那些语言中蕴藏的财富将被揭开，而我们也会看到使人们称为竞争者、仇敌、终至沦为奴隶的种种野蛮偏见彻底消灭。"就这样，新的民族理想被想象为一个海尔维第"调解人"的形象，因而也是一切种族或语言的冲突之归结。④ 在这种情况下，瑞士联邦政府采取了尊重和保护多种语言文化、促进各语种、文化自主发展和相互交流的政策，使得瑞士联邦文化的发展在世界上独具一格。

第三，支持宗教信仰自由的政策。瑞士的国民绝大多数都信仰天主教和新教。现代瑞士在宗教问题上是很宽容的，瑞士宪法保证宗教信仰自

---

① 关凯：《多元文化主义与民族区域自治——民族政策国际经验分析》下，《西北民族研究》2004年第2期。
② 曹枫：《独具特色的瑞士民族——瑞士民族考察之二：地方自治和直接民主制度》，《中国民族》1993年第2期。
③ ［瑞士］埃·邦儒尔：《瑞士简史》下册，南京大学历史系编译组译，江苏人民出版社1974年版，第413页。
④ ［瑞士］埃·邦儒尔：《瑞士简史》下册，南京大学历史系编译组译，江苏人民出版社1974年版，第413页。

由，从瑞士国旗上就可以看出，瑞士是一个标准的基督教国家。在信仰自由并存政策的影响下，瑞士各民族对于宗教信仰采取了各取所好、互不相扰的态度。因此，瑞士社会中很少有宗教信仰之间的冲突和对抗。随着瑞士经济的繁荣发展，洲际之间的交流不断增强，各族人民的婚姻观念也发生了很大的变化，不同民族的青年人之间的相互通婚的现象已是司空见惯。① 瑞士山区的宗教与平原地区的不同，不同语言地区的宗教差异显著，主要是在罗马天主教和新教地区之间也存在差别。宗教信仰自由是瑞士宗教多元化政策的一大重要表现，宗教并存是瑞士各族宗教和谐相处的基础。同时需要指出的是，支持宗教信仰多元化的政策在瑞士不是一蹴而就的，它经历了一个从单一到多元化的过程，因此宗教问题与民族、国家统一紧紧结合在了一起。这样的背景催生了1848年瑞士联邦宪法对宗教信仰自由的明确规定。② 至此，宗教上的互相倾轧甚至屠杀，代之以信仰上的自由和互相容忍。这一系列的措施不仅维护了国家稳定，捍卫了国家主权，更重要的是维护了各州各民族的和谐相处。

第四，实行民族平等的措施。近代以来，瑞士在涉及民族事务的问题上十分注意民族之间的平衡性，同时兼顾相对弱小民族的利益。在政治上，实行"一国两院"，即瑞士联邦法院有两个，一个设在法语区洛桑，一个设置在德语区的卢塞恩；在文化上，实行"一国两博"，即瑞士有两个国家博物馆，一个在法语区的洛桑，另一个在德语区的苏黎世；在高等教育上，实行"一国两校"，即瑞士有两所联邦高工，一所是在法语区的洛桑联邦高等工学院，另一所是在德语区的苏黎世联邦高等工学院。在初等教育上，实行"一国三语"，即政府规定各级中小学都要向学生开设德、法、意三种语言的课程；还有瑞士实际上也形成了"一国两都"，即德语区的联邦首都伯尔尼和法语区的"国际首都"日内瓦。还有，为了尊重法兰西文化和法兰西族裔的利益，瑞士在最重要的金融货币领域使用的名称不叫瑞士马克，而叫瑞士法郎。另外，瑞士各州还有各语种的报纸、电台和电视台，它们互相平等竞争，出现百花齐放、百家争鸣的局面。在瑞士，"民族平等"的观念深入国家的每一个领域，民族平等体现

---

① 曹枫：《独具特色的瑞士民族——瑞士民族考察之一：多元文化共存》，《中国民族》1993年第1期。

② Jean-Claude Favez, *Nouvelle Histoire De La Suisse Et Des Suisses*, vol. 3, 1982 by Editions Payot Lausanne, p. 171.

在各个方面。瑞士人虽没有民族概念，但却有着强烈的国家意识。在瑞士看不到狭隘的民族主义、地区主义，看不到语言不通、文化不同而带来的权利与利益的激烈纷争。在这个国度里人与人之间和睦相处，彬彬有礼。①

第五，稳定发展的国民经济是维护民族融合的重要基础。瑞士多民族共同体的形成与其有着发达的经济作为强大的后盾和纽带是分不开的，历史证明只有发达的经济基础才能巩固民族团结和民族融合。瑞士充分认识到了这一点，努力发展国民经济，因地制宜，结合区域特色，大力发展经济。政府投入巨大的经济援助用以改善人民生活和基础设施建设，这也是瑞士民众幸福指数居欧洲国家前列的重要原因。瑞士走的是一条具有瑞士特色的经济发展道路，即循环经济，发展"高、尖、特、贵"的高附加值出口产品和高端的服务行业道路。15世纪末16世纪初，瑞士出现了资本主义萌芽，纺织、印刷和造纸行业建立起了手工工场，封建社会的生产关系开始瓦解。到18世纪末的时候，瑞士的工商业已经有了相当大的发展。1848年联邦宪法颁布，实现了关税、度量衡、币制的统一，结束了长期封建割据的局面，为经济的快速发展铺平了道路。1789年，瑞士开始进行工业革命，在19世纪时完成了工业化的进程。股份公司在19世纪末纷纷建立起来，如今在世界上颇有名气的一批跨国集团就是在此时创立起来的。同时，瑞士开始进行海外投资，成为世界上最大的资本输出国之一。20世纪初，工业取代了农业成为瑞士国民经济中最重要的部门。在两次世界大战期间，瑞士坚定地奉行中立政策，克服了粮食和原料供应的困难，维持着本国的经济运转，机械、钟表、纺织工业部门在战争时期发展较快。② 由于幸免于战火侵袭，瑞士保持了完备的国民经济体系，积累了雄厚的资金力量，为日后经济的繁荣发展奠定了基础。瑞士利用自己多民族的特点发展经济，克服地区和民族间发展可能存在的不平衡和局限性，形成了瑞士特色的工业体系。同时，瑞士政府并没有搁置区域发展的局限和不平衡，而是始终坚持实行扶助山区和扶助少数民族的政策。例如，在《联邦投资法》及有关贷款的规定中，瑞士政府向山区人民提供多年偿还的低息或无息贷款。联邦政府还向山区州发放补助，使包括意大

---

① 李光：《瑞士与印度：相同的民族观不同的民族关系》，《重庆文理学院学报》2010年第4期。

② 任丁秋、杨解朴编著：《瑞士》，社会科学文献出版社2016年版，第131页。

利语和列托-罗曼什语在内的少数族裔成为直接受益者。这样发达的经济及得当的经济政策对于瑞士各民族之间能够长期保持和睦相处，显然具有重要意义。①

从历史的发展脉络来看，并没有严格意义上的瑞士人。从民族和语言构成来看，瑞士又是一个多民族的国家，它由德、法、意和为数不多的列托-罗曼什语人组成，并形成相应的 4 个族群。因此，在瑞士并不存在所谓的"瑞士民族"。② 它本质上是"一个多民族的非民族国家"。但随着瑞士在民族融合进程方面的深入，瑞士民族国家意识逐渐清晰，联邦制成为一种积极的推动因素，它的发展促进了瑞士民族国家的形成及其民族的融合。

总之，以大范围的欧洲为视野，在过去几百年欧洲民族主义与民族国家的发展过程中，有学者认为有两种力量对其发展是至关重要的，即一个民族内在的发展动力和其承受的外在压力。内在动力来自本民族的人民在民族国家的构建中能够获得更多的政治权益、经济福利与人身自由的强烈愿望，它是人们在现代社会追求自由和个人幸福的自发动力。另一种则是由外族压迫、歧视所产生的外在压力，这种压力往往也能加强一个民族的凝聚力和认同感，使人们更加渴求能够获得个人尊严的地位。③ 法国、德国在民族国家的演进过程中虽然同时具备了很多有利的条件，但是以上所说的这两种动力却也有可能导致极端的民族主义和种族主义。而反观瑞士国家的发展轨迹，由于内部力量的平衡和外部环境的特殊性，表现出更多的平稳性与和谐性。

瑞士的联邦制充分地体现了各民族权力平等、高度自治的原则，尊重境内各民族文化的独特性，促进了各民族的共同情感。尽管瑞士在多民族共同体形成过程中仍然存在着一定缺陷，即工农业发展的失衡、外来移民问题日益凸显等。但无论如何，瑞士可作为世界近现代国家解决民族问题的楷模，除了民族与宗教问题以外，它在城市与农村的发展、社会保障的发展、劳资关系的融洽、工业与农业的发展、人与自然的协调、武装中立与和平外交关系等方面，在世界范围内是做得比较好的国家之一。约纳

---

① 曹枫：《独具特色的瑞士民族——瑞士民族考察之二：地方自治和直接民主制度》，《中国民族》1993 年第 2 期。
② 于福坚：《瑞士人是如何破除国家整合障碍的》，《中国民族报》，2010 年 3 月 5 日。
③ 陈晓律：《欧洲民族国家演进的历史趋势》，《江海学刊》2006 年第 2 期。

旦·施泰贝格（Jonathan Steinberg）在《为什么瑞士？（CUP1976）》中这么说："瑞士历史进程与欧洲的不同之处在于其结果。瑞士社会是由底层向上层建立的。自由农民和城镇作坊合作形成社会的底层，整个社会就像不倒翁一样，大部分重量集中在底部，各个社区与整个社会政治体制保持均衡。"① 强烈的民族认同感是维系瑞士多民族共同体的一个重要纽带，在瑞士人心中没有民族的概念，"瑞士"是他们共同的民族，他们为自己是瑞士的一分子而感到骄傲。也正是这样的民族向心力，让各民族紧密地联系在一起，以国为家，而非以民族为家。②

瑞士著名的史学家巴塞尔大学教授埃·邦儒尔（E. Bonjour）认为：瑞士凭借自身的意志和爱国行动而经过改造以后，比任何时候都更加感到自己是一个民族。③ 当然，瑞士国家的生存、建立与发展在欧洲大陆当中是一个特例。但其解决方式，它的制度、政策等依然给其他的国家提供了范例，瑞士和谐社会的发展模式已向人类展示了一种各民族可以在共同的信念下合作发展的可能性。近现代以来瑞士多民族共同体的形成给我们的经验教训是："……精神生活不能用国家法令来压服，只能用更优越的精神武器来制胜。"④ 任何一个政府如果能够通过分享权利的方式来解决他们所面临的问题，这样既能够使国家保持长治久安，又能够使每一个民族和每一个公民都能更好地掌握自己的命运；民族融合必须在主客观条件的成熟下、在正确的方针指导下，通过漫长而复杂的磨合才可以实现。

第二节　瑞士多民族文化的融合

一　瑞士文化政策与概况

根据联邦宪法，联邦政府没有全国统一的文化方针政策，只是在电影、自然保护和文物保护三个方面有全国立法权和一定的管理权。联邦政

---

① 瑞士联邦官方信息平台：http://www.swissworld.org/zh/culture/swissness/。
② Thomas Riklin, Studentennummer：Worin unterscheidet sich die Schweizerische, "Nation" von der Französischen bzn. Deutschen "Nation"? 98-200-991. Badenerstrasse 266 8004 Zurich 200, p. 129.
③ [瑞士] 埃·邦儒尔：《瑞士简史》下册，南京大学历史系编译组译，江苏人民出版社1974年版，第485页。
④ [瑞士] 埃·邦儒尔：《瑞士简史》下册，南京大学历史系编译组译，江苏人民出版社1974年版，第526页。

府在发展文化事业上推行自由开放政策，各州各民族在文化发展方面有自治权，均可自行组织各类文化活动和对外交流。这是联邦制在瑞士多民族文化政策上的反映，也是与欧洲其他国家在文化政策方面的主要区别。

由于历史和语言的原因，特别是德、法、意三个邻国文化对瑞士三大语区文化的直接影响，形成了多元文化的特点。因此，尊重和保护多种语言和文化、促进各语区文化的发展和交流就成为瑞士文化政策的重要内容。①

瑞士文化管理机构：

（1）联邦文化局；（2）外交部文化机构；（3）文化基金会（"爱瑞基金会"）。

民间文化团体：

（1）瑞士作家协会；（2）瑞士音乐家协会；（3）瑞士戏剧家协会。

文化设施：

1. 博物馆。据瑞士统计局公布的最新数字，2017年瑞士有1100所博物馆。这意味着瑞士平均每7400个人就有1所博物馆，是世界上人均拥有博物馆最多的国家之一。② 瑞士大多数州都有不同类型的博物馆。58%的博物馆设在不足10000人的乡镇里。近3/4的博物馆在德语区71.6%，而在讲法语的地区占20.2%，在讲意大利语的地区仅占8.2%。然而意大利语区的博物馆密度是最高的，平均每4000户1所。苏黎世州博物馆最多，为133所。

根据类型划分，瑞士2017年有艺术类博物馆166所，占14.9%；建筑历史类123所，占11.1%；自然科学类60所，占5.4%；科技通信类148所，占13.3%；人种学类13所，占1.2%；其他类211所，占19%；区域的或本地的（Musées régionaux et locaux，即介绍当地综合的东西）362所，占32.6%。位于苏黎世的瑞士国家博物馆是全国最大的博物馆，直属联邦内政部管辖。该馆以介绍展出瑞士文物为主，分原始文化、旧石器和中石器时代文化、新石器时代文化、罗马时代文化；中古艺术和手工艺、近代艺术和手工艺；兵器和军服、货币和印章；人文和书画等部室。

---

① 曹枫：《试析瑞士民族凝聚力的形成因素》，《欧洲研究》1994年第3期。
② 数据来源于瑞士联邦统计局官网，https://www.bfs.admin.ch/bfs/fr/home/statistiques/culture-medias-societe-information-sport/culture/musees.html, Office fédéral de la statistique, Trouver des statistiques Culture, médias, société de l'information, Musées。

瑞士有两个收藏中国文物的博物馆：日内瓦博尔收藏馆，12个展室中，中国部分占9个。主要展出中国唐代至清代的陶器、瓷器、玉器、漆器、版画和扇石画等。苏黎世里特贝格博物馆，20个展室中，中国部分占6个半，内有中国景泰蓝展室。

西庸城堡（chateau de chillon）博物馆（法语区）位于沃州蒙特勒市，是瑞士最著名的城堡。城堡位于日内瓦湖东端的小岛上，由一座廊桥与岸边相连。城堡最初为萨伏依公爵所有，16世纪被伯尔尼占领。在宗教改革期间（1530—1536），萨沃伊公爵将日内瓦宗教改革者佛朗索瓦·博尼瓦囚禁在此。英国著名诗人拜伦据此写下著名长诗《西庸囚徒》，城堡为此声名鹊起。

2. 图书馆。瑞士有图书馆6000多所。大致分三种类型：科技图书馆、公共阅读图书馆、普通文化学习图书馆。瑞士国家图书馆，建于1895年，1961年政府更新了与瑞士出版商协会及瑞士法语书商和出版商协会的协议，瑞士国家图书馆直属联邦文化事务局的一个管辖机构。该馆主要收藏并向公众提供有关瑞士的图书，1995年国家馆设立了瑞士ISSN中心（使用德文和法文），成立MEMOEIAV，协调瑞士声音遗产的保存。包括：用各种语言撰写的有关瑞士和瑞士居民的古籍、现代作品以及印刷品；瑞士作者写的作品和翻译作品；收藏有书籍、期刊、报纸、杂志、地图、海报、手稿等各种内容。瑞士国家图书馆（Bibliothèque nationale suisse）藏书660多万册（件），图书馆已经被列入瑞士国家和区域重要文化财产名录。[①] 俄国伟大的导师列宁就在瑞士国家图书馆写了《帝国主义论》等重要的文章。而藏书最多的还要属瑞士联邦理工学院（Bibliothek der Eidgenössischen Technischen Hochschule Zürich，ETHZ），它的藏书竟高达惊人的950万册。藏书在100万册以上的多是大学图书馆，它们也是州立或市立图书馆。除国家图书馆外，瑞士大图书馆还有以下几所：德语区的巴塞尔大学图书馆（藏书640万多册）、德法双语区的伯尔尼大学图书馆（藏书430万多册）、法语区的弗里堡州立大学图书馆（藏书380万多册）、日内瓦大学公共图书馆（藏书195万多册）、法语区的日内瓦大学图书馆（藏书130万多册）、法语区的洛桑大学图书

---

① 数据来源于瑞士联邦统计局官网，https://www.bfs.admin.ch/bfs/fr/home/statistiques/culture-medias-societe-information-sport/culture/bibliotheques.html, Office fédéral de la statistique, Trouver des statistiques Culture, médias, société de l'information, sport Culture Bibliothèques。

馆（藏书167万多册）、德语区的苏黎世联邦高工大学图书馆（藏书500多万册）、德语区的苏黎世大学中心图书馆（藏书352万多册）。从图书馆的数量来说，瑞士德语区与法语区可以说是平分秋色，但从数量上说德语区稍占上风。

3. 剧院。瑞士有大小剧院150个左右，一半以上在德语区，2/3的剧院分布在大城市内。瑞士较大的剧院有21家，如德语区的苏黎世歌剧院、苏黎世戏剧院、苏黎世州立剧院、巴塞尔剧院、伯尔尼市立剧院、伯尔尼试验剧院、伯尔尼-索洛屯市郊剧院；法语区的洛桑水边剧院、洛桑市立剧院、日内瓦大歌剧院、日内瓦喜剧院、日内瓦卡卢杰剧院、日内瓦小剧院、日内瓦斯特兰格拉姆剧院等。较大的剧院德语区与法语区几乎旗鼓相当，可以说法语区的人们艺术感还是比较强的。

文化传播媒体：

1. 广播。瑞士广播公司有7个广播电台，其中"瑞士国际广播电台"，用8种语言对世界各地广播，对象主要是国外的瑞士侨民。瑞士有私人电台43家。这些电台的节目内容与当地的具体情况和居民生活十分贴近，深受欢迎，成为当地居民的快乐伴侣。

2. 报刊。据瑞士统计局最新统计，2006年瑞士有报刊213家，其中8家是日报。日报每天的总发行量不足270万份。影响较大的三家德文报纸是：（1）《一瞥报》，1959年创刊，社址在苏黎世，日发行量32万多份，是瑞士发行量最大的日报。（2）《每日导报》，1893年创刊，社址在苏黎世，日发20多万份。（3）《新苏黎世报》，1780年创刊，社址在苏黎世，日发行量16万多份。

影响较大的三家法文报纸是：（1）《时报》，1998年2月创办，其前身是《日内瓦报》和《新日报》，社址在日内瓦，日发行量15万份。（2）《24小时报》，1762年创刊，社址在洛桑，日发行量9万份。（3）《日内瓦论坛报》，1879年创刊，社址在日内瓦，日发行量近8万份。

瑞士是进口报纸和杂志的重要国家。2006年进口总额达4.17亿瑞士法郎，出口则是9700万瑞士法郎。

3. 电影。瑞士电影业主要机构有"瑞士故事片与纪录片协会""瑞士订购片与视听片协会"和"瑞士电影导演协会"。瑞士电影发展规模不大，但在其历史上也有光辉的一页。阿兰·塔奈尔执导的故事片《光明年代》1981年获法国戛纳电影节评委特别奖，使瑞士电影在国内外知名度大增。艾克萨维尔·科莱尔则是获奥斯卡奖的第一个瑞士人（叙事片《希望的跋涉》）。20世纪50年代，以战争和战后爱国主义为主体的瑞士电影给人们留下了深刻的印象。60年代，瑞士电影分成了两派，德语区主要发展批评纪录片，法语区主要发展故事片。七八十年代，瑞士电影产生了一代新人，他们生产的长片和短片都为瑞士赢得了荣誉。2006年，瑞士生产16部短片、41部长片，其中22部是合拍片。据统计，2006年，瑞士共有电影院445家。39%的电影厅和36%的座位集中在5个大城市：苏黎世、巴塞尔、日内瓦、伯尔尼和洛桑。由于本国影片很少，所以外国影片充斥市场，其中美国电影最多，其次是德国、法国、意大利和英国电影。

4. 电视。瑞士电视节目随着地区的不同内容有所差异。瑞士的电视传媒创立比较早，早在1922年作为欧洲第三家面向公众的广播电台就在洛桑投入运营。之后，瑞士还成立了许多广播公司。1923年，瑞士就有980家无线电经销商了。1930年，联邦当局对广播进行了监管，并于1931年在伯尔尼成立了一家名为"瑞士广播公司（SSR）"（现称为SRG SSR）的机构。1953年，SRG开始实验电视方面的服务。不过相比于瑞士广播电视公司所属的电视台的节目，公众看外国台的兴趣更大，国际电视台的节目在瑞士各个不同语区都受到青睐，尽管瑞士广播电视公司是瑞士全国权威电视机构。① 作为一个全国性的广播电视领导机构，瑞士广播电视公司受联邦政府委托，公司负责协调和管理全国广播电台和电视台的行政业务和对外联系等。该公司有自成系统的6大电视台，即德语台2个，设在苏黎世；法语台2个，设在日内瓦；意大利语台2个，设在卢伽诺，6台新闻节目大致相同。另外，瑞士尚有14家地方电视台，播发时间较短。

国际文化活动：

瑞士的有关组织，在政府、银行、企业以及各种基金会的赞助下，每年举办多种国际文化艺术活动，加强国际交流，丰富文化生活。其中主要有：

1. 弗里堡国际民间艺术节（法语区）：每年8月底至9月初在弗里堡市举行，邀请外国民间艺术团体参加。该艺术节是国际民间艺术节联合会

---

① 《La SSR de 1931 à aujourd'hui》，sur SRG SSR idée suisse, 28 juillet 2009.

成员，得到联合国教科文组织下属的国际民间艺术节组委会的支持。

2. 苏黎世国际民间艺术节（德语区）：双年9月举行，邀请外国民间艺术团体参加。

3. 马蒂尼国际民间艺术节（双语区）：双年8月在马蒂尼市举行。

4. 纳沙泰尔国际民间艺术节（法语区）：双年8月在纳沙泰尔市举行。

5. 苏黎世六月节（德语区）：苏黎世传统节日，邀请外国艺术团体参加。

6. 苏黎世戏剧节（德语区）：8月举行，邀请外国艺术团体参加。

7. 苏黎世国际艺术和古文物展览会（德语区）：4月举行。

8. 卢塞恩艺术节（德语区）：每年6月举行，邀请外国艺术团体参加。

9. 日内瓦节（法语区）：每年8月上旬举行，邀请个别外国艺术团体参加。

10. 日内瓦国际音乐节（法语区）：日内瓦帕蒂诺基金会于1984年创办，邀请各国青年音乐家参加，不评奖。

11. 日内瓦国际古典音乐节（法语区）：8月举行。

12. 日内瓦国际图书沙龙（法语区）：每年4月举行。

13. 伯尔尼国际爵士音乐节（德语区）：5月举行。

14. 巴塞尔国际艺术博览会（德语区）：每年6月举行。

15. 弗里堡国际摄影展览（法语区）：每3年举办1次。

16. 洛桑国际青少年芭蕾舞赛（法语区）：每年1月由瑞士促进舞蹈艺术基金会主办。参赛者年龄不超过18岁，获奖者可得到1年的奖学金。

17. 洛迦诺国际电影节（意大利语区）：创办于1950年，世界上悠久的国际电影节之一。每年8月举行，活动内容丰富，设有金豹、银豹和铜豹等奖项。

18. 尼翁国际电影节（法语区）：每年10月举行，是短片电影节。设有"金币奖""银币奖"等奖项。

19. 韦威国际喜剧电影节（法语区）：每年8月在韦威市举行。设有"金拐杖"奖和"最佳喜剧演员"奖。

20. 弗里堡国际电影节（法语区）：每2年在弗里堡举行1次，旨在支持第三世界国家的电影事业。

从国际文化活动来看,法语区的活动要多于德语区的活动,这说明法国从文化内涵来讲,比较丰富与浪漫。

二 瑞士语言与宗教文化

众所周知,瑞士是一个使用多种语言的国家。瑞士宪法规定通用4种民族语言:德语、法语、意大利语和罗曼什语(又称列托-罗曼什语)。据2010年的统计,在800万瑞士人中,63.7%使用德语,19.2%使用法语,7.6%使用意大利语,0.6%使用罗曼什语,8.9%使用其他语。

瑞士不同语言人口分布[①]

年份	德语	法语	意大利语	罗曼什语	其他语种
1950	72.1%	20.3%	5.9%	1.0%	0.7%
1970	64.9%	18.1%	11.9%	0.8%	4.3%
1980	65.0%	18.4%	9.8%	0.8%	6.0%
1990	63.7%	19.2%	7.6%	0.6%	8.9%

一般来说,瑞士中部及毗邻德国的北部和东北部属于德语区;与法国接壤的西部西南部属法语区;东南部的提契诺州及格里松斯的一部分属意大利语区;格里松斯东部尚存列托-罗曼什语区。这些语种的来源是历史上国家多民族融合的结果。

古代生活在这片土地上的海尔维第人,讲拉丁语。公元4世纪时,他们被两支日耳曼人的部落入侵和统治:西部及南部的一部分是勃艮第人,东部是阿尔玛尼人。勃艮第人所占领的地区的当地人已经罗马化。入侵者很快习惯并接受当地语言,使之发展为一种法语方言,这个地区成为今天以讲法语为主的瑞士法语区。阿尔玛尼人使用古德语,直至公元900年左右他们的语言才征服今天讲德语方言的地区。在整个征服过程中,只有少数人逃往阿尔卑斯东部大山中,保留了他们自己的拉丁语方言,这便是在今天格里松斯州残存的罗曼什语。此外南部地区一直讲与之毗邻的意大利语。这便是4种语区最早的形成过程。

但是从历史上看,瑞士联邦的多语种的平等政策只起自近代,即

---

① *Switzerland*, 1999 Kummerly+Frey, CH-3052 Zollikofen- Berne, 1999, p.5.

1798年海尔维第革命后。最初从老三州1291年结盟起，500年间组成旧邦联的13个主权州都是主要讲德语的地区，当然这种古德语不仅与今日之德语有很大差别，而且在不同地区不过是同一语系的不同方言，有时也差异甚大。时至今日，从德国来的人说的是正宗德语，却听不懂瑞士德语区人说的方言。不同州的瑞士德语区人彼此之间也有语言隔阂，同为德语区方言，苏黎世人讲的当地语言，伯尔尼人可能听不全懂；同样，阿彭策尔人讲的方言，也可能为难别的州同胞，诸如此类。然而，无论如何，在中世纪时，旧邦联各主权州使用的语言是单一的，对其他语言也不很宽容。虽然在旧邦联形成的过程中，有些州的扩张使其范围西达法语地区（如从属伯尔尼州的莱蒙和汝拉地区）、南至意大利语地区（如为老三州等东部各主权州共同管辖地的提契诺地区），而且有书记载，伯尔尼在1763年官方出版的《道德法规》已经使用德、法两种语言，但是这些属地或管辖地的地方语言与德语不平等之处在于"国会"正式语言就是德语。所以，1481年当双语州弗里堡加盟时，这是第一个大部分居民使用法语的州（而非属地）。可是，统治阶层即刻着手普及德语，力图使弗里堡德语化。这种现象一直维持到1798年旧邦联瓦解，法国大革命的影响使过去的属地或结盟地升格为主权州，革命传播的平等原则使新州中大多数人使用的法语和意大利语得到承认，自此时起，瑞士才开始成为允许官方使用多种语言的国家。1848年当瑞士正式成为现代联邦国家时，宪法规定德语、法语和意大利语是民族语言、官方语言，但没有承认列托-罗曼什语。尽管如此，在当时其他欧洲国家正努力实现民族统一，这种思想希望语言也统一。瑞士联邦的现代国家演进过程却有别于此，在19世纪中叶就用法律明确多语种的合法性。此后经过斗争，1938年全民公决接纳列托-罗曼什语为民族语言。1998年12月通过的新联邦宪法在"民族语言"（第4条）中，再次确认德、法、意和罗曼什语同为民族语言。

  瑞士联邦把多种民族语言作为官方语言，是建立在两个原则基础之上的：个人使用母语的自由原则和尊重地域的原则。由此，一方面，保障人们使用母语的权利；另一方面，保障地方政府决定在其属内某个地域上选择使用某种民族语言的权利。[①] 这两个原则在实践中常常会冲突。一方面，在某些特定的地区，个人有权使用当地属于少数人使用的母语交往，

---

① David Lasserre, *Étapes Du Fédéralisme – L'expérience Suisse*, Editions Rencontres, 1967 Lausanne, p. 122.

有权把孩子送往能使用自己母语的学校；但是另一方面，地方政府又有权决定某具体地区使用的民族语言，对居住于此地的少数母语不同者有某些服从多数的规定。因此争论是难免的，但从不构成冲突。在瑞士，孩子在学校从小除母语外起码要学习德、法两种中的一种民族语言。此外，官方文件、法律条文、重要告示等都必须用德、法、意三种官方语言文字颁布，1996年起在格里松斯地区还要加上列托-罗曼什语作为官方文件语言。广播电台和电视台则按语种设置。此外，由于英语应用广泛，近年在瑞士也相当流行，仅次于德、法两种语言。英语书籍资料多起来，也有英语广播电视。这样各语种基本平等，在各语区之间可以减少矛盾。

实际上，4个不同语区无论从人口数量还是经济发展，都不一致、不平衡。其中发生一些矛盾也正常，更何况语区的划分并不绝对，往往有不少不同语种相互渗透现象。但是，实际上不同语区的存在正好验证了瑞士人从历史上继承不同民族、不同语言之间的共处和宽容精神，这正是瑞士文化现象的精髓。

显然，多民族、多语种带来文化的多元性。其实，中世纪时，的确不存在现代意义的"瑞士"，也就谈不上"在瑞士的文化"。当时这片土地归德意志神圣罗马帝国统治，最早象征瑞士诞生的老三州位处帝国最南面，使用帝国的德语，社会习俗文化现象受其影响。然而，随着这些阿尔卑斯山民的反抗独立，一个新邦联逐渐扩大，成员组成复杂化，新的文化现象带着语言、宗教、习俗、法律、文学工艺等方面的差异而出现，成为"在瑞士的文化"。它的基本特征是多元性和随之而来的宽容性。

在文化上首先表现在宗教方面，在罗马时期，商人和罗马士兵在瑞士传播基督教的速度非常快。第一批主教是在日内瓦、马丁基尼和库尔上任的，但直到中世纪初，一般公众才皈依了基督教。这一方面是由于神职人员和贵族阶层的努力，但主要还是通过诸如小高隆班及其弟子和加卢斯等爱尔兰修道士的巡回传教而形成的。

后来，隐修院及女修道院均积极从事创立、普及基督教的思想意识，并将教义灌输到人们的日常生活中去。他们都对那个时期的瑞士文化生活起到了丰富的作用；像拉特泊特（Ratpert）、托尔帝罗（Tuotilo）以及埃克哈德第四（Ekkehart IV）等人。

瑞士神学家慈温利受伊拉斯谟（Erasmus）人文主义思想的影响，在苏黎世发起了宗教改革运动，并很快吸引了瑞士中部以外的德语区人们的注意。但法语区及提契诺的人们对这种新的思想仍无动于衷，直到1536年瓦沃州被伯尔尼征服后，情况才有所改变。其他地区则都是通过在日内瓦的神学家加尔文（Calvin）的教义而皈依的。然而，弗里堡及瓦莱州却仍然保持他们自己的宗教信仰。但由于罗马天主教反宗教改革势力的影响，索洛图恩州、巴塞尔教区及格里松斯只是部分地皈依了新教。在格拉鲁斯州、图尔高州以及格里松斯，人们选择什么样的信仰都是共同决定的，这就是这些地方的教堂混杂在一起的原因。后来，在1848年，宪法允许个人有选择自己信仰的权利。然而，我们不应忘记的是，这场宗教改革与反改革的运动并不完全是在和平状态下进行的。

16—17世纪期间，瑞士曾因血腥的宗教战争而动荡不安。今天，所有的新教教会都归州教会会议和教会会议理事会管辖。与少数几个自由教会团体一道，他们都属于瑞士联邦基督教路德派新教会。

罗马天主教有六个教区：索洛图恩、弗里堡、锡永、库尔、圣·戈兰和卢加诺。圣·莫里斯（St. Maurice）和埃因斯旦（Einsiedeln）的大隐修院均属于自治。老公会只有一个设在伯尔尼的瑞士教区。另外，在至少20个瑞士城镇里还有犹太教社区，他们都与"瑞士联邦犹太人社区组织"有联系。

瑞士宗教人口分布①

年份	新教	罗马天主教	老公会②	犹太教	其他教派
1950	56.3%	41.6%	0.6%	0.4%	1.1%
1970	47.8%	49.4%	0.3%	0.3%	2.2%
1980	44.3%	47.6%	0.3%	0.3%	7.5%
1990	40.0%	46.2%	0.2%	0.3%	13.4%

---

① *Switzerland*, 2007 Kummerly+Frey, CH-3052 Zollikofen-Berne, 2007, p. 28.
② 老公会，亦译"古老公教会"。19世纪由德国天主教会分裂出的独立教会。1870年天主教会于梵蒂冈公会议上宣布"教皇永无谬误"的信条，激起德国天主教会一部分领袖，尤其是以窦林格尔（Dollinger, 1799—1890）为首的42名慕尼黑大学教授的抗议。他们于同年在纽伦堡举行会议，通过决议正式否定该信条。次年窦林格尔被天主教会绝罚，原意为"断绝往来"——罗马教廷对神职人员和教徒的一种处罚，即开除教籍。同年秋抗议者再次集会，并决定成立继续保持公教会传统的新教会，并经詹森派教会主教祝圣而产生自己的有效主教神职。同时还改革对天主教会的某些习俗，如废除神职人员独身制和对"圣人"的敬礼等，并在圣事礼仪中使用地方语言。该教会正式成立后，有些国家的部分天主教会陆续与罗马教廷决裂而参加老公会。分布于德、奥、捷、瑞士、波兰、克罗地亚和美国等地。

多元性。从其语言差异带来的不同文化的起源概况看，本书在第49—53页中已经比较详细地介绍了瑞士不同语区的文化概况。

还应指出其多语种共存并非容易，在一些州中居少数地位的语种历来多少有些纷争，但始终未酿成"语言战争"，这一方面在于瑞士法律对少数民族权利的规定严格，另一方面便是一种传统的宽容性。

宽容性首先体现在"平等"上。在瑞士，虽然讲德语的居民占了大部分，但是自从1848年以来，他们学会了尊重其他少数人的语种，不以多数派自居。依照宪法，瑞士一切官方文件、法律条文、公开告示、宣传资料等都必须以德、法、意三种文字发布。在格里松斯地区，为尊重和方便讲罗曼什语的居民，还要另发布5种罗曼什方言的文件。其工作之细致可想而知，此皆因平等原则所致。有些公众集会上，司仪甚至主要发言人都不厌其烦地起码用德、法两种语言发言，在国际性的场合还要加上英语，这正是瑞士的独特景象。

宽容性还体现在"民主"上。在一些州里不同语种的居民也有纷争，但一般都协商解决。汝拉州是一个特殊例子。汝拉地区与法国的汝拉省接壤，居民均讲法语。1815年以前曾是巴塞尔主教公国的领地，1815年3月维也纳公会宣布把汝拉划归以讲德语为主的伯尔尼州，自此汝拉人民开始了长期的要求分离的斗争。经过不同时期的各种斗争、协商，1978年9月全国全民公决，以占82.3%压倒多数的赞成票支持成立汝拉州，以民众意志为先，联邦议会和各州议会都分别同意，1979年1月瑞士的一个新州成立。这是因为语言问题而分离的一个独立州。此前，也曾有过因宗教信仰由一个州分为两个半州的阿彭策尔内罗登和外罗登（1597年分裂），及因城乡关系而一分为二的巴塞尔乡州和城州（1832—1833）。这样，从某种程度上看还是平等民主的。

文化宽容性不仅体现在最基本的语言使用上，而且还表现在其他方面，如宗教信仰。前面曾经谈过，瑞士人大多信仰天主教和新教，人数相当，还有少数人信仰犹太教和伊斯兰教及其他，也有无宗教信仰者。虽然各州有主要信仰，但往往不同信仰居民混居。因此同一城市，甚至小小社区都可能有不同的教堂。根据宪法，人民有信仰自由，因而彼此相安无事。但是，在历史上，瑞士人在宗教问题上有过曲折的经历。16世纪发生欧洲宗教改革，瑞士先有慈温利在苏黎世，后有加尔文在日内瓦进行宗教改革，这符合新兴资产阶级的要求。但是，由改革与反改革的斗争引起

1529 年及 1531 年的两次宗教战争，即先后两次卡佩尔战争，慈温利在第二次战争中战死。1532 年到瑞士的加尔文在日内瓦最终使改革成功。但是新旧教的冲突远未结束。此后在欧洲的宗教战争中，瑞士有些州还曾卷入过，教训惨痛。17 世纪虽然瑞士总体远离欧洲宗教战事，但国内争斗分歧仍存在。1848 年宪法正式承认公民的信仰自由，给瑞士人带来更多的宗教宽容。

虽然我们不断地强调瑞士语言和文化的多样，但要明白国民文化的同质性是形成民族国家的另一大要素，它是一个国家整体的民族精神和全部的文化产品趋向多元一体的过程。一个多民族国家有不同的语言和文化，这既是区别不同民族的鲜明标志，又不断交流融合趋向和谐统一。它包括历史演进、民族间的共情、语言文字、风俗习惯、思维方式和生活方式等。

我们早已知道语言是不同民族、不同文化之间的重要区分标志，相同的语言是保持共同的民族心理，维系家乡感情的重要纽带。瑞士"多元"的语言要素被牢固统一在官方平等地位的"一元"框架中，既形成了瑞士民族特殊性、多样性的特点，又能彰显自己的身份认同，凝结成牢不可摧的统一国家。

瑞士从政府到基层社区贯彻了各语言集团一律平等的原则，成功淡化了民族概念，来自不同地区的瑞士人依据语言习惯，划分为"德语瑞士人""法语瑞士人""意大利语瑞士人"和"列托-罗曼什语瑞士人"，以不同语言为标准形成四大族群，这四大族群所集中生活的区域，被称为德语区、法语区、意大利语区和列托-罗曼什语区。瑞士联邦下一级的行政区划是州，宪法对各州给予了高度的自治权，各个语区范围包括若干的州，还有 3 个双语区和 1 个三语州，各语区、各州都一视同仁。大部分瑞士人也都能使用多种语言，不同语区的居民相互交流、四处游历不会存在任何障碍和歧视。

这是个明智且巧妙的划分标准，既保持了民族的多样性，构建成一个多元化的社会，并尊重各地居民的语言习惯，消解了不同民族以血缘为纽带的鲜明界限，推倒了潜在的民族隔阂的障碍。

语言的能量是温和的，没有冲击力，但又是最春风化雨滋润人心的，因为习以为常，所以经常被人忽视。使用相同语言的人，潜移默化地形成共同的文化传统、生活方式和思维习惯，成为族群共同的情感依托。一个地区长期形成的语言体系,是该地区人们集体情感最鲜明的识别特征,即便他们迁徙在外,只要语言不变,仍能保持集体情感的寄托。瑞士对四种语言一视同仁的态度非常明智,不但尊重各语言人群的文化习俗、生活方式,还能消弭潜在的争端矛盾。如同一滴水进入大海,不再保留之前水滴的样子,却成为大海的一分子。彼此交融又不用强行区分彼此,各个族群生活在一起只记得一个名字叫瑞士。

与此相反的有加拿大魁北克省的例证。魁北克省的独立运动有复杂的历史和现实因素,在此不必赘言,但语言因素是魁北克对加拿大难以形成认同感的重要原因。1977年,魁北克省通过了轰动一时的《法语宪章》,这个可谓是法语独尊法案。规定省内一律只允许用法文作为标示语言,超百人规模的中大型企业必须使用法语。不仅公立学校只能用法语授课,政府机构只提供法语服务、公司要用法语做生意,连街道上的招牌都必须用法语。该举措巩固了法语成为该省唯一官方语言的地位,也导致了60万英语族裔出走。语言地位的不平等使民族隔阂愈加深厚,离心力也越发强烈。总之,在多民族混居的地方平等、民主和宽容才可能带给人民和平安宁。瑞士百余年国外无战事,国内相互忍让、相安无事,正是经济持续发展的基本保障之一。

三 文化的欧洲性

20世纪瑞士著名的法语区历史学家、作家、诗人贡扎格·德·雷诺尔德曾经怀着对祖国深切的热爱,苦苦寻觅"瑞士文化坚实地建立在什么之上呢?""我寻找过海尔维第人文化的特色以及文化精神的古老沃土:它就存在基督教文明之中,而基督教原则正是它的根和芽。"[①] 这说明了瑞士的文化追根寻源仍然是欧洲文明不可分割的一部分。

自从公元前58年海尔维第人被罗马人征服,罗马人在海尔维第的统治延续了将近5个世纪,这是海尔维第人文明化的时期。他们的上层家庭不仅开始用拉丁语代替原地区的高卢方言,而且从罗马人那里学会艺术水准很高的建筑雕刻艺术、各种情趣的舒适生活方式等。罗马人还传授改良农牧业生产的经验,教会海尔维第人更好地种植葡萄、选种、修整果树和制作奶油奶酪。此外,在这个时期,小手工业得到发展,如木匠、陶工、

---

① *La Suisse urbaine* 1750-1950, Genève: Éditions Zoé, 1994, p. 320.

砖瓦匠、炼铁匠、首饰匠和裁缝等；商贸活动也有所发展，特别是与意大利和高卢两个地区的商贸活动。

然而，文明化最为突出的一点就是受罗马人的宗教生活的影响。罗马士兵和商人首先把自己信仰的基督教带到海尔维第，随后是传教士们布道传教。他们宣讲基督教教义，劝世人抛开愚昧、追随基督，他们征服许多人心。从公元 3 世纪起，基督教在西方得到普遍传播，首先在城市，一个基督教社会从此出现。教徒们此后在精神上由神甫、主教统治。在海尔维第，最早的主教府设在马蒂尼、日内瓦、库尔、温蒂什、奥格斯特。公元 565 年至 580 年间，马蒂尼的主教府迁至锡永，温蒂什的迁往洛桑，奥格斯特的迁往巴塞尔。在今天的瑞士土地上，基督教最早的证明是公元 377 年在锡永罗马总督刻在一座公共建筑物上的基督的签字图案，至今仍然保存在锡永市政厅前厅墙上。

基督教的发展到中世纪时达到登峰造极的时代，教会无处不在、无时不在。人从生到死都由教会管起来。在欧洲，中世纪精神生活最值得书写的是兴建修道院、教堂和大学。在今天的瑞士，这一辉煌时期留下的传世之作便是圣加仑的修道院。贡扎格·德·雷诺尔德正是在此寻到他所称之为栽培"瑞士文化"的最初的沃土。他认为，缺少了精神原则也就谈不上"文明"。正是在圣加仑这样巨大的修道院里，存在精神原则，文明才能在此形成并发扬光大。其形成有三方面："从艺术，从古代传统文化，从通俗语言的发展。"[①]

回顾圣加仑的历史，最早可追溯到公元 7 世纪。612 年左右，来自爱尔兰的修士加鲁斯在东北方位的博登湖南面森林中，建造了一间修道室传教，他本人是爱尔兰著名老修道士高隆班的高足，因而也招徕不少弟子。他死后百年左右，719 年或 720 年间日耳曼人奥特玛尔在他的墓旁修建一座修道院。它的辉煌时期在公元 830—920 年间。当时共有百余名僧侣和一所著名学校。事实上，在公元 825 年制作的修道院平面图上有两所学校和一座图书馆，学校分院内院外各一所。院内学校培养修道士，院外学校为贵族子弟而开。修道院传授音乐，特别以创造古音符，即"中世纪音符记谱法"而传名四方；至于其教授的修辞学、语法、数学等，使用古典传统教材；为方便学生理解古典拉丁文教材，修道士们常常把教学内容

---

① *La Suisse urbaine* 1750–1950，Genève：Éditions Zoé，1994，p. 326.

译成当地使用的德语，由此而发展了一种通俗语言，吸引更多的来自各方的学生。这样的盛名使得这里很快成为闻名遐迩的欧洲文化中心之一。虽然圣加仑在1803年才成为瑞士的一个主权州，但中世纪以来，它就是瑞士邦联的结盟地。因此，这个文化中心无疑正是滋养德语区的文化发展深厚的沃土，并与欧洲传统紧密相连。今天，圣加仑变成瑞士东部工商贸易的中心，但并未与其文化传统割裂，其影响继续向世界传送。1983年，圣加仑修道院的图书馆和教堂被联合国教科文组织列入世界文化宝藏名录中。它不仅是瑞士的文化宝库，也属于欧洲和世界。

从圣加仑的历史，可以更清楚看到瑞士真正的本土文化从起源就带着欧洲文明的深刻烙印。

同样，位于法语区的新教中心日内瓦的历史也说明它的文化血脉中强烈的欧洲性。中世纪宗教改革时期，法国来的加尔文成为日内瓦的精神领袖，如前所述，他在传播新教教义的同时，也带去了标准的法语修辞、法国文化。此外，他在日内瓦的宗教改革经过一点曲折后，最终使日内瓦成为欧洲新教徒避难之地，大批从法国、荷兰、意大利等国逃亡而来的新教徒为日内瓦增添不同的民族、不同的文化的融合机会。加尔文还致力于在日内瓦创办一所神学院，培养新人。几年间，这所学院便成为欧洲各国青年向往的地方，也使日内瓦作为欧洲文化中心之一，更加声名大震。时至今日，加尔文创办的学院已发展成欧洲乃至世界的名校日内瓦大学，校园中矗立着一面宗教改革的纪念墙，加尔文等几位改革者的雕像披着岁月的沧桑，仿佛在默默注视世间的风云变幻。

除了中世纪的加尔文外，18世纪的几位欧洲著名思想家，如生于此地的卢梭、在此地居住过的伏尔泰等，都为日内瓦作为欧洲文化中心增色不少。迄今，他们在此的故居纪念馆仍是欧洲甚至世界各地文化人常常朝拜之地。

巴塞尔的历史也如此。自从1460年巴塞尔大学创建，教师学生来自欧洲各国，很快就成为欧洲人文主义中心之一，至今影响犹存。

总之，在旧邦联500年间，德语区文化几乎是唯一的瑞士文化。后其他语区的加入，使瑞士的文化现象更呈现出多样性，也就更具欧洲性。不同语区都向各自相关的语种国家吸取文化营养，以丰富自己；同时从广泛的意义看，它们又坚定地以瑞士为政治一体的象征，把外来文化融入自己的本土文化中，更具特色，更富生命力。

今天，现代传媒更方便保证多样性和欧洲同一性同时并存。广播电视尤为生动地起着这种作用。瑞士的广播电视考虑到不同语种的需要，电台不仅使用四种民族语言，而且也有国际广播。电视设德、法、意三语台，还有专开的罗曼什语节目。这三个主要不同语种的电视台分设在苏黎世、日内瓦和卢加诺。而同时，所有的瑞士人都可以方便地收看收听周边国家的广播电视节日。总之，从古至今，本土文化多样性与欧洲性相结合，使瑞士人文化优势很明显。单从语言来说，许多普通的瑞士人都基本能用两三种语言交流；他们的接触面也广，不可能不影响其社会经济生活的发展。

第三节　民族融合下的城市化进程、环保和形象

一　城市化进程

瑞士的自然风光举世称道，一直被美誉为"世界花园"。如同其他西方发达国家一样，瑞士也在18世纪开始以生产技术的重大变革引发的工业革命带动起一个工业化、城市化、现代化的历史进程，由此而深刻地改变着这个国家的自然景观、城乡关系和社会人口。① 尽管瑞士早已实现了工业化、城市化，但瑞士政府长期以来一直十分重视环境保护，所以瑞士自然环境自工业化以来几乎没遭到什么破坏，人与自然比较协调。

到过瑞士的世界各国人士尤其是环境保护人士，他们特别注意到瑞士与大多数发达国家不同，它的城市与乡村差异不大，有人称道，瑞士的城市如乡村、乡村如城市。实际上，这正是瑞士景观的特点，也是瑞士现代化进程中对环境保护后的特殊结果。瑞士在现代化进程中对其城乡的大环境的保护方面有三点：

其一，瑞士工业化过程没有形成大工业中心，工业部门分散在城乡，呈遍地开花状，遍及中部高原、平原谷地，特别是在农村地区。即使是号称化工中心的巴塞尔和纺织中心的苏黎世，也无大量集中的工厂。从瑞士城市的现代化进程来看，由于地理因素，事实上其国家的城

---

① François Walter, *Les Suisses et L'environnement：une histoire du rapport à la nature du XVIIe siècle à nos jours*, Genève：Éditions Zoé, 1990, p.78.

市集中度并不高。但日内瓦是一个例外，因宗教改革后其经济得到迅速发展，16世纪中下期人口已经达到1.7万人，在当时是瑞士最大的城市……但在1610—1615年和1628—1629年日内瓦出现瘟疫，使人口增长一度出现停滞。①

其二，瑞士工业化中城市日渐扩大的现象不明显，并未像其他国家一样出现城市化浪潮，形成大都市，因而产生的城市社会问题及环境问题也较其他国家少。相反，由于一些工业部门不得不分散到条件有利的农村，反使那些逐步成为工业地区的农村人口也汇入工业化进程中，导致农业社会的结构、农村生活方式和农村居民的心态也随之改变。因此有理由说："工业的分散和乡村化也有助于缓和工业革命必然会造成的社会后果。"②

其三，在现代化的过程中，出现了城乡一体化的现象。它既改善城市生活，提高了城市环境质量，同时也改善广大农村农民的生活水平，虽然程度不一定一样，但是可以说瑞士农村很早就对提高生产力、提高生活水平和加快劳动分工做出贡献。这可以从历史上找原因。由于可耕地少、山地贫瘠、收入低下，瑞士农牧民为了摆脱穷困状态，很早就主动寻求生产方式的改变，以增加生产。从14世纪起，农村已经开始繁荣。农业生产不仅满足生活需要，而且到城市寻找产品出路，促使农产品商业化，出现城乡贸易，也打破了农业社会的封闭状态。加上部分工业生产逐渐分散到农村，使得农村从自身的农业变革到接受工业变革，由此带来18世纪的城乡共同繁荣。瑞士人对"工农业的结合将导致最可靠的繁荣"③的思想理解比别的国家更早些。这种保持城乡政治经济平衡以保证生产、生活高水准的思想，无疑早已深深地渗透到以后瑞士人推进工业化、城市化的指导思想中去。因此，近两个世纪，瑞士的城市和农村共同经受现代化进程。

首先是工业化，在农村表现为两方面：一方面，是在农业生产中通过技术改进、良种引进而提高生产率；另一方面，某些工业落户农村，

---

① Perrenoud, *la population de Genève du seizieme au debut du dix-neuvieme siecle*, la recherche de la population de Genève (donnees numeriques) N。15, 1979, pp.12-13.

② [意] 卡洛·M. 奇波拉主编：《欧洲经济史》第4卷下册，吴继淦、芮宛如译，商务印书馆1991年版，第219页。

③ [意] 卡洛·M. 奇波拉主编：《欧洲经济史》第4卷下册，吴继淦、芮宛如译，商务印书馆1991年版，第229页。

就地利用资源和廉价劳力，如纺织业、钟表业、食品加工业等。在瑞士不仅工农业不对立，而且往往在工业发展好的地区，农业生产也较先进，生产率高。反之，一般来说，工业落后的地区农业生产也相对滞后。显然地，这两个社会互不排斥，而是相互依存、关系密切。

衡量农业生产率的提高的两个标准：一是单位面积的产量提高，较以前可养活更多的人；二是单位面积上使用的劳动力减少。于是自然出现越来越多的农业人口转向工业部门或者服务行业。工业化前期，用于农业生产的土地的产量勉强养活耕种者，仅有的少量盈余用于交纳地租或向地主进贡；地主则以此向手工业者和外出征战的士兵支付薪金。那时候，4个农家的生产自足之外才能供养1家非农家庭；今天这种关系基本调转过来：1个农家养4个非农家。这一切与工业化过程中不断改进完善的农业生产条件、农业科学技术，特别是农业劳动的机械化程度紧密相关，最终使得农业生产力的提高与从业人员的不断减少现象并存。因此，在某些农业发达的地区，发展的背后是对劳动力需求的减少，农业从业人员的分流不可避免。一些终生留居乡间的年迈老者，至今仍对20世纪上半叶的景象记忆犹新：在农家传统的宽大厨房里，长长的木制饭桌旁坐着强壮的男女长工或临时帮工。如今，一般只有家人聚在自家餐桌前用膳。

当今瑞士最流行的农业生产单位就是家庭经营企业，农户越来越少，有实力的农庄面积越来越大。从1985年到21世纪初，常年从事农业劳动的人口减少了17%，农庄数目减少20.7%（山区甚至减少了21.4%），但是每个农庄的平均面积却增加了25.9%。这种技术进步、社会发展带来的农村结构改变，在生产上的变化表现在单位面积农产品以及牲畜产量提高，自给自足程度增加，如今本国产的食品约能满足63%的国内需求；[①] 这种变化的另一种表现在于景观上，连成一片的土地上只剩余数量不多的单个农庄，配备农机、汽车、各种水电必需的设施，传统农舍与新型建筑并存，真实地展示农业现代化的景象。

19世纪城市化之初，往往包含了两方面具体的内容：农村劳动力流向城市和把工业、服务业部门移向农村，创造新的就业机会；与此同时，城市范围逐渐扩大、"吞噬"或"蚕食"农村。实际上，在瑞士从

[①] *Switzerland*, 1998/1999Kummerly+Frey, CH-3052 Zollikofen- Berne, 1999, pp. 56-57.

农村角度看城市化过程，农村并不被动，其自身也在积极变化：瑞士工业的特点是小型而分散，致使多余的劳动力并不一定离开农村，而是留在农村或者进入当地已有的企业；或者吸引工业部门利用当地劳动力；或者就地开办工业、服务业。这些农村的居民不再是农民，他们逐步按照城里人的生活和消费方式改变自己。通常，首先走出农家的是随着农业机械化改进生产，无须再在农业生产中从事辅助性工作的农家女。她们在地方小工厂、服务行业或者行政部门找到工作，她们得到的工资使她们有条件像城里人那样消费，并把这种观念及实物带进农村，实际上促进城乡意识形态的交流；与此同时，当农家有了现金，比较容易进一步改善生产条件，加速农业现代化。这种相辅相成的城乡关系应该看成是城市化、现代化的一个重要部分。

此外，农村富余人口涌入城市，一方面正是工业化需要大量劳动力时，另一方面也是运输业发展便于人口流动之时。于是，除了一些进入城市劳动市场的外来人口外，还出现一些流动人口，特点是不一定定居这个或那个城市，从事的职业也多种多样，分工很细很专（如各类小商贩、家庭辅助工作等），他们的职业不一定很有保障。这些从农村进入城市的流动人口，渐渐接触了市民的生活方式和城市风气，心态和行为都会不同程度地发生变化。他们比那些进入正式工厂企业的人与农村保持更为密切的联系，因此他们也就在城乡流动之中，传播不同文化思想、不同政治观点，影响着农村地区的传统政治结构、社会关系、家庭生活，与更为先进开放的城市趋同。直至20世纪以来，尤其第二次世界大战之后，不同的传媒工具，如报纸杂志、电影电视等，在文化影响上日渐起更大作用。但是，那种不同民族文化在人与人之间的直接影响和传播，对城乡关系的影响仍然非常重要。这便是从文化角度来看城市化的结果。

当然，城市化更直接的展现还在于自然环境和景观的改变。城市的扩张，传统农村面积的缩小及景色的改变，就是这个部分的具体内容。19世纪瑞士的城市发展和工业化带来许多复杂的，需要应对、协调、解决的新问题，很快就引起联邦政府和各州政府的关注，及时采取制定一系列起制约作用的法规法令，进行干预，力图保持城市发展的规范化，防止城市化的无政府状态和各种危害。在此，首先要注意的是土地开发、环境保护、建筑规范以及历史文物保护中的问题。①

联邦政府从19世纪70年代起密切关注工业化及随之而来的大规模的土地开发、城市化推进在瑞士领土环境中引发的变化,并为此在1874年宪法和以后有关重大法令中对全国性森林、水土、卫生环境等问题做过规范明令。这些法令后来成为20世纪国家和地区政策的依据。从州一级看,瑞士大部分工业发展、城市化明显的州,如苏黎世、巴塞尔、日内瓦等在1914年以前也都根据各自不同条件制定过有关条例以便解决城市发展中的问题,如征地、建筑、交通、卫生等具体问题。事实上,当时州一级并无专门的城市规划法律,但是通过实践,逐步尝试解决问题,并开始涉及对城市规划的立法。例如,日内瓦州最初有关公共道路的法令颁布于1849年。19世纪下半叶,其他州也有类似的单项法规法令。到1914—1945年间,各州尚需依靠这些早期法规条例对城市化出现的问题进行干预。② 瑞士一开始就对城市化进行统一合理的规划,因此,它可以避免不必要的损失,对城乡、自然景观、历史文化遗迹的有效保护使瑞士赢得"世界花园"的美誉。

在城市化过程中首先遇到土地开发中的私人地产问题。例如修建道路、拓宽旧街、兴建新区、住宅、公共事业用房、开发铁道等,都会涉及触动私人财产问题。由于法国大革命思想的影响,私有财产"神圣不可侵犯"的原则给予业主们支配和开发自己所拥有的土地的自由。然而在实际运作中,一方面,这种自由要受当局法规法令的一定约束;另一方面,社会舆论、新闻自由又制约了政府,使之在触及私人财产问题上不至于滥用权力。随着国家在社会经济体系中的作用增强,到1851年时,征用土地的法令在瑞士全国十几个州明确出台。实际中,各州关于土地的法令一般都在1900年左右开始实施。联邦一级的征用法于1930年6月出台,成为国家干预的基本依据。从19世纪下半叶至20世纪上半叶,土地征用开发多与工业设施的基本建设有关,政府从长计议,颁布法令要求那些受益的业主们参加开发后的环境集体整治。一般规定,开发工程的企业所获得的增值部分的50%用于集体整治工作。政府的这类干预显然非常重要。一方面限制了业主们获取私人暴利,通过法律使

---

① François Walter, *Les Suisses et L'environnement: une histoire du rapport à la nature du XVIIe siècle à nos jours*, Genève: Éditions Zoé, 1990, p. 93.
② 端木美:《瑞士城市化思考》,《世界历史》1996年第6期。

人民认识个人与社会的关系、个人的权利和义务；另一方面也可使人民直接了解城市发展以及空间地域利用的机制，共同关心参与，甚至监督城市的规划发展，自觉营造合理的生存环境。总之，进入20世纪之后，联邦政府和各州都从19世纪城市化冲击中总结了经验，并做了方向性指导。一系列早期的联邦及州的法令保障了瑞士工业化、城市化的稳步发展。

在工业化、城市化造成的大规模土地开发、景观更新过程中，出现了各种各样的问题，其中尤为值得注意的有两点：一是如何保留传统自然风貌、历史文化遗产、保存传统的民族历史特征的问题，在这样的历史性变动中迫切需要及早提到议事日程上。二是如何防止城市中心过分拥挤、生活环境恶化，以及如何制止过度的乡村城市化。①

这两点对瑞士都很重要。这个具有湖光山色美景的山国受到工业化、城市化的冲击，到19世纪末时自然景观已经发生重大变化，不得不引起联邦和各州政府的忧虑及关注。从19世纪70年代到20世纪20年代间一系列与生态保护有关的法律（细至水、土、木、鸟、兽等）相继出台。政府对城乡各自的问题都做了专门的研究和指导，明确土地使用法、明确划分可建筑与非建筑区域，尤其是农业区域的界定，以保护农村土地和自然景观不受破坏。1918—1923年间也出现了一些试图遏制城市发展的措施，以"保护国家安全及其经济利益"，② 早在1905年就由一些有识之士成立了"保护瑞士风光联盟"，得到许多州、城市和人民的积极响应，在各地纷纷制定合乎各自情况的保护自然和历史遗迹的措施。联邦及各州对加强非建筑区的划定与保护给予高度重视，确立一些历史遗址遗迹的范围，购买并整治这些地带，制定条令限制车辆通行，开辟步行街等。总之，这一切无疑是今天瑞士经受漫长岁月的考验，仍不失其自然和历史人文魅力的重要保障。

此外，在城市化过程中不可避免乡村过度城市化和城市中心过分拥挤两个方面的问题。联邦和各州注重首先保护农业区，以相关法令为依据，把保护农业和历史遗址定为基本原则，限制可耕地被侵蚀；另外也注意避免城市中心的过分拥挤，有计划营造新区、鼓励市民向郊区乡村

---

① 端木美：《瑞士城市化思考》，《世界历史》1996年第6期。

② François Walter, *Les Suisses et L'environnement*: *une histoire du rapport à la nature du XVIIe siècle à nos jours*, Genève: Éditions Zoé, 1990, p. 148.

流动。1980年初，联邦政府的土地整治法实施确保有利地解决双向问题，即乡村城市化与城市中心拥挤出现的问题。

总之，瑞士在工业化、城市化进程中遇到的问题既具普遍性，也具特殊性。但是无论从人的群体意识心态的转化，还是从城乡自然景观的改变，瑞士联邦政府与各州政府都达成共识，牢记祖训，考虑到历史、现实与未来的联系，在发展经济的同时，不忘保持和改善持续发展的精神、物质两方面条件，使传统在城乡现实无法阻挡的不断发展、变化之中和谐完美地体现出来。

二 环境保护

瑞士的"世界花园"之称固然是举世公认。但是做到这一点不仅靠"天生丽质"，还需经过几个世纪的努力，人在与自然的长期对话中，领悟到创造、保护自己的天然家园的重要性，采取相关措施，才终成正果。[①]

如前所述，十八九世纪瑞士的自然美及田园风光为人所发现，经过一些探险家、迁客骚人的宣传，未被开发的山野森林、湖泊冰川的自然资源成为当时人们进行科学探索、冒险活动的目标。随之而来的经济效果反映在旅游业的发展和自然资源的利用上。这一切都给这个早年贫困的小山国的经济带来发展的机遇。然而，自18世纪起步的工业革命，在19世纪下半叶至20世纪初加快了推进的节奏，迅速地改变自然环境的本来面目和社会经济结构、人类的生存条件。随着拦湖筑坝、水力发电、开山筑路、打通隧道，以及铁路桥梁和旅游业的发展，滥伐山林、水土流失、破坏良田、污染空气等情况随之而来。1890—1910年间在瑞士出现的空前绝后的城市化运动，也使当时的人目睹自然环境每日的迅速变化而惊愕不已。人们在看到某种进步的同时，也痛苦地感受到一些寄托民族感情的传统文化正被无情的商品关系和行为所取代。社会经济的巨大变化与城市发展的压力已经开始威胁瑞士传统形象。瑞士人由此感悟到在珍视社会进步的同时，保护人类生存的自然环境也是迫在眉睫的历史使命。

源于这样的切肤体会，在19世纪末、20世纪初产生了以希望回归大自然为特征的早期生态学的探索。实际上，这是一种反对城市化的思想运动，带有明显的民族的、爱国的色彩。因为从起源来讲，瑞士的爱国主义

---

① François Walter, *Les Suisses et L'environnement: une histoire du rapport à la nature du XVIIe siècle à nos jours*, Genève: Éditions Zoé, 1990, p. 133.

正是根植在阿尔卑斯的崇山峻岭之中,因而它本能地排斥大城市、唾弃由之产生的一切弊病。这个时期,城市化的不可逆转之势与传统农业保护主义的冲突,反映了人与自然的传统关系在新政治经济形势下的深刻矛盾。这种回归大自然运动中瑞士人重新在乡村山地寻找活生生的民族传统,宣传被视为最接近大自然的生活方式、挖掘传统自然医疗方法保障健康等。甚至有人在经受这些变动、矛盾、冲突之后,希冀重温 13 世纪瑞士起源之时的纯洁雄伟的大山留在历史上的辉煌,以及宁静安详的小城镇、牛铃风动的乡间田野留在记忆中的温馨。那是瑞士人心底的自由独立的瑞士真实面貌,是他们的爱国主义源泉。于是,在 1911 年,"瑞士自然科学学会"公开奋起疾呼:"拯救受工业和外国人的到来威胁的瑞士,它的原始自然风光正被大规模破坏;恢复它从前的面貌。"① 实际上,工业化继续推进,外国旅客游人仍然以瑞士为旅游首选地,历史就是如此无情。余下只能是抛开怀旧的伤感,致力于自身的治理。

虽然"环境保护"这个词 20 世纪 70 年代才为人所认识,但是很久以来,瑞士人对一些自然环境的污染问题提出措施法令以作斗争,这已是众所周知的。特别是进入 20 世纪,欧洲和世界均因两次世界大战及种种政治事件而发生巨变,这一切给人们居住的自然环境、精神世界也产生重大影响。一方面,战争与自然保护水火不相容;战后重建家园时,经济重新发展,自然景观、社会结构、生活方式必会又有新的变化,重新认识和保护生态体系需要付出更多代价。另一方面,对于并未直接受战争灾害的瑞士,除了有上面同样问题外,瑞士人民又一次意识到捍卫传统民族文化的重要性。从第一次世界大战前夕起就提出"风景-祖国"的口号,把保护自然和文化结合起来。两次大战之间,瑞士人再次掀起恢复"乡村瑞士"的运动,把对传统瑞士的推崇与环境保护紧密相结合。不过对乡村的推崇导致"新右翼"——"农民、手工业者和中产阶级党"(简称"农民党",1971 年以后与一个"民主党"合并,改称"中间民主联盟",即新近在议会选举大获全胜的右翼党)的活动达到高潮,并在此后瑞士政治生活中起重要作用。

谈到环境保护的具体问题,20 世纪以来科学进步、经济发展超过以往各个时代,深刻影响人民健康和生活环境。然而,科学发展带来巨大的

---

① François Walter, *Les Suisses et l'environnement: une histoire du rapport à la nature du XVIIe siècle à nos jours*, Genève: Éditions Zoé, 1990, p. 131.

副作用不容忽视：空气、水土、山林的污染、核威胁、化学灾难、生态平衡的失调等现象正是现代化社会不可避免的公害。日常工业、汽车废气的大量排出给空气、土壤、森林、牧场都造成污染危害。大气污染致使阿尔卑斯山的森林近半受害；山区风光也常常使人有"雾里看花"之感；旅游业的盲目建设，人为地破坏传统景观；瑞士的工业强项化学工业也难免会出事故，1986年底发生在化工之都巴塞尔的化学灾难便是一突出例子。在巴塞尔的著名山度士化学公司失火导致3000吨有害物质流入莱茵河，造成欧洲20世纪少见的严重河流污染，令世界舆论震惊。这种对人类生存所造成的危害，长远后果很难估计。但是这类事故也不可能担保决不再发生。因此，在一个现代化国家里，经济增长的需要与保护自然和文化传统的呼声间的冲突是经常的、长期的。而为环境保护而斗争最终会在日常政治、经济、社会事务、人民意识觉悟中占据重要位置。

瑞士联邦政府注重环境保护的立法，单单以森林保护法为例，就可从1876年第一个起依次列举。最新的森林法于1993年实施，法律规定原有森林面积以及后来栽种的都受法律保护，禁止乱砍滥伐；如得到允许砍伐，必须另补上相应的被砍面积。水源保护由来已久，联邦当局及各州都特别注意立法禁止水污染；此外，关于水源保护的1955年联邦法令经1971年、1997年的修改强化，高度重视保证足量的水利蓄水，以利水力的开发利用。1956年颁布的保护自然和文化遗产的法律，一度无法阻止对自然、风景和文化遗产的损害，特别是对旅游业的破坏；1987年又追加了补充条款，更加强法律的执行。至于旅游业，1979年也专门有一个《瑞士旅游方案》规范旅游行业的建筑和各类设施，要求发展旅游业必须考虑到环境保护问题；1983年联邦关于环境保护的法律，附带执行条例是一个框架性文件，具体由各州执行。1998年12月修改的宪法，在第三部分专门设第4节"环境保护与领土整治"，从第73条至第80条，简明清楚，表达了联邦政府和人民坚持环保的决心。内容包括：持续发展（73）、环境保护（74）、领土整治（75）、水的保护（76）、森林保护（77）、自然与文化遗产保护（78）、渔业与狩猎（79）、动物保护（80）。[①] 目前，设在伯尔尼的联邦环境、森林和风景保护局拥有330个左右的合作工作人员，为全国性的环保工作效力。

---

① Aubert Jean-François, *Traité de droit constitutionnel suisse*, vol. 2, Neuchâtel, Ides et Calendes, 1967, p. 20.

综上所述，瑞士的环境保护工作从法律到实践、从意识到行动都是这个"世界花园"的基本保障。"回归大自然"这个口号充满浪漫色彩，它既带人走进过去的流金岁月，也引人向往未来时光。但是，这个口号在瑞士更是现实的，瑞士人不断地、脚踏实地地为保护大自然、保护与自然一体的文化传统遗产而努力。虽然在实际中存在的问题仍然很严重，而且与不断发展的经济社会有关，看似与环保相矛盾；但是瑞士人在理解人与自然的关系中，以尽量减少自然损失，又尽量保障人的生存和发展，避免因噎废食。当然，各国都这样做，只是瑞士人做得更好些，自有其奥秘。

三 面向国际的形象

瑞士，一个西欧中部的小国，一个以名山奇湖为骄傲的山国，一个宛如交通十字路口的国家，一个集周边国家语言于一身的国度，一个人均收入在世界名列前茅的富国；它却既不是欧盟成员，也在 2002 年才加入联合国，世界听不见它的声音，但却常在它家聚会：国际名城日内瓦、达沃斯……有时，人们感到知之甚少，"瑞士"这个名字仿佛只令人联想到阿尔卑斯山、莱蒙湖、钟表、药品、咖啡、巧克力和银行家，有些人甚至连它的首都是伯尔尼还是日内瓦都搞不清；有时，人们又会突然从爆炸性新闻中听到它的令人困惑的消息：黄金案、间谍案、洗黑钱、吸毒、贩毒、独裁者不义之财，诸如此类。那么，在当今世界，中立国瑞士究竟以什么形象出现？的确，瑞士以多副面孔出现。

它是中立国，与世界几乎所有各国都保持外交关系。传统地说，它与各国都保持君子之交，不即不离。但是它实际上是西欧国家的一员，又与德、奥、法、意有共同语言，所以实际上从民族、文化、商务经济关系看，它更倾向这些西欧国家。它是中立国，许多的国际机构便以此为落脚地，许多国际会议也就顺理成章地在这个风景如画的国家举行。作为中立国，瑞士还最有资格以调停人身份斡旋在国际冲突之中，特别是它的红十字国际委员会为国际社会的和平与安宁做出无可代替的贡献。

它是一个国际金融中心，除永久中立地位外，又有足以使人放心的银行保密法，来路各异的黑钱、白钱都可随意涌进瑞士多如牛毛的大小银行。致使黑手党、独裁者、国际罪犯毒贩一旦曝光便往往会把瑞士拉下水，声名狼藉。战争时期对财源的沉默，给瑞士银行带来不仅是名誉上的损害，还有认错赔款都无法消除历史的耻辱。常言道："没有钱便没有瑞士。"如今也是钱害了这个本应清白如阿尔卑斯山的白雪的国家。如1996年2月意大利警方在西西里机场捕获的黑手党大头目卡尼西奥,他正是从瑞士洗钱而归,手中现金合12亿美元!而在瑞士与法国的边境1997年就曾截获约60亿送往瑞士洗钱的法郎,比1996年增加了50%之多。其他数不胜数,不一一列举。

它是一个处于国际十字街口的国家,中立性、独立性、多民族、国际化、经济发达、科技先进招徕各色人等,面孔难辨,最便于间谍特工行事。于是两次大战、冷战时期乃至冷战之后,这里都成了国际间谍云集之地。军事外交、金融经济、意识形态、工业科技等无不是间谍特工的钻营领域。国际组织、外交使团的情报大战也使瑞士不时陷入丑闻之中。美国好莱坞一些电影总爱把间谍故事拍到瑞士。当然,有时也许并非无中生有。据报刊披露,近几年来,瑞士破获至少大小60多起国际间谍案。其中最为严重的是1998年2月在首都伯尔尼破获的以色列著名特工组织摩萨德5名间谍人员的活动。虽然瑞士与以色列两国均不透露此案内容细节,但是仅从摩萨德这种国际上无所不能的神秘特工别动队潜入瑞士看,如不破获,不知会有什么暗杀事件、爆炸事件在这个中立国发生。

它是一个自由国度。连世界各国都谈虎色变的贩毒吸毒在瑞士也有藏身之地,也有抛头露面之时。瑞士法律对走私贩毒判处较轻,更加上这里洗钱方便,世界各国许多毒贩便经常以瑞士为活动地,以致吸毒公开化,严重有损瑞士形象,且毒害一些瑞士青年,造成社会问题。在苏黎世,曾经在市中心斯比茨广场允许公开吸毒,还向吸毒者提供针头和一些麻醉品,美其名曰为了使吸毒人不互用脏针头,避免传染艾滋病。一时间这里成为国际毒贩吸毒者的天堂。后来虽在瑞士各界强烈呼吁下关闭此广场,但不久瘾君子们又在一个旧火车站上公开聚首,吸毒贩毒、打架斗殴、枪击杀人,把这里变成犯罪场所。这样的毒瘤存在瑞士最大城市,真为世人所惊讶。1995年瑞士警方在议会同意下铲除了这个毒瘤。但是瑞士的毒品问题还未最终解决,至今仍是令人头痛的社会问题。

当然,如果像这样把瑞士的负面形象集中一写,似乎骇人听闻,一无是处。但是在前面各章节中已经介绍过许多正面内容,人非圣贤,孰能无过,何况一国。不过,在面对国际,瑞士也非只有消极面。实际上,正如前面所说,瑞士作为永久中立国,其作用有时也是其他国家所不能代替的。今天,在经济全球一体化的历史时期,瑞士强大的经济实力有助于它在更广泛的国际合作中发挥作用。虽然当时瑞士不是联合国成员，但是瑞士政府仍能积极参与大部分多边合作的国际组织的活动。因此，它是联合国粮农组织、国际劳工组织、世界卫生组织、联合国教科文组织、万国邮联、工业发展组织等重要机构成员。1992 年以来瑞士又成为国际货币基金会、世界银行的成员，1995 年也正式成为世界贸易组织成员，等等。还有在高级难民署、联合国儿童基金组织等特别机构瑞士也参与活动。即使不是联合国成员，瑞士在国际的维和行动中也以人员、资金、相关服务的投入而出现。越来越多的事实证明，瑞士加入联合国后它正试图走出永久中立的孤立消极状态。在欧洲一体化进程中，瑞士政府的意见虽暂时受挫，但是在欧洲联合的大趋势下，瑞士人怀着不同的理解在关注欧洲。瑞士会回归它的母体怀抱吗？欧洲会成为联邦式的大欧洲吗？今天甚至有人提出："瑞士是欧洲的未来吗？"① 这些问题时时萦绕着瑞士人和他们的邻邦兄弟。也许这正是一些喜欢怀旧的瑞士人重温德尼·德·鲁日蒙的瑞士式欧洲梦的时候了："欧洲的心脏在这里跳动。将来正是在这里欧洲将宣誓结盟、建立起来。"②

在风云常变的世界，尤其新近在瑞士议会选举后，瑞士国内政治形势、力量对比也发生变化，前景扑朔迷离。对于未来，很难断言有章可循。旁观者只有常到这个奇特迷人的花园走走看看，思索它的前尘往事、今世奥秘，以探索它未来前景。

第四节　处理民族问题的经验与教训

通过考察我们发现，虽然表面上瑞士成为"多民族的非民族国家"的绝对功臣是民族政策，但实际上这种"瑞士特色"的民族政策仅仅是政府在对瑞士多样性的社会的尊重前提下对瑞士进行的改良而已，而这种政策上的、看起来最为强制的手法起到的大部分只是"倾泻剂"的作用。无论是上文提到的瑞士多民族社会和谐美满的一面，还是其中萌发出的各类社会问题，它们的本源都是瑞士作为这样一个开放的多民族社会的根本属性所导致的，它们只能被政策技术性的改良而不可能被根除。这并不意味着否定瑞士的乃至其他各国的民族所创造的功绩，而是强调对瑞士这样

---

① ［法］阿雷：《瑞士是欧洲的未来吗？》，加利玛尔出版社 1997 年版。
② Rougemont, *La Suisse ou L'histoire d'un peuple heureux*, Paris, 1965; 2e éd. 1970, p. 309.

一个拥有特殊的国家历史和多样的民族文化的社会的民族政策的反思和参考应该主要集中在这种政策与瑞士社会历史的符合上。瑞士的民族政策是时代的产物、历史的产物，它符合瑞士且仅仅是符合瑞士这个社会，其特殊性使得瑞士的民族政策绝没有被复制的可能。但它的基本原则却完全值得我们参考，它不仅代表了一种民族融合方式的可能性，更表示了对社会多样性作为人类文明发展方向的肯定和坚持。而只要我们知道民族融合是历史进程所必然要达到的目标，其中的困难和挫折就不算什么了。

一　处理民族问题的经验

（一）多元化与一体化的有机结合

"多"和"一"的关系不仅是哲学上恒久讨论的话题，更是民族上的。对于民族问题是这个世界上所有的多民族国家都不可回避、不可忽视的症结，民族中"多"和"一"的关系也被各国所重视，它们都在试图探索解决国内民族问题的途径，力求使国内民族关系和谐，保持社会稳定和国家统一。目前，国内外处理民族问题，大致有四种模式，分别是：多元文化模式、联邦制模式、同化与一体化模式和种族歧视与隔离模式。而"瑞士模式"可以被看作它们的融合。

多元文化模式　"多元文化主义"一词最早出现于20世纪60年代的加拿大，主要包括三层意思：一是指不同民族、不同文化并存；二是指多元文化社会里各民族、各文化相互尊重；三是指政府对多元文化社会采取的相应政策。多元文化主义是目前世界上解决国内民族问题比较成功、颇有影响的模式，正式宣布推行多元文化主义模式的有加拿大和澳大利亚，瑞士等国也采取了类似多元文化主义的政策，但是没有冠以多元文化主义的称谓。

联邦制模式　联邦制的历史，可以追溯到古希腊城邦联盟，但是一般情况下认为，美国1787年宪法确立了资产阶级联邦制历史上的第一个联邦国家。联邦制是由若干成员国（州、邦、共和国等）组成联盟国家的一种国家结构形式，也是一种解决国内民族问题的模式。它使分散的政治单位联合在一起，同时又使每一单位都保持其基本的政治完整性。联邦制原则的实质就在于既要实行联合，又要实行分权。[1]　瑞士于1848年制定

---

[1] 吴仕民、王平：《民族问题概论》，人民出版社2011年版，第91—109页。

了联邦宪法，是典型的联邦制多民族国家。接下来，我们将详细地介绍瑞士的政治体制对民族国家形成的重要作用。

瑞士是多民族联邦制国家的代表。联邦制国家是一种与法国式一元化国家相对立的国家组织形式。分权原则是联邦制国家的共同特点。构成联邦的各部分与中央的关系，有明确的盟约或者章程制约；主权在中央和地区之间分割，权利制度化地在各个层次上分配。联邦制有两种形式，一种是由一个强有力的中央集权把已经因共同的法律结合在一起的民众联合成一个整体，这种形式以美国为代表；而瑞士则代表着另一种形式，即为了一个目标把分散的各民族联合起来，集中在一个国家中，同时允许各个单位保留相当程度的自治。

同化与一体化模式 同化政策是统治阶级压迫少数民族的一种表现，主要是指居于统治地位的民族和侵略民族往往用本民族的文化去同化被统治民族和被侵略民族。美国实行的盎格鲁化（现改称为"美国化"）政策是执行同化政策的代表，其实质是主体民族同化非主体民族。美国化政策在第二次世界大战之后遭到了普遍的反对，遭到了不同形式的抵抗，民权运动高涨，各族的民族意识不断增强。迫于这种压力，美国开始不断调整政策，出现了尊重少数民族权利的迹象，但是同化政策并没有消失。

历史上，居于统治地位的民族和侵略的民族往往会采用这种同化的民族政策来巩固和维持自己的统治。但是，实践证明，这种政策会遭到激烈的抵抗，并且在大多数的情况下会以失败告终。于是，一些国家用一体化政策代替同化政策，来解决国内外民族问题。

不同国家、不同地区对一体化政策都有不同的理解。从政治学的角度看，一体化政策是一种处理民族问题的民族政策；从民族学的角度来看，一体化是一个新的术语。它既不同于同化，又与融合不同，可以说是介于同化和融合之间的一个新概念。美洲学者将一体化理解为政治上的一视同仁，人类学家也逐渐接受了这种说法；欧洲学者认为它是不同民族之间在保持自身文化特点基础上的一种相互的文化承认。墨西哥和新西兰是实行一体化政策的代表国家。

种族歧视与隔离模式 有学者认为，种族主义思潮是近代历史的产物。种族主义者认为，人们在遗传上的体质特征同个性、智力、文化之间有一种因果关系，从而认为一些种族天生就比其他种族优越。种族主义的表现形式，包括种族偏见、种族歧视和种族隔离等。

种族歧视政策，主要包括剥夺被歧视民族的选举权、受教育权和其他权利，压低其工资收入，甚至可以任意拷打、逮捕和杀害被歧视民族的成员，强制其居住在"保留地"等。种族歧视在美国根深蒂固，因为美国是移民国家，种族众多，种族问题十分严重。来自欧洲的殖民统治者对土著印第安人采取了掠夺、驱逐、杀害、划定保留地等政策，20世纪之前恶名远扬的黑奴贸易正是种族歧视的代表。

种族隔离是种族主义的极端表现形式，是指将某个或者某些种族的人的活动限制在一定范围内的做法，比如说一定的居住区、一定的机构（学校、教堂等）和一定的社会设施（公园、运动场、餐馆、休息室等）。种族隔离大多出现在中非和南非的一些多民族国家中，在南非尤为严重。

种族主义作为人类社会和历史的毒瘤，严重地违反了"人类平等、友爱"的道德法则，也违反了人类社会的发展规律，具有极大的反动性。随着社会的进步，民族运动的兴起和世界各地各民族意识的觉醒，国际社会向种族主义开展的斗争越来越多，种族主义终将会被人类所反对和摒弃。

（二）繁荣稳定的国民经济是维护民族融合的重要基础

发达的经济是瑞士多民族共同体形成的强大的后盾和纽带，历史证明只有发达的经济基础，才能巩固民族团结。繁荣稳定的国民经济与合理正确的经济制度是分不开的。瑞士政府充分认识到这一点，实行社会市场经济制度，即市场自由原则和社会均衡原则相结合的经济体制，其核心内容是经济自由、社会公正和社会安定。社会市场经济是一个包含社会经济制度和社会保障制度的完整体系。联邦宪法第二十七条规定了"经济自由的基本权利"。经济制度的准则有以下几条：第一，联邦和州遵循经济自由的原则；第二，联邦和州共同维护瑞士国家整体经济利益，对私营经济福利和国民经济保障负有责任；第三，联邦和州在其管辖范围内，为私营经济创造有利的环境条件；第四，偏离经济自由原则，特别是针对自由竞争原则的措施，只有当其符合联邦宪法或者州法律的有关规定，才是被允许的。除此之外，政府还投入巨大的经济援助，用以国家基础设施的建设，改善人民的生活水平，使得瑞士民众的幸福指数居欧洲国家前列。瑞士利用自己多民族的特点发展经济，克服地区和民族间发展可能存在的不平衡和局限性，形成了瑞士以制造业、银行业和旅游业为特色的国民经济体系。所谓"不患寡而患不均"，瑞士政府也并没有搁置区域发展的局限和不平衡，而是始终坚持实行扶助山区和扶助少数民族的政策。例如，在《联邦投资法》及有关贷款的规定中，瑞士政府向山区人民提供多年偿还的低息或无息贷款。联邦政府向山区州发放了补助，使包括意大利语和列托-罗曼什语在内的少数族裔成为直接受益者。这样发达的经济及得当的经济政策，对于瑞士各民族之间能够长期保持和睦相处，显然具有重要意义。① 繁荣稳定的国民经济是维护民族融合的重要基础，瑞士经济发展对其多民族国家稳定和发展的作用充分向我们阐述了这句话。同时，将经济基础作为巩固多民族国家发展的基础也是现代人类社会心照不宣的准则，是值得我们学习和借鉴的。

（三）合理有效的民主政治制度

瑞士是用联邦制解决民族问题具有代表性的国家。瑞士是一个多民族、多信仰的国家，民族问题错综复杂。瑞士的民主思想和民主的政治制度对瑞士民族的融合产生了重要的作用。多元化文化主义是瑞士民主思想的体现，而联邦制是瑞士民主制度的代表。民主政治为各族群的平等和自治权利提供了根本保障，瑞士的民主政治主要体现在地方自治、直接民主、全民公决等形式中。这些制度不但维系着瑞士国家的正常运行而且保障各民族管理本民族事务的权利，增强民族凝聚力。瑞士国家政治文化的一大突出特色就是，通过国家制度的设计协调国内民族文化的多样性。瑞士是民族联邦制国家的典型，其联邦制度是世界上最古老的联邦制度。1291年，瑞士中部三个州建立了一个互助的"永久同盟"，其目的是抵御外侮、维护独立。后来，在"永久联盟"的基础上，瑞士不断地扩大，吸收周边的各州加入了同盟，最终形成了瑞士联邦。现代的瑞士，作为一个联邦制国家，全境分为州和半州，州或半州各自设立政府和议会，并且拥有极高的行政与政治权利，在此基础上，通过地方自治、语言平等实现各民族集团平等参与国家公共事务。这就将国家的政治生活分散在各个地区展开，使各州人民有充分表达自己意见、行使自己权利的机会，从而缓和了民族矛盾，维护了多民族国家的稳固和统一。瑞士的实践表明，通过民主政治的途径来满足不同民族、不同文化的人们的多层次的要求，可以有效地避免不必要的社会冲突，缓和民族国家的矛盾。

---

① 曹枫：《试析瑞士民族凝聚力的形成因素》，《欧洲研究》1994年第3期。

（四）实行多元文化模式

瑞士承认民族差异性的存在，并且这种差异性作为一种瑞士特色而存在。多元文化政策是多民族社会用以管理文化多元性的公共政策，它采取官方手段，在一个国家内部强制推行不同文化之间的相互尊重和宽容。多元文化主义是目前世界上解决国内民族问题比较成功、颇有影响的模式。瑞士实行的多元文化模式主要体现在语言上的多样化、资源的相互流通、性格上的彼此融合，这使瑞士整个国家呈现出一种比较和谐的氛围。多元文化政策强调不同的文化各有其独特性，在不同民族的共存与发展中具有重要意义。多元文化主义同样是处理文化差异和多样性的政策体系的一部分。多元文化主义的核心内容是：承认不同文化具有平等价值，在公共交往的前提下承认差异、尊重差异。多元文化主义支持少数民族权利意识，并且以积极的态度保护差异和多样性，允许对处于边缘弱势的族裔文化群体的倾斜政策，这种倾斜政策包括经济上的利益援助，语言文化上的保护，等等。长期以来，瑞士一直是解决民族问题的典范，在这个文化与种族差异性相当显著的国度，从未出现过严重的民族冲突。[1] 不可否认，多元文化政策在瑞士国家发展中一直扮演着重要的角色。多元文化平等共存的传统是在瑞士历史进程中自然形成的，联邦政府的文化政策对之给予了充分的保证，此政策在各族文化平等共存和自由发展的前提下，把瑞士的所有民族凝聚为一个整体。这种凝聚力给瑞士人民造成一个特有的文化心态，即瑞士人只有"地区"观念，而没有"民族"这个概念。[2] 瑞士的多元文化主义政策体现在各个方面，尤其表现在民族语言上。瑞士文化受到其地理位置和多语言性的影响，在文学、艺术、建筑、音乐及习俗等各个方面表现出多样性。在19世纪以前旧邦联时期瑞士的官方语言限于德语，到了海尔维第共和国时期宪法规定瑞士是由在法律面前一律平等的操德、法、意、列托－罗曼什语四种民族语言的人组成的。这就导致瑞士民族这个概念的澄清。在其构成上，联邦不符合流行的民族概念，它不能以共同语言或同一种族为依据。[3] 瑞士海尔维第共和国法兰西裔督政官拉阿

---

[1] 关凯：《多元文化主义与民族区域自治——民族政策国际经验分析》下，《西北民族研究》2004年第2期。

[2] 曹枫：《独具特色的瑞士民族——瑞士民族考察之二：地方自治和直接民主制度》，《中国民族》1993年第2期。

[3] ［瑞士］埃·邦儒尔：《瑞士简史》下册，南京大学历史系编译组译，江苏人民出版社1974年版，第413页。

尔普（Frédéric-CésardeLaHarpe，1754—1838）曾说："必须学习德语、法语和意大利语，这将加强各族之间多方面的联系，把能使我国发展教育和文化；循此以往，那些语言中蕴藏的财富将被揭开，而我们也会看到使人们成为竞争者、仇敌、终至沦为奴隶的种种野蛮偏见彻底消灭。"就这样，新的民族理想被想象为一个海尔维第"调解人"的形象，因而也是一切种族或语言的冲突之归结。① 在这种情况下，瑞士联邦政府采取了尊重和保护多种语言文化，促进各语种、文化自主发展和相互交流的政策，使得瑞士联邦文化的发展在世界上独具一格。多元文化主义承认现代国家内由于历史和现实原因而导致的多元文化现象，承认不同文化共存的社会现实，强调不同文化之间的平等对话，为包括民族区域自治这样的特殊制度安排的必要性提供了理论支持；而作为开放的制度法律架构，各种形式的民族自治和自治-共治机制，又为多元文化主义政策的顺利实施提供了制度空间，是多元文化主义政策体系收获预期效果的现实而有效的途径和手段。②

（五）实行民族平等的措施

民族问题是随着民族的产生而出现的一个重大社会问题，也是当代世界普遍存在的一个重大社会问题。民族与国家是一对相伴而生又互相依存、互动发展的孪生体。国家在民族形成过程中起了推动作用，民族则构成国家存在和发展的重要基础。二者之间的关系极为密切并且错综复杂，既相互影响，又相互促进。鉴于此，且瑞士本身是一个多民族国家，近代以来瑞士在有关涉及民族事务的问题上，十分注意民族平衡性，同时兼顾相对弱小的民族利益。随着社会的发展，人们对民族问题的认识不断加深，并且从各个方面探寻着解决民族问题的正确途径。实行民族平等措施是一种正确并且合理的解决民族问题的措施，对多民族国家来说尤其适用。瑞士在民族平等上的体现主要有以下几个方面：在政治上，实行"一国两院"，即瑞士联邦法院有两个，一个设在法语区洛桑，一个设在德语区的卢塞恩；在文化上，实行"一国两博"，即瑞士有两个国家博物馆，一个在法语区的洛桑，另一个在德语区的苏黎世；在初等教育上，实

---

① ［瑞士］埃·邦儒尔：《瑞士简史》下册，南京大学历史系编译组译，江苏人民出版社1974年版，第413页。

② 王建娥：《族际政治：20世纪的理论与实践》，社会科学文献出版社2011年版，第209页。

行"一国三语",即政府规定各级中小学都要向学生开设德、法、意三种语言的课程;在高等教育上,实行"一国两校",即瑞士有两所联邦高等院校,一所在法语区的洛桑,另一所在苏黎世。还有瑞士实际上也形成了"一国两都",即德语区的联邦首都伯尔尼和法语区的"国际首都"日内瓦。另外瑞士各州还出现各语种的报纸、各语种的电台和电视台,它们互相平等竞争,出现百花齐放、百家争鸣的局面。在瑞士,"民族平等"的观念深入国家的每一个领域,民族平等体现在各个方面。瑞士人没有民族概念,但有着强烈的国家意识。在瑞士看不到狭隘的民族主义、地区主义,看不到语言不通、文化不同而带来的权利与利益的激烈纷争。① 民族平等是解决民族问题的政治前提和基础,是我们应该坚持的解决民族问题的基本原则。

(六) 实行宗教信仰自由的政策

瑞士的国民绝大多数都信仰天主教和新教。在信仰自由并存政策的影响下,瑞士各民族对于宗教信仰采取了各取所好、互不相扰的态度。因此,瑞士社会中很少有宗教信仰之间的冲突和对抗。随着瑞士经济的繁荣发展,州际交流不断增强,各族人民的婚姻观念也发生了很大的变化,不同民族的青年人之间的相互通婚的现象已是司空见惯的事了。② 瑞士山区的宗教与平原的不同,不同的语言地区的宗教差异显著,主要罗马天主教和新教地区之间也存在差别。宗教信仰自由是瑞士宗教多元化政策的一大重要表现,宗教并存是瑞士各族宗教和谐相处的基础。同时需要指出的是,支持宗教信仰多元化的政策在瑞士不是一蹴而就,它经历了一个从单一到多元化的过程,因此宗教问题与民族、国家统一紧紧结合在了一起。这催生了1848年瑞士联邦宪法对宗教信仰自由的明确规定。③ 至此,宗教上的互相倾轧甚至屠杀,代以信仰上的自由和互相容忍。这一系列的措施不仅维护了国家稳定,捍卫了国家主权,更重要的是维护了各州各民族的和谐相处。

---

① 李光:《瑞士与印度:相同的民族观不同的民族关系》,《重庆文理学院学报》2010 年第 4 期。

② 曹枫:《独具特色的瑞士民族——瑞士民族考察之一:多元文化共存》,《中国民族》1993 年第 1 期。

③ Jean-Claude Favez, *Nouvelle Histoire De La Suisse Et Des Suisses*, vol. 3, 1982 by Editions Payot Lausanne, p. 171.

二 处理民族问题的教训

（一）对少数民族的"过度溺爱"

长期以来瑞士政府始终坚持实行扶助山区和扶助少数民族的政策。例如，在"联邦投资法"及有关贷款的规定中，瑞士政府向山区少数民族提供多年偿还的低息或无息贷款。联邦政府还向山区州发放补助，使包括意大利语和列托-罗曼什语在内的少数族裔成为直接受益者。可是政府向这些山区人民提供多年偿还的低息或无息贷款，往往造成了一个无底洞，这笔钱成了"肉包子打狗——有去无回"的现象。俗话说"宠子不发"，意思是说，对孩子太过于宠爱，就会遏制他们的发展。在处理少数民族问题上，一些国家为了急于求稳，对国内的少数民族一味"过度溺爱"，只要这些少数民族提出建议都照单全收，满足他们的要求，久而久之，形成"会哭的孩子有奶吃"的现象。瑞士在处理少数民族问题上，就采取了这个做法，导致这些少数民族对政府的依赖性越来越强，失去了他们自己生存的能力。如瑞士实行民族平等的措施很好，但政府在涉及有关民族事务的问题上十分小心翼翼，非常注重民族之间的平衡性，过分保护弱小民族的利益。在政治上，实行"一国两院"，在文化上，实行"一国两博"，在高等教育上，实行"一国两校"，在初等教育上，实行"一国三语"，瑞士实际上也形成了"一国两都"。还有，为了尊重法兰西文化和法兰西族裔的利益，瑞士在最重要的金融货币领域使用的名称不叫瑞士马克，而叫瑞士法郎。国家这样做的目的是能够平衡各民族之间的利益，遏制民族矛盾的发展。但这样的做法使少数族裔获得了利益，却损害大多数族裔人们的利益，引起了相当部分人们的不满。

（二）民族意识的局限性

瑞士在民族意识上有它的局限性，由于瑞士人多民族、多语言，地方自治传统悠久，地域观念强烈，所以有人认为不存在一种瑞士民族意识。甚至有人戏称，不过是那些不愿做德国人的德意志人、不愿做法国人的法兰西人和不愿做意国人的意大利人组成瑞士人。显然，从另外一个角度来说，这种说法也有历史依据。然而，这只是一个方面的表象。对瑞士联邦而言，还有更深层次的内在因素才能有700多年的结盟，形成现代联邦国家的历史。

对于瑞士人的民族意识的疑惑存在已久，有人认为，这种意识古来有之；有人认为瑞士的民族意识从19世纪、20世纪才形成。

前者注重探讨自古以来的传说与历史资料，发现14世纪山民反抗领主时，已经用"农民"一词作为反抗者集体的身份认同，以对应在他们看来是外人的"贵族"；到15世纪，"邦联"成为共同身份认同的依据。1499年，瑞士邦联与哈布斯堡王朝发生了一场关键的士瓦本战争，哈布斯堡家族用瑞士作为包括施维茨在内的邦联统称。战争使格劳宾登三同盟自由州转向了瑞士邦联，瑞士胜利后邦联在神圣罗马帝国中保持很大的独立性。当然，他们还是各举有各州徽志的大旗，表明他们的来源，这更为醒目。瑞士议会曾在1499年达成一项决议："当邦联在联手作战时，每个州都应该强行让自己的士兵服役。无论是哪个州的士兵，都应遵从其他州的军官。"以此来加强对各州军队的统一指挥调度，防止各自为战。但是无论如何也无法忽视他们有意无意采取的共同身份认同的表现。因此，根据这一派的说法，可以指证，自中世纪末期起，"民族意识"在瑞士人中已经产生。而15世纪末关于"永久同盟"起源及威廉·退尔传说的书面资料的发现和流传，正好证明结盟各方需要证实自己的共同来源的合理性。这种观点后来得到发展，特别在德语区，起到促进共同的民族感情形成的作用。

另一派则认为"民族意识"只是在要创建一个新国家时，培养身份认同情感时的策略需要。既可是自发地产生，也可以是根据共同的需要提出来的。在19世纪，特别下半叶时瑞士为建立新联邦国家，促进现代化发展，才在这个多民族、多语种、多宗教的国家中提出建立共同的"民族意识"的可能性。所以，这个从13世纪末就存在的邦联，直到先后在不同条件下加盟各州经历风风雨雨之后，才于1891年8月不分派别，共庆邦联诞生600周年，共同定下8月1日为瑞士联邦的国庆日。终于共同承认现代瑞士是在阿尔卑斯山深处老三州的山民反抗外敌的斗争中诞生的。但是，不论哪种说法都无法掩饰实际上在瑞士人面对"民族意识"时的双重性。在外国人面前承认是瑞士人，但常会不经意强调自己的母语区，对使用同母语系的国家更加认同。在国内，不同语区的居民，甚至同语区不同州的人之间都会存在隔阂、轻视，地域观念很强。这一点特别表现在两次世界大战时期，不同语区之间的冲突再次表明了瑞士人的民族意识的局限性，甚至是脆弱性。德语区无论经济技术都较法语区优越，德国人的科学技术工艺的进步也给瑞士很多启发和影响，与德国的贸易也是瑞士经济的重要依靠。更兼同语种、人际、文化交往方便密切，两次战争爆发时瑞士德语区人民在心理精神上难免带有倾向性。反之，瑞士法语区人民也更亲近法国一方。但是，应该说在第二次世界大战期间，纳粹德国的倒行逆施也激起瑞士德语区人民的极大反感和憎恶；意大利语区对意大利法西斯面目也认识清楚；而最终法国的维希傀儡政府也使法语区人民彻底失望。基于这种共同认识，瑞士人民的民族意识得以弥合，并且在最危急时期以国家团结为重，努力克服战时的困难，共同对敌，度过战争灾难时期，也重塑瑞士民族心理和对多民族融合的国家的形成历史的认同。

如今瑞士各语区之间的分歧矛盾仍然存在，但是在和平时期多民族国家分裂的可能性几乎荡然无存。走近瑞士社会观察不同语区人民间共处，还是可以明显看出他们彼此间即使不特别亲密，也能保持表面的克制，以宪法为准则，即使相互认同程度很低，也不再发生互斗。这种淡漠的民族意识，在社会文化史上也可看成瑞士的特色之一。

第五节　比较不同的多民族国家揭示瑞士的特殊性与多样性

一　比较分析多民族国家的民族状况

（一）西班牙加泰罗尼亚问题

加泰罗尼亚独立一直是困扰西班牙政府的棘手难题，每年加泰罗尼亚要求独立的声浪都甚嚣尘上，游行示威、暴力冲突频频发生。而西班牙政府也实施强硬的反制措施，毫不留情地逮捕"加独"分子。双方相互博弈，不仅在政治、经济、社会层面，甚至会染指体育、娱乐等文化事业。

我们试从政治纽带、经济利益、文化认同这三方面探知双方的恩怨纠葛。

西班牙有三个"历史民族"，[1] 分别是加利西亚人、巴斯克人和加泰罗尼亚人。公元9世纪，加泰罗尼亚这个实体民族开始形成，阿拉伯帝国建立后，如今的西班牙大部分地区被阿拉伯统治，加泰罗尼亚孤悬于东北角，成为法兰克帝国和阿拉伯帝国之间的边界，也自然是基督教世界对抗伊斯兰教的前沿阵地。百年间，加泰罗尼亚不断扩大自身势力，逐渐形成

---

[1] ［西］徐利奥·里奥斯：《西班牙的加泰罗尼亚问题》，栾昀译，《世界民族》2014年第2期。

了巴塞罗那"伯爵领地",内部包括加泰罗尼亚公国、瓦伦西亚王国和马洛卡王国。从 1137 年通过王室联姻,巴塞罗那历代伯爵成为阿拉贡王国的国王。15 世纪,再次由于王室联姻,阿拉贡和卡斯蒂利亚开始有了同一个国王,加泰罗尼亚随之并入西班牙。这种因为政治联姻而整合成的一个国家,其内部凝聚力远不如通过共渡难关而团结一心的国家牢固。随着西班牙不断加强中央集权化,加泰罗尼亚却走上了要求自治的对抗道路。在"三十年战争"和法西战争期间,加泰罗尼亚农民起义,发动了收割者战争。次年,加泰罗尼亚政府独立,建立了独立的公国,请求法兰西王国保护。经过 10 多年的战争,西班牙王国于 1652 年发动反攻,收回了巴塞罗那和加泰罗尼亚的其余地区,平息了这场叛乱。[①]

1701 年西班牙王位继承战争爆发,加泰罗尼亚爆发起义,拥护哈布斯堡王室的奥地利大公。然而最后英国和法国签署《乌德勒支和约》,西班牙殖民强国地位彻底终结,但在战争中西班牙国民愈加团结,加泰罗尼亚的独立势力遭受打击。政权稳定后,西班牙王室不断加强中央集权,加泰罗尼亚丧失了自治权。[②] 19 世纪开始随着民族国家意识的苏醒,加泰罗尼亚的自治诉求重新兴起,并恢复了加泰罗尼亚语。1931 年西班牙第二共和国建立,加泰罗尼亚也借机宣布建立加泰罗尼亚共和国,但最终和西班牙政府达成妥协,成为加泰罗尼亚自治政府。西班牙内战后,弗朗西斯科·佛朗哥实行独裁统治,对当初支持共和政府的加泰罗尼亚实施严酷的报复行动。取消了自治政府,禁止使用加泰罗尼亚语,大量加泰罗尼亚人被佛朗哥政府杀害或迫害。巴塞罗那经济发达,对外交流频繁,为防止反独裁思潮的涌入,佛朗哥打压当地经济和文化,丑化巴塞罗那人,干涉他们的风俗习惯,甚至故意挑起加泰罗尼亚与其他地区的矛盾冲突。佛朗哥的残暴统治自认为可以促进西班牙语言文化统一,事实上却极大地伤害了加泰罗尼亚人对西班牙的认同感。1975 年佛朗哥死后,西班牙实行民主改革,1979 年加泰罗尼亚通过自治法令,但是要求脱离西班牙独立建国的情绪也日渐积累。

近年来加泰罗尼亚的独立运动愈演愈烈。2006 年加泰罗尼亚举办自

---

① Guibernau, Montserrat (2004), *Catalan Nationalism: Francoism, Transition and Democracy*. Routledge, 2016. p. 30.

② Guibernau, Montserrat (2004), *Catalan Nationalism: Francoism, Transition and Democracy*. Routledge, 2016, p. 32.

治条例改革的公民投票，分裂主义情绪高涨。2014年加泰罗尼亚政府试图举行独立公投，在参与投票的加泰罗尼亚人中，有80.7%的人投票赞成独立。但这次投票遭到西班牙政府强烈抵制。① 2017年10月1日，加泰罗尼亚政府擅自举行独立公投，虽然只有43%的民众参加投票，但赞成独立的人数高达90%。随后宣布加泰罗尼亚共和国成立。西班牙中央政府则认定公投违宪，取消加泰罗尼亚的自治权，并起诉公投领导人。② 自此加泰罗尼亚掀起更浩大的独立浪潮，多次举行游行示威，并造成大量的流血冲突。

纵览历史，加泰罗尼亚始终与西班牙离心离德，从来没有主动投入西班牙的怀抱。加泰罗尼亚并入阿拉贡，阿拉贡并入西班牙，这只是王室联姻下的政治利益，加泰罗尼亚只被看作国王的私有财产。当君主制终结的时候，加泰罗尼亚人自然不会认同这个结果。西班牙一直是一个单一制的中央集权国家，对加泰罗尼亚只赋予有限的自治权，当自治权利无法得到保障时，加泰罗尼亚人便要求更彻底、更激进的独立国家地位。

在经济上，加泰罗尼亚有得天独厚的地理优势，位于地中海西岸有天然良港，与法国毗邻使其跟欧洲各经济体联系密切。19世纪起加泰罗尼亚大力发展工商业，成为西班牙的工业中心，此外该地区旅游业十分发达，是欧洲最受欢迎的旅游目的地之一。占西班牙人口20%的加泰罗尼亚，创造了西班牙GDP的25%，是西班牙经济最发达的地区。尽管考虑到了计算方式的差别，但英国广播公司和《华盛顿邮报》仍估计，2014年加泰罗尼亚人向国家支付的税款要比其所获得的财政支出多约100亿欧元。③ 如果将加泰罗尼亚视为一个独立的经济体的话，到2014年，它将成为世界第34大经济体。④ 任何国家都不同程度地出现富裕地区对欠发达地区的鄙视链，加泰罗尼亚也不例外，除了对经济落后地区的鄙视之外，更多的是他们对自身受到不公正待遇的怨恨。简言之，他们认为自己的贡献与从国家得到的回报之间的差距太大。加泰罗尼亚每年缴纳的赋税

---

① Catalogne：" oui " massif à l'indépendance lors de la " consultation citoyenne ", Les Échos, 10 novembre 2014.

② Feriel Alouti,《A Barcelone, Dani, Manuel et Eva n'ont pas voulu participer à un 〈référendum illégal〉》, Le Monde, 3 octobre 2017.

③ " Reality Check：Would Catalonia be a viable country？", BBC News, 22 December 2017.

④ Taylor, Adam, " Analysis What South Sudan can teach Catalonia about creating a new country", Washington Post（2 October 2017）.

要比其他地区高得多，人均税额甚至比首都马德里还高，但是他们的财政拨款确是最少的，加泰罗尼亚的人均财政占有量，一直低于全国平均水平。承担着发展经济重任的加泰罗尼亚却没有得到公正的回报，而是一直被西班牙政府的重税剥削。西班牙因经济衰退，失业率高、国家公共赤字高，主权债券信用评级较低而被讥笑为"欧猪五国"之一，加泰罗尼亚目前的经济情况也不乐观，糟糕的经济形势使人们迁怒于西班牙政府，他们认为如果加泰罗尼亚能够独立，便甩掉了一个沉重的负担，经济便能好转。

正如西班牙学者所说：自治共同体的财政模式，一直是引起中央政府和自治政府之间争吵不休的原因。加泰罗尼亚不愿意被薅羊毛，而西班牙政府也有平衡各地区发展差异的考量，双方都站在各自的利益角度，必然会引发难以调和的矛盾。西班牙政府不同意加泰罗尼亚的经济盘算，加剧了主权冲突的爆发。加泰罗尼亚政府提出走向独立之路的诉求，或至少走向建立一种联邦政府，其最重要的理由之一就是经济因素。[①]

在部分理性的加泰罗尼亚人看来，加泰罗尼亚以工商业和旅游业为支柱产业，必然依靠西班牙的资源和市场，独立后一定影响该地区的经济发展，现实中也无法脱离与西班牙的经济联系，所以他们反对的是财政分配不合理的制度，要求获得独立的经济地位。对于大部分加泰罗尼亚普通民众，由于经济疲软导致个人收入降低，对政府的不满情绪激增，加上近年来民粹主义在欧洲风起云涌，分离主义势力再度高涨。

在文化认同方面，加泰罗尼亚的文化习俗和生活方式具有鲜明的地区特色。从地理位置上看加泰罗尼亚位于西班牙东北角，东部面向地中海，北部有比利牛斯山脉与法国分界，南部被东西走向的伊比利亚山脉隔开，将其与中央高原的政治中心马德里相隔绝。两座山和一条海岸线三面包围的加泰罗尼亚，成为远离西班牙本土、相对独立的地域空间，也使其当地特色的文化有了长期扎根的空间。加泰罗尼亚有许多传统节日，如圣乔治节。还有加泰罗尼亚民族日，这是纪念1714年西班牙国王腓力五世率军包围巴塞罗那，使加泰罗尼亚人民失去了自治权。民族日这一天家家户户悬挂加泰罗尼亚旗帜，也是极易造成分裂争端的敏感时刻。

语言是维系民族情感的重要纽带，加泰罗尼亚语和西班牙语都属于印

---

① ［西］徐利奥·里奥斯：《西班牙的加泰罗尼亚问题》，栾昀译，《世界民族》2014年第2期。

欧语系罗曼语族，但两者之间也存在显著的差别。西班牙宪法规定：西班牙卡斯蒂亚语为官方语言，所有西班牙人有义务学习，有权利使用。不同的语言形式是西班牙的财富和一种文化遗产，应当得到尊重和重点保护。但实际生活中有些说西班牙语的人却反感学习使用加泰罗尼亚语。加泰罗尼亚不断强调加泰罗尼亚语的官方语言地位，学校教学和路边标牌都是加泰罗尼亚语。语言的隔阂也加剧了西班牙内部民族的分裂矛盾。

相比较加泰罗尼亚，瑞士作为一个联邦制国家，更加注重维护各州的自治权，保障各州处理政务和财政的自主权，不但避免了联邦政府与地方各州的权力争夺，又能发挥各州的积极性，巩固对联邦政府的向心力。

（二）比利时南北分裂

比利时是欧洲的蕞尔小国，但地理位置优越，被称为"欧洲的十字路口"。这个国土面积仅为30528平方公里的小国也饱受南北分裂、内讧的苦恼。

从历史上看，最早并没有比利时这个国家，中世纪时期它的北方一部分属于神圣罗马帝国，南方一部分属于法国，这也是造成比利时内讧的政治根源。此后几百年来比利时先后被西班牙、奥地利、法国所统治。1814年拿破仑战争后的维也纳会议上，为遏制法国，比利时被并入荷兰。当时，统治比利时的荷兰当局就已经注意了比利时复杂的民族问题。1815年，威廉一世将现在的荷兰与现在的比利时联合起来，围绕民族国家的理念创建了荷兰联合王国（即尼德兰王国）。新的联合王国将荷兰语定位通用语言，并试图阻止法兰德斯（Flanders）地区的法国化。[①] 这使得比利时（现在）部分法语区民族极为不满，加上法国七月革命的鼓励，1830年，比利时人宣布脱离荷兰独立，建立君主立宪制国家。1839年欧洲诸国签订《伦敦条约》，承认比利时是一个独立和中立的国家。处于欧洲中心位置，与诸多强国毗邻的比利时深受欧洲地缘政治的影响，一直是欧洲列强相互制衡的棋子。所以从政治上看，比利时更像是南北拼凑起来的国家。

造成比利时南北对峙最重要的原因还在于语言的隔阂。由于历史原因，比利时境内多语种并存。仅有1000多万人口的比利时，按居民的母

[①] J. Clement, *L'emploi des langues en matière administrative, les facilités et la résolution Nabholz du Conseil de l'Europe. Pas de langue, pas de liberté?*, A. P. T., 2003/3-4, p. 190.

语划分成三大语区，分别是弗拉芒语区、法语区和首都布鲁塞尔的双语区。北部弗拉芒大区以弗拉芒语和荷兰语（两者差距很小）为母语，南部瓦隆大区以法语为母语。比利时独立之初，官方语言只有法语一种，法语区的人看不起说弗拉芒语的人。随着弗拉芒大区经济发展和人口增多，荷兰语也成了官方语言。而在 1893 年的普选中，荷兰语公民更成功地扩大了自身的政治权力。1898 年通过的《平等法》（La loi Coremans – De Vriendt）规定，一切政府批准或者颁布的法律都要同时由法语和荷兰语撰写或者通知。这项法律旨在确保在教育、司法和行政管理中法语和荷兰语地位的平等。① 与瑞士四大语区不同的是，瑞士的四种语言只是交流工具，各语区居民和谐相处，大家都是说着不同语言的瑞士人，交流中能使用多种语言的人很多，切换自如。而比利时能同时讲法语和弗拉芒语的人很少，互相间竟然得用英语交流。两种语言造成了严重的隔阂，强行附带了民族属性，分裂成了弗拉芒人和瓦隆人，从而引发了民族矛盾。"一战"时，比利时被德国入侵，在这危急存亡的关头，有的来自法语区的军队指挥官竟然拒绝用弗拉芒语下命令，导致很多弗拉芒语区的士兵不知道战斗情况而阵亡。这种南北方对立的纷争广泛存在比利时社会的各个领域。比利时足球国家队大牌云集，但整支球队实力却不稳定，能赢强队也能爆冷，关键原因便在于球员分裂成了两大阵营，内耗严重。在 2009 年，因为弗拉芒人和瓦隆人的矛盾，比利时陷入了长达 541 天的无政府状态。管中窥豹，可见比利时社会南北语言文化差异之大，内部矛盾之深。

在经济上，1945 年之前南方瓦隆大区有更好的工业基础，经济发展强于以农业为主的北方。"二战"后经济形势扭转，南方工业遭到重创，经济萎缩发展滞缓。北方却得到美国的投资，发展高新技术产业，成为金融贸易的中心。这时候弗拉芒人鄙视瓦隆人好吃懒做，而瓦隆人认为北方人奸诈狡猾。

弗拉芒极右党派利益党的领袖菲利普·德温特说："我们是两个不同的民族，是大国之间人为建立的缓冲地带，除了国王、巧克力和啤酒之外，再没有别的共同之处。该跟比利时说再见了。"正是由于复杂的历史渊源，严重的民族矛盾，不同的语言文化习俗造成了严峻的南北分裂形势。但比利时在经济上依旧是个高度发达的经济体，南北矛盾并没有恶化

---

① J. Sautois, *La région de Bruxelles – capitale – Chronique de la naissance d'une région à part*, Bruxelles, A. P. T., février 2014, p. 116.

成国家分裂的危机。

　　瑞士与比利时同样是个强敌环伺的欧洲小国，为避免陷入大国纷争，都宣布成为中立国。但比利时的建立是大国制衡中无奈妥协的手段，为避免法国和荷兰任何一方坐大，只能将弗拉芒人和瓦隆人强扭在一起，以免被其中一个国家吞并。在这种情况下如果两个民族不摒弃成见、求同存异就很容易产生矛盾和分离倾向。瑞士从最初的"老三州"同盟起，便不断吸纳其他州自愿加入，形成牢不可破的联盟。各州齐心协力拒绝他国染指瑞士内政，最终在《威斯特伐利亚和约》中确立了瑞士的独立地位。各州之间，各语区民众之间也团结一致，和睦共处。

　　（三）法国科西嘉独立诉求

　　法国的科西嘉岛出生一位统治过法国、震撼整个欧洲、深刻影响世界的伟大人物——拿破仑。然而这位拯救过法国的将军，带领法国走向欧洲霸权的法兰西帝国皇帝最早是一个企图将科西嘉从法国独立出去的"科独"分子。

　　科西嘉岛是西西里岛、撒丁岛、塞浦路斯岛之后的地中海第四大岛。位于法国大陆东南100英里，南隔宽不到10英里的博尼法乔海峡，与意大利撒丁岛相望。① 前3世纪初，迦太基人统治该岛，公元前259年被罗马人占领，科西嘉与萨丁尼亚合为罗马帝国一行省。从6世纪中期开始由拜占庭帝国统治。② 13—15世纪，比萨、热那亚、阿拉贡等城邦先后夺取该岛的控制权，科西嘉成为热那亚的统治地区。1755年科西嘉在民族主义领袖保利的领导下，赶走了热那亚人，成立自己的独立政府——科西嘉共和国。1768年无力击败科西嘉的热那亚同法国签订秘密协定，把对科西嘉的"权力"出售给法国。科西嘉在保利的指挥下，展开了反抗法国入侵者的战斗。③ 拿破仑的父母还参与过科西嘉保卫战。1769年拿破仑出生后，科西嘉绝大部分时间都是法国的一个省。当拿破仑离开故乡前往法国学习、战斗、最后成为法国人的皇帝，他的胸怀和抱负已不局限于这个弹丸小岛了。

　　在语言方面，意大利语一直是科西嘉岛的官方语言，直到1859年它

---

① 《法国的科西嘉分裂势力》，新华网，2003年7月6日。
② Philippe Pergola, Daniel Istria, *Histoire de la Corse*, volume 1 - Des origines à la veille des révolutions (occupations et adaptations), Éditions Alain Piazzola, Ajaccio, p. 248.
③ Paul Louis Albertini, Joseph Marinetti, *Corse*, Éditions G. L. D., 1969, p. 221.

被法语所取代。① 作为岛上的官方语言，几乎所有居民都使用法语，多数人也会科西嘉方言。科西嘉方言近似意大利的托斯卡尼方言。

在经济上，科西嘉人口较少，环境优美，主要依靠旅游业发展经济，人均 GDP 位于法国中游偏下的位置。科西嘉在经济上与法国存在一定差距；在文化纽带上，语言和风俗习惯也大相径庭。虽然拿破仑从"科西嘉的怪物"成了"法兰西的英雄"，但民族主义分子和地方分离主义分子的活动从未停止过，政治暗杀事件层出不穷。科西嘉民族解放阵线是针对法国，以争取科西嘉岛成为独立国家为最终目的的军事组织，因多次组织袭击事件被法国政府视为恐怖组织。

但与加泰罗尼亚等分裂势力不同的是，科西嘉与法国的语言文化冲突并不激烈，经济上并没有悬殊的差距。少数分离分子谋求的独立运动，并未得到大多数科西嘉人的支持。民意调查表明，80%的科西嘉岛居民、60%的法国本土居民希望科西嘉岛继续留在法国。

（四）苏格兰独立运动

英国全称叫作大不列颠及北爱尔兰联合王国，是由英格兰、苏格兰、威尔士和北爱尔兰四个部分还有旁边一系列岛屿，14 个海外领地组成。英格兰和苏格兰是其中两大政治实体，近年来苏格兰要求独立出联合王国的声浪越发高涨。

苏格兰人是当地的土著民族，他们是皮克特人和凯尔特人的后裔。英格兰人是盎格鲁-撒克逊人的后裔，盎格鲁和撒克逊是日耳曼人的两个部落。公元 1 世纪，罗马帝国开始入侵不列颠，占领了英格兰，苏格兰骁勇善战，凭借熟悉地形顽强抵抗，但仍不敌罗马。罗马胜利后，苏格兰人失败后退居北方山区，但多次骚扰进犯罗马帝国的占领地，罗马为守护既得利益，在苏格兰和英格兰的边界上修了一条长城，这就是哈德良长城（Hadrian's Wall）。② 公元 476 年，西罗马帝国在日耳曼各部落的打击下覆灭，英格兰地区出现权力真空，日耳曼人的盎格鲁和撒克逊部落进入英格兰地区，相继建立七大王国。1066 年法国诺曼公爵威廉一世征服了盎格鲁-萨克逊，加冕为英格兰国王，英格兰王国正式成立。当时苏格兰、威尔士和爱尔兰都处于独立状态。1284 年英格兰金雀花王朝的爱德华一世

---

① Abalain, Hervé, *Le français et les langues historiques de la France*, Éditions Jean-Paul Gisserot, 2007, p. 113.

② Snyder, Christopher A. (2003), *The Britons*. Blackwell Publishing.

征服了威尔士，1296年爱德华一世进攻苏格兰，苏格兰民族英雄威廉·华莱士领导人民抵抗。1314年，经历了30多年的抗争之后，苏格兰终于赢得了独立战争的胜利，成为独立国家。1603年，都铎王朝最后一位君主伊丽莎白一世女王死后没有子嗣，王位落到她的侄孙苏格兰国王詹姆斯六世手中。他同时继承了苏格兰、英格兰和爱尔兰的王位，自此苏格兰和英格兰拥有了同一位国王。① 1707年，英格兰和苏格兰的国会分别通过了《联合条约》，苏格兰和英格兰放弃独立地位，两个王国合并为大不列颠王国。② 此时双方有共同的利益：一方面是英格兰为安抚苏格兰，防止面对欧洲各国腹背受敌；另一方面苏格兰希望依靠英格兰海上殖民霸权的地位，发展自身。合并同时也保留了苏格兰独立的法律传统，特别强调尊重苏格兰长老教会。作为联合王国的四大组成部分之一，苏格兰在位于伦敦的联合王国议会有代表权。中央政府负责苏格兰的国防、外交及其他领域，苏格兰地方政府则负责苏格兰地方性事务。但苏格兰议会不是主权机构，位于伦敦的议会对苏格兰议会拥有否决权甚至解散苏格兰议会的权力。苏格兰法律体系与英格兰的普通法系不通，自成一体。苏格兰的教育体制也独立于英格兰之外。苏格兰人民族意识非常强烈，在1997年，通过全民公投的方式，苏格兰和威尔士都各自重启了当地的议会。同时，苏格兰还成立了对议会负责的苏格兰政府，他们可以主管医疗、教育、文化、环境等多方面事务。在政治上，苏格兰除了外交和军事受到限制之外，保持了很高的自治权。

在经济上苏格兰地理环境优越，位于大西洋东岸，背靠英格兰，与挪威、丹麦、冰岛隔海相望。苏格兰自然资源丰富，拥有大量的石油税收，人均收入仅次于伦敦，商业贸易繁荣。但苏格兰人认为有大量的资源收益被英国国家占有，流入了英格兰人的口袋。英国虽然加入欧盟，但并非欧元区国家，拥有自主的财政政策。欧债危机和欧洲难民危机爆发后，英国部分"疑欧"人士认为英国在欧洲承担了过多的责任，损害到英国的利益，所以不参加欧盟的危机救助方案，不愿接纳移民，并开始酝酿脱欧。苏格兰因为与欧盟经济联系密切，反对脱欧。然而在脱欧公投中，苏格兰人的意见难以左右投票结果，这更加速了苏格兰的独立倾向。在2014年

---

① Ross, David, *Chronology of Scottish History*, Geddes & Grosset, 2002, p. 56.
② Mackie, J. D. (1969), *A History of Scotland*, London, Penguin.

的苏格兰独立公投中，① 有 55.3% 的苏格兰人反对独立。② 因为苏格兰留在联合王国内可以享受欧盟成员的待遇，如今英国公投决定脱欧，经济上深度依赖欧盟的苏格兰是否会爆发更激烈的独立运动呢？

在文化风俗上，苏格兰人说的英语带有浓重的地方口音，很容易区分出来。其本民族的语言为盖尔语，苏格兰国会通过法律保护盖尔语，但大部分苏格兰人已不会说这种古老的语言，但部分学校中，仍然教授这种语言，这是苏格兰人保持自己民族传统的一个重要方面。苏格兰文化有着强烈的民族特色，方格裙、风笛、威士忌与英格兰的绅士文化完全不一样。在生活中苏格兰人不断强调苏格兰的身份认同，他们坚称自己是苏格兰人（Scottish、Scots）而不是英国人（English）。他们根深蒂固地认为：苏格兰人和威尔士人不是英格兰人，反过来也一样（The Scots and Welsh are not English and vice versa.）。这种过于强调本民族个性，忽视各民族共同情感价值的观念，必然导致分离的倾向。以足球为例，世界杯上如果英格兰队输球了，英格兰人垂头丧气，苏格兰人会尽兴狂欢，而威尔士人则毫不在乎。

英格兰人和苏格兰人在历史上长期斗争，最后因双方王室的血缘姻亲和日趋一致的国家利益，两个王国合并走到一起。在保持各自民族独立性的同时，彼此界限分明、强调个性、忽视共性，当共同利益消散时，双方便会出现嫌隙。而四大语区的瑞士人，他们致力于淡化各民族间的个性，向着瑞士人这个共同的目标迈进。

（五）捷克斯洛伐克分裂

捷克斯洛伐克是欧洲典型的因民族问题导致国家分裂的区域。捷克人和斯洛伐克人都属于西斯拉夫民族，民族起源非常相似，但两个民族的历史发展轨迹不同，不同的经济水平也产生了民族间的差异，这些差异得不到及时的调和便会激化民族间的矛盾。

捷克和斯洛伐克原本都属于大摩拉维亚王国，公元9世纪，匈牙利人入侵斯洛伐克地区，捷克人有高山作为屏障免遭毒手，建立波希米亚王国，后成为神圣罗马帝国诸侯之一。这次分家，导致两个民族朝着不同的

---

① Black, Andrew, "*Scottish independence: Referendum to be held on 18 September*, 2014", BBC News, London, 21 March 2013.

② "*Scotland votes no: the union has survived, but the questions for the left are profound*", The Guardian, 19 September 2014.

历史轨迹发展，民族心理和地区经济开始出现较大差异。1526 年，神圣罗马帝国哈布斯堡王朝皇帝斐迪南一世继承波希米亚和匈牙利王位，兼并了捷克和斯洛伐克大部分地区。1867 年，奥地利与匈牙利将统一的奥地利帝国改组为二元制的奥匈帝国。捷克和斯洛伐克从此处于奥匈帝国统治之下。1918 年，奥匈帝国解体，捷克与斯洛伐克谋求独立、统一，建立捷克斯洛伐克共和国。[1] 当时（1921），这片土地上有 675 万捷克人，312 万德意志人，201 万斯洛伐克人，74 万匈牙利人，18 万犹太人以及 70 多万其他族群居民。[2] 虽然民族问题复杂多样，但继承了奥匈帝国工业遗产的捷克斯洛伐克在经济上至少是一流的，20 世纪 30 年代，它的工业产值位列世界第 10。[3] 然而好景不长，1938 年，英、法在慕尼黑会议上出卖捷克斯洛伐克，将苏台德地区割让给纳粹德国。次年 3 月，捷克斯洛伐克被纳粹德国肢解，在捷克地区成立波希米亚和摩拉维亚保护国，斯洛伐克地区成立受纳粹德国保护的斯洛伐克共和国，斯洛伐克的部分地区割让给纳粹德国的匈牙利，捷克斯洛伐克又一次被迫分裂。"二战"结束后，国内的德意志人和匈牙利人也相继离开，整个国家以这两大民族为主。捷克斯洛伐克也在苏联红军的扶持下实现独立，建立社会主义国家。也是受苏联影响，捷克斯洛伐克非常重视民族关系，实行平等的民族政策，并建立民族自治区制。20 世纪 60 年代起，苏联斯大林模式主导下的东欧经济出现一系列问题，经济问题也使捷克人和斯洛伐克人的关系出现紧张，斯洛伐克的自治主张日益高涨。1968 年捷克斯洛伐克试图进行"布拉格之春"的政治改革，遭到苏联武装入侵后失败。随后在苏联解体、东欧剧变和西方国家和平演变的挑唆下，民族分离的情绪激化，斯洛伐克人要求民族独立的运动高涨。1992 年双方和平分手，分别成为两个独立的主权国家。

捷克与斯洛伐克有着较大的经济差距，这是导致两个民族心怀芥蒂的原因之一。捷克在哈布斯堡王朝统治时期就是工商业重心，工业发达、经济繁荣。经济发达的捷克人自然腰杆挺直，向奥匈帝国争取到了信仰、出版和教育自由，首都布拉格也成为中欧文化与艺术中心。而斯洛伐克人处

---

[1] Berend, Ivan T., *Decades of Crisis: Central and Eastern Europe before World War II*, University of California Press, 1998, p.168.

[2] Slovenský náučný slovník, I. zväzok, Bratislava-Český Těšín, 1932.

[3] Steiner, Krol, *Hospodářské a sociální dějiny 1918–1989 Československa*, Slezská univerzita v Karviné Obchodně podnikatelská fakulta, 1997.

于相对落后的匈牙利集权统治之下,以农业为主,经济落后。匈牙利人主宰着斯洛伐克的政治与经济生活,斯洛伐克人没有民族平等和自治的权利,这也使之后斯洛伐克对独立自主的民族权利极其珍视。"二战"后两个民族建立起统一的社会主义国家,并集中对斯洛伐克地区加大工业投资,斯洛伐克经济迅猛发展。但是这种参照苏联模式,以行政手段实施的高度集中的经济体制,使国内的资源配置很不合理,造成了资源浪费,打击了人民的生产积极性。斯洛伐克以农业为主,农业集体化的政策让农民感觉负担沉重。优先发展重工业的举措并没有使斯洛伐克人获利,反而又让捷克人不满,认为政府不顾国家整体利益,片面发展斯洛伐克,造成捷克经济的衰退。这些经济政策原本是希望缩小捷克与斯洛伐克之间的经济差距,结果却造成了双方在发展问题上的重重矛盾。

捷克人与斯洛伐克人同出于西斯拉夫人,但长久以来生活于不同的政治、经济和文化体制中,其民族性格和心理、国家认同感都存在差异。在宗教信仰上,捷克出现宗教改革领袖胡斯,胡斯战争推动了捷克民族主义的觉醒和宗教世俗化的改革。而斯洛伐克的宗教势力保守,大部分是天主教徒。经济发展水平差异也导致生活习惯和思想观念的冲突。捷克工业化和城市化水平高,思维理性有进取精神,实用主义影响大,重视个人价值和自由,按规则办事但不刻板,喜欢变革。因为经济文化发达,所以对斯洛伐克人有较强的优越感。与此相对的斯洛伐克人表达感情的能力强,对外族人的评论很敏感,反应很强烈。面对捷克人的优势地位和傲慢态度,斯洛伐克人感觉受到欺侮。[1] 斯洛伐克重视集体,以民族利益为重。在政治上保守主义和权威主义倾向严重,反对激进的变革,对自由主义抱有疑虑,期待有政治强人领导国家。

捷克和斯洛伐克的民族关系也受当时特殊国际环境的影响。苏联解体、东欧剧变都对捷克斯洛伐克造成了很强的心理负担,国内民族主义情绪高涨,在茫然无措中解决困局的最好办法只能是双方分家、互不干扰。冷战后西方国家别有用心地采用和平演变的方式,利用民族矛盾、宗教问题来煽动民族主义情绪,加剧民族分离活动。与欧洲其他国家民族分离情况不同的是,两个民族没有爆发激烈斗争冲突,最后以和平、合法和有序的方式实现了分离。

---

[1] 姜琍:《民族心理与民族联邦制国家的解体》,《俄罗斯东欧中亚研究》2014年第4期。

从捷克斯洛伐克和瑞士处理各民族问题的案例中可以发现，国家必须重视民族问题，避免政策性的失误，防止民族关系恶化以至于出现国家分裂的危险。国家政策一定要明确国家结构形式是单一制或联邦制更符合各民族利益和团结，如何协调各民族自治权和国家整体权力的配置。在经济发展中如何对经济欠发达地区进行扶植帮助，实现不同地区之间的资源互补。

各民族要加强对国家整体的认同，过分强调民族的自我辨识度，只会导致极端的个人主义，片面追求个人利益，忽视集体利益。国家的发展要坚持走符合本国特色的道路，拒绝其他国家意识形态的误导和挑拨。

（六）南斯拉夫民族分裂

20世纪的苏联、东欧各国是世界上民族关系较为复杂的地区之一，他们都是斯拉夫人的后裔，随着不断地迁徙，在不同地区生活，逐渐形成了各自的政治、经济、文化特色，演化成不同的民族。"二战"后塞尔维亚人、克罗地亚人、斯洛文尼亚人、波斯尼亚人、马其顿人、黑山人在政治领袖铁托的领导下成立统一的社会主义国家，之后这些加盟民族相继分离，最后分裂成了6个国家。2008年以阿尔巴尼亚人为主的科索沃单方面宣布脱离塞尔维亚，直至今日，科索沃问题一直困扰着塞尔维亚。

公元6世纪，南斯拉夫人在巴尔干半岛建立了塞尔维亚王国。1459年奥斯曼帝国占领塞尔维亚，奥斯曼规定改信伊斯兰教可以减少税收，吸纳为官，进入上层社会，部分塞尔维亚人和克罗地亚人改信伊斯兰教，这也是该地区穆斯林的历史来源。"一战"后塞尔维亚和黑山王国合并，在奥匈帝国手中夺取克罗地亚和波黑等地区，建立了塞尔维亚-克罗地亚-斯洛文尼亚王国。1929年更名南斯拉夫王国。1941年"二战"期间，南斯拉夫被纳粹德国瓜分。"二战"结束后，在铁托领导下建立南斯拉夫联邦人民共和国，由塞尔维亚、克罗地亚、斯洛文尼亚、波斯尼亚-黑塞哥维那、马其顿、黑山6个共和国组成。1963年，更名为南斯拉夫社会主义联邦共和国。虽然是社会主义国家，但南斯拉夫与苏联保持距离，坚持独立自主和不结盟运动。在经济上并没有被苏联模式束缚，建立了一套符合自己国情的工业道路。这时候的南斯拉夫是一个空前强大的南斯拉夫各民族的联合体，成为欧洲非常重要的政治力量。

但是这个民族成分极其复杂的国家，始终存在着难以调和的民族矛盾。南斯拉夫的民族政策存在非常大的问题，这些民族的共同特征仅仅是南斯拉夫人的后裔，历史上聚少离多，从没有建立成长期的、稳定的统一国家。在各个民族的发展轨迹中，语言文化、生活习俗、思维方式都产生较大的区别。南斯拉夫的民族政策并没有注重凝聚各民族情感，培育全民族的国家认同，仅仅是给予法理层面的平等地位。铁托是克罗地亚人，却对南斯拉夫的主体民族塞尔维亚族采取了打压政策。面对民族主义势力抬头，他给予各加盟共和国"一票否决权"，实际上却是向地方势力妥协。1974年宪法实行党政分开，弱化了执政党的力量。原本铁托还依靠强大的中央集权控制着联盟，但他死后，各民族矛盾更加不可调和，东欧剧变和苏联解体更使南斯拉夫各民族分离势力蠢蠢欲动。[①] 1991年，斯洛文尼亚、克罗地亚和马其顿宣布独立，遭到塞尔维亚和黑山的反对。1992年，波斯尼亚和黑塞哥维那宣布为主权国家。波黑的塞尔维亚族、穆斯林和克罗地亚族间爆发了波黑战争。1995年波黑独立。1995年7月发生的斯雷布雷尼察大屠杀，波黑的塞尔维亚族武装残忍屠杀波斯尼亚族穆斯林。1996年，阿尔巴尼亚族激进分子成立武装组织"科索沃解放军"，用暴力手段寻求独立，此后流血冲突不断。1999年以美国为首的西方国家干涉南联盟内政，发动科索沃战争。2006年塞尔维亚和黑山分离，各自成为独立国家。

"二战"后民族自决原则被国际社会普遍提倡，一方面该原则推动了殖民地国家的民族解放和国家独立；另一方面，非理性的民族自决也危及一些独立国家的领土完整。对于多民族国家而言，只有维护各民族共同利益，增强民族凝聚力和向心力，才能实现民族团结和社会安定。

（七）加拿大魁北克问题

很多国家民族分裂势力高涨，一方面是由于民族文化不同，民族归属感不统一造成的民族或族群分裂。另一方面经济基础差异，社会经济结构方面出现问题，也是导致民族分裂的重要原因。魁北克省的独立运动有复杂的历史和现实因素。

魁北克是加拿大唯一的法语省，最早是法国人在北美的殖民地。1759年七年战争中英国占领魁北克，1763年法国被迫放弃新法兰西，该地落入英国人之手，才命名为魁北克。1776年后为应对美国独立的棘手局势，大量英国人涌入加拿大改变了这里的人口构成、语言习惯。改朝换代容

---

① John B. Allcock, *Conflict in the Former Yugoslavia: An Encyclopedia*, et al. eds., 1998.

易，但更易人心最难，魁北克人尽一切可能来保留自己的语言、宗教和文化传统。历史因素的纠缠、语言文化的隔阂等多种因素，造成魁北克人对法国有很强的认同感，脱离出加拿大的意愿非常强烈。

语言因素是魁北克对加拿大难以形成认同感的重要原因。1977年，魁北克省通过了轰动一时的《法语宪章》，这个可谓是法语独尊法案。规定省内一律只允许用法文作为标示语言，超百人规模的中大型企业必须使用法语。不仅公立学校只能用法语授课、政府机构只提供法语服务、公司要用法语做生意，连街道上的招牌都必须用法语。该举措巩固了法语成为该省唯一官方语言的地位，也导致了60万英语族裔出走。语言地位的不平等使民族隔阂愈加深厚，离心力也越发强烈。

可见魁北克独立运动的最主要因素之一就是历史文化的隔阂，而使魁北克始终难以脱离加拿大的最重要因素恰恰就是经济联系。魁北克省经济在各省中位居下游，且受联邦财政补贴最多。

魁北克独立至今未能实现，其主要原因就在于魁北克省与加拿大其他地区长期以来形成的密不可分的经济联系。他们中的许多人并不真正希望脱离加拿大，而是想获得更多的经济利益，这种"会哭的孩子有奶吃"的心态，也的确让他们占到了便宜。他们知道魁北克独立就会失去由联邦政府提供的退休金和众多的就业机会等许多经济利益。当然，这种"离了婚，还要同居"的打算自然要遭到加拿大政府的反对，而魁北克独立真要割断这种深入到社会生活各个领域的经济联系也是十分困难的。[1]

加拿大联邦政府在2013—2014年度，支付给各省的"equalization payments"，魁北克省最多高达78.33亿加拿大元，远高于第二位安大略的31.69亿加拿大元。[2] 可见加拿大也在用"钞票能力"挽留住魁北克。所以现代社会维系国内各民族联系的最主要因素是经济，只有建立在密不可分的经济联系基础上的民族关系才是最牢固的。

（八）总结

以上七个民族分裂迷局，有的引发了战争冲突，使国家分崩离析，有的如鲠在喉，至今仍困扰当地政府和人民。瑞士的历史演进和现实国情与这些国家都有相似和迥异之处，但瑞士的政治经济制度、政策法律和社会

---

[1] 王希恩：《多民族国家和谐稳定的基本要素及其形成》，《民族研究》1999年第1期。
[2] Curry, Bill, Morrow, Adrian, *The Globe and Mail*, Ottawa/Toronto, December 17, 2013.

意识形态都尽力规避了引发民族矛盾的风险，竭力保障地方和联邦平等权利，在多样化的社会中找到同一性的平衡点，使瑞士没有受到民族分离主义的折磨，国家始终保持繁荣稳定。

二 揭示瑞士民族国家的特殊性与多样性

民族国家是当今世界各国普遍的国家形式。民族国家萌发于欧洲中世纪晚期，在欧洲各国的相互战争中，伴随着封建王权的不断加强，民族意识也不断培植。在资产阶级革命时期，欧洲各民族国家渐次建立。列宁在《论民族自决权》中将民族国家定义为典型的正常的国家形式。

民族国家的形成是由历史的、现实的多种因素合力推动的成果。无论单一民族国家还是多民族国家，国内各民族要保持对国家的认同，拥护国家政权，接受政府管理，就必须确保国家的统一性和国民文化的同质性。构成民族国家的本质内容的，是国家的统一性和国民文化的同质性，是国民对主权国家的文化上、政治上的普遍认同。① 我们可以从国家的统一性和国民文化的同质性角度去界定瑞士民族国家的特征，从而探究瑞士民族的特殊性和多样性，分析多元化的瑞士其政治纽带、经济纽带、文化纽带等形成多民族国家的基本要素是如何相互促进的。

中国社会科学院民族研究所王希恩先生认为：民族结构上的"多元"以各民族都作为"一元"的存在为前提，而各民族"一元"资格的确立又是以它们应有的平等地位为条件的。② 这句话用来形容瑞士实在恰如其分，那些来自法国、德国、意大利等地的移民辗转来到瑞士，这片土地多山地、少平原，没有出海口，这些人刻苦拼搏，寻找立足之地，最终在这里安家立业。这些人可以说是"开拓一代"，为瑞士国家的建立立下汗马功劳，也为瑞士多民族统一国家的形成做出贡献。这些移民逐渐与母国疏远了联系，不再参与其他国家间的政治纷争，他们不会想着落叶归根，而是要落地生根。

瑞士立国的雏形可追溯至1291年三州"永久同盟"的时代，这个同盟是反抗外来统治的成果，也是在斗争中三州人民凝结了深厚的情谊。从1291年到16世纪的宗教改革，在长期反抗哈布斯堡家族统治和宗教战争中，越来越多的州加入瑞士联邦，同时大量的来自法兰西、德意志、意大

---

① 宁骚：《论民族国家》，《北京大学学报》（哲学社会科学版）1991年第6期。
② 王希恩：《多民族国家和谐稳定的基本要素及其形成》，《民族研究》1999年第1期。

利的移民也向往这片相对安宁的土地。我们对比一下这些国家在当时是否产生了民族意识,形成了民族国家。

1337年开始的百年战争激发了法国、英格兰民族意识的形成,当时两国国王说法语,连英国士兵大多也是说法语的。艾瑞克·霍布斯鲍姆甚至认为法国作为国家比法国人出现得早。法国国家的成立导致了法兰西民族的出现。在1789年法国大革命时只有约半数的法国人说一些法语。在意大利统一时说意大利语的人的比重更少。法国大革命是一场震撼世界的反封建的资产阶级革命,革命后的法国经历了重重磨难,在革命派与复辟势力的斗争、反法同盟的干涉、拿破仑的统治、1848年革命、巴黎公社运动之后建立法兰西第三共和国,国家终于开始稳定发展。

早期的德意志是一个模糊的地理概念,起源于东法兰克王国,962年奥托一世被罗马教皇加冕为罗马皇帝,所以13世纪后被称为"神圣罗马帝国",自15世纪起逐渐有了德意志民族神圣罗马帝国的美称。然而这个帝国徒有虚名,他既不神圣,也非罗马,更不是一个帝国。1356年帝国分崩离析、一盘散沙,分割出近300个诸侯国和自由城市。直到1803年开始的拿破仑战争摧毁了神圣罗马帝国,才激发了德意志民族建立统一民族国家的愿望。1871年普鲁士最终统一了德意志。

意大利在法兰克王国后一直是个四分五裂的国家,境内有许多城邦共和国。16世纪,意大利大部分领土处于奥地利哈布斯堡王朝统治之下。直到欧洲1848年革命,意大利爆发了资产阶级民主、民族革命,最后在马志尼和加里波第的卓绝斗争中,意大利统一大业在1870年终于完成。

由此可见,早在这三个民族国家诞生之前,三国移民就已经相继在瑞士生活了。他们来自法国、德意志地区、意大利的城邦,但此时这些国家更多的是地区概念,并未形成民族意识,更没有统一的民族国家,所以对故乡没有强烈的归属感,而对前方瑞士这片土地却饱含生活的憧憬。他们不是带着民族属性来的,只不过是操着不同地区语言的移民,他们没有把自己当作这里的过客,而是把瑞士当成了自己的根,只效忠于它。

在国家统一性方面,影响瑞士最深远的是"三十年战争"后威斯特伐利亚体系的建立。自此,瑞士独立国家的地位得到欧洲各国的承认,这是第一个具有现代意义的国际关系体系,提出了国家主权平等、国家领土和国家独立等原则,这些也是近代国际法的主要原则。这些国际关系理论和国际法准则是瑞士作为一个国家获得国际上承认的重要法理依据。

最为关键的是它承认新教和天主教享有同等的权利，进一步确认了国家主权的统一性、独立性和不可分割性。瑞士作为新教的"罗马"，其宗教传播开始不受其他国家干涉和制约，并吸引了更多新教徒来此。

拿破仑战争时期，瑞士在法国的武力强迫下成立了海尔维第共和国，这虽然是压迫瑞士的傀儡国，却客观上促进了瑞士各民族的团结和民族国家的强化。一是在反抗法国入侵的斗争中，瑞士各族人民同仇敌忾凝聚成坚强的民族精神和爱国信念。二是海尔维第共和国遭到许多州顽强的反对，拒绝承认这个政府和宪法，继续保持各州的主权和独立。这强化了瑞士联邦延续至今的政治传统和民主政治制度，地方各州有独立的自治权利，国家权力的很大一部分在地方州。各州向联邦让渡部分权力，联邦与各州权责明确，既尊重各州个性又能维持联邦的团结一致。三是这个时期瑞士联邦扩大到23个州，各州人民和睦共处。

拿破仑失败后，1814年召开的维也纳会议是欧洲各国各怀鬼胎、矛盾重重的分赃会议，但瑞士却获得最重要的一个契机。《维也纳和约》承认瑞士为永久中立国，保证瑞士地区不受侵犯。1848年瑞士制定了新的联邦宪法，确定了瑞士的国体与政体，规定联邦和各州的权利和义务，成为联邦制国家。

两次世界大战中，瑞士严守中立，并未卷入战争，所以没有遭到战争破坏。"一战"后，国际联盟设在瑞士日内瓦，虽然国际联盟实际上是一群你抢我夺的强盗的联盟，但却提高了瑞士的国际地位和声望，日内瓦也一跃成为一座国际名城。"二战"后，瑞士在坚持中立原则的基础上，开始积极拥抱世界，参与全球化进程。

瑞士国家统一性是在历史发展中不断形成并完善的，其他欧洲民族国家在建立时，不仅在政治上与反动的封建势力斗争，而且在语言和文化上，都尽可能地与原先统治民族切割。从最早的三州同盟开始，就没有王权的掣肘，后来更多的州加入后，仍继续保持各州的独立主权。瑞士各民族来到这片土地上时，母国还没有形成民族国家，所以不需要割断与宗主国的联系。这一切都使瑞士在促成国家统一性的道路上比较顺利，国内资产阶级的政治理想也最终付诸实践，从国家体制上解决了国家和民族统一的问题。

随着社会发展和生产力的提高，经济因素对国内民族一体性联系形成的作用越来越大，从当代世界民族问题的表现来看，在消弭国内民族差异方面，最有力的是经济因素；在国内民族分离不得不发生时，最不容易断裂的也是经济联系。①

一个国家的文化纽带包含内容非常广泛，有国家认同、民族认同、语言和社会意识形态等。文化纽带的作用体现在国民文化的同质性上，这是促进瑞士多民族国家构建的另一大要素，它是一个国家整体的民族精神和全部的文化产品趋向多元一体的过程。一个多民族国家有不同的语言和文化，这既是区别不同民族的鲜明标志，又不断交流融合趋向和谐统一。它包括历史演进、民族意识、民族间的共情、语言文字、风俗习惯、思维方式和生活方式等。

民族意识是在共同的语言、共同的文化传统、共同的历史经历乃至共同的宗教信仰的基础上形成的。各民族之间相互交流、融合最终共同组成一个稳定的多民族国家，需要多种因素共同促成和长期的历史演进。造就多民族国家的因素大致有自然因素、政治因素和经济因素三部分。自然因素是指各民族生存所依赖的地理环境，这也是国家形成的先决条件，相对固定的生活环境，使得各民族在血缘、经济、政治和文化上相互融合。政治因素是指组成国家政权和行政机构的各个条件，一个稳定的国家可以提供完善的国家职能，强大的政府统筹组织能力。国家职能越完善，就越有利于多民族国家的巩固。经济是影响国家和民族兴衰成败的最重要的因素，强大的经济实力可以消弭潜在的矛盾，反之只会加剧民族间的分化和对抗。因此只有建立在密不可分的经济联系基础上的民族关系才是最牢固的。

语言是不同民族、不同文化之间的重要区分标志，相同的语言是保持共同的民族心理，维系家乡感情的重要纽带。瑞士"多元"的语言要素被牢固统一在官方平等地位的"一元"框架中，既形成了瑞士民族特殊性、多样性的特点，又能彰显自己的身份认同，凝结成牢不可摧的统一国家。

瑞士从政府到基层社区贯彻了各语言集团一律平等的原则，成功淡化了民族概念，来自不同地区的瑞士人依据语言习惯，划分为"德语瑞士人""法语瑞士人""意大利语瑞士人"和"列托-罗曼什语瑞士人"，以不同语言为标准形成四大族群，这四大族群所集中生活的区域，被称为德

---

① 王希恩：《多民族国家和谐稳定的基本要素及其形成》，《民族研究》1999年第1期。

语区、法语区、意大利语区和列托-罗曼什语区。瑞士联邦下一级的行政区划是州，宪法对各州给予了高度的自治权，各个语区范围包括若干的州，还有3个双语区和1个三语州，各语区、各州都一视同仁。大部分瑞士人也都能使用多种语言，不同语区的居民相互交流、四处游历不会存在任何障碍和歧视。

这是个明智且巧妙的划分标准，既保持了民族的多样性，构建成一个多元化的社会，并尊重各地居民的语言习惯，又消解了不同民族以血缘为纽带的鲜明界限，推倒了潜在的民族隔阂的障碍。

语言的能量是温和的，没有冲击力，但又是最春风化雨滋润人心的，因为习以为常，所以经常被人忽视。使用相同语言的人，潜移默化地形成共同的文化传统、生活方式和思维习惯，成为族群共同的情感依托。一个地区长期形成的语言体系，是该地区人们集体情感最鲜明的识别特征，即便他们迁徙在外，只要语言不变，仍能保持集体情感的寄托。瑞士对四种语言一视同仁的态度非常明智，不但尊重各语言人群的文化习俗、生活方式，还能消弭潜在的争端矛盾。如同一滴水进入大海，不再保留之前水滴的样子，却成为大海的一分子。彼此交融又不用强行区分彼此，各个族群生活在一起只记得一个名字——瑞士。

主要参考文献

(一) 中文书籍参考文献

[印] 阿·库·穆霍帕德希亚：《西方政治思想概述》，姚鹏等译，求实出版社 1984 年版。

[古罗马] 阿庇安：《罗马史》（上下卷），谢德风译，商务印书馆 1997 年版。

[德] 阿尔弗雷德·韦伯：《工业区位论》，李刚剑译，商务印书馆 1997 年版。

[瑞士] 埃·邦儒尔：《瑞士简史》，南京大学历史系编译组译，江苏人民出版社 1974 年版。

[瑞士] 埃·邦儒尔：《瑞士中立史》，刘立文译，武汉大学出版社 1991 年版。

[英] 爱德华·吉本：《罗马帝国衰亡史》（上下册），黄宜思、黄雨石译，商务印书馆 1997 年版。

安长春：《基督教笼罩下的西欧》，中央编译出版社 1995 年版。

[瑞士] 奥斯瓦尔德·西格：《瑞士的政治制度》，刘文立译，华中师范大学出版社 1988 年版。

白东明等编著：《国家公务员制度大辞典》，吉林大学出版社 1991 年版。

柏林：《启蒙的时代》，光明日报出版社 1989 年版。

[法] 保尔·芒图：《十八世纪产业革命》，杨人、陈希秦、吴绪译，商务印书馆 1983 年版。

[法] 布瓦松纳：《中世纪欧洲生活和劳动》，潘源来译，商务印书馆 1985 年版。

曹云华：《亚洲的瑞士——新加坡启示录》，中国对外经济贸易出版社 1997 年版。

陈多明：《瑞士：轻松悠哉的世界公园》，中国旅游出版社 2005 年版。

陈佛松：《世界文化史》，华中理工大学出版社 1990 年版。

陈乐民：《欧洲文明的进程》，生活·读书·新知三联书店 2003 年版。

陈耀彬、杜志清：《西方社会历史观》，河北教育出版社 1990 年版。

丛日云：《西方政治文化传统》，大连出版社 1996 年版。

[美] C. E. 布莱克：《二十世纪欧洲史》，山东大学外交系英语翻译组译，人民出版社 1984 年版。

[美] C. 沃伦·霍莱斯特：《欧洲中世纪简史》，陶松寿译，商务印书馆 1988 年版。

[英] 戴维·柯茨：《资本主义的模式》，完兆昌译，江苏人民出版社 2001 年版。

丁建弘：《德国通史》，上海社会科学院出版社 2007 年版。

丁建弘、孙仁宗主编：《世界史手册》，浙江人民出版社 1988 年版。

杜美：《德国文化史》，北京大学出版社 1990 年版。

端木美：《瑞士文化与现代化》，辽海出版社 1999 年版。

范明生：《晚期希腊哲学和基督教神学》，上海人民出版社 1993 年版。

费巩：《瑞士政府》，世界书局印 1934 年版。

[美] 菲利普·李·拉尔夫：《世界文明史》（上下卷），赵丰、罗培森等译，商务印书馆 2001 年版。

[法兰克] 格雷戈里：《法兰克人史》，寿纪瑜、戚国淦译，商务印书馆 1981 年版。

[俄] 古雷加：《德国古典哲学新论》，沈真、侯鸿勋译，中国社会科学出版社 1993 年版。

顾云深：《世界文化史·现当代卷》，浙江人民出版社 1999 年版。

管敬绪等主编：《世界近代史》，南京大学出版社 1991 年版。

光仁洪主编：《世界近代史词典》，上海辞书出版社 1998 年版。

郭华榕等主编：《欧洲的分与合》，京华出版社 1999 年版。

郭守田主编：《世纪通史资料选辑·中古部分》，商务印书馆 1964

年版。

［美］G. F. 穆尔：《基督教简史》，郭舜平等译，商务印书馆 1996 年版。

［英］G. A. 柯亨：《卡尔·马克思的历史理论》，岳长龄译，重庆出版社 1989 年版。

韩佳辰：《国际共产主义运动史大事记》第一卷，知识出版社 1986 年版。

［英］赫·乔·韦尔斯：《世界史纲》，吴文藻译，人民出版社 1982 年版。

［德］黑格尔：《法哲学原理》，范扬等译，商务印书馆 1982 年版。

［比］亨利·皮朗：《中世纪欧洲经济社会史》，乐文译，上海人民出版社 2001 年版。

洪波：《法国政治制度变迁》，中国社会科学出版社 1993 年版。

黄安淼：《国际共产主义运动史大事记》第二卷，知识出版社 1987 年版。

［法］HUW HENNESSY：《瑞士》，于丽娟等译，中国水电水利出版社 2004 年版。

［法］基佐：《法国文明史》（四卷），沅芷、伊信译，商务印书馆 1998 年版。

［意］加林：《意大利人文主义》，李玉成译，生活·读书·新知三联书店 1998 年版。

姜士林、陈玮主编：《世界宪法大全》，中国广播电视出版社 1989 年版。

姜士林、鲁仁、刘政主编：《世界政府辞书》，中国法制出版社 1991 年版。

金重远：《战后世界史》，复旦大学出版社 1995 年版。

［瑞士］勒内·勒维：《瑞士的社会结构》，王步涛译，中国大百科全书出版社 1990 年版。

［法］佩尔努·雷吉娜：《法国资产阶级史》上册，康新文等译，上海译文出版社 1991 年版。

李念培：《瑞士》，世界知识出版社 1990 年版。

李秋零：《神光沐浴下的文化再生——文明在中世纪的艰难脚步》，

华夏出版社 2000 年版。

李世安：《欧美资本主义发展史》，中国人民大学出版社 2004 年版。

李树藩：《最新各国概况》，长春出版社 2001 年版。

李树藩、王科铸主编：《世界通览》（中卷），吉林人民出版社 1991 年版。

刘绍贤主编：《欧美政治思想史》，浙江人民出版社 1987 年版。

刘文龙、袁传伟：《世界文化史·近代卷》，浙江人民出版社 1999 年版。

刘祚昌等：《世界史》（近代史上下），人民出版社 1984 年版。

［法］卢梭：《爱弥儿》，李平沤译，人民教育出版社 1985 年版。

［法］卢梭：《论人类不平等的起源和基础》，李常山译，商务印书馆 1997 年版。

［法］卢梭：《社会契约论》，何兆成译，商务印书馆 1982 年版。

吕一民：《法国通史》，上海社会科学院出版社 2012 年版。

罗芃、冯棠、孟华：《法国文化史》，北京大学出版社 1997 年版。

罗荣渠：《罗荣渠与现代化研究》，北京大学出版社 1997 年版。

罗荣渠：《现代化新论》，北京大学出版社 1993 年版。

罗素：《西方的智慧》，世界知识出版社 1992 年版。

［英］罗伯特·杜普莱西斯：《早期欧洲现代资本主义的形成过程》，朱智强等译，辽宁教育出版社 2001 年版。

［美］L. 桑戴克：《世界文化史》（上下卷），冯雄译，上海文化出版社 1989 年版。

［法］马克·布洛赫：《法国农村史》，余中先等译，商务印书馆 1991 年版。

《马克思恩格斯选集》，中央编译局译，人民出版社 1995 年版。

［德］马克斯·韦伯：《新教伦理与资本主义精神》，斯蒂芬·卡尔伯格英译，苏国勋等中译，社会科学文献出版社 2010 年版。

［法］孟德斯鸠：《罗马盛衰原因论》，婉玲译，商务印书馆 1997 年版。

［美］摩塞司·哈达斯：《罗马帝国》（画册），纽约时代公司 1979 年版。

［德］诺贝特·埃利亚斯：《文明的进程》第二卷，王佩莉译，生活·读书·新知三联书店 1999 年版。

钱乘旦：《世界现代化进程》，南京大学出版社 1999 年版。

钱金飞：《德意志近代早期政治与社会转型研究》，人民出版社 2017 年版。

［美］乔治·霍兰·萨拜因：《政治学说史》，盛葵阳、崔妙因译，商务印书馆 1986 年版。

人大马列研究所：《列宁思想史》，上海人民出版社 1988 年版。

［意］萨尔沃·马斯泰罗内：《欧洲政治思想史——从十五世纪到二十世纪》，黄华光译，社会科学文献出版社 1992 年版。

［美］塞缪尔·亨廷顿：《文明的冲突与世界秩序的重建》，周琪、刘绯、张立平等译，新华出版社 2002 年版。

［德］桑巴特：《现代资本主义》第一卷，李季译，商务印书馆 1958 年版。

沈坚：《文明的历程》，浙江大学出版社 2006 年版。

沈学善、张脉强主编：《当代世界史 1945—1990》，南京大学出版社 1991 年版。

沈之兴、张幼香主编：《西方文化史》，中山大学出版社 1997 年版。

世界知识出版社编：《世界知识年鉴》，世界知识出版社 2000 年版。

［美］斯塔夫里阿诺斯：《全球通史——1500 年以后的世界》，吴象婴、梁赤民译，上海社会科学院出版社 1992 年版。

［英］S.F. 梅森：《自然科学史》，上海外国自然科学哲学著作编译组译，上海译文出版社 1980 年版。

［美］S. 汉姆普西耳：《理性的时代》，陈嘉明译，光明日报出版社 1989 年版。

［古罗马］塔西佗：《历史》，王以铸、崔妙译，商务印书馆 1997 年版。

［美］汤普逊：《中世纪经济社会史》（上下卷），耿淡如译，商务印书馆 1997 年版。

［英］汤因比：《历史研究》（三册），曹未凤等译，上海人民出版社 1986 年版。

唐逸主编：《基督教史》，中国社会科学出版社 1993 年版。

陶文昭：《列宁传》，当代世界出版社 1998 年版。

滕藤主编：《世界各国商务指南·欧洲卷》，中国社会科学出版社 1996 年版。

［法］托克维尔：《旧制度与大革命》，冯棠译，商务印书馆 1992 年版。

［美］托马斯·汉金斯：《科学与启蒙运动》，任定成译，复旦大学出版社 2000 年版。

［英］托马斯·马丁·林赛：《宗教改革史》上册，孔祥民等译，商务印书馆 1992 年版。

王加丰：《西欧原工业化的兴起》，中国社会科学出版社 2004 年版。

王建邦：《瑞士政府机构与公务员制度》，人民出版社 1984 年版。

王六喜：《新编国际组织词典》，贵州人民出版社 2001 年版。

王荣堂、姜德昌：《新编世界近代史》，吉林人民出版社 1980 年版。

王荣堂、姜德昌主编：《简明世界近代史》，吉林人民出版社 1980 年版。

王斯德：《世界现代史》，高等教育出版社 1988 年版。

王伟、陆明珠：《瑞士》，上海辞书出版社 1980 年版。

王文昌主编：《世界军事年鉴》，解放军出版社 1994 年版。

王晓朝：《基督教与帝国文化》，东方出版社 1997 年版。

［美］威利斯顿·沃尔克：《基督教会史》，孙善玲、段琦等译，中国社会科学出版社 1991 年版。

［瑞士］威廉·马丁皮埃尔·贝津：《瑞士史》，李肇东等译，辽宁人民出版社 1989 年版。

［美］威廉姆：《马克思的历史理论》，阮任慧等译，重庆出版社 1989 年版。

［德］维尔纳·克勒尔：《圣经：一部历史》，林纪焘等译，生活·读书·新知三联书店 1998 年版。

［英］沃尔夫：《十六、十七世纪科学、技术和哲学史》下册，周昌忠译，商务印书馆 1991 年版。

［美］沃勒斯坦：《现代世界体系》第 1 卷，罗荣渠译，高等教育出版社 1998 年版。

吴国盛：《科学的历程》（上下卷），湖南科学技术出版社 1995 年版。

吴于廑、齐世荣主编：《世界史》，高等教育出版社 1994 年版。

吴志成：《当代各国政治体制——德国和瑞士》，兰州大学出版社 1998 年版。

［美］W. 汤普逊：《中世纪晚期欧洲经济社会史》，徐家玲等译，商务印书馆 1996 年版。

［奥］西格蒙德·弗洛伊德：《论宗教》，王献华、张敦福译，国际文化出版社 2001 年版。

熊复主编：《世界政党辞典》，红旗出版社 1986 年版。

徐颂陶主编：《国家公务员制度全书》，吉林文史出版社 1994 年版。

徐天新等：《当代世界史》，人民出版社 1989 年版。

徐耀新、文晓明：《新编国际共运史》，江苏人民出版社 1988 年版。

杨柏华、仝志敏主编：《外国人事制度》，劳动人事出版社 1987 年版。

杨昌东：《基督教在中古欧洲的贡献》，社会科学文献出版社 2000 年版。

杨豫：《西方史学史》，江西人民出版社 1993 年版。

杨真：《基督教史纲》（上下卷），生活·读书·新知三联书店 1979 年版。

姚宝编著：《瑞士简史》，上海外语教育出版社 1991 年版。

姚介厚：《西欧文明》（上下），中国社会科学出版社 2002 年版。

应克复、金太军、胡传胜：《西方民主史》，中国社会科学出版社 1997 年版。

袁征等：《世界现代史》，上海社会科学院出版社 1988 年版。

［苏联］扎波罗夫：《十字军东征》，哲安译，生活·读书·新知三联书店 1959 年版。

张海婷：《瑞士银行秘密交易》，世界知识出版社 1999 年版。

张晔：《资本主义国家政治制度及其比较》，旅游教育出版社 1989 年版。

张金鉴：《欧洲各国政府》，三民书局印行 1968 年版。

张敏吉主编：《外国历史大事典》，河北教育出版社 1989 年版。

张绥：《基督教会史》，上海三联书店 1992 年版。

张绥：《中世纪"上帝"的文化——中世纪基督教教会史》，浙江人民出版社 1987 年版。

张友渔主编：《世界议会辞典》，中国广播电视出版社 1987 年版。

张治江、李芳园主编：《基督教文化》，长春出版社 1992 年版。

赵敦华：《基督教哲学 1500 年》，人民出版社 1994 年版。

赵敦华：《西方哲学通史·第一卷——古代中世纪部分》，北京大学出版社 1996 年版。

周一良、吴于廑主编：《世界通史》，人民出版社 1972 年版。

周一良等：《世界通史资料选辑》，商务印书馆 1974 年版。

朱龙华：《罗马文化与古典精神》，浙江人民出版社 1997 年版。

朱龙华：《世界历史·上古部分》，北京大学出版社 1991 年版。

庄锡昌：《世界文化史通论》，浙江人民出版社 1989 年版。

庄锡昌：《西方文化史》，高等教育出版社 2003 年版。

(二) 中文论文参考文献

常晅：《小析瑞士加入联合国与其中立地位》，《德语学习》2003 年第 6 期。

程新宇：《加尔文宗教改革的特点》，《法国研究》2003 年第 2 期。

邓义文：《瑞士永久中立的由来及转向》，《历史学习》2002 年第 11 期。

杜启平、熊霞：《高等职业教育实施现代学徒制的瓶颈与对策》，《高教探索》2015 年第 3 期。

端木美：《法国大革命与瑞士海尔维第革命独特结局浅析》，《世界历史》1989 年第 4 期。

端木美：《瑞士城市化思考》，《世界历史》1996 年第 6 期。

端木美：《瑞士的经济自立与拿破仑的大陆封锁》，《世界历史》1990 年第 4 期。

端木美：《瑞士文化与瑞士钟表业发展的启示》，《留学生》2002 年第 5 期。

段鑫佳：《瑞士永久中立地位起源发展探析》，硕士学位论文，外交学院，2011 年。

[瑞士] 多米尼克·朱兰德：《瑞士在二战期间中的中立政策》，《军事历史》2015 年第 6 期。

范鹏辉：《瑞士产业发展模式的经验与借鉴》，《中国经贸导刊》2015 年第 4 期。

高志平、刘劲松：《中立外交发展演变的历史考察》，《湖北师范学院学报》2003 年第 1 期。

关凯：《多元文化主义与民族区域自治——民族政策国际经验分析》（下），《西北民族研究》2004年第2期。

何俊莹：《中立制度与小国的生存》，硕士学位论文，上海外国语大学，2011年。

胡瑞芬：《小国瑞士的富国之道》，《全球科技经济瞭望》2001年第2期。

黄金生：《瑞士犹如"刺猬"令敌人无从下嘴：有打仗的实力才能做永久中立国》，《国家人文历史》2015年第12期。

贾文胜、梁宁森：《瑞士现代学徒制"三元"协作运行机制的经验及启示》，《职教论坛》2015年第25期。

江帆、黄建华：《从瑞士加入联合国看永久中立制度及其发展趋势》，《社会科学家》2006年第177期。

邝杨：《当代欧洲民族问题概观》，《西欧研究》1992年第1期。

李明明：《拒绝融入欧洲？——瑞士的欧洲政策探析》，《欧洲研究》2014年第5期。

李擎东：《古巴导弹危机中的瑞士外交活动》，《光明日报》，2002年11月8日。

李云飞：《瑞士永久中立地位和政策的历史沿革与发展趋势》，硕士学位论文，上海外国语大学，2008年。

林荣远：《奥地利和瑞士的永久性中立——两国中立政策的比较》，《欧洲研究》1993年第3期。

刘军：《多元文化是建国兴邦的基础》，《光明日报》，2006年6月5日第008版。

刘文立：《瑞士立国及中立溯源》，《中山大学学报》1994年第2期。

刘锡升：《瑞士宗教改革成功原因探微》，《史学月刊》1991年第3期。

刘真：《瑞士多语制政策形成的历史探析》，硕士学位论文，上海社会科学院，2009年。

彭微、张珂、金武刚：《当代瑞士文化法制建设新进展》，《山东图书馆学刊》2012年第6期。

任丁秋：《瑞士研究在中国》，《北京社会科学》2002年第1期。

任志成：《中世纪宗教改革与加尔文独裁》，《书屋》2000年第9期。

［瑞士］胜雅律：《在联合国人权理事会中的瑞士、欧洲国家和中国》，宗玉琨译，《比较法研究》2013年第1期。

隋勇艳：《现代瑞士民族共同体形成历史探源》，硕士学位论文，东北师范大学，2005年。

孙娜：《宪政语境下的瑞士联邦委员会制度——基于共识民主理论的分析》，《中共太原市委党校学报》2014年第4期。

孙毅：《论加尔文关于政教关系的原则》，《西南民族大学》（人文社会科学版）2007年第188期。

王家淼：《二战中的瑞士是中立国吗》，《中国人民抗日战争纪念馆文丛》第六辑。

王建军：《第二次世界大战中瑞士的中立有猫腻》，《历史学习》2003年第9期。

王晓民、李诚、王瑞贺等：《瑞士议会的委员会制度》2004年第3期。

魏宏：《新加坡和瑞士的治国模式及其启示》，《重庆行政》2003年第1期。

吴传刚、石瑞敏、马莉：《瑞士现代学徒制的机制分析与经验借鉴》，《黑龙江高教研究》2018年第1期。

吴凯：《冷战后瑞士国家安全观范式转移研究》，硕士学位论文，外交学院，2010年。

吴志辉：《日内瓦宗教改革胜利之原因探析》，《乐山师范学院学报》2003年第3期。

吴志辉：《瑞士宗教改革论略》，硕士学位论文，四川大学，2004年。

吴志辉：《瑞士宗教改革之特征探析》，《绥化学院学报》2006年第2期。

肖翠松：《慈温利宗教改革初探研究意义及研究现状简介》，《湖北理工学院学报》（人文社会科学版）2017年第32期。

徐继敏：《瑞士宪政制度探析》，《现代法学》2003年第1期。

徐艺萱、张桂春：《瑞士现代学徒制的成功经验及启示》，《吉林省教育学院学报》2015年第2期。

续建宜：《瑞士中立政策的历史与现状》，《解放军外语学院学报》1995年第2期。

薛留增：《瑞士多党制度对于我国政党制度的借鉴意义》，《人民论坛》2013 年第 17 期。

杨敏：《中国、瑞士旅游业之对比》，《昆明大学学报》2008 年第 2 期。

姚百慧：《从公使到大使：中瑞外交关系的建立与发展》第 23 卷，《当代中国史研究》2016 年第 5 期。

姚京：《瑞士本土主义的现代化》，《缤纷》2000 年第 4 期。

余匡复：《当代瑞士戏剧》，《戏剧南北风》1985 年第 1 期。

张海婷：《中立乎？一边倒乎？——瑞士政治社会生活的另一面》，《世界知识》2000 年第 13 期。

张青：《瑞士银行制度及其特点》，《浙江金融》1994 年第 2 期。

张若石：《从禁建宣礼塔到限制大规模移民——瑞士多元文化社会的危机与反思》，《世界宗教文化》2014 年第 5 期。

张艳飞：《二战期间瑞士中立研究》，硕士学位论文，湖南师范大学，2008 年。

赵剑锋、陈安全：《二战时期瑞士中立探析》，《皖西学院学报》2007 年第 6 期。

郑国：《多元文化下的瑞士高等教育》，《教育》2011 年第 32 期。

(三) 外文部分

Adrian Gilbert, *The Encyclopedia of Warfare: From Earliest Time to the Present Day*, Routledge, 2013.

Albert Soboul, *Le Directoire et le Consulat* 1795-1804, Paris Presses Universitaires de France, 1967.

Albert Soboul, *The French Revolution*, Routledge, first Published in 1989.

Alexandre Maral, *Les derniers jours de Versailles*, Paris, Perrin, 2018.

Alexis de Tocqueville, L'Ancien Régime et la Révolution, Édition: Ed. rev. et corr, 1985 Alain-Jacques, Czouz-Tornare, *Massacre des Tuileries* dans le *Dictionnaire historique de la Suisse*, version du 25 février 2014.

Altermatt Urs, Le catholicisme au défi de la modernité: L'histoire sociale des catholiques suisses aux XlX et XX siécles, Lausanne: Éditions Payot, 1994.

Arlettaz Gérald, *Libéralisme et société dans le canton de Vaud 1814- 1845*, BHV 67, Lausanne, 1980.

Aubert Jean - François, *Traité de droit constitutionnel suisse*, Vol. 2, Neucba tel, Ides et Calendes, 1967.

Aubert Jean - François, *Traité de droit constitutionnel suisse*, vol. 2, Neuchâtel, Ides et Calendes, 1967.

Axime Reymond, *Histoire de la Suisse*, vol. 4, Lausanne, 1931-43.

Babel Antony, *Histoire corporative de L'horlogerie*, de L'orfèvrerie, *et des industries annexes*, Genève: A. Jullien, 1916.

Barrelet Jean - Marc, *De la noce au turbin. Famille et développement de L'horlogerie aux XVe et xix siècles*, in Musée neuchâtelois, 1994.

Beck Renatus, *Voies multiples, but unique. Regard sur le syndicat FTMH1970-2000*, Lausanne: Payot, 2004.

Bedouelle Guy, *Histoire religieuse de la Suisse. La présence des catholiques*, Paris: Editions du Cerf, 2000.

Beguelin Sylvie, *Naissance et développement de la montre-bracelet: histoire d'une conquête* (1880-1950), in Chronometrophilia, 1994.

Belinger Konqui Marianne, *L'horlogerie à Genève*, in CARDINAL Catherine exi. (Dir.), *L'homme et le temps en Suisse*, La Chaux-de-Fonds: Institut L'homme et le temps, 1991.

Benedikt Bilgeri, der Bund ob dem See. Vorarlberg im Appenzellkrieg, Stuttgart: W. Kohlammer Verlag, 1968.

Berchtold Alfred, Bale et L'Europe: une histoire culturelle, vol. 2, Lausqnne: Payot, 1990.

Berchtold Alfred, *Bâle et L'Europe*, vol. 2, Lausanne, Payot, 1990.

Berchtold Alfred, *La Suisse romande au cap du XXe siècl*e, Lausanne, Payot, 1963.

Bergier Jean-François, *Guillaume Tell*, Paris, Fayard, 1988.

Bergier Jean-François, *Histoire économique de la Suisse*, Lausanne, Payot, 1984.

Bergier Jean - François, *Naissance et croissance de la Suisse industrielle*, Berne, Francke, 1974.

Bernard Peloille, *Le vocabulaire des notions "nation", "État", "patrie"*, Revue française de science politique, 1983.

Berthold Auerbach, *Edelweiss: A story*, Nabu Press, 2011.

Blanc Jean-François, *Suisse - Hong Kong, le défi horloger. Innovation technologique et division internationale du travail*, Lausanne: ed. D'En bas, 1988.

Blanchard Philippe, *L'établissage. Étude historique d'un système de production horloger en Suisse (1750-1950)*, Université de Neuchâtel, thèse de doctorat, 2009.

Bolli Jean-Jacques, *L'aspect horloger des relations commerciales américano suisses de 1929 à 1950*, La Chaux-de-Fonds: La Suisse horlogère, 1956.

Bonjour Edgar, *Histoire de la neutralité suisse*, trad. Ch. Oser; vol. 1, 1979.

Borer Harry, *1878-1978. Centenaire de la Manufacture des montres Rolex SA, Bienne*, in Neues Bieler Jahrbuch, 1979.

Bubloz Gustave, *La Chaux-de-Fonds, métropole de L'industrie horlogère suisse*, La Chaux-de-Fonds: Société des fabricants d'horlogerie de La Chaux-de-Fonds, 1912.

Carl Bouchard, *Des citoyens français à la recherche d'une paix durable (1914-1919)*, Editions A. Pedone (1 mai 2008).

Catastrophes. Une histoire culturelle (XVIe-XXIe siècle), Paris: Éditions du Seuil, 2008.

Cent ans d'armée suisse, Lugano-Porza, 1981.

Charles de Saint Sauveur, *Le 13 juillet 1788, un orage de fin du monde*, le parisien.fr, 3 juin 2018.

Collection Les Grands Suisses, Lucerne-Lausanne, Coeckelberghs, 1988sq.; parmi les volumes parus: Paracelse, Gessner, Lavater, Pestalozzi, Dufour, Dunant, Jung.

Constitution fédérale de la Confédération suisse.

David G. Chandler, *The Campaigns of Napoleon*, Scribner, 1973.

David Lasserre, *Étapes Du Fédéralisme - L'expérience Suisse*, Editions Rencontres, 1967 Lausanne.

Defense. gouv. fr., "Terre-SIG 551" (in French), 2013.

Delort Robert, *Histoire de l'environnement européen*, préface de Jacques Le Goff, Paris: Presses universitaires de France, 2001.

Derathe Robert, *Jean-Jacques Rousseau et la science politique de son temps*, Vrin, Paris, 1995.

Dierauer Johannes, *Histoire de la Confédération suisse*, trad. A. Reymond, vol. 6, Lausanne, Payot, 1911-1919.

E. Doumergue, *Jean Calvin*, vol. 7, Paris, 1899-1927.

E. Rott, *Histoire de la représentation diplomatique de la France auprès des cantons suisses*, vol. 10, Paris, 1935.

E. Rott, *Histoire de la représentation diplomatique de la France auprès des cantons suisses*, de leurs alliés et de leurs confédérés (1430-1704), vol. 11, Berne, 1935.

E. Bonjour, *Histoire de la neutralité Suisse*, Neuchatel, 1949.

E. Toutey, *Charles le téméraire et la ligue de Constance*, Paris, 1902.

Économiques et sociaux, Fribourg: éditions universitaires, 1983. François Walter, *Les Suisses et l'environnement: une histoire du rapport à la nature du XVIIIe e siècle à nos jours*, Genève: Éditions Zoé, 1990.

Emmanuel Le Roy Ladurie, *Histoire humaine et comparée du climat*, t. 2.

Favez Jean-Claude, *Une mission impossible ? Le CICR, les déportations et les camps de concentration nazis*, Lausanne, Payot, 1988.

Federal Constitution of the Swiss Confederation, the Federal Ministry of Foreign Affairs, Berne, 1997.

Fellmann Rudolf, *La Suisse gallo-romaine*, trad. U. Gaillard, Lausanne, Payot, 1992.

François Furet et Mona Ozouf (dir.), "Dictionnaire critique de la Révolution française", Idées, 1991.

François Walter: Genève au temps de la révocation de L'Édit de Nates 1680-1705, Genève: Droz; Paris: Champion, 1985.

Fuhrer Hans-Rudolf, La neutralité Suisse Durant la guerre de Trente Ans, in Revue militairesuisse, 143 (1998,) n10et n11.

G. Politzer, *La philosophie des lumières et la pensée moderne*, dans l'article *La philosophie des Lumières et la pensée moderne*, publié par "Etudes Marxistes", No2. 1er trimestre 1989.

Gautschi Willi, *Le général Guisan*, trad. C. Giroud, Lausanne, Payot, 1991.

Georges Lefebvre, *Le mythe de la Révolution française*, Annales historiques de la Révolution française, Année 1985.

Georges Lorand, *La Société des Nations, sa réalisation immédiate*, Discours prononcé le 1er novembre 1917, Hachette Livre BNF (2014).

Gérard Sabatier, *Versailles, un imaginaire politique*, Publications de l'École Française de Rome, Année 1985.

Gilliard, *Histoire de la Suisse*, Paris 1944; 7e éd. Mise à jour par J. -J. Bouquet, 1978.

HerrmannIrène, *Les cicatrices du passé. Essai sur la gestion des conflits en Suisse (1798-1914)*, Peter Lang, Berne, 2006.

Hilty Qarll, *Les constitutions fédérales de la Suisse*, trad. F. -H. Mentha, 1891, réimpression Lausanne, L'Aire, 1991.

Hilty, *Les constitutions fédérales de la Suisse*, trad. F. -H. Mentha, 1891, réimpression Lausanne, L'Aire, 1991.

Histoirede la Confédération suisse, 5 tomes en 6 vol., Lausanne, 1910-1919.

Histoirede la neutralité misse pendant la Seconde Guerre mondiale, 3 vol., Neuchâtel, 1970-1971.

Histoire de la neutralité suisse. Trois extérieure fédérale, Neuchâtel, 1949.

Histoirede la neutralité suisse. Trois siècles de politique extérieure fédérale, Neuchâtel, 1949.

Histoire de l'Union suisse du commerce et de l'industrie, 1870-1970, Neuchatel, 1972.

Histoiredes constitutions suisses, (trad. française), Lausanne-Genève, 1924.

Histoire illustrée de la Suisse, Lausanne, 1959-1960, Zurich, 1951.

Histoire militaire de la Suisse, fascicule 1-12, Berne, 1936.

Holmes Stephen, *Benjamin Constant et la genèse du libéralisme moderne*, trad., PUF, Paris, 1994.

Holt, Lucius Hudson, Chilton, Alexander Wheeler, *A Brief History of Europe from* 1789-1815, Wentworth Press, 2016.

Itinera, *fascicules publiés par la Société générale suisse d'histoire*, Btic. Schwabe; en particulier les n° 9: *Histoire et belles histoires de la Suisse* 1989; 12: La découverte des Alpes, 1989.

J. Bergier, *Naissance et croissance de la Suisse industrielle*, Berne, 1974.

J. Gantner, *Histoire de L'art en Suisse*, (trad. franeaiseX vol. 2, Neuchâtel, 1941-1952.

J. Cl. Martin, *Contre-Révolution, Révolution et nation en France* (1789-1799), Paris, Le Seuil, 1998.

J. F. Aubert, *Traite de droit constitutionnel suisse*, 2 t. Paris-Neuchâtel, 1967.

Jacques Godechot, *La révolution française*, Librairie Académique Perrin, 1 décembre 1988.

Jean Nicolas, *La Rébellion français, mouvements populaires et conscience sociale* (1661-1789), Paris, Seuil, 2002.

Jean-Claude Favez, *Nouvelle Histoire de la Suisse et des Suisses*, 3 vol., Lausanne, Payot, 1982.

Jean-Luc Chappey, Bernard Gainot, Guillaume Mazeau, *Frédéric Régent et Pierre Serna, Pour quoi faire la Révolution*, Agone, 2012.

Jezler Peter, *La Suisse au quotidien depuis* 1300, Genève, Zoé, 1991.

Johannes Dierauer, *Geschichte der Schweizerischen Eidgenossenschaft*, Vol. 1, Bern (reprint.): Gotha, 1967.

John Hall Stewart, *A Documentary Survey of the French Revolution*, New York [N. Y.]: Macmillan Company, 1951.

Jorio Marco, Le nexus imperii-La Confédération et l'Empire après la paix de Westphalie (1648), in Morerod Jean-Daniel (e. a.) (éd.), La Suisse occidentale et L'Empire, Lausanne: Société d'histoire de la Suisse romand, 2004. Vogler Bernard, Le monde germanique et helvétique a L'époque des réformes: 1517-1618, Paris: Sociétéd' Édition d'enseignement supérieur, 1981.

Julien Broch, *L'intérêt général avant* 1789. *Regard historique sur une notion capitale du droit public français*, Revue Historique de Droit Français et

Etranger, 95e année, n°1: janvier-mars 2017.

Kästli, *Die Schweiz*, Verlag Neue Zürcher Zeitung (1998).

Keller Alexis, *Le libéralisme sans la démocratie. La pensée républicaine d'Antoine-Elisée Cherbuliez (1797-1869)*, Payot, Lausanne, 2001.

Kolz Alfred, Histoire constitutionnelle de la Suisse moderne: ses fondements idéologiques et son évolution institunnelle dans le context europeen, de la fin de L'Ancien Regime a 1848, trad. de L'allemand, Berne: Stampfli, 2006.

La Suisse au dix-neuvième Siècle, ed. By Paul Seippel, vol. 3, Lausanne, 1899-1901.

La Suisse urbaine 1750-1950, Genève: Éditions Zoé, 1994.

Labrousse, *La crise de l'économie française à la fin de l'Ancien Régime et au début de la Révolution*, vol. 1, Presses Universitaires de France, 1944.

Laïcité, *Laïcité et sécularisation*, Respublica, 2010, Par Hakim Arabdiou.

Lapaire et M. Schärer, *Musées et collections de la Suisse*, Berne, 1980.

Lasserre André, *Frontières et camps: Le refuge en Suisse de 1933 à 1945*, Lausanne, Payot, 1995.

Lasserre André, *Henri Druey. Fondateur du radicalisme vaudois et homme d'Etat suisse*1799-1855, BHV XXIV, Lausanne, 1960.

Lasserre André, *La Suisse des années sombres. Courants d'opinion pendant la Deuxième Guerre mondiale*, Lausanne, Payot, 1992.

La Suisse

La SSR de 1931 à aujourd'hui, sur SRG SSR idée suisse, 28 juillet 2009.

Loi fédérale sur les langues nationales et la comprehension entre les communautés linguistiques (2007).

Lucerne, *Lion Monument Lucerne*, all About Switzerland travel guide, 2008.

M. R. Sauter, *Suisse préhistorique des origines aux Helvètes*, Neuchâtel, 1977; adapté de M. R. Sauter, Switzerland, From earliest times to the Roman conquest, London, 1976.

M.-R. Sauter, *Suisse préhistorique des origines aux Helvètes*, Neuchatel, 1977.

Martin William, *Histoire de la Suisse*, Lausanne, Payot, 8#éd augmentée par P. Béguin, 1980.

Maurer Helmut, *Le christianisme en Suisse alémanique des origines a la fin du premier millénaire*, in Bedouelle Guy et Walter François, histoire religieuse de la suisse, Paris: Les Éditions du Cerf; Fribourg; Éditions universitaires, 2000.

Ménard, Philippe Romain, *Historisches Lexikon der Schweiz*, Schwabe (2008).

Meyer Wemer, *La Suisse dans Histoire*, Zurich, Silva, 1998.

Meyer Wemer, *La Suisse dans L'histoire*, Zurich, Silva, 1990.

Meyer Wemer, 1291. L'*Histoire*, Zurich, Silva, 1990.

Michel Vovelle, *La chute de la monarchie 1787-1792*, Editions du Seuil, 1972.

Mona Ozouf, Varennes. *La mort de la royauté*, Gallimard, Paris, 21 juin 1791, 2005.

Morard Nicolas, La vie religieuse en Suisse au temps du Grand Schisme et du conciliarisme: Politique ou religion? in Bedouelle Guy et Walter François, Histoire religieuse de la Suisse, Paris: Les Éditions du Cerf; Fribourg; Éditions universitaires, 2000.

Mottu-Weber Liliane et Piuz Anne-Marie, L'économie genevoise, de la Réforme a la fin de L'Ancien Régime: XVI-XVIII siécles, Genève: Georg, 1990.

Munro Price, *The Road from Versailles: Louis XVI, Marie Antoinette*, and the Fall of the French Monarchy, St. Martin's Press, 2003.

Notamment Emmanuel Le Roy Ladurie, *Voir Le Territoire de L'historien*, Paris, Gallimard, 2014.

Otto von Gierke, das deutsche Genossenschaftsrecht, vol. 1, Berlin; Weidmannsche Buchhandlung, Reprint in Graz.

P. Guichonnet, *Histoire de Genève*, publiée par la Société d'histoire et d'archéologie de Genève, vol. 2, Genève, 1951-1956.

P. Guichonnet, *Histoire et Civilisations des Alpes*, vol. 2, Toulouse-Lausanne, 1980.

P. J. B. Buchez, *Histoire de l'Assemblée Constituante*, vol. 5, Paris, J. Hetzel, 1846.

P. E. Martin, "The Swiss Confederation in the Middle Ages" in *The Cambridge Medieval History*, vol. Ⅶ, Cambridge, 1932.

Pascal Perrineau, Dominique Reynié, Sandrine Lefranc (collectif), *Dictionnaire du vote*, Presses universitaires de France, 2001.

Perrenoud, la population de Genève du seizieme au debut du dix-neuvieme siecle, la recherche de la population de Genève (donnees numeriques).

Peter Blickle, die revolution von 1525, Munch: Odenbourg, 1981 Tom Scott, "The Peasants' War: A Histriographical Review", Historical Journal.

Petite histoire constitutionnelle de la Suisse, Berne, 1974; 3e éd. Augm., 1979 Monographies d'histoire suisse, 9.

Pinol Jean-Luc, *La ville contemporaine jusqu'à la Seconde Guerre mondiale*, livre 4 de Y Histoire de l'Europe urbaine.//De l'Ancien Régime à nos jours, Paris: Éditions du Seuil, 2003.

Politique suisse, Berne, Institut de science politique de L'Université, 1965 sq.

Problèmes de L'histoire économique de la Suisse, Population, vie rurale, échanges et trafics, Berne, 1968.

R. B. Mowat, *The Transformation of European Politics* 1763-1848, Oxford U. P. 1996.

Résume lest. Ⅰ-Ⅲ de L'édition allemande; t. Ⅳ-ⅤT, 1970, 4 vol. en français, Neuchâtel, À la Balconnière.

Robert Darnton, *L'Aventure de l'Encyclopédie*, Paris, éditeur Points, 10 janvier 2013.

Robert Fol, *Place de l'Ordonnance de 1669 dans l'évolution de la législation sur la chasse*, Revue forestière française (RFF), no. 7, 1969.

Roland Ruffieux, *La Suisse de L'entre-deux-guerres*, Lausanne, Payot, 1974.

Rougemont, *La Suisse ou L'histoire d'un peuple heureux*, Paris, 1965; 2e éd. 1970.

Switzerland 2007 Kummerly+Frey, CH-3052 Zollikofen-Berne 2007.

The Culture of Switzerland, the Federal Ministry of Foreign Affairs, Berne, 1993.

The Economy of Switzerland, the Federal Ministry of Foreign Affairs, Berne 1992.

The Education and Training of Switzerland, the Federal Ministry of Foreign Affairs, Berne, 1993.

The Landscape of Switzerland, the Federal Ministry of Foreign Affairs, Berne, 1993.

The Social Structure of Switzerland, the Federal Ministry of Foreign Affairs, Berne, 1993.

The State and Politics of Switzerland, the Federal Ministry of Foreign Affairs, Berne, 1993.

The Variety and Unity of Switzerland, the Federal Ministry of Foreign Affairs, Berne, 1993.

Thomas A. Brady, *Turning Swiss: Cities and Empire*, 1450-1550, New York: Cambridge University Press, 1985.

W. Martin, *Histoire de la Suisse*, Paris, 1926; 8e ed., avec une suite de Pierre Beguin, complétée par Alexandre Bruggmann, Lausanne, 1980.

W. E. Rappard, *La constitution fédérale de la Suisse*, 1848-1948. Ses origines, son élaboration, son évolution, Boudry- Neuchâte, 1948.

W. E. Rappard, *L'individu et l'état dans l'évolution constitutionnelle de la Suisse*, Zurich, 1936.

W. Oechsli, *History of Switzerland*, Cambridge, 1922.

Walter François, *La Suisse urbaine*, 1750-1950, Genève, Zoé, 1994.

Walter François, Marignan, 1515. Traces de la mémoire d'une bataille de géants, in Des archives a la mémoire. Mélanges d'histoire politique, religieuse et sociale offerts à Louis Binz, Genève: Société d'histoire et d'archéologie de Genève, 1995.

William Doyle, *The Oxford History of the French Revolution*, Oxford University Press, 1989.

后　　记

《瑞士民族的特殊性、多样性的历史考察》是我近年来涉及瑞士方向研究的又一本专著。瑞士这个美丽的国度本人有着特殊的感情，年轻时曾经在瑞士日内瓦大学留学进修逗留过几年时间，在此期间，小国瑞士给我留下了许多美好而又深刻的印象，在那里结识了一些朋友、同事，在他们的引领下我曾徜徉在苏黎世列宁曾经学习过的图书馆；流连在仙境般的莱蒙湖中回忆卢梭思想大师；置身在如诗如画的图恩古堡中感受瑞士的文化……

拙作是我2013年获得国家社科基金"近现代以来瑞士民族特殊性、多样性的历史考察"的资助成果。本课题在完成过程中由于我腰椎间盘突出，有好长一段时间不能动弹，故课题结题申请推迟了两次，真是好事多磨。如今《瑞士民族的特殊性、多样性的历史考察》已经完稿付梓，本人十分欣慰，也万分激动，因为这本书稿是倾注了本人多年的心血，它不仅是我个人的成果，也是我们课题组团队人员多年来兢兢业业呕心沥血群策群力共同完成的硕果。《瑞士的民族特殊性、多样性的历史考察》一书，得到杭州师范大学人文社会科学振兴计划项目的资助，为此，本人向杭州师范大学以及人文社科振兴计划项目深表谢意！

本书的大纲和主要章节是由本人设计并执笔完成的。本课题组成员由杭州市人防事务综合保障中心（杭州市人防民防指挥信息保障中心）朱玲女士以及我的研究生——杭州师范大学人文学院专门史专业的蒋继瑞、李涵颖、方秀枫、邱靖、陈丽丽等组成，其中，本书的第五章"瑞士的民族政策和经验教训"中的第二节、第三节与第五节由朱玲女士撰写。我的研究生他们对课题的资料查找，部分章节的补充撰写、修改校对等都做出了相当大的贡献。这里我尤其要指出的是我的儿子马问釜，他是法国巴黎大学留学生，他协助我在查找资料、章节修改、外文翻译，以及书稿最后校对等方面花费了整整一年多时间。课题组成员还包括杭州师范大学人文学院历史系本科生项艳玲、徐璐等同学，他们分别参与资料查找、格式编排以及部分章节的修改等工作。他们放弃了暑假休息，冒着酷暑认真仔细地多次校对书稿。对此，本人向他们深表谢意，感谢他们这种奉献的精神和敬业的品质。

由于拙著所涉及的内容比较冷门，阐述的时间跨度比较长，外文资料与档案比较多，再加上本课题组人员水平有限等主客观因素，所以拙著存在着许多不足之处，很多方面它不能完全揭示瑞士民族的特殊性、多样性的全貌，希望广大专家和读者多多提出批评与意见，以便此书再版时，能进行修改和提高。

此外，本书还有以下几个方面需要说明：第一，因为拙著是学术研究，所以我们引用了大量的中外参考资料及相关的档案。对这些参考资料和档案的来源和观点我们一般不对其展开论证和解释等，我们先将其罗列然后提出自己的观点和意见。第二，在注释方面我们对全书有页注、标注、尾注等。另外，在书的后面还增加了参考书目，本书的材料基本上都是出自于上述参考书目中。第三，为了尊重和保护知识产权，防止著作权等方面发生纠纷，本书作者特别说明：凡在本书中使用了您的观点和材料等，而没有出现在我们的参考书目中，如发现请您及时和我们联系，我们会与您协商沟通解决有关问题。

在本书付梓之际，本人尤其要衷心感谢南京大学历史系博导陈晓律先生，他在百忙之中放下手里的事务，花费了大量时间和精力，仔细认真地对本书稿进行审阅和修改，并提出了许多宝贵的建议。感谢浙江大学历史系博导沈坚师兄，他对本课题从启动、设计到项目的完成，无一不倾注着他的帮助和支持。感谢《世界历史》杂志的研究员任灵兰女士，她对本书的部分章节提出了详尽的修改意见，提升了本书质量与档次。感谢瑞士朋友戴飞博士（M. Aurèle AQUILLON），他提供了部分瑞士民族问题的资料与档案，以及为本人在瑞士考察与研究期间提供的方便。感谢中国社科出版社责任编辑宫京蕾女士对我的帮助与支持。感谢同事陈兆肆教授对我的关心与照顾。感谢同事周真真博士对我的帮助与支持。感谢同事江素君女士对我的帮助与支持。感谢姐妹们对我的鼓励与帮助。最后感谢妻子褚燕雨女士，感谢她为我奉献的一切。

马 丁

杭州阳光城上林湖

2021/8/23